普通高等学校学前教育专业系列教材

综合文科教程

主 编　张建岁　董　伟　郑绪卿

编 者（按姓氏笔画排列）

王　娟　王燕华　代明荣　刘建华

刘建国　池　军　李延谨　李改欣

吴　娜　杨雅萍　周玉华　姜学军

姚灵忠　郑天然　殷　洁

复旦大學出版社

内容提要

　　这本《综合文科教程》改变了原来历史、地理两门课程相互割裂的状态，寻找到历史学和地理学交融的突破口，以人类活动为经，以地理空间为纬，力图勾勒出人类文明的基本脉络，蕴含着浓厚的文化气息。本教材的编写，旨在对学生进行社会科学知识普及和人文精神培养，使学生掌握社会基础知识，感知新学科汇聚的文化精粹，形成完整的世界图景和人文情怀，适合具有初、高中基础的各个层次的教授对象。

丛书编审委员会

新版总序 EDITION PREFACE

1903 年是中国人独立设置幼稚园的开端,为促进幼儿教育的发展,幼儿师范教育也走上中国教育的大舞台。幼儿师范教育诞生初期,师资、课程、教材均仰给于国外,但前辈幼师人从未停止过中国化、科学化幼师教育的探索,他们的不懈努力成为我们今天最宝贵的精神财富。

新中国成立以后,幼儿师范教育获得了新生,一批独立设置的幼儿师范学校逐步成为培养幼儿教师的基地,特别是《幼儿师范学校教学计划》的颁布,使新生的幼师教育在课程和教材领域开始走向规范化。经历了"文革"大风暴之后,幼儿师范教育再次焕发青春。20 世纪 80 年代中期,国家教育部审定并出版了全国幼儿师范学校通用教材和培训教材,为恢复和发展幼儿师范教育,规范幼教师资培养、培训规格和标准,起到了重要的指导作用。

进入新世纪以来,学前教育越来越受到全社会的重视,幼教师资学历层次上移成为大趋势,幼儿师范教育也基本完成从三级师范向二级师范的过渡,大部分三年制幼儿师范学校或改为五年制,或并入高师设置学前教育系,原有的教材体系已不能适应办学要求,适应专科层次幼儿师范教育新发展的教材体系成为"空白点"。正是由于新教材的空缺,使得相当一部分学校只能沿用旧教材,或选择高师本科教材,甚至采用小学教育专业或高中教材,而这显然不符合幼儿师范教育发展的自身规律和培养目标。教材问题成为制约幼儿师范教育培养目标实现的一个"瓶颈"。

教材是实施课程标准的基本工具。在基础教育课程改革的大背景下,我们对于教材功能的认识已发生深刻变革,教材不是"规范"和"控制"教学的工具,"为教学服务"是对其根本功能的重新定位。教材既承载知识和技能,更渗透思维方法的给予、认知结构的优化、实践能力的形成和创新精神的培养,在幼儿师范教育实现大专化的进程中,适时编写出版一套代表学前教育发展方向、体现幼教新理念、新思维和反映课程改革新成果的幼师系列教材,无疑将会为新时代的幼儿师范教育注入新的活力。

2003 年,正值中国幼儿教育百年庆典,一批长期工作在第一线的幼儿师范教育工作者,共聚上海,商讨教材建设问题,并达成编写五年制幼师新教材的意向。2004 年,这一意向受到复旦大学出版社有关领导和专家的重视,并得到国家教育部师范司有关领导的大力支持,来自全国近三十所高师学前教育系、幼儿师范学校的专家、学者和教师,再一次聚会上海,在研讨课程标准的基础上,正式确定了新教材的编写工作。

2005年夏,第一批教材正式出版发行。我们希望这一套教材的出版,能成为新世纪为探索幼儿师范教育中国化、科学化,并逐步与国际接轨的一次有益尝试。课程改革,教材先行,希望能够有更多的人参与和重视幼儿师范教育,有更多的新教材问世,使我们的教材体系呈现多样化的特点,为幼师教育改革与发展,为中国幼教事业走向辉煌增色添彩。

"全国学前教育专业系列教材"编审委员会

2005 年 6 月

前言 FOREWORD

自 1967 年第一届国际综合理科教学研讨会在瑞士举行以来,各国在小学和初中开设综合课程都取得了令人瞩目的成效,但在高中阶段包括在职业技术院校如何开设综合文科课程仍没有形成一致的意见。近年来,随着时代的进步,社会越来越需要受过通识教育的人才。作为培养幼儿教师的专业学校,更需要适应社会发展的新要求,设计出具有时代特色、符合学生心理特点、培养学生生存能力、实践能力和创新能力的综合课程。这不仅仅关系到学生本人的发展,更关系到国家的未来。

历史是时间维度的学科,地理则是空间维度的学科。本教材改变了原来历史、地理两门课程相互割裂的状态,寻找到历史学和地理学交融的突破口,即在历史学中渗透地理意识而在地理学中更具有历史感觉,以社会学的视角和观点来选取有关内容并组成主题单元,重新创立知识内容融合、逻辑严密、结构紧凑的综合文科新体系。本教材的编写,旨在通过学生系统的学习,使学生掌握社会基础知识,感知新学科汇聚的文化精粹,形成完整的世界图景和人文情怀,为学生毕业后能够成为一名具有综合能力的新型幼教工作者奠定基础。

综合课程是一个开放式的知识系统,本教材编者以人类活动为经,以地理空间为纬,力图将时空结合,由远而近,勾勒出人类文明的基本脉络、发展变化和世界各地区的联系,以及各个社会生活领域之间的联系与相互影响,叙述思考立体社会发展的不同侧面。

本教材编写模式是从一个主题自然引发另一个主题,共分为人类的家园、古代世界、文明的发展与碰撞、近代中国、人类新时代共五编二十一个主题章节;每个章节的内容分必读部分(宋体字)和选读部分(楷体字);在章节中安排了"知识链接"、"历史回眸"、"史海钩沉"、"他山之石"资料框,"君子动手"训练框,"思想游牧"、"思辨之窗"探究框等版块。整个教材风格轻松活泼,具有很强的可读性和可操作性。

本教材蕴含浓厚的文化气息,是对学生进行社会科学知识普及和人文精神培养的核心载体,适合具有初、高中基础的各个层次的教授对象。这门新学科在编排上有利于教师开展讲解讨论、分组讨论、学生自学、查阅资料、社会调查等多种形式的教学活动,使学生情趣盎然地参与到综合文科学习当中,最终达到既学习知识又培养能力的教学目的。

本教材是在石家庄幼儿师范高等专科学校文综教研室全体教师进行综合文科教学探索研究的基础上,由多所师范院校的教师共同合作编写的,由张建岁、董伟、郑绪卿主编,姜学军、董伟负责统稿工作。参加编写的人员有:第一章第一节、第三章、第八章、第十七章,石家庄幼儿师范高等专科学校郑天然;第一章第二节、第三节、第十九章、第二十章,石家庄幼儿师范高等专科学校李改欣;第二章、第十六章、第十八章,石家庄幼儿师范高等专科学校池军;第四章第一节,宁夏幼儿师范学校王燕华;第四章第二节,宁夏幼儿师范学校殷洁;第五章、第六章第五节、第十四章第二节、第三节,潍坊学院幼教特教师范学院吴娜;第六章第一节、第九章、第十章第五节、第十一章、第十二章,石家庄幼儿师范高等专科学校姜学军;第六章第二节、第十章第二节、第三节、第十三章第三节、第四节、第十四章第一节,石家庄幼儿师范高等专科学校杨雅萍;第六章第三节、第十章第一节、第四节、第十三章第一节、第二节、第二十一章第六节,石家庄幼儿师范高等专科学校李延瑾;第六章第四节,唐山师范学院滦州分校刘建华;第七章第一节至第四节,潍坊学院幼教特教师范学院姚灵忠;第七章第五节、第六节,唐山师范学院滦州分校刘建国;第十五章,潍坊学院幼教特教师范学院王娟;第二十一章第一节至第五节,潍坊学院幼教特教师范学院代明荣。

由于本教材内容涉及范围很广,编写人员又是初次尝试综合文科教材的编写,难免存在不当之处,恳请广大读者提出宝贵意见。

编　者

2011 年 5 月

目 录 *CONTENTS*

第一编 人类的家园

第一章

地球在宇宙中

浩瀚宇宙蕴涵着无穷无尽的奥秘。宇宙有始有终吗？我们的地球是宇宙中唯一的一个文明星球吗？太阳对地球的影响到底有多大？地球的运动规律又怎样影响着我们的生活？这些问题激荡着一代又一代人的思维，激励着人们不断地对宇宙进行探索。

第一节　星空的奥秘

● 探索宇宙的历程

> 天地玄黄，宇宙洪荒。
> 日月盈昃，辰宿列张。
> 寒来暑往，秋收冬藏。
> 闰余成岁，律吕调阳。
> ——选自《千字文》

古代的人们在很早以前就开始了对宇宙的认识和探索。我国的盖天说认为"天圆如张盖，地方如棋局"；古埃及人认为世界像一个长方形的盒子，天是盒盖、地是盒底；在欧洲，人们曾认为地球居于宇宙的中心，太阳和其他行星围绕地球转动，这种"地心说"由于符合了宗教"上帝创世"的说法而影响人们的思想长达千年之久。

16世纪40年代，哥白尼提出的"日心地动说"是人类正确认识太阳系的里程碑，它能较好地解释、计算和预报日、月、行星在天球上的位置和运动。1609年，伽利略用望远镜观测到木星的卫星和金星的盈亏现象，有力地支持了日心地动说，而开普勒行星运动三定律、牛顿万有引力定律的发现又使日心说获得了科学的论证。

18世纪中叶，天文学家提出了"星系"一词，指出在整个宇宙中存在着无数像银河系那样的天体系统。1924年，美国天文学家哈勃利用最新的大望远镜测定出远在银河系之外的恒星，从而确认了河外星系的存在。迄今为止，人类能探测到的星系数量估计在10亿以上。

20世纪以来，随着空间探测技术的发展，人类对宇宙的认识越来越深入、越来越科学。目前，人类对宇宙的认识已达到上百亿年和上百亿光年的时空区域。

1-1-1　哈勃太空望远镜

历史回眸

我国是世界上天文学起步最早、发展最快的国家之一,取得了许多辉煌的成就。四千多年前我国就开始有组织地进行天象观测,夏朝时使用的历法已经十分精确;春秋战国时期的天文学家已利用圭表测算出回归年的长度为 365 天;西汉的《太初历》正式把二十四节气定入历法,从而能更好地指导农业生产;东汉天文学家张衡制成了地动仪和浑天仪;唐朝天文学家僧一行主持制定的《大衍历》比较准确地反映了太阳运行的规律;元朝郭守敬主持编订的《授时历》与现行公历相同,但早于现行公历 300 年问世。

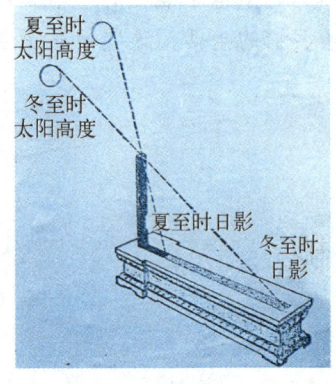

1-1-2 利用圭表测量回归年

1-1-3 我国现存最早的天文台——河南登封观星台(建于元初)

揭秘星空

天体 晴朗的夜晚,我们用肉眼可以看到闪烁的恒星、移行的行星、拖着长尾的彗星和一闪即逝的流星,借助望远镜和其他天文观测手段,我们还可以看到呈云雾状的星云、弥漫在星际间的气体与尘埃等,所有这些物质都通称为天体。天体就是宇宙间物质的存在形式。

1-1-4 流星雨

1-1-5 月球

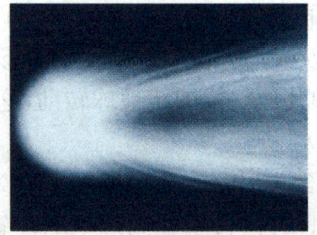

1-1-6 彗星

恒星的生命历程 由炽热气体组成、能发光的恒星和由气体、尘埃组成的星云是天体最基本的存在形式。

恒星生命的最初阶段是原恒星。恒星是由星云凝聚而成的。星云的质量非常大,在引力的作用下,它快速凝聚收缩,中心密度逐渐变大,就形成了原恒星。

原恒星继续收缩,当中心温度达到一千万开氏度时,氢核聚变发生了。在高温高压下,四个氢原子核聚变为一个氦原子核,同时释放出巨大的能量。此时,原恒星就成为了一颗真正的恒星,称为主序星。主序星阶段是恒星的青壮年期,这一时期的恒星处于相对稳定的阶段。

当核聚变反应将恒星核心的氢耗尽时,核反应就停止了,留下一个氦核。失去核反应能量的恒星再次开始了引力塌缩,其核心的温度、压力不断升高,当达到一亿开氏度时,氦聚变开始了。但小质量的恒星不会发生氦聚变,它们会释放热能直至冷却,这类恒星被称作红矮星。宇宙中有约 70% 以上的恒星属于红矮星。而开始氦聚变的恒星,其炽热的核心会造成恒星外壳大幅膨胀,核心则向内压缩,成为红巨星。红巨星多为变星,不如主序星稳定。巨大的波动会使其外壳脱离恒星,成为行星状星云。像太阳这样的中等质量的恒星,在氦聚变结束后,其核心会逐渐冷却,成为一颗小而致密的白矮星,直至最后"死亡"。大质量的恒星则会在巨大的引力作用下继续塌缩,并向外抛出外壳,这就是超新星爆发,标志着大质量恒星的死亡。在一些超新星中,电子被压入原子核,恒星成为一团致密的中子,被称为中子星。而质量最大的恒星,甚至连中子也会被压碎,从而成为黑洞。

天体系统 宇宙中的天体都处于不停地运动中,运动着的天体因互相吸引和互相绕转,从而形成不同层次的天体系统。如地月系、太阳系、银河系、河外星系、总星系等。

知识链接

银 河 系

数十亿年前,银河系是一个巨大的球形星云,受自身引力作用而塌陷,形成由 2 000 多亿颗恒星以及大量的云、气体、尘埃组成的厚 2 000 光年、直径 10 万光年[①]的旋涡星系。银河系中心和 4 条旋臂都是恒星密集的地方,太阳位于一条叫做猎户臂的旋臂上,距离银河系中心约 2.3 万光年。每年 6 月至 9 月,地球处于黑夜的一侧正好朝向银河系物质密集的那部分,由于银河系相对来说较扁,再加上我们身在其中,所以从地球上看银河就像一条带子悬挂在夜空中。

1-1-7 银河系

星座 我们肉眼可见的恒星有近六千颗。为了方便研究,天文学家用"视星等"来区分它们的明亮程度,肉眼刚能看到的是 6 等星,比 6 等星亮一些的为 5 等星,依次类推,亮星为 1 等,更亮的为 0 等。1 等星的亮度恰好是 6 等星的 100 倍。夜空中最亮的恒星是天狼星,其视星等为 -1.45 等。当然,视星等并不反映恒星真正的发光度,因为同样发光度的恒星,距离地球越近,其亮度越大。

星座是指天球上一群群恒星的组合。自古以来,人们对于恒星的排列形状就很感兴趣,把一些邻近的恒星联系起来,组成星座,1922 年,国际天文学联合会决定将天空划分为 88 个星座。许多星座都有美丽的传说,我们可以根据星座中的亮星及其组成的形状把它们辨认出来。

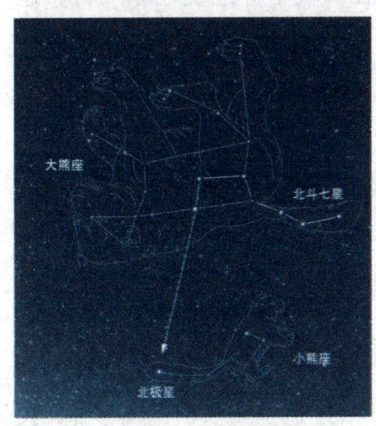

1-1-8 大熊星座和小熊星座

大熊星座和北斗七星 大熊座是北方天空中最醒目的星座,我国北方地区上空终年可见。这个星座最耀眼的部分是由七颗星组成的"北斗",我国古代天文学家给北斗七星的每一颗都专门起了名字,还特别把斗身的 α、β、γ、δ 四颗星称作"魁",魁就是传说中的文曲星。古人还根据初昏时斗柄所指的方向来决定季节:斗柄指东,天下皆春;斗柄指南,天下皆夏;斗柄指西,天下皆秋;斗柄指北,天下皆冬。

小熊星座和北极星 小熊座虽然不明亮,但它因有北极星而非常闻名。位于"小熊"的尾巴尖上的北极星是小熊星座中最亮的一颗恒星(二等星),离我们约 400 光年。由于北极星始终位于北极的上空,千百年来地球上的人们靠它的星光来导航,在科技高度发达的今

---

① 光年,即光在真空中一年内所走过的距离。光速约为每秒 30 万千米,1 光年约为 94 605 亿千米。

天,北极星在天文测量、定位等许多方面仍然有着非常重要的应用。

思想游牧

在地球绕太阳公转的黄道面上,分布着大家非常熟悉的十二个星座,西方占星术的重要内容之一,就是根据一个人出生时行星在黄道十二宫的位置来预卜一生的命运。

你属于哪一个星座?你认为你的命运和星座有必然的联系吗?

宇宙资源与环境　宇宙资源主要指轨道资源、环境资源和矿物资源。

目前人类发射到太空中的各种卫星和航天器已达三万余颗,仅在赤道上空的静止轨道上就运行着300多颗同步卫星,这些卫星已被广泛应用于通信、遥感、侦察和定位等领域。由于供需矛盾日益突出和轨道资源的不可再生性,各种卫星轨道成为越来越重要的宝贵资源。

高真空、微重力、强辐射的太空环境也是极为宝贵的资源。人们利用太空的特殊环境不仅制造出了地面上无法制成的材料和生物制品,还发现太空环境对植物种子的生理和遗传性状具有强烈影响,经历过太空遨游的农作物种子,返回地面经过人工选育,其产量和品质都有明显的提高。

1-1-9　太空南瓜

1-1-10　太空垃圾

在月球及太阳系各行星上蕴藏着极为丰富的矿物资源。月球岩土中含有地壳中的全部化学元素和约60种矿藏,其中包括地球上极为缺乏的核聚变燃料 He^{-3}。

人类利用太空资源的同时,也制造了许多太空垃圾。火箭和航天器在发射过程中产生的碎片,航天器脱落的表面材料、逸漏出的固体、液体材料等都是太空垃圾的来源。目前,除了在轨道上工作的 600—800 个各类航天器,还有约 3 500 万多个大大小小的碎片,大约 300 吨太空垃圾在日夜不停地绕地球飞行。这一现状引起了许多科学家的忧虑。

思想游牧

太空垃圾会造成哪些危害?请思考人类应该如何利用太空资源并保护宇宙环境?

○　未解之谜

半个多世纪以来,人类对宇宙的探索突飞猛进,已实现了"飞天"、"登月"、建造空中实验室等梦想,我们还发现了许多刚刚诞生的幼年恒星和正在形成的星系,发现星系之间存在着碰撞与吞并。但是,宇宙还有许多未解之谜等待着人们去探索,如:宇宙中有暗能量与暗物质吗?有白洞吗?宇宙到底是怎样形成与演化的?

 **知识链接**

人类对宇宙的探索

宇宙起源 1946年,美国物理学家伽莫夫与他的学生在前人研究成果的基础上提出了宇宙大爆炸的观点。

宇宙大爆炸理论的事实依据是:依据多普勒原理,天文学家发现当一个天体向我们运动时,它的光谱中的暗色条纹就向蓝色端移动,而远离我们时就向红色端移动。天文学家还发现所有星系的光谱在大尺度上都无一例外地向红端移动,这就说明了相互远离是宇宙的基本运动,宇宙像气球一样在膨胀。发现宇宙在长大,也就说明宇宙曾经很小,并且能判断它的年龄。爱因斯坦的相对论则论证:宇宙的全部物质大约在150亿年前全部浓缩在一个无限高温的奇点中,这个能量奇点突然爆裂,瞬间膨胀,温度开始下降,同时能量演化出物质,这些物质在万有引力的作用下逐渐凝聚起来,再进一步通过碰撞、吸积等漫长过程,形成各种星体。天文测量也证实宇宙由约75%的氢和25%的氦组成,这与宇宙大爆炸理论的说法极为吻合。

虽然大爆炸理论有强有力的证据,但也有许多疑问得不到合理的解释,如,宇宙为什么恰恰以这样的速度膨胀? 它最终会膨胀下去,还是塌缩回去? 为揭开这些奥秘,人们还将付出巨大的努力。

时光隧道 爱因斯坦在狭义相对论中提出:时间不是绝对的和普遍的,测量两个事件的时间间隔取决于观察者如何运动,如果物体加速运动,它们经过的时间都会慢下来。相对论为人们进行时光旅行提供了理论依据。

英国物理学家斯蒂芬·霍金在英国《每日邮报》中刊文,提出了穿越时光隧道的三个途径:

宇宙万物都会出现小孔或裂缝,这种基本规律同样适用于时间。时间也有细微的裂缝和空隙,比分子、原子还要小的空隙被称作"量子泡沫",而时间隧道——"虫洞"就存在于"量子泡沫"中,人类也许能够捕获某一个"虫洞",将它放大到足以使人甚至宇宙飞船从中穿过,就可以进行时间旅行了。

时间就像是一条河流,在不同的地段会有不同的流速,黑洞可以更明显地降低时间流逝的速度,而这正是实现通往未来之旅的关键。

人类如果能够建造出速度接近光速的宇宙飞船,坐在这样的宇宙飞船上飞行一星期,地球上的时间就会过去100年,船上的乘客就实现了通往未来之旅。

探索宇宙的奥秘会开拓人类的视野,在更深层次上影响人类的价值观,在更高境界上启示人类选择未来。

第二节 神秘的太阳系

认识太阳系

太阳系是一个庞大的天体系统。太阳是太阳系的主体,质量占整个太阳系的99%以上,它依靠自身强大的吸引力,使太阳系内的天体围绕着自己运行。太阳系由八颗大行星、上百颗已知的卫星、一些已经辨认出来的矮行星,还有无数颗小行星、彗星、流星和星际尘埃等组成。

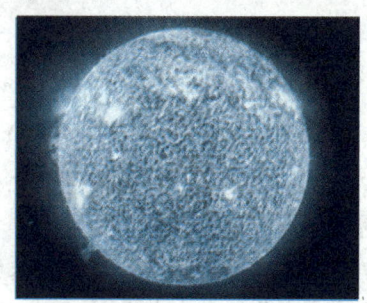

1-2-1　太阳系　　　　　　　　　　　1-2-2　太阳

太阳系唯一的恒星

太阳的年龄约有五十亿岁了,正处在它一生中的中年时期。看上去光芒四射的太阳其实是个炽热的气体球,主要成分是氢和氦,表面温度有 6 000 K,太阳内核的温度高达摄氏一千五百万度,在那儿发生着氢核聚变反应,每秒钟约有五百万吨的物质被消耗掉,并转换成巨大的能量辐射出来。

据科学家计算,目前太阳上氢的贮存量还能再支持热核反应约五十亿年。也就是说,太阳也要遵循万物的生长规律,就如同人的一生,要经历诞生期、成长期、青年期、壮年期、衰老期,最终走向衰亡。

思辨之窗

太阳每时每刻都释放出巨大的能量,这些能量虽然只有二十亿分之一到达地球,但对于地球和人类的影响却是不可估量的。

同学们,你能联系生活实际说说太阳辐射对地球的影响吗?

太阳从中心到边缘依次分为四个层次:核反应区、辐射层、对流层和太阳大气。核反应层是发生热核反应的区域,也是太阳巨大能量的源泉,产生的能量通过辐射、对流的方式传到太阳的表面,即太阳大气中。太阳大气层由里向外依次是光球层、色球层、日冕层。平时我们看到的圆圆的太阳就是太阳的光球层,明亮耀眼的太阳光就是从这一层里发出来的。

太阳内部结构示意图

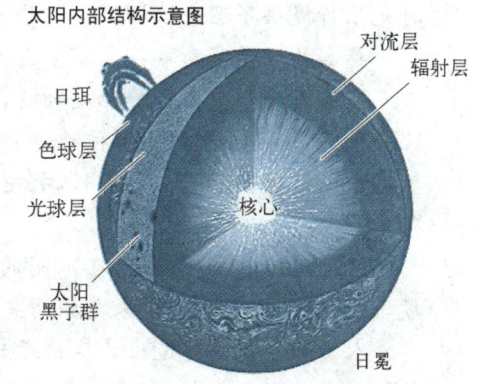

对流层
辐射层
日珥
色球层
光球层
核心
太阳黑子群
日冕

1-2-3　太阳结构示意图

 **知识链接**

太 阳 活 动

太阳活动是太阳大气层里一切活动现象的总称。主要有太阳黑子、耀斑、日珥和日冕等。太阳活动平均以11年为周期。处于活动剧烈期的太阳(称为"扰动太阳")辐射出大量紫外线、x 射线、粒子流和强射电波。

太阳活动会对地球产生很大的影响。当太阳黑子和耀斑增多时,会喷射出大量的气体、电磁波和带电粒子流,电磁波进入地球电离层后会引起电离层扰动,使地球上无线电短波通信受到影响,甚至出现短暂的中断;太阳大气抛出的带电粒子流,还会使地球磁场受到扰动产生"磁暴"现象,导致罗盘指针剧烈颤动不能正确指示方向;地球两极地区的夜空,常会看到淡绿色、红色、粉红色的光带或

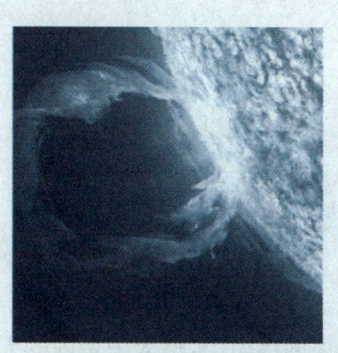

1-2-4　太阳活动

光弧,叫做极光,极光是高能带电粒子流高速冲进地球的高空大气层,被地球磁场捕获,同稀薄大气相碰撞而产生的。另外,太阳活动与地球上气候(降水)的变化也有明显的关系,世界许多地区降水量的年际变化,与黑子活动的11年周期有一定的相关性。

◎ 太阳系八大行星

按照距离太阳远近来排列,离太阳最近的是水星,其次是金星、地球、火星、木星、土星、天王星和海王星。如果按照质量、体积等物理性质来分,八大行星又可分为类地行星(水星、金星、地球、火星)、巨行星(木星、土星)和远日行星(天王星、海王星)。八大行星围绕太阳公转的运动有三个共同的特征,即都在近似正圆的椭圆轨道上运行,轨道面几乎在一个平面上,运动方向都是自西向东的方向。

离太阳最近的水星 水星是离太阳最近的一颗行星,没有卫星。水星朝向太阳的一面温度非常高,可达到400℃以上。这样热的地方,就连锡和铅都会熔化;但背向太阳的一面,由于长期不见阳光,温度非常低,达到−173℃。水星是八大行星中体积最小的,虽然叫水星,但上面并没有水。水星绕太阳公转的周期是最短的,只有88天。自转速度较慢,相当于地球上的59天。水星由于经常淹没在太阳耀眼的光辉中而不得见,只有在日落之后或日出之前很短的时间里,才能看到它。1974—1975年,美国发射的"水手10号"探测了水星,向地面发回5 000多张照片。水星地貌酷似月球,有大小不一的环形山,还有辐射纹、平原、裂谷、盆地等地形。

1-2-5 水星

1-2-6 金星

最耀眼的金星 我国古代把金星称为"太白金星"。它有时是晨星,黎明前出现在东方天空,被称为"启明";有时是昏星,黄昏后出现在西方天空,被称为"长庚"。金星是全天中除太阳和月亮外最亮的星,犹如一颗耀眼的钻石,于是古希腊人称它为阿佛洛狄忒,意为爱与美的女神,而罗马人则称它为维纳斯,意为美神。

金星的自转很特别,是自东向西转,在金星上,太阳是从西边升起、东边落下的。金星自转速度非常慢,相当于地球上的243天,而公转周期为224.7天,比自转周期还短一些。

人类的家园——地球 在太空中,地球的特征是明显的:漆黑的太空、蓝色的海洋、棕绿色的大块陆地和白色的云层。地球是太阳系从内到外第三颗行星,距太阳约有1.5亿千米。

在几十亿年的漫长岁月中,生命在地球上繁衍生息,不断发展。时至今日,我们人类已经成为宇宙中具有高度文明的智慧之花,把地球装点得更加绚丽多姿。

1-2-7 地球

月球是离地球最近的天体,与地球相距约38万千米。月球的体积相当于地球的1/49,质量是地球的1/80。古时候,人们不了解月球的真面目,想象出了许多美丽的传说。实际上它上面没有大气、没有液态水,荒凉的月球表面上有山脉、深谷,最多的则是环形山。

人在月球上的特殊感受 声音通常通过空气传播,月球表面几乎没有空气,如果不借助特殊的仪器是听不到任何声音的;月球上没有空气,月表被太阳照射到的地方,温度可高达120℃,没有被太阳照到的地方,温度则为−180℃;人在月球上所受的重力只有地球上的1/6;月球上没有水蒸气,自然也就没有雨、雪、雹、云、雾等与水有关的天气现象。

1-2-8　凸月

"月有阴晴圆缺"　月亮本身不发光，它被太阳照射到的部分是明亮的，而照不到的部分则是黑暗的。月球围绕地球公转，同时又随着地球围绕太阳公转，月球、地球、太阳三者的相对位置不断变化，人们在地球上观测到的月球被照亮的部分，也在不断变化，这叫做"月相"。

月食与日食　我们的祖先很早就对日食和月食进行了记载，殷墟出土的甲骨文记载了公元前1 000多年前发生的日食和月食；《春秋》中也有37次关于日食的记录。当时的人们认为日食是上天对统治者的警示。

不过，最晚至汉代，一些学者已基本推测出日食成因。西汉刘向、东汉王充等人均有记述说，"日蚀者，月往蔽之"、"日食者，月掩之也"，张衡还进而推断了月食规律。

的确，日食和月食其实是我们地球的卫星——月球在运动过程中发生的正常现象。在阳光照射下，月球和地球的背向太阳的方向拖着一条影子，月影扫过地面，便产生日食；而月球钻进地球的阴影里，就产生了月食。日食必发生在朔日，即农历的初一，而月食出现于望日，即农历的十五或十六。但是，并非每月的初一、十五都有日食和月食发生，因为月球绕地球运行的轨道（白道），与地球绕太阳运行的轨道（黄道）不在一个平面上，两个轨道面有一个斜交成5°09′的交角，当太阳位于黄、白两道的两个交点附近，又恰逢朔日和望日时，日食或月食才有可能发生。

思辨之窗

同学们，你都见过什么形状的月相？它们大概在一个月中什么时间出现？与你的同学一起解释原因吧。

最像地球的火星　火星是地球的近邻，用肉眼观察，它荧荧如火的光芒时强时弱，充满神秘色彩。火星基本上是一颗沙漠行星，地表沙丘、砾石遍布，没有稳定的液态水体，二氧化碳为主的大气既稀薄又寒冷，沙尘悬浮其中，每年常有尘暴发生。火星与地球有许多相似的特征，它们都有卫星，都有移动的沙丘和大风扬起的沙尘暴，南北两极都有白色的冰冠，只不过火星的冰冠是由干冰组成。火星每24小时37分自转一周，它的自转轴倾角是25°，与地球相差无几。火星687天绕太阳公转一周，其一年几乎相当于地球的两年。火星距太阳比地球远些，接收到的太阳辐射只有地球的43%，火星上的平均温度大约为218 K。

1-2-9　火星

个子最大的木星　木星是天空中亮度仅次于太阳、月球和金星的星星，有62颗已知卫星。木星又是太阳系中最大的行星，它的质量是地球的318倍，体积是地球的1 316倍，比其他七颗大行星的体积总和还要大，因此被称为"行星之王"。木星自转速度很快，只有9小时50分30秒，公转周期约为12年，每年经过一个星座，因此我国古代又把它叫做"岁星"。

木星有一层厚而浓密的大气层，主要成分是氢。在木星赤道南侧的上空，有一块引人注目的大红斑。这个明显的标志自1665年被发现以来，一直没有消失过，只是明暗、形状经常会发生变化。大部分天文学家认为，它可能是一个巨大的气体旋涡。

1-2-10　木星

最美丽的土星　土星是太阳系第二大行星。它与邻居木星十分相像，表面也是液态氢和氦的海洋，上方同样覆盖着厚厚的云层。土星上狂风肆虐，沿东西方向的风速可超过每小时1 600公里，土星上空的云层就是这些狂风造成的。土星表面呈淡淡的橘黄色，赤道上空有一个由小石块和小冰块组成的亮丽光环，宛如戴了一条闪光的水晶项链,因此土星是公认的最美丽的行星。

　　土星公转一周要 29 年半才能完成,但自转速度较快,只需要 10 个多小时。土星表面的温度约为－140℃,密度很小,只有水的 70%,假如把土星放在水中,它会漂浮在水面上。

　　蓝绿色的天王星　天王星的体积是地球的 65 倍,仅次于木星和土星。科学家发现,天王星也拥有像土星那样的光环,这些光环拥有缤纷的颜色,使遥远的天王星看起来更加神秘莫测。天王星的自转周期是 17.24 小时,公转周期是 84 年。天王星的自转轴几乎在其公转轨道的平面上,因此,天王星是"躺着"公转的行星。

1-2-11　土星

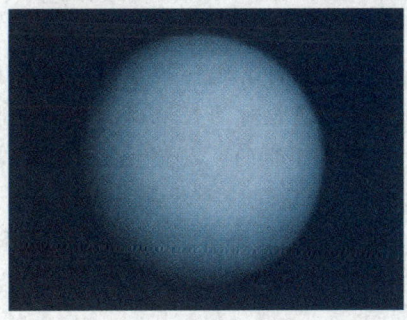
1-2-12　天王星

1-2-13　海王星

　　最冰冷的海王星　海王星在 1846 年 9 月 23 日被发现,是唯一利用数学预测而非有计划的观测发现的行星。其质量约是地球的 17 倍,公转周期为 165 年,自转周期约为 22 小时。由于距离太阳最远,海王星的表面温度在－200℃以下。我们用肉眼看不到海王星,在天文望远镜或优质的双筒望远镜中,海王星显现为一个小小的蓝色圆盘,看上去与天王星很相似。作为典型的气体行星,海王星上呼啸着按带状分布的大风暴或旋风,海王星上的风暴是太阳系中最快的,时速达到 2 000 千米。

知识链接

被抛弃的冥王星

　　冥王星被发现时,被误认为是大行星。但经过数十年的观测后,天文学家发现它竟然比月球体积还要小。一个天体需要满足三个条件才能被称为行星:围绕太阳运转;质量大到自身引力能使其变成球体;能够清除它公转轨道周围的其他小天体。根据新定义,具有足够质量、呈圆球形,但不能清除自身轨道附近其他小天体的星球应该称为"矮行星"。于是,在 2006 年的国际天文联合会中,把冥王星从太阳系九大行星中除名,将它划为矮行星。

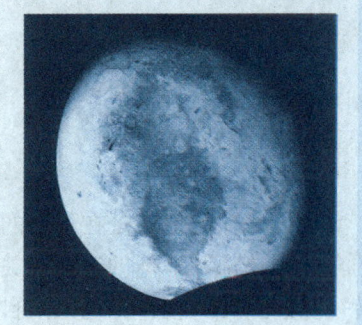
1-2-14　冥王星

思想游戏

小行星会撞击地球吗?

　　地球上已经发现了几个直径超过 1 千米的大坑,这是小行星撞击地球的痕迹。6 500 万年前恐龙的灭绝,许多科学家认为是小行星撞击地球造成的。1949 年,人们发现一颗叫伊卡鲁斯的小行星,重达 20 亿吨,有人说它会在 1968 年 6 月 15 日撞向地球。但那一天,这颗小行星并没有撞向地球,只是有惊无险。1989 年 12 月 13 日,许多国家的报纸都刊登了一条消息:一颗直径为 1 千米的小行星,现离地球 80 万千米,只比月球远一倍,很有可能对地球造成威胁。结果再次是虚惊一场。

　　你认为太阳系中的小行星会撞击地球吗?如果有这种可能,我们应该如何应对?

知识链接

探索地外生命

地球是我们迄今为止发现的唯一有生命的星球,这得益于地球所处的安全稳定的宇宙环境和优越的自身条件:由于地球与太阳的距离适中,使地球表面有适于生命生存发展的温度条件;地球的体积和质量适中,其引力可以使大量的气体聚集在地球周围形成大气层;地球形成过程中出现了生命必不可少的水。

但是,在浩瀚的宇宙中,人类真的是独行客吗?地球以外是否存在生命?半个多世纪以来,人们不断地对地外生命进行探索。科学家通过对落在地球上的一些陨石进行分析,发现太空中存在有机分子,这就意味着生命的诞生是有可能的。20世纪70年代,美国执行了著名的"奥兹玛计划",即监听从遥远的恒星传来的电波,希望能听到外星文明的声音。

1972年3月和1973年4月,美国先后发射了"先驱者10号"和"先驱者11号"空间探测器,它们各自携带一张"地球名片"飞向宇宙,上面刻着地球在太空中的位置,还有代表地球人类的男女图像。

1977年8月和9月,美国先后发射了"旅行者1号"和"旅行者2号"空间探测器,它们各带着一张被称为"地球之音"的特别唱片飞向了太空。唱片可以保存10亿年,上面有115张照片和图表,35种大自然和人类活动的声音,27首世界名曲,近60种语言的问候语。我们期待另外一个宇宙文明截获并破译这些内容,在未来能与地球取得联系。

1992年,美国又实施寻找外层空间智慧生物的"凤凰"计划,利用当时最大的天文望远镜和射电望远镜搜索宇宙中各类天体传来的不同波长的无线电信号。

同学们,你相信地外生命的存在吗?你认为具备什么条件的星球才会有生命的出现呢?

第三节 地球的运动

我们居住的地球处在不断的运动中。日月星辰的东升西落、寒来暑往的四季变化,这些我们非常熟悉的自然现象都和地球的运动有关。地球运动的基本形式有两种:自转和公转。地球围绕地轴自西向东旋转,叫做地球的自转;围绕太阳自西向东的运动,叫做公转。

地球的自转

地球不停地自西向东绕地轴自转。地轴的北端始终指向北极星附近。地球自转的周期由于选定的参考点不同,其长度略有差异。如果以距离地球遥远的同一恒星为参考点,则自转周期的时间长度为23时56分4秒,叫做恒星日。如果以太阳为参考点,则自转周期的时间长度是24小时,叫做太阳日,也即我们平常所说的一天。恒星日是地球自转的真正周期。

君子动手

用地球仪演示地球的自转,请思考:从北极上空看,地球是怎样自转的?如果从南极上空观察又会有什么不同?

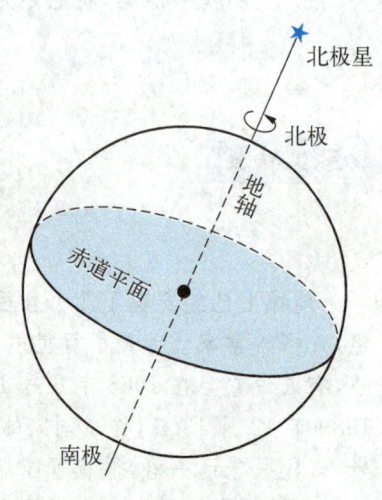

1-3-1 地球自转示意图

地球的公转

地球公转的方向与自转方向一致，也是自西向东。地球公转的真正周期是恒星年，其长度为365天6时9分10秒。

地球公转轨道是一个近似正圆的椭圆轨道，太阳位于椭圆的一个焦点上。随着地球的公转，日地距离发生着微弱的变化，每年1月初，地球处于近日点，7月初，处于远日点。

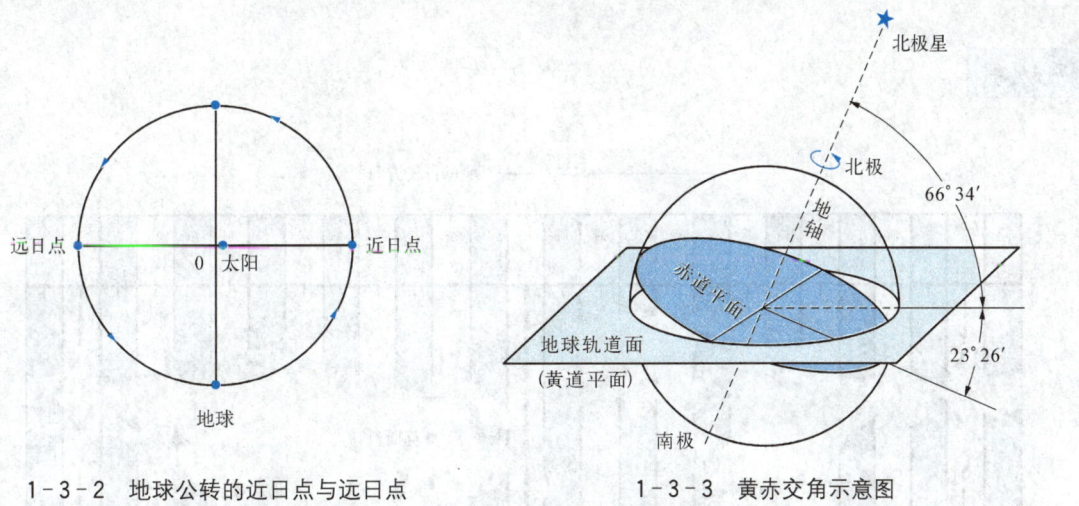

1-3-2 地球公转的近日点与远日点　　　　　1-3-3 黄赤交角示意图

地球在公转的过程中也在不停地自转着。地球公转的轨道面称为黄道面。由于地球自转时地轴一直指向北极星方向，因此赤道面基本保持不变，这样黄道面与赤道面之间就存在着一个交角，叫做黄赤交角。目前黄赤交角的度数是23°26′。

地球自转的地理意义

昼 夜 更 替

由于地球是既不发光、也不透明的球体，因此同一时间太阳只能照亮地球表面的一半，面对太阳的半球是昼半球，而背对太阳的半球是夜半球。昼夜半球的交界线叫晨昏线。由于地球不停地自转，昼半球和夜半球也就不停地交替。

君子动手

请用一盏台灯代表太阳，一只地球仪代表地球，演示地球的昼夜更替现象。

① 打开台灯，观察地球仪哪些部分被照亮，哪些部分太阳光照不到。

② 匀速转动地球仪，观察昼夜更替的情况。

地球自转产生了昼夜更替

1-3-4 昼半球与夜半球

沿地表水平运动物体的偏移

由于地球不停地自转，在地球上做水平运动的物体的运动方向会发生偏转。这主要是因为地转偏向力在起作用：在北半球，水平运动的物体向右偏，南半球则相反，沿赤道运动的物体，不受地转偏向力的影响。地转偏向力的作用实例很多。例如，在北半球，河流右岸冲刷显著；在南半球，河流左岸冲刷显著。洋流的流向也受地转偏向力的影响。

地 方 时

由于地球自西向东自转,同一纬度的不同地区,东边的地点总是比西边的地点先看到日出,因此,东边地点总是比西边地点时刻早,这种因经度不同而不同的时刻,叫做地方时。

各地的地方时与它们所在的经度相关。经度相同的地方,地方时相同;经度不同的地方,地方时不同。全球经度分成360°,每相差15°,地方时就相差1个小时;每相差1°,地方时相差4分钟。

为了方便,国际上规定将全球划分为24个时区,每个时区占15个经度,以该时区的中央经线的地方时为整个时区的统一时间,叫做区时。相邻两个时区的区时相差一个小时。

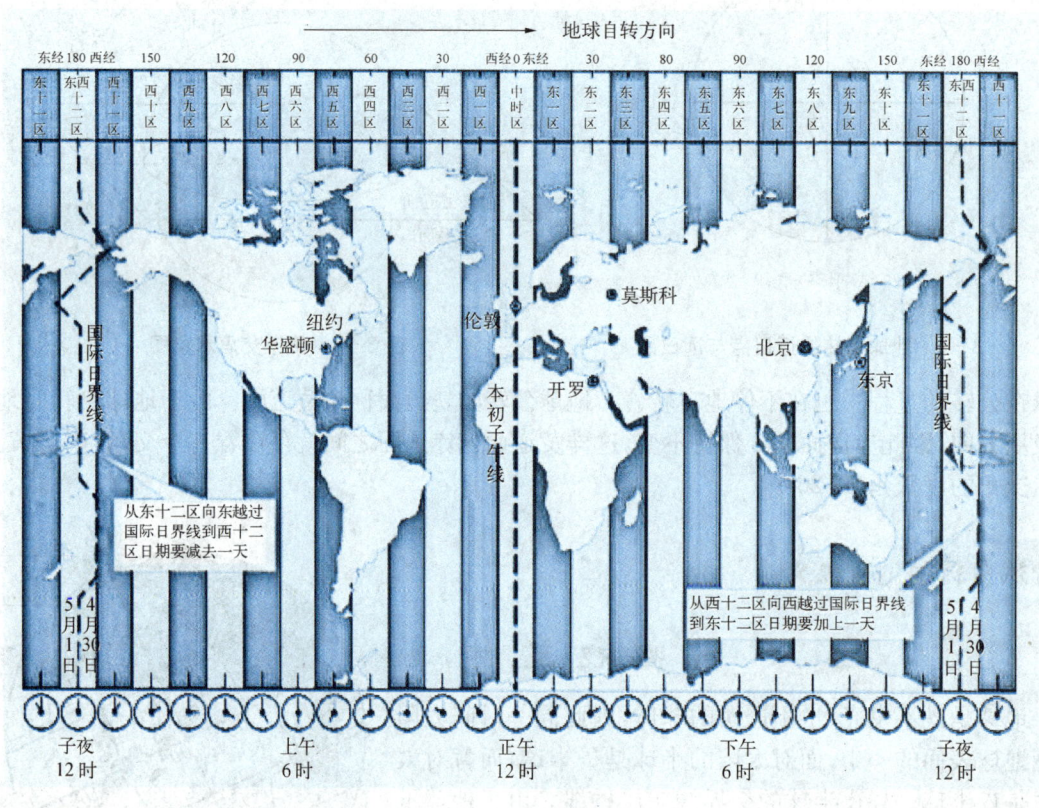

1-3-5 时区的划分图

请读图思考下列问题:

① 请在图中找出本初子午线穿过的国家和地区。

② 中时区以东和以西依次分为哪几个时区?如果你到伦敦、纽约、莫斯科去旅游,怎样计算它们和北京的时差?

知识链接

国际日期变更线

1522年,麦哲伦船队在历经三年的环球航行后回到西班牙时,发现航海日志的日期比岸上的日期"少"一天,这在当时引起一场轩然大波。这是怎么回事呢?

原来,当船舶在向西行进时,视午的物理时刻会逐日推迟,即每天都在推迟中午的到来。按这种被延长了的昼夜来计算日子,在绕行地球一周后,便要减少1天。反之,若船舶向东航行,视午的物理时刻逐日提早,昼夜缩短,环球一周后,日期便会"多"出1天。如果没有适当的措施,每绕行地球一周,日期便差 1 天。

　　1884 年,人们决定在太平洋中,也即在 180 度经线附近画一条线,规定当各种交通工具自东向西越过此线后,日期增加 1 天;而由西向东越过此线后,日期减少 1 天。这条线就是"日界线",又叫"国际日期变更线"。日界线分出了最东时区和最西时区。日界线西侧的东 12 区,成了全球最早迎接太阳升起的地方,它的时刻最早;日界线东侧的西 12 区,则成了全球时刻最迟的地方。日界线的设置,把时区的排列,变无限方向为有限方向,因此避免了环球航行中日期混乱的现象发生。

时区和区时的具体应用

　　在实际使用区时计时的时候,世界各国根据本国的具体情况采用了一些特别的计时方法。如美国根据领土跨越经度广的实际情况,不同的时区分别采用不同的区时作为标准时间(美国本土部分由东到西包括西 5 区、西 6 区、西 7 区、西 8 区四个时区,这四个时区分别采用各自的区时作为标准时间,即东部时间、中部时间、山岳时间和太平洋时间);我们国家为了国内各地联系的方便,全国统一采用北京所在的东 8 区的区时来计时,这就是北京时间。

地球公转的地理意义

　　由于黄赤交角的存在,地球围绕太阳公转的一年中,太阳光线直射点会在南北回归线之间来回移动,所用时间为 365 日 5 时 48 分 46 秒,叫做一个回归年。正是由于太阳直射点的南北移动,使各地正午太阳高度、昼夜长短都会发生变化,四季的更替也与此有关。

思辨之窗

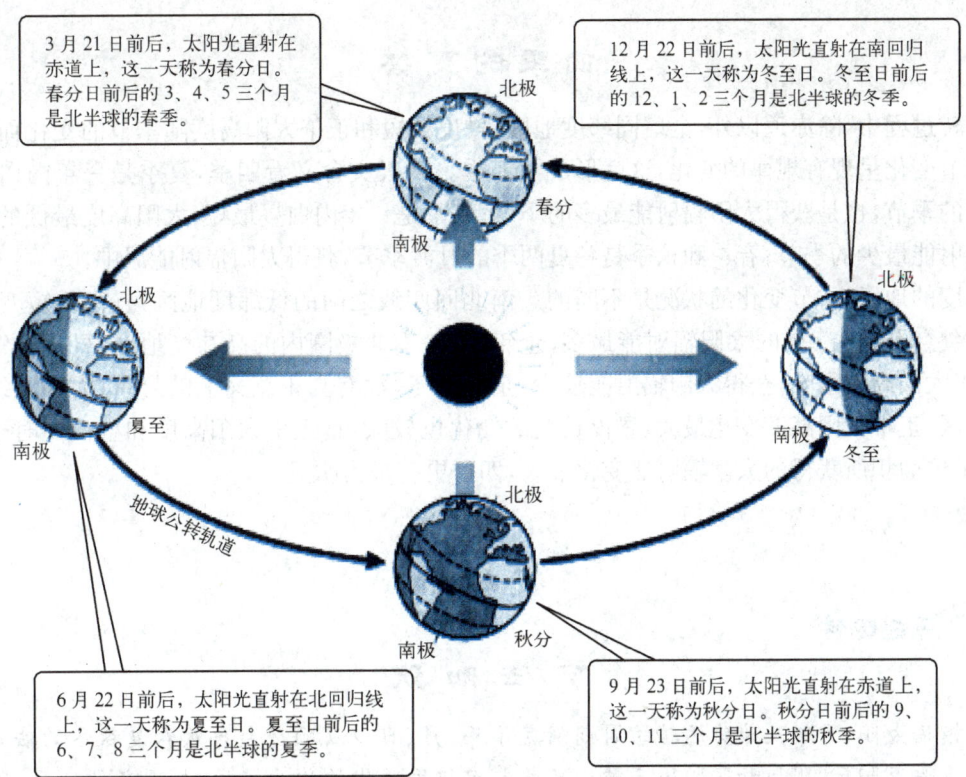

3 月 21 日前后,太阳光直射在赤道上,这一天称为春分日。春分日前后的 3、4、5 三个月是北半球的春季。

12 月 22 日前后,太阳光直射在南回归线上,这一天称为冬至日。冬至日前后的 12、1、2 三个月是北半球的冬季。

6 月 22 日前后,太阳光直射在北回归线上,这一天称为夏至日。夏至日前后的 6、7、8 三个月是北半球的夏季。

9 月 23 日前后,太阳光直射在赤道上,这一天称为秋分日。秋分日前后的 9、10、11 三个月是北半球的秋季。

北极　南极　春分
北极　南极　夏至
地球公转轨道
北极　南极　冬至
北极　南极　秋分

1-3-6　地球公转示意图

请读图思考下列问题：

① 太阳直射点分别在什么时间段直射到北半球和南半球？请说明它的移动规律？

② 极昼和极夜现象会出现哪些地区？

③ 地球上哪些地区既没有太阳直射机会又没有极昼极夜现象的出现？

正午太阳高度的变化

太阳光线和地平面的夹角叫太阳高度，一天中各地地方时12时的太阳高度最大，称为正午太阳高度。太阳直射的纬线上正午太阳高度最大，为90°。同一时刻，各地正午太阳高度从太阳直射点所在纬度向南北两侧递减。同一地点，正午太阳高度随季节更替作有规律的变化。

昼夜长短的变化

黄赤交角的存在还使得地球在运动过程中，除赤道外的其他地方昼夜长短发生变化。当太阳直射北半球时，北半球昼长夜短，纬度越高，昼越长，夜越短，在北极圈内，出现极昼现象；南半球则昼短夜长，纬度越高，昼越短，夜越长，在南极圈内，出现极夜现象。当太阳直射南半球时则相反。赤道上各地的昼夜长短，基本没有变化。

思辨之窗

联系生活实际，回答下面两个问题：

1. 对于我们生活在北半球的人来说，一年中什么季节正午太阳高度最大（或者正午物体的影子最短），什么季节正午太阳高度最小（或者正午物体的影子最长）？正午太阳高度的变化对我们的生活有影响吗？

2. 一年中什么季节昼长夜短，什么季节昼短夜长？昼夜长短是怎样随季节变化的？

四季的更替

地球公转过程中，除赤道以外，全球同纬度地区，昼夜长短和正午太阳高度随季节的变化而变化，太阳辐射也随季节变化呈现有规律的变化，这就形成了四季。从天文含义看四季，夏季是一年内白昼最长、太阳高度最高的季节，也是获得太阳辐射能最多的季节；冬季是一年内白昼最短、太阳高度最低的季节，也是获得太阳辐射能最少的季节；春季和秋季是冬夏两季的过渡季节，获得太阳辐射能居中。

不同纬度的地区，季节变化的状况是不同的。南北回归线之间的低纬度地区，昼夜长短变化不大，正午太阳高度终年较大，获得的太阳辐射能最多，全年皆夏；南北极圈内的高纬度地区，昼夜长短的变化很大，全年正午太阳高度很小，获得太阳辐射能较少，全年皆冬，没有真正意义上的夏季；而回归线和极圈之间的广大地区，正午太阳高度变化最大，昼夜长短的变化也较大，且正午太阳高度和昼夜同时达到最大值或最小值，单位面积所获得的太阳辐射能变化最大，四季更替最为明显。

历史回眸

历 法 知 识

人类根据太阳、月球及地球运转的周期制定了年、月、日以及顺应大自然春夏秋冬的法则——历法。历法主要有阳历、阴历和阴阳历三种。只考虑回归年变化的称为阳历，如现行的公历；固定十二个朔望月为一年的，叫做阴历；这两种计算单位并用的历法，称为阴阳历。

中国的阴阳历 阴阳历又叫农历,我国在夏代就使用了这种历法,所以又称它为夏历。农历的历月以朔望月为依据,时间是29日12小时44分3秒,大月30天,小月29天,以12个月为一年。但12个朔望月的时间是354.3667日,和回归年比起来要差11天左右,这样每隔3年就要多出33天,因此每隔3年就要加一个月,叫做闰月。有闰月的一年也叫闰年。

为了便于指导农业生产,我国古人又在历法中加入了"二十四节气"。二十四节气反映了地面寒暑四季的变化规律,每两个节气约间隔半个月的时间,分列在十二个月里面。为了方便记忆,人们还把二十四节气编成了歌谣。

春雨惊春清谷天,夏满芒夏暑相连,
秋处露秋寒霜降,冬雪雪冬小大寒。

自西汉起,二十四节气历代沿用,指导农业生产不违农时,几千年以来一直是深受农民重视的"农业气候历"。

现行公历 现在世界通行的历法叫格里历,它最早可追溯到古埃及的太阳历。古埃及人根据尼罗河的泛滥规律把一年定为365天,与地球围绕太阳公转一周的时间只相差约1/4天,但这一误差累积4年后就会相差一天,经过730年,就达到半年,这时季节已完全颠倒了。

古埃及太阳历对世界历法产生了积极影响。公元前46年,罗马独裁者儒略·恺撒决定以古埃及太阳历为蓝本全面修订罗马历法。修订后的历法被称为"儒略历",它对每年约1/4天的误差作了调整:设平年365天,闰年366天,每4年置一个闰年;单数月为大月,每月31天,双数月为小月,每月30天。由于2月是古罗马处决犯人的月份,就将2月减少1天为29天,只在闰年时才为30天。罗马元老院还决定将恺撒出生的7月命名为"儒略(Julius)"。后来的罗马统治者奥古斯都也效仿此法,将8月命名为"奥古斯都(Augustus)",从2月中再抽出一天补入8月,使其变为大月,而2月就只剩28天了。由于8月成为大月,因此就相应地把9、11改为小月,10、12改为大月。

即使如此,儒略历仍与地球公转的周期有11分14秒的误差,累积400年就会相差3天。因此,教皇格里高利十三世在1582年宣布修改历法:首先取消1582年10月5日至14日这10天,将此前1000多年积累的误差一笔勾销。其次是改变置闰法则,保留公元年数能被4整除的年份是闰年的规定,再增加一个法则,即凡逢百年,能被400整除的年份才是闰年,这样就去掉了每400年中多出的3个闰年,基本上弥补了每年11分14秒的误差。

第二章

大气——最活跃的自然要素

包围地球的空气即大气。大气的主要成分是氮气和氧气，还有少量的二氧化碳、微量气体和水蒸气。人类生活在地球大气层的底部，如同鱼儿生活在水中一样，一刻也离不开大气。大气为地球生命的繁衍、人类的发展提供了理想的环境。

第一节　天气与天气预报

收听收看天气预报已成为现代人们工作和生活中不可缺少的一项内容。天气预报可以直接为工农业生产和群众生活服务，方便人们出行，其重要性，越来越为人们所认识。

每日关心天气预报

在使用科学仪器进行气象观测和天气预报以前，人类就已经开始关注未来的天气变化。人们依据一些天气现象来预测第二天的天气状况，例如，我国古代口口相传的气象谚语。从 17 世纪开始，科学家们开始利用各种仪器来进行气象观测，并根据观测的数据，来预测未来的天气。由于当时通讯条件的限制，观测数据无法传送到更远的地方，所以这种天气预报只是地方性的，适用范围很小。20 世纪初气象学发展迅速，人类对大气的认识也逐渐加深，观测仪器的发展以及电子计算机技术的应用，数字天气预测发展迅速，成为现在天气预报的主要方式。

我们每日收听收看的天气预报既有全国范围的天气形势预报，还有各个城市的气象要素预报。想要更好地利用天气预报为我们的生产生活服务，我们应该认识天气预报中常用的气象符号，熟悉天气预报常用术语，了解影响天气变化的因素。

天气预报常用的气象符号

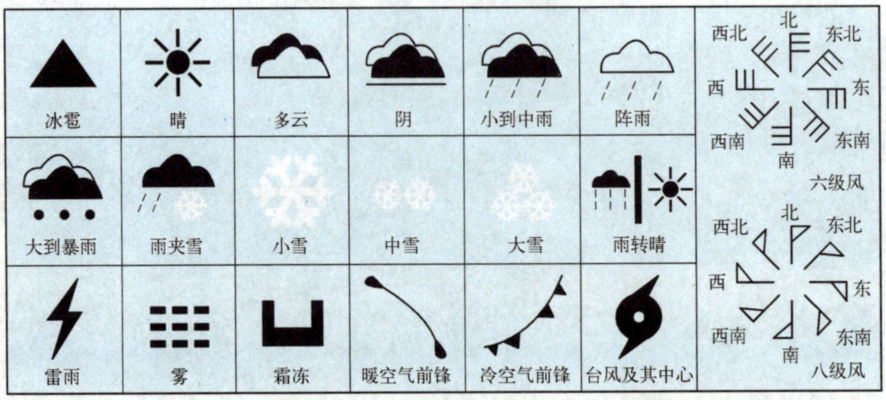

冰雹
晴
多云
阴
小到中雨
阵雨
大到暴雨
雨夹雪
小雪
中雪
大雪
雨转晴
雷雨
雾
霜冻
暖空气前锋
冷空气前锋
台风及其中心
西北
北
东北
西
东
西南
南
东南
六级风
西北
北
东北
西
东
西南
南
东南
八级风

君子动手

请你每天收听天气预报,并做好记录,填写入下表内。

气象观测记录表

日期＼项目	云 量	风 向	温 度		降水量	其 他
			最高温度	最低温度		

 **知识链接**

气象谚语

"天上鱼鳞斑,明天晒谷不用翻"

鲤鱼斑是指透光高积云。产生这种云的气团性质稳定,到了晚上,如遇气流下沉,云体便迅速消散,次日即是晴好天气。但是,如果云体似细小鱼鳞,则是卷积云,这种云多存在于低压槽前或台风云系外围,近期天气会刮风或下雨,所以又有"鱼鳞天,不雨也风颠"的谚语。

"早霞不出门,晚霞行千里"

夏季早上,低空大气稳定,尘埃很少,如果当时有鲜艳的红霞,这表示东方低空含有许多水滴,有云层存在。随着太阳升

2-1-1 鱼鳞云

高,热力对流逐渐向平地发展,云层也会变密加厚,本地天气将愈来愈变坏,这就是"早霞不出门"的原因。而傍晚,由于一天的阳光加热,温度较高,低空大气中水分含量较低,但尘埃可能大量集中,如果出现鲜艳的晚霞,说明晚霞主要是由尘埃等干粒子对阳光散射所致,说明西方的天气比较干燥。按照气流由西向东移动的规律,未来本地的天气不会转坏,所以有"晚霞行千里"的说法。

动物天气预报员

瓢虫 瓢虫是一种冷血生物,一旦气温达到12℃—13℃,它们便会聚作一团。因而有人把它们作为气温回升的指南。

蚂蚁 大雨来临以前,气压明显降低,空气湿度大大增加,蚂蚁能感受到这种天气的变化。因此,我国民间有"蚂蚁搬家,必有雨下"的谚语。

🔵 气象观测——天气预报的基础

天气预报是依据气象观测资料,结合一定的科学方法,对未来的天气状况做出预测。因此,气象观测

是天气预报的基础。气象观测不仅能使我们深入认识天气现象,而且可以直接为人类的生产和生活服务。

随着气象观测手段的发展,其观测范围和项目也逐渐增多,一般条件下,我们接触最多的气象要素有气温、降水、风向和风速、云量等少数几个。

气温的观测　气温记录可以表征一个地方的热状况特征,是地面气象观测中的所要测定的常规要素之一。观测气温的仪器放在专门制作的百叶箱中,百叶箱安装的高度要使仪器的感应部分距离地面 1.5 米。气温观测要在统一规定的时间内进行,通常一昼夜要观测四次,观测时间依次为北京时间 2 时、8 时、14 时、20 时,最高最低气温的记录在 20 时进行,因这时一天中最高气温和最低气温都已经出现了。

风的观测　风是指大气水平运动,相对于地表面的空气运动,通常指它的水平分量,以风向、风速或风力表示。

测风的仪器种类很多,气象台站多用转杯式的风向风速器观测和记录风速和风向。风向是指风吹来的方向。风向可用东、东南、南、西南、西、西北、北、东北八个方向记录。一般按风速大小把风力分为十二级进行记录,风级越大,风速越大。

知识链接

在没有测风的仪器时,可观察炊烟、旗帜和树枝摆动的方向来确定风向。

蒲福风力表

风级	名　称	风速(米)*	陆地物象	海面波浪	浪高(米)
0	无风	0.0—0.2	烟直上	平静	0.0
1	软风	0.3—1.5	烟示风向	微波峰无飞沫	0.1
2	轻风	1.6—3.3	感觉有风	小波峰未破碎	0.2
3	微风	3.4—5.4	旌旗展开	小波峰顶破裂	0.6
4	和风	5.5—7.9	吹起尘土	小浪白沫波峰	1.0
5	劲风	8.0—10.7	小树摇摆	中浪折沫峰群	2.0
6	强风	10.8—13.8	电线有声	大浪到个飞沫	3.0
7	疾风	13.9—17.1	步行困难	破峰白沫成条	4.0
8	大风	17.2—20.7	折毁树林	浪长高有浪花	5.5
9	烈风	20.8—24.4	小损房屋	波峰倒卷	7.0
10	狂风	24.5—28.4	拔起树木	海浪翻滚咆哮	9.0
11	暴风	28.5—32.6	损毁普遍	波峰全呈飞沫	11.5
12	飓风	32.7—	摧毁巨大	海浪滔天	14.0

*注:本表所列风速是指平地上离地 10 米处的风速值。

降水量的观测　从空中降下的雨、雪、冰雹等,气象部门统称为"降水现象"。一定时间内,降落到水平面上,假定无渗漏,不流失,也不蒸发,累积起来的水的深度,称为降水量(以毫米为计算单位)。

测量降水量的仪器通常用雨量器。雨量器包括量雨筒和量杯。降水量的观测每天在 8 时和 20 时进行。

知识链接

小雨:雨点清晰可见,没漂浮现象;下地不四溅;洼地积水很慢;屋上雨声微弱,屋檐只有滴水;12 小时内降水量小于 5 mm 或 24 小时内降水量小于 10 mm 的降雨过程。

中雨：雨落如线，雨滴不易分辨；落硬地四溅；洼地积水较快；屋顶有沙沙雨声；12 小时内降水量 5—15 mm 或 24 小时内降水量 10—25 mm 的降雨过程。

大雨：雨降如倾盆，模糊成片；洼地积水极快；屋顶有哗哗雨声；12 小时内降水量 15—30 mm 或 24 小时内降水量 25—50 mm 的降雨过程。

暴雨：凡 24 小时内降水量超过 50 mm 的降雨过程统称为暴雨。

大暴雨：12 小时内降水量 70—140 mm 或 24 小时内降水量 100—250 mm 的降雨过程。

特大暴雨：12 小时内降水量大于 140 mm 或 24 小时内降水量大于 250 mm 的降雨过程。

降雪时，测量降水量，需用一定凉温水去融雪，在测得的降水量中减去温水量，就是实际降水量。测雪也可用刻有高度的量雪尺来测积雪深度。雪深 8 毫米等于 1 毫米的降水量。

请你搜集近几年家乡降雪量的数据。

云量的观测 云量是把天空分为 10 等分，其中被云遮盖的份数，依次记为 0、1、2、3……10。天空无云或云量不到 0.5，记为 0；天空都被云遮蔽，记为 10。日平均云量小于 2，记作晴天；2—5 记作少云；5—8 记作多云；大于 8 记作阴天。

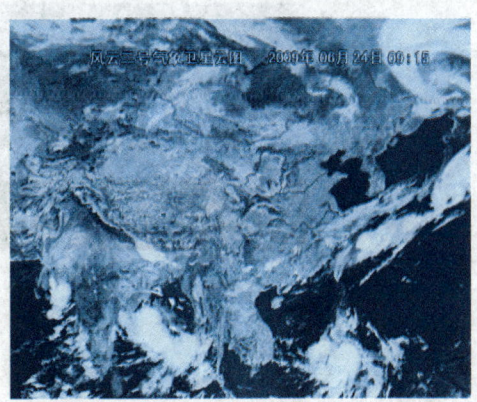

2-1-2 某时云量图

影响天气变化的因素

天气是指一个地方短时间的大气物理状况，如冷热、干湿、阴晴、雨雪等。随着季节的变化，在天气预报节目中，我们经常会听到不同的天气系统影响我国某些地区，出现不同的天气状况。影响天气的主要因素是气团和锋、气旋（低压）和反气旋（高压）等天气系统。

气团和锋

在广大范围内，温度、湿度等物理性质比较均匀的大团空气，称为气团。一个地方在单一气团控制下，天气往往是单调的。两种不同性质的气团相遇，它们中间的交界面称为锋面。当原有气团被新移来的气团代替时，天气就会变化，特别是在冷暖气团交界地带，由于锋面两侧的温度、湿度、气压、风等气象要素都有明显的差别，天气变化最为剧烈，常出现云、雨（雪）、大风等天气。

知识链接

气团的分类

气团的水平范围可达几千公里，垂直高度可达几公里到十几公里，常常从地面伸展到对流层顶。在同一气团中，各地气象要素的分布几乎相同，天气现象也大致一样。气团的分类方法主要有三种，一种是按气团的热力性质不同，划分为冷气团和暖气团；第二种是按气团的湿度特征的差异，划分为干气团和湿气团；第三种是按气团的发源地，常分为北冰洋气团、极地气团、热带气团、赤道气团等。

锋随着冷暖气团的移动而移动。根据锋面两侧冷暖气团的移动方向，可分为冷锋、暖锋和准静止锋。因冷气团势力较强，冷气团主动向暖气团一侧移动的锋称为冷锋。冷锋对我国天气的影响比较明显，常带来大风、降温、雨雪等天气。例如我国冬季爆发的寒潮、春季的沙尘暴、北方夏季的暴雨，就是冷锋南下形成的。暖气团主动向冷气团一侧移动的锋叫做暖锋。暖锋过境时常常形成连续性降水。

思辨之窗

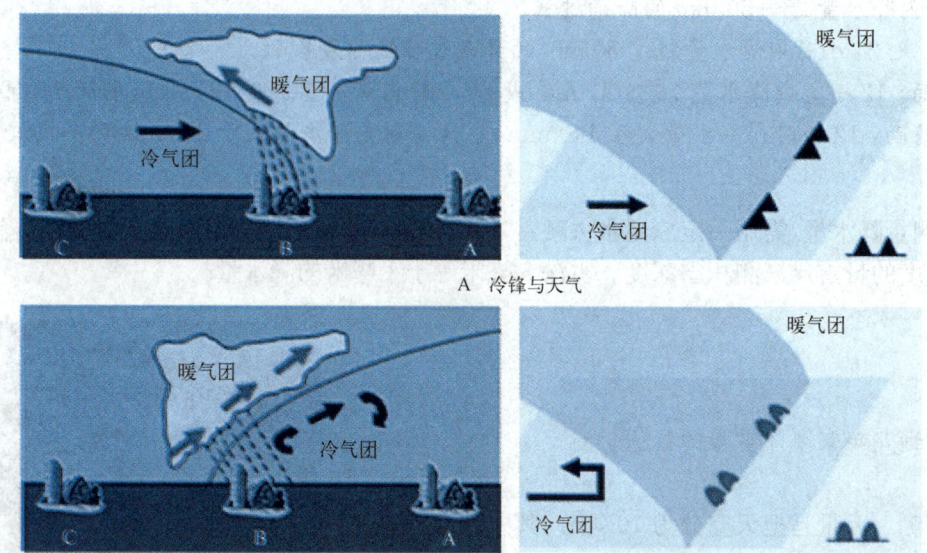

2-1-3 锋面与天气示意图

观察上面两幅图,请思考:受冷锋或暖锋的影响,图中 A、B、C 三地会经历一个怎样的天气变化过程?(提示:可从温度、湿度、气压、阴晴等方面比较)

冷暖气团如果势均力敌,锋面移动缓慢或较长时间在一个地区徘徊的锋,叫做准静止锋。准静止锋形成的云雨范围更广,常造成某一地区连绵不断的阴雨天气,如每年春末夏初我国长江中下游地区和日本南部的梅雨天气和冬季我国贵州地区"天无三日晴"的阴雨天气。

气旋(低压)和反气旋(高压)系统

气旋(低压)和反气旋(高压)是影响天气变化的重要天气系统。

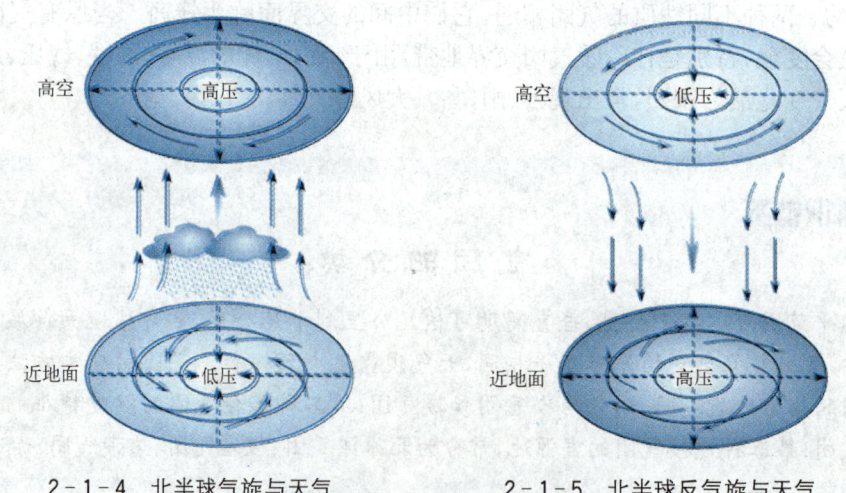

2-1-4 北半球气旋与天气   2-1-5 北半球反气旋与天气

气旋是低气压的别称,其中心气压比四周气压低,气流由四周向中心辐合;受地转偏向力的影响,气流偏转成旋涡状。由于气流辐合上升,容易成云致雨,常形成阴雨、大风天气。夏秋季节,在我国东南沿海经常出现的台风,就是海洋上的一种热带气旋。

反气旋与气旋相反,其中心气压比四周气压高,气流由中心向四周辐散。由于气流下沉辐散,故天空少云,风力微弱,天气晴好。例如,夏季我国长江流域的伏旱天气,就是在副热带高压的控制下形成的。

 **知识链接**

副热带高压对我国天气和气候的影响

西太平洋副热带高压对我国的天气和气候有重要影响。西太平洋副热带高压的强度和位置有明显的季节变化。每年6月以前,副高脊线位于北纬20°以南,受其影响华南进入雨季;到6月中、下旬,副高脊线北跳,并稳定在北纬20°—25°之间,雨带随之北移,长江中下游地区进入雨季,即梅雨;7月上、中旬,副高脊线再次北跳,摆动在北纬25°—30°,这时黄河下游地区进入雨季。而长江中下游地区的梅雨结束,进入盛夏,出现伏旱;7月末至8月初,副高脊线跨越北纬30°,到达一年中最北位置,雨带随之北移,华北北部、东北地区进入雨季;8月底或9月初,高压脊开始南退,雨带随之南移。10月以后,高压脊退至北纬20°以南,大部分地区雨季结束。

实际上,西太平洋副热带高压的南、北季节性移动经常出现异常,造成一些地区干旱;另一些地区水涝的反常天气。

第二节　人类与气候

▶ 影响气候形成的因素

气候是指一个地方多年平均的天气状况,一般变化不大。世界各地区的气候具有明显的差异,影响气候的因素主要有太阳辐射(纬度位置)、大气环流和地面状况等。

纬度位置　由于太阳辐射在地球表面不同纬度上分布不均匀,使地球上获得的热量随着纬度的增加而减少,这是造成气候差异最基本的因素。

大气环流　大气环流促进了高低纬度之间、海陆之间热量和水汽的交换,调整了全球热量和水汽的分布。

地面状况　近地面大气中的热量和水汽主要来自地面,因此地面状况直接影响到大气中水热状况。

▶ 世界主要的气候类型

一个地区的气候,是太阳辐射、大气环流和地面状况等自然因素综合作用的结果。因此,不同的地区,气候因素的影响不同,造成了气候分布具有地带性的特点。全世界气候可划分为以下类型。

世界主要气候类型

气候带	纬度	气候类型	分　布　地　区	气　候　特　点
热带	大致在南北纬30°之间	热带雨林气候	大致在南北纬10°之间,主要位于刚果河流域,南美亚马孙河流域,亚洲印度尼西亚等地。	处在赤道低气压带控制下,盛行赤道气团,高温多雨,全年皆夏。年平均气温在26℃左右;年降雨量大都在2 000毫米以上,且全年分配比较均匀。

续　表

气候带	纬度	气候类型	分　布　地　区	气　候　特　点
热带	大致在南北纬30°之间	热带草原气候	大致在南北纬10°至南北回归线之间，如非洲中部大部分地区，澳大利亚大陆北部和东部，南美巴西等地。	处在赤道低气压带和信风带交替控制地区，干季湿季明显交替。当赤道低压带控制时，盛行赤道气团，形成闷热多雨的湿季；信风控制时，盛行热带大陆气团，形成干旱少雨的干季。全年降雨量在750—1 000毫米之间。
		热带季风气候	大致在南北纬10°至南北回归线之间的大陆东岸，以亚洲中南半岛、印度半岛最为显著。	在一年中风向随季节转变非常明显。夏季风来临，赤道气团带来大量降水；冬季风来临，降水明显减少。全年气温高，年平均气温在20℃以上，年降雨量大都在1 500—2 000毫米之间。
		热带沙漠气候	大致在南北回归线至南北纬30°之间的大陆内部和西岸，如非洲北部大沙漠区，亚洲阿拉伯半岛和澳大利亚沙漠区。	在副热带高压或信风控制下，盛行热带大陆气团，常年干旱少雨，年降雨量不足125毫米。日照强烈，气温极高。
亚热带	大致在南纬或北纬30°—40°之间	亚热带季风气候和季风性湿润气候	主要位于大陆东岸，如我国秦岭以南，北美大陆、南美大陆和澳大利亚大陆东南部等地。	前者夏热冬温，季节变化明显。夏季风时，热带海洋气团带来大量降雨；冬季风时，受极低大陆气团影响，降雨减少。后者冬夏温差比前者小，一年中降水分配也较前者均匀。
		地中海气候	主要位于大陆西岸，如地中海沿岸，南北美纬度30°—40°之间的大陆西岸，澳大利亚大陆和非洲大陆西南角等地。	就北半球而言，夏季因副热带高压带北移控制这里，受热带大陆气团影响，干旱炎热；冬季受西风带控制，多气旋活动，暖湿多雨。年降水量在300—1 000毫米之间。
温带	大致在南纬或北纬40°—60°之间	温带季风气候	主要分布于亚洲大陆东部，如我国华北、东北，俄罗斯远东地区，日本和朝鲜半岛。	冬夏风向明显交替。冬季风时，受极地大陆气团控制，寒冷干燥；夏季风时，受极地海洋气团或热带海洋气团影响，暖热多雨。年降水量在500—600毫米之间。
		温带大陆性气候	主要分布于亚欧大陆和北美大陆的内陆地区	终年受大陆气团控制，干旱少雨。冬季严寒，夏季炎热，气温年变化不大。
		温带海洋性气候	主要分布在西欧、北美和南美大陆西海岸狭长地带。	终年盛行西风，受海洋气团影响，终年湿润，冬雨较多。冬不冷夏不热，气温年变化较小。年降水量一般在700—1 000毫米之间。
亚寒带	南北极圈附近	亚寒带大陆性气候	主要分布在亚欧大陆和北美大陆北部。	主要受极低大陆气团和极地海洋气团控制。冬季漫长而严寒，暖季短促；降水量少，而且集中在夏季。
寒带	极地附近	苔原气候	主要分布在亚欧大陆和北美大陆的北冰洋沿岸。	全年严寒，皆为冬季。最热月气温仅达1℃—5℃。降水少，多云雾，蒸发极弱。
		冰原气候	主要分布于南极大陆和格陵兰内陆地区。	全年酷寒，各月气温皆在0℃以下，是全球年平均气温最低的地区。南极大陆年平均气温约在−29℃—35℃，北极地区在−22℃以下。
高原气候和山地气候			主要分布在高大的山地、高原地区，如青藏高原、南美安第斯山等。	随着高度增加，气候垂直变化非常明显，如气温随高度增加而降低。日照强，风力也大。

思辨之窗

根据图示回答问题：

① 罗马与北京都在北纬 40°附近，但两者气候却截然不同，请你分析一下原因。

② 请你分析一下，是什么原因形成了我国江南地区的水乡泽国景观和非洲撒哈拉大沙漠的沙漠景观？

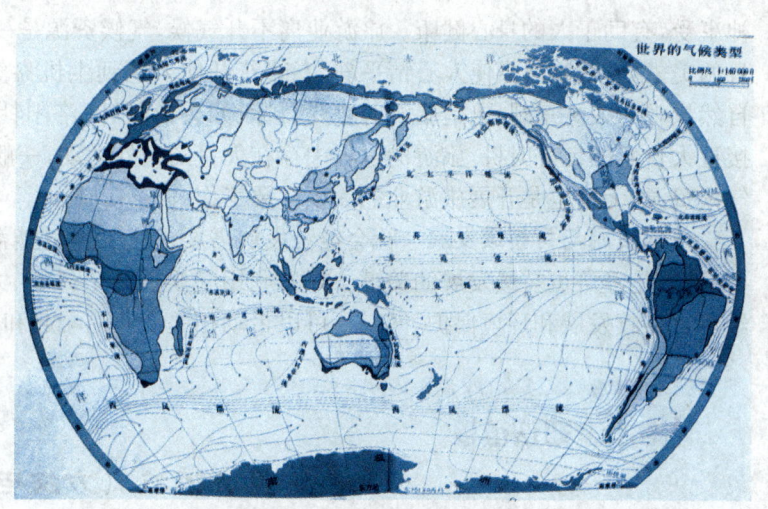

2-2-1　世界气候类型分布图

气候资源的开发利用

气候资源是指能为人类经济活动所利用的光能、热量、水分与风能等，是一种可利用的再生资源。随着社会、经济的快速发展和人民生活水平的不断提高，气候资源已成为基础性的自然资源、战略性的经济资源和公共性的社会资源。目前，利用气候资源最为广泛的是农业、建筑、交通运输、商业、旅游医疗等部门，而气候资源中太阳能和风能的利用，是可持续发展的重要方向。

气候资源与农业　气候中的光、热、水、空气等物质和能量，是农业自然资源的重要组成部分，决定着一个地区的种植制度，包括作物的结构、熟制、配置与种植方式。而光、热、水、空气等的分布是不均匀的。因此，各地区在制定农业发展规划时，应注意因地制宜，充分利用本地区的资源优势获取最大效益。以我国的水稻种植为例，东北、华北地区以单季稻为主，华中、华南地区则以双季稻为主，在海南岛部分地区还可种植三季稻。

随着农业科技的发展，要合理和充分地利用气候资源，挖掘农业气候资源潜力，不断提高对光照、热量、水等气候资源的开发利用率。如广泛采用间作、套种，发展生态农业、立体农业等。例如，我国珠江三角洲地区的桑基鱼塘就是将果树种植与水产品养殖有机结合起来的生态农业。

气候资源与建筑　一地在进行城市规划或建设设计时，必须充分合理地利用当地的气候资源有利的一面，避开或减少不利的一面。例如，进行城镇规划和建筑设计时，应充分考虑光照与街道方位的关系；大气污染性企业选址建设时，应考虑当地的风向变化。

思想游牧

四合院是北京人的传统民居，从辽代已初步形成规模，经历代逐渐完善，最终成为近代的民居形式。四合是指东、西、南、北四面的房屋合围在一起，形成一个"口"字形，即"院"。正规四合院一般坐北朝南，基本形制是分居四面的北房（正房）、南房（倒座房）和东、西厢房，四周再围以高墙形成四合，开一个门。

① 北京有句老话"有钱不住东南房"，你能解释一下原因么？

② 我国幅员辽阔，民族众多，不同地区和民族都有各自独特的民居建筑。例如，蒙古族居住的蒙古包，江南水乡小镇。你还知道哪些有特色的民居建筑，说一说这些民居都受到了当地气候的哪些影响？

气候资源与交通运输　海陆空交通运输常需要穿越不同的气候区，尽量避开气候灾害，才能保证运行的安全和较大的经济效益。公路、铁路的设计和建设时应注意沿线的暴雨、大风、滑坡、泥石流等自然灾害出现的频率和强度，以及冻土、积雪的深度等。桥涵孔径的大小、路基的高低等都需要根据当地的暴雨的强度来设计。航空机场的选址，就应该选择在低云、雾和暴雨出现的频率较少、风速较小的地方。潮湿低洼处易出现雾，城市、工业区易出现烟幕，因此，机场宜设在距离城市较远、地势较高的地方。

气候资源与旅游　旅游业是投资巨大、收入丰厚的新兴产业，其目的是给人提供特殊的物质享受和精神享受,有助于人的身心健康。旅游业离不开气候,气候资源是一种重要的旅游资源。首先是气候现象本身的美。如,秋高气爽使人心情平静,春暖花开使人感到生机盎然。其次,在特殊气候条件下形成的特殊自然景观与人文景观,更是旅游的重要目标,如香山红叶、洛阳牡丹。最后,旅游是一项人类活动,是人类接近大自然的良好时机,旅游的过程中存在大量的户外活动,一般需要宜人的气候条件。充分评价与开发气候资源,无疑也是开展旅游业的一项重要工作。

气候资源与可持续发展　社会经济发展需要消耗大量的能源,而能源供应与环境保护是本世纪的主要问题,是经济可持续发展的关键。开发利用气候资源中风能、太阳能等清洁的可再生能源,不仅有利于经济可持续发展和环境保护,同时还可以带动相关产业的崛起和发展。

知识链接

新疆达坂城风力发电站

著名的新疆达坂城百里风区位于乌鲁木齐市东南方向。在长约 80 公里,宽约 20 公里左右的戈壁滩上,近千架银白色风机或成队列,或成方阵,迎风而立,非常壮观,这就是达坂城风力发电站。它建于 1989 年 12 月 20 日,是我国建成的第一个风力发电站,是全国目前最大的风力发电站。

新疆是一个多风地区,一年四季风次多,持续时间长,年可利用风能经推算可达到 3 万亿千瓦小时。风季一般为 3—6 月以及 8—9 月,风力可达 5—9 级,最大可达到 12 级。新疆达坂城风力发电场坐落于南北疆气流活动的主要通道,来自西伯利亚的冷风与大沙漠蒸腾的热气激烈对流,汇聚成风从山口吹向达坂城。达坂城风力发电厂兴建在戈壁滩上,不占用有用耕地,又可利用风能发电,同时,也在新疆辽阔的土地上增添了的新的景观。

我国第一座海上风力发电站

2007 年 11 月 28 日,我国第一座海上风力发电站成功并网发电,这标志着我国发展海上风电有了实质性突破。

该海上风力发电站项目建于辽东湾的绥中 36-1 油田,距岸约 70 公里,水深约 30 米。在四腿导管架平台上安装的风力发电机组,通过一条长约 5 公里的海底复合电缆(含光纤)将电力送往绥中 36-1 油田的中心平台,与平台上的油田电站并网运行,为油田提供生产所需电力。风机运行为无人值守,在中心平台上可实现对风机的遥控及监测。我国近海风能资源丰富,该海上风力发电站项目可有效节约平台生产所消耗的油气资源,实现节能减排。正式投产后,每年将减少柴油消耗量 1 100 吨,每年减少排放 3 500 吨二氧化碳和 11 吨二氧化硫。

思想游戏

2008 年 12 月 27 日,青海省海西蒙古族藏族自治州人民政府与中国科技发展集团有限公司、青海新能源(集团)有限公司签署了关于在青海柴达木盆地投资建设 GW 级大型并网太阳能电站的合作协议书。该太阳能电站规划总装机容量为 1 GW(100 万千瓦),其规模相当于目前世界太阳能电站总装机容量的 1/3,是世界第一个 GW 级太阳能发电站。

你能说说在这个地区建设太阳能发电站有哪些优势吗?

第三章

水——不仅仅是生命之源

纵观全球,威胁人类生存和发展的问题,如人口膨胀、资源短缺、环境恶化等均与水密切相关。21世纪,水成为直接关系到经济、社会、生态可持续发展的核心资源。我们应如何把握水的脉搏,使人类趋利避害呢?

第一节 陆地水

◆ 陆地水体类型及其利用

陆地水因空间分布不同,可分为地表水和地下水。地表水包括江河水、湖沼水和以固态形式存在的冰川等。

冰 川

冰川是寒冷地区多年降雪积聚、经过变质作用形成的、并在重力作用下有一定运动的自然冰体。占陆地淡水总量70%左右的冰川,主要分布在两极地区和中、低纬度地区的高山上。大陆冰川还很难被人类利用,山岳冰川融水是大江大河的重要补给水源,如我国西北内陆地区,冰川融水量约占河川径流量的25%左右,是一些绿洲农业赖以生存和发展的生命线。冰川就像大自然的硬盘,记录着气候、水文等丰富的环境演变信息,如从南极冰盖钻取的冰芯中,可以分析出72万年以来的气候变化信息。

湖 泊 水

湖泊主要通过入湖河川径流、湖面降水和地下水而获得水量,因而湖水可以不断更新,湖泊水更新周期的长短取决于其容积和入湖、出湖年径流量。在人与自然这一复杂的系统中,湖泊是地球表层系统各圈层相互作用的重要联结点,是陆地水圈的重要组成部分,是多种生物的重要栖息地,同时,湖泊为人类提供食品与能源,还支撑着农业、商业、运输、旅游等行业的发展。

随着经济的迅猛发展,与世界许多湖泊一样,中国湖泊生态系统也遭到严重破坏,如鄱阳湖、太湖、滇池、巢湖等湖泊的富营养化问题十分严重。为了解决湖泊面临的环境问题,第13届湖泊大会在武汉召开。《武汉宣言》向世界呼吁:让湖泊休养生息,最大限度地运用自然过程恢复湖泊活力,强化湖泊内源治理,维护其生态平衡,促进人、水和谐,推动经济与社会的可持续发展。

思想游牧

世界上盐度最高的咸水湖——死海,不仅可以让人享受被托起的感觉,还可以治疗关节炎等慢性疾病,海底的黑泥也是市场上抢手的护肤美容品,每年吸引着数十万人到这里休假。据研究人员发现,死海的水面正在以每年一米的速度下降。于是,以色列、约旦、巴勒斯坦三国决定联手开凿运河,将红海之水引入死海。在运河上安装大型水力发电机组,利用水流的巨大落差发电,产生的电能将供海水淡化厂使用。该计划不仅保"死海不死",还会给这三个国家带来巨大的经济效益和环境效应。

1960年,咸海还是世界四大湖泊之一,到1990年,咸海面积减少40%,水量减少67%。无节制的灌溉,特别是从咸海的两大入湖河流——锡尔河和阿姆河中提水,是导致咸海面积缩小的最主要的原因。

随着湖泊面积的缩小,咸海80%左右的动物物种已灭绝。原位于咸海湖滨的城镇现正处在沙漠之中,不仅出现了饮用水短缺、传统的渔业衰落等问题,还导致失业和其他社会问题。

① 湖泊能产生哪些经济效益和环境效应?

② 同为干旱地区的湖泊,但"死海不死、咸海缩小",是什么导致了两个湖泊不同的命运?

河 流 水

河流是地球上水循环的重要路径,对全球的物质、能量的传递与输送起着重要作用,河水不断地改变着地表形态,比如在河流下游形成冲积扇、冲积平原及河口三角洲等地形地貌,为农业提供深厚的土层和肥沃的土壤;而广阔的水面对当地气候也具有一定的调节作用。此外,河水是沿岸城市居民生活、灌溉、养殖等活动最主要的淡水资源,并在历史上担任过重要的军事防御任务,而其交通运输方面的价值至今仍然受到人们的重视,河流与人类的关系极为密切,许多大江大河成为人类文明的摇篮。

河水的补给有降水、永久性冰川融水、季节性积雪融水、湖泊水、沼泽水和地下水等多种形式,一条河流的补给水源往往是以某一种形式为主的混合补给形式,对流域自然条件复杂的大河来说尤其如此,如长江的上游除雨水、地下水外,冰川和积雪融水也是重要的补给水源。水源的补给类型影响着河流径流的变化,东北地区的河流,春季主要由积雪融水补给,夏季则由雨水补给,一年内有两次汛期;西北内陆盆地的河流,夏季高山冰川、积雪融水是河流的主要补给形式,径流量随温度升高而增多;我国东部季风区的大部分河流以雨水补给为主,河流径流的季节变化和年际变化都很大,容易产生洪涝与干旱灾害。

思想游戏

战国时期,蜀国郡守李冰在岷江上建造了无坝引水的都江堰水利工程。看似平常的鱼嘴、飞沙堰、宝瓶口三大主体工程蕴藏着系统工程学和流体力学原理。鱼嘴把岷江分为用于灌溉的内江和用于排洪的外江;宝瓶口控制水量每秒不超过700立方米;当内江水量过大时,洪水携带着泥沙翻过仅高出河床2米的飞沙堰,由外江排走。都江堰水利工程使人、地、水三者高度和谐统一,至今还滋润着天府之国的万顷良田,是中国古代人民智慧的结晶,2000年被联合国教科文组织遗产委员会列入《世界遗产名录》。

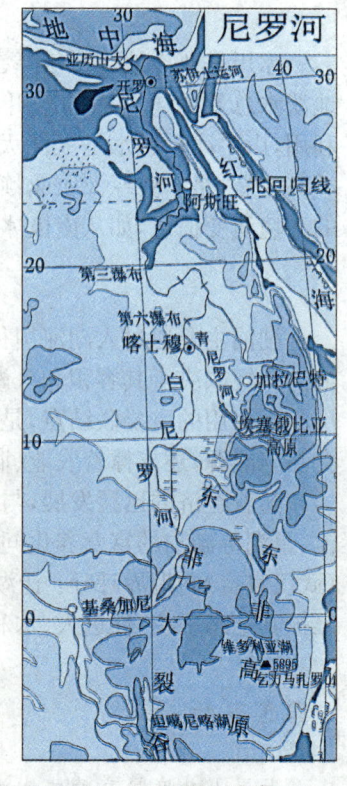

20世纪50年代,埃及政府设想在尼罗河上修建大坝来控制河水泛滥,并发挥其灌溉、养殖、发电等功能。大坝建成不久,当初未预见到的负面影响逐渐显现出来:泥沙在库区淤积,不仅缩小了库区容量,而且导致下游灌区土地肥力的持续下降以及河口三角洲海岸线的不断后退;另一方面,农民不得不加大灌溉和施用化肥的力度,又导致土壤盐碱化和河水富营养化问题的严重。

到目前为止,如何权衡、判断超大型水利工程的建设,到底利多大、弊多大,利弊能否抵消,这些问题尚需深入研究。

请结合地形图,解释我们国家为什么要花十七年时间来修建三峡水利工程,为什么自它筹建之日起,始终伴随着巨大的争议?三峡水利工程会不会成为第二个阿斯旺?如何消除或降低工程的不利影响?

3-1-1 尼罗河流域

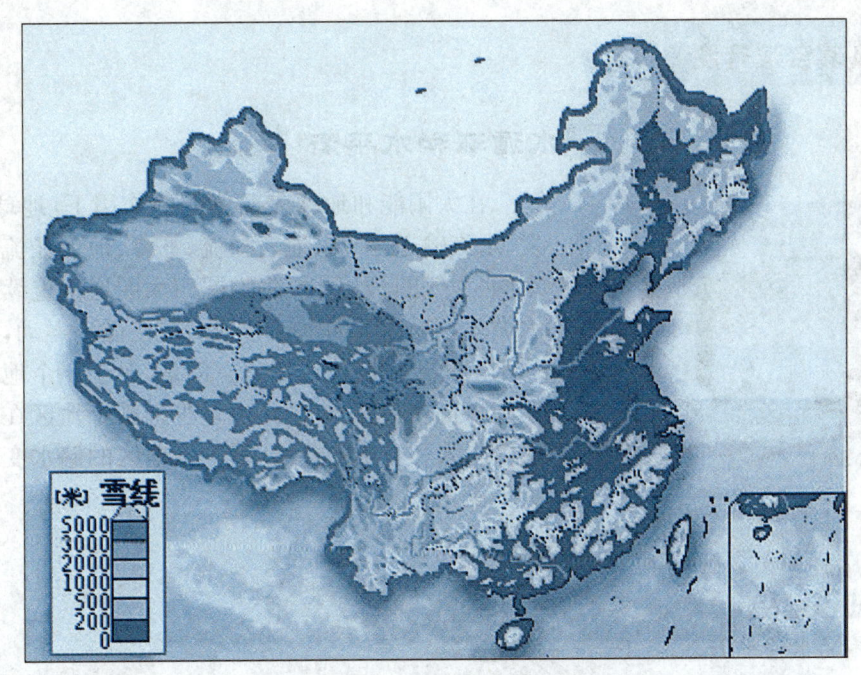

3-1-2 中国地形图

地 下 水

根据储存与出露状况，地下水可分为潜水、承压水。

潜水 埋藏在第一个隔水层之上的重力水，称为潜水，潜水有统一的自由水面，称为潜水面。潜水面升降与降水量、有无河水及湖水补给、埋藏深度等因素有关，也和人类取水量的多少有关。例如，黄河下游是地上河，两岸潜水经常得到河水的补给，当地有"大河不满小河满，小河不满地垄满"的谚语；华北地区地下水抽取量比较大，近些年来潜水水位持续下降，形成世界上最大的地下水位漏斗区，导致地面沉降和海水倒灌等问题。

承压水 充满于上、下两个隔水层之间的含水层，并承受一定压力的地下水，称为承压水。在承压区选择一定部位，打穿上面隔水层，水即自行流出地表，形成自流井或喷泉。在多数情况下，承压水埋藏较深，封存条件较好，循环过程较长，水量稳定、水质较好，其分布与向斜构造、盆地地貌有密切关系。

思想游牧

在吐鲁番盆地，春夏时节有大量积雪和雨水流下山谷，潜入戈壁滩下。古代人们利用山的坡度，巧妙地创造了坎儿井，在炎热、狂风的天气条件下不致使水分大量蒸发，因而流量稳定，灌溉了大片绿洲。坎儿井与万里长城、京杭大运河齐名，是我国古代三大工程之一。可是现在，当地人们用机井开采地下水，致使地下水位下降，坎儿井渐渐干涸。

济南素有"泉城"之称，据专家研究，只要大气降水达到650毫米左右，地下水位在27米以上，泉水就可以正常喷涌。但近几十年以来，泉水经常断流。

坎儿井和济南泉水原本历经千年而不衰，是哪些因素导致了近些年出现的问题？经济发展一定要以水的干涸为代价吗？

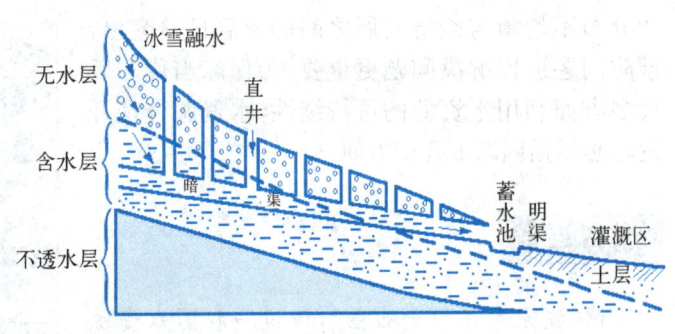

3-1-3 坎儿井示意图

水资源及其合理开发

水循环和水平衡

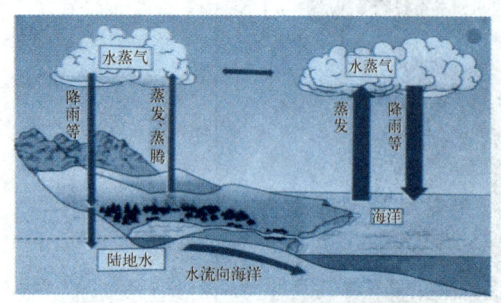

3-1-4 水循环示意图

在太阳能和地球表面热能的作用下,地球上的水通过蒸发、水汽输送、降水、地表径流、下渗、地下径流等六个环节,在水圈、大气圈、岩石圈、生物圈四大圈层中连续运动的过程,叫水循环。地球上的水时时刻刻都在循环运动,从长期来看,全球水的总量没有什么变化。但是,对于一个地区来说,有的时候降水量多,有的时候降水量少。某个地区在某一段时期内,水量收入和支出的差额,等于该地区的储水变化量,这就是水量平衡。

 **知识链接**

外流区域的水量平衡公式:$P=E+R+\triangle S$

式中:P 为降水量,E 为蒸发量,R 为径流量,$\triangle S$ 为该地的储水量

水循环是地球上最活跃的能量交换和物质转移过程之一,深刻而广泛地影响着全球的地理环境。水循环不断调节着全球气候、塑造着地表形态,维持着全球各种水体的动态平衡;促使陆地淡水资源的不断更新。

思辨之窗

1. "因为水是不断循环的,所以水是取之不尽的"你同意这种观点吗?为什么?

2. 20世纪90年代末,黄河下游出现了严重的断流现象。黄河下游断流与哪些因素有关?断流如何影响到当地的水循环?应该采取什么措施来缓解或避免黄河断流现象?

水资源的合理开发

我们通常所说的水资源主要是指陆地上的淡水资源。目前人类比较容易利用的淡水资源,主要是河流水、淡水湖泊水,以及浅层地下水,其储量约占全球淡水总储量的0.3%。从水循环的观点来看,全世界真正有效利用的淡水资源每年约有9 000立方千米,由于各地的降水量和径流量差异很大,地球上水资源的分布很不均匀。当今世界,水资源短缺和分布不均衡与经济发展之间的矛盾日益突出,预防问题远比解决问题更重要,为保障当代和后代多方面利用水资源的可持续性,水资源合理开发时必须强调以下几个方面:

思辨之窗

读《我国水资源分布图》,请说明我国水资源的时空分布规律,并用水循环的知识解释原因。

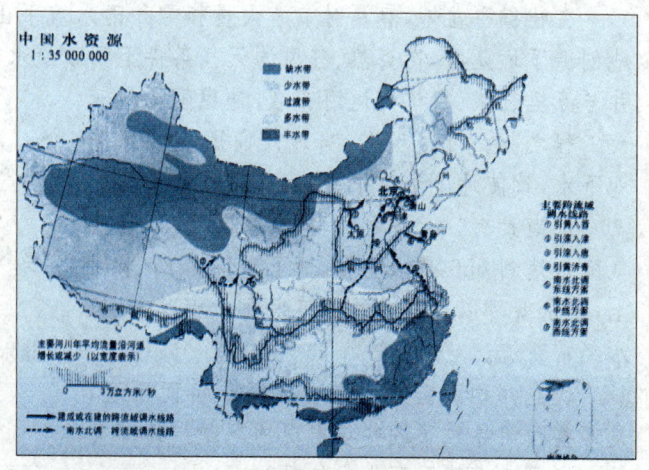

3-1-5 中国水资源分布图

　　首先,遵循水量平衡的自然规律。人们取水灌溉、修筑水坝、跨流域调水时,必须参考当地多年平均储水变化量,由水量平衡公式可知:如果采水量过多,将会使直接或间接影响到当地蒸发量和径流量,进而影响当地的水循环的可持续性,导致水资源枯竭。

　　其次,树立自然界是整体的观念。水作为自然界中最活跃的自然要素,与气候、地形、土壤、生物等要素之间相互联系,相互影响。水资源的开发可能导致其他自然要素的改变,如南水北调工程对黄淮海平原地表植被的恢复、减少北方沙尘暴的发生率和保护生物的多样性等方面具有重要意义。人们对其他自然要素的改造也会影响到水量或水质的变化,如不合理的土地利用可能导致土壤侵蚀,进而影响水质;如果植被的覆盖率得到提高,不仅可以使气候变得更湿润,而且可以涵养水源,增加地下水储量。所以无论是水资源的利用还是对其他自然要素的改造,都应综合论证,以促进人类社会与环境的和谐发展。

　　再次,根据当地水量和水质特点确定人类的活动。耗水量比较大的人类活动主要包括城市生活用水、工业用水、农业灌溉用水等方面,其中工业用水一般可以重复利用,但是如果不经处理就排入江河湖海,则会导致水质被污染;农业灌溉用水一般利用率很低,产生大量回归水进入地下或河流,引起水的富营养化;城市用水量随着生活水平提高而增多,水的利用率取决于其被使用的方式。

　　第四,充分利用现代科学技术。科技影响着人类开发水资源的数量、质量,利用现代科技不仅可以帮助人们开发深层地下水、淡化海水、人工增雨等,还可大大提高水资源的利用效率。

知识链接

　　南极洲面积为1 400万平方千米,95％以上的地方常年被冰雪覆盖,冰盖厚度平均达到2 450米。由于冰盖中部高、四周低,冰体向四周呈辐射状挤压流动时,冰盖边缘往往会伸出巨大的冰舌,冰舌断裂后入海,形成的巨大冰山对附近的船只构成巨大的威胁。

　　有人估算,南极洲冰雪总量达2 700万立方千米,这里的淡水资源可供全球使用7 500年,是人类最大的淡水资源库,而且很少受到污染,水质极好。需要什么样的科技,南极淡水才能够被人类利用呢?

　　合理开发水资源的同时,还必须注意节约:加强宣传教育,提高公民节水意识;加强对水资源需求的调控,以及水资源的合理分配;提高工农业用水效率;采取各种措施以减少水资源的浪费。

他山之石

　　你知道吗? 一个拧不紧的水龙头,一个月要流走1立方米至6立方米水;一个漏水的马桶,一个月要流掉3立方米至25立方米水……

　　韩国人认为爱水就是爱国;在新加坡,有定期的"水危机"演习,全国停水一两天;在日本,"六一"儿童节同时被定为"节水日";在美国,水被称为"蓝金"……

思想游牧

　　目前我国水资源的主要问题是缺水,尤其是华北和西北地区,针对这个问题,来自不同领域的人有着不同的对策。教育学家、水利工程者、环境学家、法律工作者、经济学家、海洋学家、政治家、林业学家等专家齐聚一堂,从不同角度讨论解决水资源问题的对策。

　　请你以政府官员的身份,集中专家提出的方案,写一份解决我国水资源问题的报告。

第二节 海 洋 水

海洋约占地球表面积的71%,是全球生命支持系统的重要组成部分,蕴涵着丰富的资源和无穷的奥秘。21世纪是海洋的世纪,洞悉海洋的奥秘、把握海洋的脉搏、抢占海洋经济发展的先机,是当今社会的热门话题。

海水运动

广阔无垠的海洋,从海面到海洋内部永远都处于运动之中,海水运动主要有三种形式:波浪、潮汐、洋流。

波 浪

波浪是水质点在外力作用下离开平衡位置所作的周期性起伏运动。海浪能够引起海岸线变迁和沉积物沿岸移动,海底地震或火山爆发会引发巨浪,称为海啸,破坏性巨大。

潮 汐

潮汐是由于日、月引力作用,海水产生的周期性涨落现象,它不仅可以发电、捕鱼、产盐、发展航运、海洋生物养殖,也对很多军事行动有重要影响。

思想游牧

潮汐是一种蕴藏量极大、洁净无污染的可再生能源,我国潮汐能开发已有40多年的历史,建成并长期运行的潮汐发电站共有八座,其中最大的是位于浙江省温岭市的江厦潮汐试验电站。

读右图,试表述潮汐形成的原理和潮涨潮落规律。

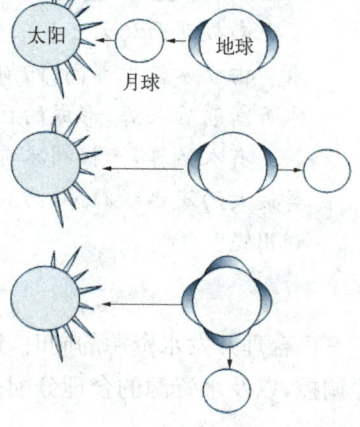

3-2-1 潮汐形成原理示意图

洋 流

海水常年比较稳定地沿着一定方向做大规模流动,称为洋流。比周围海水温度高的洋流称为暖流;比周围海水温度低的洋流称为寒流。盛行风是洋流形成的最重要因素;海水密度的不均匀性也会导致洋流形成;洋流流出海区的海水减少,相邻海区的海水流过来补充,也是洋流形成的原因。除上述因素外,陆地形状和地转偏向力也会迫使洋流方向发生改变。多种因素综合作用使洋流的分布显得非常复杂,但也有一定规律可循。

思想游牧

读图观察大陆东岸与西岸的洋流性质有何不同?试从中找出洋流分布规律。

洋流对沿岸气候、渔业生产、海上航行、海洋污染等都有重要影响。

对气候的影响 暖流对流经沿岸地区的气候起增温、增湿的作用;寒流对流经沿岸地区的气候起降温、减湿的作用。例如:澳大利亚西海岸、秘鲁太平洋沿岸荒漠环境的形成与

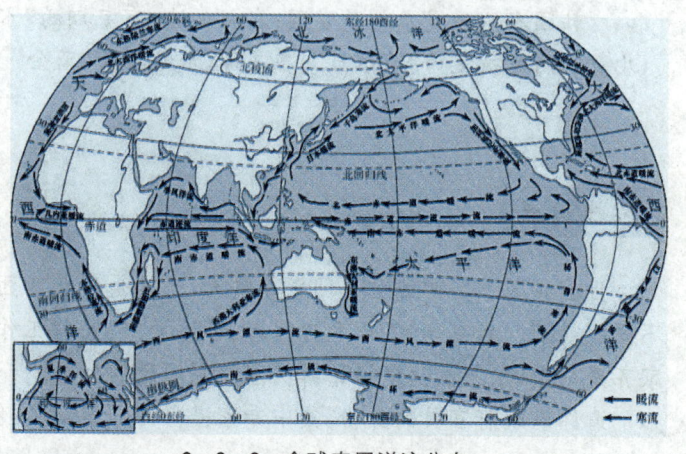

3-2-2 全球表层洋流分布

沿岸寒流有一定的关系。

神奇的厄尔尼诺

正常情况下,受洋流和信风的影响,南太平洋东部海区的海水随南赤道暖流向西北流动,上升流来此补偿。表现为东部海区的水温低,西部海区的水温高。

近半个世纪以来科学家们发现,每隔几年赤道地区温暖的海水沿东海岸向南流动,引起秘鲁沿岸海域的水温升高,这种现象被称为厄尔尼诺(Elnino)。当厄尔尼诺发生时,不仅给秘鲁沿岸带来灾害,还会导致全球气候异常。如1982—1983年,太平洋东部沿岸秘鲁的降水骤增,洪水泛滥,而太平洋西侧的澳大利亚、印尼等地则持续干旱,并引发森林大火,整个非洲更是干旱异常;1998年我国长江流域发生特大洪涝灾害,其自然原因之一也是厄尔尼诺。

目前,科学家们正在积极研究厄尔尼诺的形成机理和活动规律,并致力于实行国际合作,建立全球性的海洋与大气监测网,把损失降到最低。

对海洋生物分布的影响　世界四大渔场的形成都与洋流活动有关。在寒、暖流交汇处和上升流处,海水把下层丰富的营养盐类带到表层,促使浮游生物大量繁殖,丰富的饵料吸引各种鱼类来此觅食,由此形成了渔场。北海道渔场(日本)、北海渔场(英国)、纽芬兰渔场(加拿大)都是在寒暖流相遇处形成的渔场,而秘鲁渔场则是在上升流的海域形成。

对海洋污染的影响　洋流可以把近海的污染物质携带到其他海域,加速污染海区的净化,但也使得污染范围扩大。在1991年爆发的海湾战争中,大量泄漏的原油甚至危及我国和日本沿岸的渔业生产,虾量锐减,贝类养殖几乎瘫痪。

对航海事业的影响　船只顺流而行时,可以节省时间、节省能源、减少事故。逆流而行、寒暖流交汇处形成的海雾,以及高纬寒流携带的冰山等,都对航行非常不利。

思想游牧

美国爱友松公司聘请海洋气象局通过人造卫星测得墨西哥湾暖流的路线、流速、主轴位置等。该公司的轮船根据所获资料,在墨西哥湾暖流最大的流速区顺流向北航行,返航时则避开主流区,尽量靠近海岸南下,结果,1975年该公司的六艘海轮全年节约燃料12 500多桶,折合36万美元。以后,该公司一直利用这条航线航行,取得了巨大的经济效益。

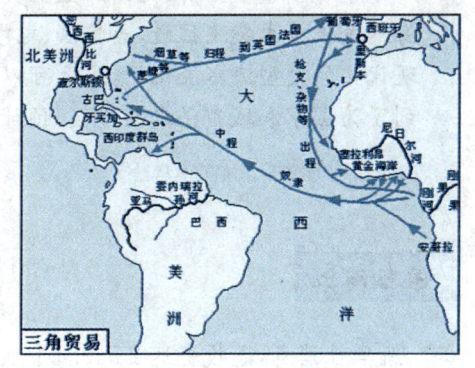

3-2-3　三角贸易路线图

15世纪,欧洲的奴隶贩子用船装载着本国的商品,顺着加那利寒流和几内亚暖流到达非洲,用廉价的商品换取了年轻力壮的黑人。此后,满载黑奴的船只顺着北赤道暖流,到达西印度群岛,他们将黑人卖到矿山或种植园,换来大量的金、银或糖、烟草等原料。负载着金银和原料的船只,再顺着墨西哥湾暖流和北大西洋暖流回到欧洲。这就是臭名昭著的三角贸易,它利用洋流的推动作用,持续了三百年的时间。

请问:这两个利用洋流的事例给你什么启发?

○　**海洋资源**

海洋资源是指与海水水体及海底、海面本身有直接关系的物质和能量,包括海洋提供给人们生产、生活和娱乐的一切空间和设施。

海洋空间资源

海洋空间资源是指可供海洋开发利用的海岸、海上、海中和海底空间。包括交通运输空间,如港口、航线等;海上生产空间,如海上钻井平台等;以及海底电缆空间和储藏空间等。日本东京附近的海底封闭公园、阿拉伯联合酋长国的棕榈树状人工岛等工程,都是利用海上空间资源兴建起来的。

海洋矿产资源

海洋中蕴藏着丰富的矿产资源。海水中蕴藏着80多种化学元素,其中可以提取的有60余种;浅海矿产资源主要是石油、天然气和各类滨海砂矿等,我国地质调查人员在南海、东海陆坡、西沙海槽、台西南盆地东缘发现了大面积天然气水合物存在的证据;深海矿产资源主要包括多金属结核矿、富钴结壳矿、深海磷钙土和海底多金属硫化物矿等。这些资源,大都是国防、工农业生产及日常生活的必需品。

海洋动力资源

主要指海水运动过程中产生的潮汐能、波浪能、洋流能及海水温差能与盐差能等。1970年代以来,波浪及海洋温差发电发展较快,日、美等国相继建成试验性的波浪和温差发电站。

海洋生物资源

海洋中的生物有20多万种,其中动物18万种、植物2.5万种。其中仅近海水域自然生长的海藻的年产量已相当于目前世界年产小麦总量的15倍以上,如果把这些藻类加工成食品,就能为人们提供充足的蛋白质、多种维生素以及人体所需的矿物。很多海洋生物不仅可以作为食物,还有一定的药用价值。

知识链接

海水淡化是人类追求了几百年的梦想。

早在400多年前,英国王室就曾悬赏征求经济合算的海水淡化方法。从20世纪50年代以后,海水淡化技术突飞猛进,蒸馏法、电渗析法、反渗透法都达到了工业规模化生产的水平。如今,一座现代化的大型海水淡化厂,每天可以生产几万甚至近百万吨淡水,和自来水的价格差不多,甚至达到了为国家和城市供水的规模,预计不久的将来,淡化水将可用于农田灌溉。

思想游弋

新华社消息,总投资达2 549.4亿元人民币的山东半岛蓝色经济区,于2011年月2月18日在北京签署战略合作协议,这标志着中国首个蓝色经济区启动。

请问:若你是蓝色经济区领导,你将如何充分利用海洋资源发展经济呢?

 **海洋环境**

海洋环境问题包括两个方面:海洋污染和海洋生态破坏。

海洋污染

海洋污染物绝大部分来源于陆地上的生产过程。工业生产过程中排出的废弃物、核电站和工厂排出的冷却水、施入农田的杀虫剂、海上石油平台和油轮事故引起石油渗漏,以及城市生活污水和生活垃圾的倾倒等活动,都会造成海洋污染,危害海洋生物,最终危及人类的健康。

 他山之石

当代摄影大师尤金·史密斯,在日本一个叫水俣的小渔村得知:工厂把含汞的废水排放到附近海域,当地村民吃了海水中富集甲基汞的鱼类而患水银中毒症,导致终生瘫痪并将病症遗传给下一代。当他在水俣镇看到满怀爱意的智子母亲为残疾的女儿洗澡时,他噙着眼泪按下了快门。这幅《智子入浴》发表后,受到世界人民的高度关注,各国对海洋环境保护的呼声日益高涨。

3-2-4　智子入浴

海洋生态破坏

自然环境的变化,如全球气候变暖和海平面上升,会使海洋生态环境遭到破坏。更重要的是,人类对某些海洋生物的过度捕捞,导致海洋生物资源数量减少,质量降低,甚至使部分物种濒临灭绝。在东南大西洋和墨西哥湾的捕虾拖网中,每年捕获并丢弃 100 亿尾鱼以及 5 500—55 000 只海龟,包括面临灭绝的磷龟。

人类一些建设活动缺乏科学论证,破坏了海岸环境和生态系统。近 40 年来,由于围海造地、围海养殖、砍伐等人为因素,我国红树林面积由 40 年前的 4.2 万公顷减少到现在的 1.46 万公顷,不及世界红树林面积的千分之一。由于炸礁、排放电厂冷却水、港口疏浚等不合理的人类作业,以及海洋旅游业带来的影响,使我国南海海域的珊瑚正在严重衰退,明显地降低了其消解海浪和净化陆源污染的能力,也使得大批海洋生物失去了栖息场所。

 **知识链接**

市场上的需求使鱼翅成为鲨鱼身体上最贵的部分,渔民在捕捞作业时,只砍下鱼翅,就把鲨鱼扔到海里,而没了鳍的鲨鱼不久就会死亡。华盛顿国际海洋保护组织发布的报告显示,人类为获取鱼翅,每年大约捕杀 8 900 万条鲨鱼,8 种鲨鱼因其鳍变为食客炫耀的"盘中餐",而濒临灭绝。

海洋环境保护

确立陆、海统筹的海洋发展新思路,加快沿海产业结构调整,淘汰落后产业,扶持海洋药物、海洋工程等新兴海洋产业的发展壮大。

建立健全海洋环境监测体系,对重点海域海洋环境进行监测,并建立常设性、装备精良的地方应急中心,提高处理海洋突发污染事件的能力。

加强海洋环境保护的执法力度,环境保护行政主管部门、海洋行政主管部门、海事行政主管部门、渔业行政主管部门、军队环境保护部门和沿海县级以上地方人民政府行使海洋环境监督管理权的部门,应发挥职能作用,依法查处海洋违法行为。

加大宣传力度,使全社会认识以海洋环境保护的重要性与迫切性。

充分利用科技,集中各方面的科技力量,研究和解决我国海洋环境问题难点,力争用较少的投入解决更多的环境问题。

海洋权益

海洋权益是一个国家海洋权利和海洋利益的总称,是国家权益的重要组成部分,维护海洋权益不仅可以为海洋开发活动提供和平稳定的周边及外部环境,而且能够巩固海防、打击海上犯罪活动,维持和平、安全的海上秩序。此外,还可以维护海上航运通道、石油航线以及重大海外利益的安全。

 **知识链接**

沿海国享有的海洋权益

领海是基线(大潮低潮线)以外 12 海里之水域,是国家领土的重要组成部分,领海内沿海国享有的主权及于其上空和底土。外国船舶享有无害通过权,但必须遵守沿岸国的有关法律和法规。毗连区内沿海国具有防止和惩处在其领土或领海内违反其海关、财政、移民或卫生的法律和规章事项的管制权。

专属经济区是指领海基线起算,不应超过 200 海里(370.4 公里)的海域,区内沿海国有勘探、开发、养护和管理自然资源的主权权利和建造人工岛屿、设施和结构及从事海洋科学研究、海洋环境保护和保全的管辖权。其他国家有航行、飞越、铺设海底电缆和管道等权利,但必须遵守沿岸国的有关法律和规章。

大陆架内沿海国家享有勘探、开发包括海床、底土的矿物和其他非生物资源,以及属于定居种的生物等自然资源的主权权利。

公海是全人类的共同财富,供所有国家平等地共同使用。任何国家不得有效地声称公海的任何部分置于其主权之下;公海只应用于和平目的。

第四章

岩石圈——人类活动最重要场所

岩石圈不仅为人类提供立地条件，同时它的性质和结构决定了地球表层的结构和轮廓，并与地球的外部圈层之间相互影响，相互作用，孕育了人类生活最重要的场所。下面就让我们打开岩石之门，走进岩石之家，倾听大自然这位天然的雕塑家诉说地表形态神奇的变化吧！

第一节 岩 石

说起石头，人们并不陌生。"岩"有高山陡崖之意，而"岩石"就是形成这些高山峭壁的石头。实际上，岩石的含义已远不止只形成高山，岩石在我们生存的地球上广泛分布，山脉、丘陵、岛屿、江河湖海以及平原的基底，都是由岩石组成的。那么岩石是怎么形成的呢？又有哪些种类呢？

开启岩石之门

岩石是由不同矿物组成的，矿物又是由各种化学元素在一定地质条件下不断化合形成具有相对固定化学成分和物理性质的单质或化合物，它是组成岩石的基本单位。

矿物是人类生产和生活资料的重要来源之一。自然界中的矿物很多，大约3 000种，而构成岩石主要成分的不过20—30种。组成岩石主要成分的矿物，称为造岩物质。岩石中硅酸盐类和其他含氧盐类矿物各占1/3，而重量分别占75%和17%，可见这两类矿物是主要造岩物质。常见的造岩物质主要是长石、石英、云母、角闪石、辉石和橄榄石六种。

长石：是构成地壳的最主要的一类矿物，包括正长石和斜长石两类。其共同特征是具有玻璃光泽，单晶体呈板状，硬度为6。长石是陶瓷和玻璃工业的矿物原料，色泽美丽的长石可作为装饰石料和次等宝石。

4-1-1 长石

4-1-2 石英

石英：是地球表面分布最广的矿物之一，常见于各类岩石中。石英的成分简单，无解理、晶面，具

4-1-3 金云母

有玻璃光泽,是一种物理性质和化学性质均十分稳定的矿产资源。它可用于制作光学仪器、眼镜、玻璃管和其他产品;还可用于作为精密仪器的轴承、研磨材料、玻璃陶瓷等工业原料。水晶就是一种无色透明的大型石英结晶体矿物,呈无色、紫色、黄色、绿色及烟色等。

云母:常见的有白云母、黑云母和金云母。通常单晶体为短柱状或板状、集合体为鳞片状,珍珠光泽,硬度2.5—3.0。云母的特性是绝缘、耐高温、有光泽、物理化学性能稳定,具有良好的隔热性、弹性和韧性。云母广泛应用于建材行业、消防行业、灭火剂、电焊条、塑料、造纸、沥青纸、橡胶、珠光颜料等化工工业。

思辨之窗

岩石不仅在人类生产和生活中有广泛用途,还造就了许多秀丽的自然景观,成为国内外享有盛名的风景游览区。

请同学们欣赏下面四幅画面,思考这些自然和人文景观的形成和岩石有什么关系?

4-1-4 桂林山水

4-1-5 长白山天池

4-1-6 江西上饶三清山

4-1-7 敦煌莫高窟

宝石在岩石中是最美丽而贵重的一类。它们颜色鲜艳,质地晶莹,光泽灿烂,坚硬耐久,同时赋存稀少,是可以制作首饰等用途的天然矿物晶体。

钻石是宝石级的金刚石。它是世界公认的七大宝石之一,并有"宝石之王"的美称。钻石的主要元素构成是碳。其原石(原生矿物)常呈八面体,硬度为10,金刚光泽,色散高,具有特殊的亲油性。世界第一大钻石库利南(Cullinan)钻石,重达3 106克拉[①],1905年发现于南非德兰士瓦省比勒陀利亚的一个金刚石矿,有"非洲之星"的美誉。

① 1克拉＝0.2克

石头是最不起眼的东西，但在"岩石王国"中也有许多独特的成员被称作奇石或怪石，更有些"石头"由于自身的名贵，被奉为一个国家的"国石"。

请同学们利用网络或其他课外资料查找世界各国的"国石"，并看看每个国家的"国石"又有什么寓意？看谁找得又多又全。

 走进岩石之家

岩石是在各种地质作用下，按一定的方式结合而成的矿物的集合体，依据成因可以分为岩浆岩、沉积岩和变质岩。

岩 浆 岩

岩浆岩是由地下炽热岩浆上升，侵入地壳中或喷出地面后，因温度降低，逐渐冷却而形成的。在岩浆活动中，岩浆中的有用物质富集起来而形成矿床，世界上许多金属矿就是这样形成的。岩浆岩主要有侵入和喷出两种产出情况。侵入在地壳一定深度上的岩浆经缓慢冷却而形成的岩石，称为侵入岩。岩浆喷出或者溢流到地表，冷凝形成的岩石称为喷出岩。

常见的侵入岩如花岗岩，其主要矿物成分是石英、长石和黑云母，颜色较浅，以灰白色和肉红色最为常见，具有等粒状结构和块状构造。花岗岩既美观又抗压强度高，是优质建筑材料。

喷出岩如玄武岩，其主要矿物成分是斜长石和辉石，颜色黑色或灰黑色，具有气孔构造和杏仁状构造，斑状结构。玄武岩本身可用作耐磨耐酸性很好的铸石原料。

知识链接

为什么说巨人岬是大自然的杰作？

巨人岬位于北爱尔兰安特里姆郡西北海岸，由峭壁伸至海面的石柱组成。这里的石柱大约有3.7万根，大多呈六边形，高低起伏。石柱的形状很规则，看起来像是人工凿成的，但实际上它们完全是一种天然的玄武岩。

巨人岬是地质运动的产物。大约在5 000万—6 000万年以前，地下的熔岩从裂缝中挤出，像河流一样流向大海。在这个过程中熔岩迅速冷却变成固态，并分裂成大的柱状体。人们给不同的石柱都起了形象化的名称，如"烟囱管帽"、"大酒钵"和"夫人的扇子"等。

4-1-8 巨人岬

沉 积 岩

沉积岩是指暴露在地壳表层的岩石在地球发展过程中遭受各种外力的破坏，破坏产物在原地或者经过搬运沉积下来，再经过复杂的成岩作用而形成的岩石。

沉积岩的形成过程一般可分为先成岩石的破坏（风化作用或剥蚀作用）、搬运作用、沉积作用和固结成岩作用等四个阶段。

其主要特征是：层理构造显著；沉积岩中常含古代生物遗迹，经石化作用即成化石；有的具有干裂、孔隙、结核等。常见的沉积岩有石灰岩、钾盐、

4-1-9 沉积岩地貌

煤和砂岩等。

 **知识链接**

沉积岩告诉我们什么？

由于沉积岩是一层一层地沉积下来形成的，因而形成了不同的岩层，在岩层中常常能找到已经变成岩石的古生物遗体（如贝壳、骨骼）或遗迹（如足迹、虫穴），即化石。沉积岩是地球历史的记录，而岩层和化石则是记录地球历史的"书页"和"文字"。

通过研究地层和化石，可以再现地球历史，确定地质年代。在正常情况下，地层总是按顺序排列的。一个未经变动的沉积岩层，毫无疑问，下面的岩层总是比上面的岩层古老。依据地层层序就可以确定地质的时代。然而，由于地壳运动，地层往往错综复杂，层序已遭破坏，因此需要根据化石来确定地层顺序和时代。

研究地层还可以重现古地理环境。地层中的化石，有的是陆地或淡水生物，有的是属于海洋生物。根据岩层的组成物质和化石特征，人们就可以推知沉积时的地理环境。例如，富含珊瑚化石的石灰石，表示是温暖的浅海环境；有丰富植物化石的含煤地层，表示当时森林茂密的湿热环境。

 **思想游牧**

早在远古时代，人类的祖先为了生存，就已经学会利用比较坚硬的岩石制作成各种简单的劳动工具。考古发现，原始人类在50万年前遗留下来的各种石器多达几万件。此后，随着时代的进步和采矿业的不断发展，人类也开始了对岩石的记载。大约在战国初期，论述岩石和矿物的著作《山海经》问世，这是世界上最早记载岩石的书籍之一。

想一想：岩石在我们的生活和生产中有哪些广泛的用途？请把自己知道的岩石的用途写出来，并与其他同学交流。

 **知识链接**

为什么石灰岩洞中会生长着石笋和钟乳石？

盛产钟乳石和石笋的石洞，都是由石灰岩构成的。洞顶上有很多裂隙，每一处裂隙里都有水滴渗出来。每当水分蒸发完时，那里就留下一些石灰质沉淀。由于水滴不断地出现，洞顶上的石灰质就愈积愈多，终于生成一个乳头——这是钟乳石的"童年"时代。以后，乳头外面又包上一层层的石灰质，以至越垂越长。有的钟乳石的长度达到几米以上。钟乳石的亲密伙伴是石笋。当洞顶上的水滴落下来时，石灰质也在地面上沉积起来。就这样，石笋对着钟乳石向上长。可以说钟乳石是"先生"，石笋是"后生"。但因为石笋底面积大，本身比较稳定，不容易折断，所以它的"生长"速度常比钟乳石快。石笋的最大高度能达30米，像是一座平地里长出来的"石塔"。

4-1-10 石灰岩洞

变　质　岩

固态原岩因温度、压力及化学性性流体的作用而导致矿物成分、化学结构和构造的变化，统称变质作用，其形成的岩石即为变质岩。变质岩是组成地壳的主要岩石类型之一。

变质岩的特点,一方面受原岩的控制,而具有一定的继承性,显示出原岩的某些特征;一方面由于变质作用,而在矿物成分、结构和构造上又与原岩有明显的差异。常见的变质岩有石英岩、大理岩、片岩、板岩等。

思想游牧

在众多星球中,地球是目前人类已知的唯一存在生命的星球。地球表层由一层厚厚的岩石圈组成,厚度达 60—80 km,有的海洋盆地仅为 5—6 km,为人类提供了立地条件。岩石的种类繁多,五彩缤纷,非常漂亮。

① 科学家能从岩石上古生物的遗迹(化石)中来推测地壳运动变化,你知道是怎么一回事吗?

② 你知道岩石和人类有哪些密不可分的关系吗?

岩石的相互转化

岩浆岩、沉积岩和变质岩是可以相互转化的,他们之间的相互转化又叫做岩石的循环或地质循环:沉积岩变质可以形成变质岩,熔融再凝固就变为岩浆岩;岩浆岩变质可以形成变质岩,分化、分解、搬运、沉积、固结就会转化为沉积岩;变质岩熔融再凝结也会变为岩浆岩,风化、分解、搬运、沉积、固结也会转化为沉积岩。

君子动手

请同学们采集岩石,自制一个标本盒。

第二节　沧海桑田——地貌变化

大自然是天然的雕塑家,它既塑造了层峦叠嶂的奇峰,又掘出了深幽狭长的沟谷,火山喷发而出的烈焰与古老的地层静静地诉说地表形态神奇的变化。为什么地表是起伏不平的?是什么力量促使地表形态在不断地变化着呢?

地貌类型及其分布

地貌即地球表面各种形态的总称,也叫地形。地表形态是多种多样的,成因也各不相同。我国地域辽阔,地貌类型多种多样,陆地地形主要有山地、高原、平原、丘陵和盆地这五大类。

4-2-1　我国几种主要的地貌

思辨之窗

1. 世界屋脊、天府之国、北大仓、峰峦叠嶂,这些词句描写的是哪些地貌类型?你能说出这些地形的特点吗？每种地形对当地的经济发展又有什么影响呢？

2. 你能用简笔画的形式绘出我国主要的地貌类型吗？

 **知识链接**

世界地形之最

世界上最长的山脉：安第斯山脉，全长 8 900 余千米，位于南美洲西部，素有"南美洲脊梁"之称。

世界上面积最大的平原：亚马孙平原，位于南美洲北部，有世界上面积最广的热带雨林和水量丰富的亚马孙河。

世界上面积最大的高原：巴西高原，位于南美洲的巴西境内，巴西首都巴西利亚位于巴西高原上。

世界上最高的高原：青藏高原，位于亚洲中部，被称为"世界屋脊"。

世界上最大的盆地：刚果盆地，位于非洲，又称扎伊尔盆地。

沧海桑田——地貌变化

地球上沧海桑田的变化，千姿百态的地表形态，都是地壳不断运动变化的结果。这种由自然力引起的地壳的物质组成、内部结构和地表形态发生变化的各种作用统称为地质作用。

地质作用按照能量来源的不同，可以分为内力作用和外力作用。内力作用的能量来自地球本身，主要是地球内部的热能；外力作用的能量来自地球外部，主要是太阳能。地表形态就是在内外力相互作用下不断地发展着、变化着。

思辨之窗

位于中国、尼泊尔边境的喜马拉雅山是目前地球上最高的山脉。它的顶峰珠穆朗玛峰是世界最高峰，海拔为 8 848.44 米。近半个世纪以来，地质学家多次对喜马拉雅山进行了研究，特别是近 20 年来世界各国学者纷纷对青藏高原进行实地勘测，终于弄清了喜马拉雅山脉的来龙去脉。科学家们从喜马拉雅山沉积层中找到了鱼龙、三叶虫、珊瑚、海藻等古海洋生物的化石标本，从而证明早在 4 000 多万年前，喜马拉雅山脉所处地区是一片汪洋大海。

想一想：喜马拉雅山到底是怎样形成的呢？

内力作用与地表形态

内力作用的表现形式主要有：岩浆活动、地壳运动、变质作用等。在山区，我们常常可以看到弯弯曲曲的岩层，这就是地壳运动的痕迹。

褶皱 岩层在形成时一般呈水平状态，当岩层受到挤压力时，就会发生弯曲变形，称为褶曲。如果发生的是一系列褶曲，就成为褶皱。岩层发生褶皱，就会形成高山和谷地等地貌形态，所以褶皱是形成地貌形态的基础。世界上绝大部分山脉，如喜马拉雅山、阿尔卑斯山、安第斯山等，都是褶皱山脉。

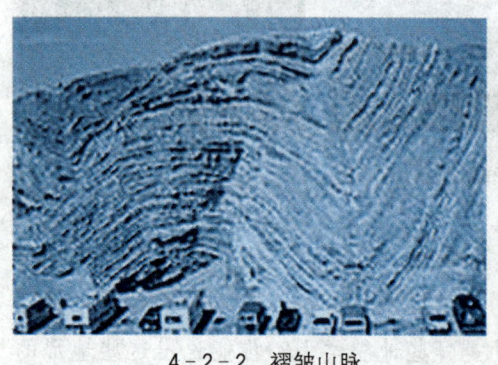

4-2-2 褶皱山脉

褶皱中一般向上拱起的岩层称为背斜,向下弯曲的称为向斜。在地貌上,背斜常成为山岭,向斜常成为谷地或盆地。但是,很多褶皱构造的背斜顶部因受张力,容易被侵蚀而形成谷地,而向斜槽部受到挤压,岩层坚硬不易被侵蚀,反而成为山岭。

断层 岩层受到强大的压力或张力,超过了岩石的强度,岩层就会破裂断开。其中断裂面两侧岩块有明显相对位移的叫做断层。断层一侧上升的岩块,常成为块状山地或高地,如我国的华山、泰山;另一侧相对下沉的岩块,则常形成谷地或低地,如我国的渭河平原、汾河谷地。

了解地质构造规律,对于找矿、找水、工程建设等有很多帮助。例如,含石油、天然气的岩层,背斜是良好的储油构造;向斜构造盆地,有利于储存地下水,常形成自流盆地。在工程建设方面,隧道工程通过断层时必须采取相应的工程加固措施,以免发生崩塌;水库等大型工程选址,应避开断层带,以免诱发断层活动,产生地震、滑坡、渗漏等不良后果。了解地质构造规律还可以确定一些地质灾害高发区,更有效预防,监测地质灾害的发生,从而减少地质灾害带来的损失。

4-2-3 断层示意图

知识链接

——在近年发生的历次大地震中,研究人员发现,断层带上的房屋倒塌、人员伤亡情况严重;但断层带以外的情况就要好得多。

——研究人员勾画出 21 个大城市断层带,建房时避开这些断层带,就可有效防震。

——银川已探索在地震断层带两边宽两百米的地方建了绿化带,不准建房。

——摘自中国日报网 2011 年 3 月 21 日

外力作用与地表形态

内力作用形成地表形态的骨架,外力作用则不断地对地表形态进行再塑造,使地表形态更加丰富多彩。外力作用主要发生在地表和近地表,主要包括风化作用、侵蚀作用、搬运作用、沉积作用等。这些作用是通过大气圈、水圈、生物圈的物质运动来实现的。

岩石在地表或接近地表的地方,在温度变化、水、大气及生物圈的影响下发生的破坏作用,叫做风化作用。

在风化作用基础上,流水、风、冰川等外力对地表进行侵蚀破坏作用;风化侵蚀的产物,经过外力搬运作用离开原来的位置,随着流速降低、风力减小或冰川融化等,这些物质又在地表沉积下来,形成各种侵

4-2-4 外力作用

蚀、堆积地貌。

流水作用 流水的作用强大而普遍。流水对地表岩石和土壤进行侵蚀,对地表松散物质和它侵蚀的物质以及水溶解的物质进行搬运,最后由于流水动能的减弱又使其搬运物质逐渐沉积下来,这些作用统称为流水作用。

思辨之窗

请思考:黄土高原"千沟万壑"的地表形态是怎样形成的?是什么因素导致黄河在下游段形成了举世闻名的"地上河"?

4-2-5 流水作用

4-2-6 风蚀蘑菇

风力作用 风吹地面将沙粒吹离地表进入气流中运动,对地表进行侵蚀、搬运和堆积作用。在干旱地区,风扬起沙石,吹蚀地表,形成风蚀沟谷、风蚀洼地等。地表沙尘和碎屑被风力侵蚀搬走,常形成大片的戈壁和裸岩荒漠。风在搬运的途中,当风力减小或气流受阻,风沙堆积,形成沙丘、沙垄等风积地貌。它们成为沙漠地区基本的地表形态。一些颗粒细小的粉沙尘土,被风携带到更远的地方,因而在沙漠的外缘常形成黄土堆积。

 **知识链接**

峡　湾

　　毛利人对峡湾的形成和名称的由来有很多神话传说。相传是半人半神的图特拉基法诺阿用他的扁斧特哈摩将崎岖的岩石凿成壮丽的景观并砍削出陡峭的峡谷。

　　峡湾是冰川作用下形成的一种地貌。在第四纪冰川运动过程中,冰川对地面产生的刨蚀作用可以形成大量的U形谷,同时在U形谷的前缘产生冰坎。后来随着冰川的融化,海平面的上升,冰坎逐渐被海水淹没,海水进入u形谷,于是就形成了峡湾。峡湾的轮廓曲折,岸壁陡峭,中部海水最深,湾口附近有水下陡坎(冰坎),在峡湾的岸壁上有冰川形成的擦痕。峡湾的风光很独特,以幽深为特点,同时也是船只很好的避风港。挪威西海岸的峡湾十分发育,以风光迤逦闻名于世。

4-2-7 挪威峡湾

　　可见,内力作用加大了地表的高低起伏,而外力作用则不断地使地表趋于平坦。地表形态就是在内外力共同作用下不断发展变化着的。

君子动手

世界自然遗产——中国丹霞

4-2-8 丹霞地貌

　　丹霞,指的是一种有着特殊地貌特征以及与众不同的红颜色的地貌景观(即"丹霞地貌"),像"玫瑰色的云彩"或者"深红色的霞光"。"中国丹霞"于2010年8月1日在巴西利亚举行的第34届世界遗产大会上,经联合国教科文组织世界遗产委员会批准,被正式列入《世界遗产名录》。直至目前,在中国已发现的丹霞就有780多处,分布在20多个省。其中最具代表性的有贵州赤水、福建泰宁、湖南崀山、广东丹霞山、江西龙虎山、浙江江郎山。丹霞地貌发育在大陆陆相红色沉积层上,始于第三纪晚期的喜马拉雅造山运动。这次运动使部分红色地层发生倾斜和舒缓褶曲,并使红色盆地抬升,红色砂岩经过长期风化剥离和流水侵蚀,逐渐形成了以赤壁丹山、峰林峡谷为特征的独特景观,因"色如渥丹,灿若明霞"而命名。它与喀斯特和火山地貌一样,是世界上最重要、最具代表性的地貌之一,不仅记录了地貌发展的地质过程,也印证了大陆演变的历史。

　　①请通过各种方式搜集我国主要的丹霞地貌图片,和同学们一起分享,重点介绍这些地方的自然景观和形成发展史。

　　②你的家乡有哪些自然、文化遗产?请把他们整理出来,在班级里进行展示。

第二编 古代世界

第二编　古代世界

第五章

古人类的起源和传说时代

人类的童年是怎样的？从盘古开天地、女娲抟土造人，到上帝创造亚当、夏娃，人类远古时期的传说充满着神话色彩。事实上，人类是在数百万年的漫长岁月中，不断适应自然环境、气候条件的变迁，才最终完成了自身的进化，学会了制造和使用工具，发明了原始农耕和畜牧，逐渐改善着人们的生活方式。人类在开拓着自己的历史进程中，迎来了文明的曙光。

他山之石

"女娲抟土造人"是中国一则著名的神话。传说天地开辟伊始，大地上没有人类，为了让天地间生气蓬勃，女娲用黄土和水，仿照自己的样子造出了一个个小泥人。她造了一批又一批，又忙又累，可是还是觉得太慢。不经意间，女娲用一根藤条沾满泥浆挥舞起来，一点一点的泥浆洒落在地上，变成了一个个人。这些人就是人类的祖先。

上帝造人是基督教《圣经》中的故事。传说最初的时候，上帝用泥土捏成一个男人，叫做亚当，又从亚当身上取出一根肋骨造了一个女人，叫做夏娃。上帝让亚当和夏娃住在伊甸园中，让他们守护这个乐园。由于亚当和夏娃受到蛇的诱惑偷吃了禁果，上帝便罚他们到世间受苦，于是就有了人类的世代繁衍。亚当和夏娃就是人类的始祖。

在东西方的传说中，人类的先祖为什么都与泥土有着如此密切的关系？

从猿到人的转变

人是从哪里来的？人类起源于何时？在 19 世纪以前，就人类的起源问题还没有科学的答案。

1859 年，达尔文在其名著《物种起源》中阐述了形形色色的生物是由简单到复杂、由低等到高等的发展规律。1876 年，恩格斯发表了《劳动在从猿到人转变过程中的作用》一文，提出了"劳动创造人本身"的著名论断。《劳动在从猿到人转变过程中的作用》对于研究人类起源问题具有重要的指导意义。

古猿是怎样转变成人的？恩格斯在《劳动在从猿到人转变过程中的作用》一文中做了明确回答，劳动是从猿转变到人的关键所在。

古猿生活在热带森林时，前肢主要起攀摘的作用，后肢主要起支撑的作用。后来，由于气候等自然环境的变化，有些热带和亚热带森林逐渐稀疏，出现了成片的林间空地和草原。环境的变化迫使一部分古猿成群地从树上下到林间草地上生活。经过一代又一代的进化，前后肢日益分化。由于生活的需要，前肢不再像从前那样作为支持后肢行走的器官，越来越多地从事其他活动如寻找食物等，逐渐演变为手和臂，它们的后肢逐渐摆脱用前肢帮助走路的习惯，渐渐能直立行走。由此迈出了从猿到人的具有决定意义的一步。

正在形成中的人是过群居生活的,他们彼此之间需要相互交流,为适应这种需要,语言逐渐产生。直立行走还使头部逐渐由前倾而变为垂直,头颅托置于脊柱上,视野开阔了,因而促进脑的发育。与手、脑发展的同时,古猿整个身体结构也不断得到发展,久而久之,古猿的身体就变成了人的身体。这样完全形成的人就出现了。

恩格斯还在文中指出人类起源和发展的递进过程,经历了攀树的猿群、正在形成中的人和完全形成的人三个阶段。攀树的猿群是指成群地生活在树上的古猿;正在形成中的人则是从攀树的猿群到完全形成的人的过渡期间的生物;完全形成的人是指已经能够制造工具的人。据现已掌握的资料所知,这三个阶段经历的时间约在三千万年前至一万年前。

在完全形成的人阶段,现代人种也出现了。由于所在地区的温度、湿度、太阳辐射等气候条件不同以及所处生存环境的差异,逐渐形成了不同的人种。世界上的人种大致分为三大类,即蒙古利亚人种(黄色人种)、欧罗巴人种(高加索人种或白色人种)、尼格罗人种(黑色人种)。不同人种在外貌特征上有许多差异如肤色、发色、鼻型、嘴型等。

5-1 古猿到人类的形态变化图

☞ 氏族公社时期

随着完全形成的人的出现,人类社会也产生了。

在氏族公社之前,人类的社会组织形式是血缘家族。在这种社会组织里,婚姻是按照班辈来划分的,即实行同辈人的群婚,包括所有的兄弟姐妹(包括亲兄弟姐妹)在内,但是禁止不同辈分(祖辈和子孙、双亲和子女)之间的婚姻关系。所以这种婚姻又被称为班辈婚。一个血缘家族就是一个生产生活单位,在其内部,两性间的社会分工已经开始,妇女采集,男子狩猎;人与人之间的关系是完全平等的,人们集体生产,共同消费。

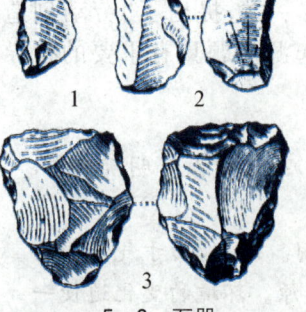

5-2 石器
1. 刮削器 2. 尖状器
3. 砍斫器

当时使用的主要工具是将石块敲打成粗糙的石器,这些石器又可分为刮削器、尖状器和砍斫器等。由于生产力的落后及所处的恶劣的环境、自然灾害等给他们带来巨大的威胁,他们大概是十几个人或几十个人在一起共同生活。

随着生产力水平的提高,过去那种松散的不稳定的血缘家族已经不适应生产力发展的需要,要求出现能经常保持联系比较稳定的生产生活单位。人们在长期的生活中也逐渐认识到近亲结婚的危害性,于是逐渐地禁止了兄弟姐妹之间的通婚。只有血缘家族之间才能互相通婚,这叫做族外婚又称作普那路亚婚①。两个婚姻集团就转化成为氏族。氏族是以实行族外群婚为前提,以血缘关系为纽带,比较稳固的社会单位,也称为氏族公社。氏族公社普遍存在于世界各地的原始社会中。

氏族公社分为两个阶段,即母系氏族公社阶段和父系氏族公社阶段。

① 普那路亚是夏威夷语,意思是亲密的伙伴或亲密的朋友。

由于当时实行的是族外群婚,这必然造成人们只知其母,不知其父的结果。氏族的氏系只能按母系来计算,这种氏族被称为母系氏族。在母系氏族里,男女地位平等,氏族成员集体劳动。但女子从事的采集经济比男子从事的狩猎经济收获稳定,成为氏族成员生活资料的重要来源。此外,妇女还负责看管住处、养育孩子、照顾老人、加工衣服等。所以妇女成为氏族的领导者和组织者,氏族长一般由妇女担任。

在母系氏族公社繁荣时期,随着婚姻的禁例逐渐增多及人们之间的接触较前频繁,婚姻形态也由族外群婚发展到对偶婚。对偶婚是指一对男女在或长或短的时间内保持相对稳定的配偶关系的婚姻形式。男子晚上到女方氏族过婚姻生活,白天仍要在自己的氏族中劳动。

知识链接

走婚是云南省少数民族摩梭人的一种婚姻形式。摩梭人实行母系家长制,孩子跟从母姓,小孩由母亲及其兄弟承担抚养长大。男方只能晚上去女方的住处,传统上男方不能从正门而要爬窗进入女方的房间,再把帽子之类的物品挂在门外,表示两人正在约会,叫其他人不要打扰。第二天天不亮的时候就必须离开,回到自己母亲的家中,如果在天亮或女方家长辈起床后才离开,会被视为无礼。如果双方感情一旦破裂,男方不到女方住处或是女方在房门口放双男鞋即可脱离关系。摩梭人没有明确的婚姻关系,双方不娶不嫁,全凭感情的维系。

约六七千年前,我国的黄河流域和长江流域的部分原始居民相继进入到母系氏族公社的繁荣时期,典型代表是陕西西安的半坡氏族和浙江余姚的河姆渡氏族。半坡、河姆渡原始居民普遍使用磨制石器,用磨光的石器如石斧、石锛、石刀等从事开垦土地、收割庄稼等生产活动,这也反映了那时我国的农业已有一定程度的发展。半坡氏族遗址出土的居住区中的小房子就是当时对偶家庭的住地。

他山之石

由于自然气候条件的差异,黄河中下游和长江中下游成为各具特征的两大农业地区。半坡氏族遗址位于黄河中下游地区,气候温暖,冬夏温差较大,夏季多雨,另外三季干旱,黄土层丰厚,土壤毛细作用良好,适合耐旱速生作物生长,成为粟的发源地;河姆渡氏族遗址位于长江中下游地区,气候湿热,地势低平,水网密布,有着肥沃的冲积和淤积土壤,适合种稻,成为水稻的发源地。

母系氏族公社晚期,由于生产力的进一步发展,家畜饲养业和农业发展起来,两性的社会地位也发生了改变,男子成为生活资料的主要获取者,在家庭经济中起着主导作用。而妇女主要从事无足轻重的家务劳动,被排挤到次要地位。父系氏族公社代替母系氏族公社。山东大汶口文化中晚期是父系氏族公社时期的典型代表。

5-3 大汶口遗址出土的陶器

从大汶口文化中晚期的随葬品可以看出,男子的随葬品主要是石铲、石斧等生产工具,而女子的随葬品主要是纺轮;那时家畜饲养业得到了进一步发展,当时用猪随葬盛行,大汶口墓地的133座墓中,随葬猪头或猪骨的占1/3;墓葬已出现鲜明对比,有些墓坑窄小,随葬品稀少,甚至一件都没有。而有些墓坑宽大,并且随葬品很多,甚至竟达100多件,反映出当时贫富差距已很严重。

父系氏族公社时期的婚姻制度由对偶婚转变为一夫一妻制(也称为专偶制),这种婚姻制度使得男女双方的关系比以前牢固了,并且丈夫对妻子有绝对的支配权,妻子对丈夫只能唯命是从。

在父系氏族公社阶段,氏族首领由男子担任,女子失去了与男子平等的权利。正如恩格斯所说:"母权制的被推翻,乃是女性的具有世界历史意义的失败。丈夫在家中也掌握了权柄,而妻子则被贬低……变成生孩子的简单工具了。"①

随着生产力水平的不断提高、私有制的出现以及贫富分化的加剧,阶级逐渐产生。由此,人类历史跨进文明时代的大门。

传说时代

中国的传说时代,从三皇五帝说起。三皇五帝,是中国在夏朝以前出现的传说中的"帝王"。

燧人氏钻木取火,是人工取火的发明者;伏羲氏结绳为网教会了人们渔猎的方法,并且是八卦的发明者;神农氏是传说中的农业和医药的发明者。后人为纪念他们的功绩,把燧人氏、伏羲氏、神农氏尊称为"三皇"②。

继三皇之后是五帝时代,五帝一般是指黄帝、颛顼、帝喾、尧、舜③。

黄帝和炎帝是距今四千多年前黄河流域部落联盟的首领。传说他们是起源于陕西省中部渭河流域的两个血缘关系相近的部落。后来两个部落渐渐融合成华夏族。黄帝与炎帝是华夏族的始祖,所以华夏族的后代就称为"炎黄子孙"。

尧、舜、禹是继黄帝、炎帝之后,黄河流域部落联盟杰出的首领。他们都是具有许多美德的人,被后人广为传颂。相传尧年老时召开部落联盟会议就人选问题征求大家的意见,大家一致推荐舜。舜年老了,也采用同样的方式,把位置让给治水有功的禹。这种公开选举部落联盟首领的办法,历史上称为"禅让"。

历史回眸

禅让制,传说中的推举部落联盟首领的制度。据说尧年老时,经民主推举和自己长期考察,确认舜才德出众,将首领位置让给舜。舜老时,仿效尧,传位于禹。禅让制实际上是以传位于贤能之人为宗旨的民主选举部落联盟首领的制度,后被禹的儿子夏启破坏,代之以"家天下"的王位世袭制。

思想游牧

在家喻户晓的《西游记》中,"美猴王"孙悟空使用的兵器"定海神针",是一块神铁。传说这块神铁是大禹治水时定江海深浅的一个定子,重约一万三千五百斤。后为孙悟空所得成为其打斗的兵器,也叫如意金箍棒。孙悟空借助此神铁,一路降妖除魔,保护师父唐僧去西天取得了真经,被如来佛祖封为"斗战胜佛"。

请问你相信这个传说吗? 为什么?

---

① 恩格斯:《家庭、私有制和国家的起源》,见《马克思恩格斯选集》,中文第2版,第4卷,第54页,人民出版社,1995年。
② 关于三皇,历来有不同的说法。有的说法认为三皇是天皇、地皇、人皇;有的说法认为三皇是伏羲、女娲、神农。
③ 关于五帝,历来也有不同的说法。有的说法认为五帝是太昊、炎帝、黄帝、少昊、颛顼;有的说法认为五帝是黄帝、少昊、颛顼、帝喾、尧。

第六章

世界的古代文明

▷ 悠远的人类历史是一部创造奇迹和神秘的历史。五六千年前,人类在世界若干不同的地区,先后跨入文明的门槛儿,由此开始了人类文明史的进程。本章的整体框架是世界上几个主要的古代文明,主要讲述其中的美索不达米亚文明、古埃及文明、古印度文明,以及在西方文明史上占有重要地位的古希腊和古罗马文明。

第一节　古代两河流域

◎ 新月沃地

亚洲西部,有一条狭长地带。从地图上看,它形似一弯新月,土地肥沃,因此有"新月沃地"之称。沃地东部,发源于小亚细亚东部亚美尼亚高原(今土耳其境内)的底格里斯河与幼发拉底河并行奔流,在离入海口约190公里处汇合,注入波斯湾。它们像两条生命之藤,滋润着这片干旱炎热的地区,孕育了人类历史上最古老的文明——美索不达米亚文明。两河流域的地理位置相当于现在的伊拉克共和国一带。

6-1-1　古代两河流域

思想游弋

每年春天,高原地区积雪融化,两条河流在美索不达米亚平原泛滥成灾。一个流传至今的巴比伦神话生动地反映了这种情形:一位巴比伦国王的祖先梦到神告诉他,洪水就要淹没大地,因为他一向对神十分虔诚,所以神要搭救他。国王的祖先听从神的吩咐,造了一只方舟,把全家人都搬到方舟上,并带了几只动物和一些植物的种子。没过多久,乌云布满天空,狂风暴雨袭来,滔滔洪水淹没了一切生命,只有那只方舟在茫茫无边的水面上漂行。到了第七天,风住了,河水平静下来,方舟漂到一座山旁。舟上的人把动物放出方舟,将种子撒在山上,大地的生命重新萌发了。这个故事与《圣经·创世记》中诺亚方舟的故事颇有些类似。

不论是在两河流域、印度、中国,还是在欧洲、美洲,世界上几乎每一个古老民族的神话传说中都有关于大洪水的记载,而且其叙述形式、故事构成、主人公的结局等也都惊人的相似。

请思考:大洪水的神话能为我们提供哪些对今天有借鉴意义的地理、历史、文化等方面的信息?

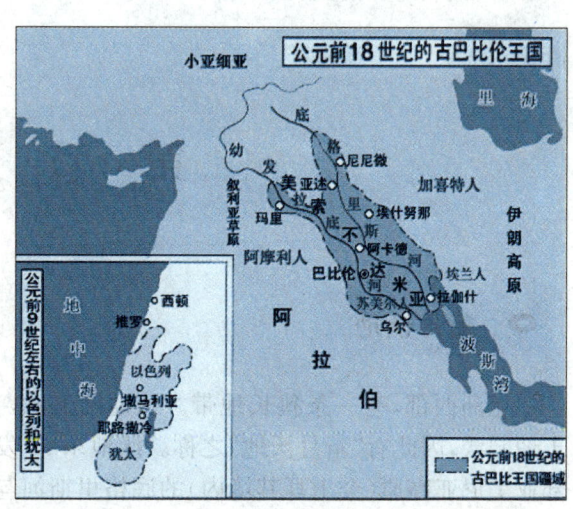

6-1-2 苏美尔人像

两河流域地势平缓，河水流向很难控制，河流改道成为经常发生的事情。在与洪水的斗争中，古代两河流域的居民学会了修堤筑坝，开渠造河。当洪水被制服以后，人们也享受到了河流泛滥所带来的好处。在两河流域，泛滥的洪水带来大量淤泥，使两岸的土壤变得肥沃起来。再加上这里阳光强烈，水量充足，两河流域成为古代西亚少有的适于发展农业的地区。有些学者认为，小麦最早就是生长在两河流域的巴比伦。

这一地区没有天然险阻可以抵挡入侵者，因此，不同民族、部落之间争夺这块沃土的斗争，贯穿了整个两河流域的历史。两河流域文明时代的最早居民是苏美尔人，他们在公元前 4 000 年以前就来到这里。此后，阿卡德人、巴比伦人、亚述人以及迦勒底人，继承和发展了苏美尔人的成就，使两河流域的文明成为人类文明史上重要的一页。其中，成就比较突出的是古巴比伦王国和新巴比伦王国。

古巴比伦王国

巴比伦位于幼发拉底河下游，处在两河流域的水陆交通要道上。约在公元前 1894 年，阿摩利人的一支建立了以巴比伦城为首都的巴比伦王国。公元前 1792 年，汉谟拉比即位，征服了苏美尔人和阿卡德人，统一了两河流域，建立了强大的中央集权制国家，史称古巴比伦王国。

为了巩固奴隶制度，汉谟拉比颁布了一部法典，这是目前已知的人类历史上第一部较为完备的成文法典，后人称之为《汉谟拉比法典》。法典分序言、正文、结束语三个部分，详细规范了国王、奴隶主与自由民、奴隶之间的阶级关系，比较全面地反映了古巴比伦王国的社会风貌。《汉谟拉比法典》是古巴比伦留给世界文明的重要遗产。

6-1-3 公元前 18 世纪的古巴比伦王国疆域

 史海钩沉

1901 年，由法国人和伊朗人组成的一支考古队，在伊朗苏撒古城旧址陆续发现了三块黑色玄武岩，将它们拼合起来，恰好是一个椭圆柱形的石碑。经考证，石碑上部的浮雕表现的是汉谟拉比接受太阳神沙马什授予其权杖，石碑下部是用楔形文字铭刻的《汉谟拉比法典》全文。

这部法典把我们带到了近 4 000 年前的古巴比伦社会：法典把奴隶与金、银、牛、羊等财产相提并论，允许主人买卖或转让，一个奴隶的价格相当于一头牛。法典规定拐走他人奴隶或隐藏逃奴者处死，伤害他人致残致伤者，要"以眼还眼，以牙还牙"（An eye for an eye and a tooth for a tooth.），作同态复仇处罚。法典还对佃户交纳租谷、交付高利贷利息的数额作了具体的规定……

这件稀世珍宝现收藏在巴黎的卢浮宫博物馆。

6-1-4 《汉谟拉比法典》石碑

汉谟拉比死后,古巴比伦王国衰落,两河流域又重新出现各城邦互相征战的局面,而周围的游牧部族也纷纷侵入两河流域。公元前729年,古巴比伦王国被亚述所灭。

新巴比伦王国

公元前626年,居住在巴比伦地区南部的迦勒底人建立新巴比伦王国。接着,他们联合米底,攻陷亚述的都城尼尼微。

历史回眸

犹太人曾被称为"没有国家的民族",你知道为什么吗?你知道现在世界上有没有犹太人的国家?

现代以色列人的祖先是希伯来人,他们最早出现在美索不达米亚平原西部,属于闪米特人。公元前10世纪,大卫率领希伯来人建立了统一国家,定都耶路撒冷。后来它分裂为以色列和犹太两个王国,并在公元前722年和公元前586年,分别被亚述和新巴比伦王国所灭。在其后的数百年中,波斯人、希腊人、罗马人先后征服了巴勒斯坦这块土地。公元135年,犹太人反抗罗马的起义被镇压,几十万犹太人被杀,幸存的犹太人被迫流散到世界各地。从公元7世纪起,巴勒斯坦地区的居民逐渐以阿拉伯人为主。犹太人在将近2 000年的流散生活中,不断遭受来自居住国的各种歧视和迫害。20世纪三四十年代,反犹排犹活动发展到极致。第二次世界大战期间,大约有600万犹太人死于纳粹德国的屠刀之下。

18世纪,欧洲犹太人受到资产阶级革命的影响,开始了犹太复国运动。19世纪,奥地利记者赫茨尔较为完整地提出了犹太复国主义思想,世界各地陆续建立起犹太复国主义组织,犹太人开始大量移居巴勒斯坦。1948年5月14日,根据1947年联大通过的关于巴勒斯坦分治的第181号决议,以色列国家成立。

尼布甲尼撒二世统治时期,新巴比伦王国的军事、政治、经济和文化都发展到顶峰。他在位40年,带领军队攻陷腓尼基商港,打败了埃及,洗劫了耶路撒冷,把成千上万的犹太人掳为"巴比伦之囚"。他还下令重修巴比伦城,他主持修建的"空中花园"被誉为古代世界七大奇迹之一。

同亚述帝国一样,新巴比伦王国是依靠其强大的军事力量及扩张活动建立起来的,看似繁荣的国家内部潜伏着各种各样的矛盾和危机。公元前538年,位于伊朗高原的波斯灭掉新巴比伦王国,美索不达米亚成为波斯帝国的一个行省。古代两河流域的文明作为一个独立整体的时代结束了。

史海钩沉

1899年3月,经过十几年的考古发掘,德国考古学家罗伯特·科尔德维终于在今巴格达附近的幼发拉底河畔,找到了已失踪2 200多年的巴比伦城遗址。

巴比伦城曾被希腊历史学家希罗多德称为世界上最壮丽的城市。它充分展示了古代两河流域的建筑水平,整座城市被两道围墙围绕,外墙以外还有一道注满了水的壕沟以及一道土堤;城门伊什塔尔门高达12米,表面用青色琉璃砖装饰,砖上有各种彩色神兽浮雕图案;城内"圣道"中央用白色及玫瑰色石板铺就,并浇以柏油加固。现在,古伊什塔尔门由柏林国家博物馆复原收藏。

6-1-5 伊什塔尔门

"空中花园"实际上是一座假山花园。它采用立体造园的方法,将花园置于高高的平台上,远远看去,花园就好像在空中一样。假山每边长120米,高25米,分上、中、下三层,每层都盖有宫室。据说,为了防止渗水,空中花园每层都依次铺上浸透柏油的柳条垫、两层砖和浇筑的一层铅,然后再覆盖上肥沃的土壤,种植奇花异草。为了便于灌溉,花园设有水源和水管。

奇怪的是,对花园最详尽的记述是出自古希腊历史学家的笔下,而巴比伦的历史记录却对此事只字未提。考古学家至今都未能找到空中花园的遗址。

6-1-6 空中花园想象图

● 文化成就

公元前3500年之前,被称作"东方的拉丁语"的楔形文字在两河流域形成。两河流域缺乏木材和石料,但有取之不尽的来自两河冲积平原上的黏性泥土,苏美尔人将之制成泥版,用芦苇秆等比较尖的工具在没有干透的泥版上刻字或画图。由于在书写文字符号时,落笔处的痕迹既宽且深,提笔处则相应窄浅,泥版上的笔画就像木楔一样,楔形文字的名称由此而来。刻有文字的黏土泥版烘干以后能够长久保存,后世称之为"泥版文书"。阿卡德人、巴比伦人、亚述人以及波斯人都先后使用过楔形文字,并根据各自的实际情况做了某些修改,使之一度成为古代西亚的通用文字。

6-1-7 楔形文字泥版文书

 史海钩沉

1835年,英国学者罗林生在今伊朗西部发现了刻在贝希斯顿大崖石上的铭文。岩刻所在处比小镇高520米,而且从岩刻脚下到铭文顶处是高104米、人工铲平的陡立光滑的表面,人们很难靠近铭文临摹。罗林生决定冒险:他先是设法爬到了岩刻的最底部临摹铭文,然后又在边缘架起了梯子。最后,他干脆从崖顶放下一条绳子,把自己捆好,悬空摹绘岩壁上的符号。

铭文是用古波斯文、埃兰文和巴比伦文三种楔形文字刻写。1847年,他译解了其中的古波斯文,后与巴比伦文相对照,又读通了亚述、巴比伦的楔形文字。原来,这是波斯国王大流士一世建立的记功石刻。碑上记载了大流士镇压贵族政变、各地暴动以及他夺得王位的经过事迹。

楔形文字被破解是史学界的一大突破。从此,人类真正推开了探索美索不达米亚文明奥秘的大门。

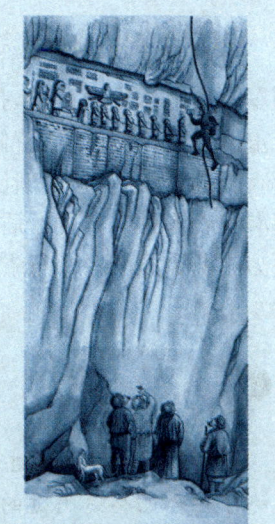

6-1-8 发现贝希斯顿铭文

君子动手

请尝试做一个泥板,并用削尖的小木棍在泥板上写一句话或几个字,体会如何书写楔形文字。

4000多年前,苏美尔人通过观察月亮的盈亏规律制订了太阴历,把一年分为12个月,共354天,它与

回归年相比相差大约 11 天多。为纠正误差,人们每隔几年就需要设置闰月,调整太阴历与阳历之间的差别。汉谟拉比在位时,由政府命令规定置闰,后来逐渐有了固定的周期。

古代两河流域的天文历法知识直接影响了欧洲的天文学。古巴比伦人将一个朔望月分成四部分,每部分为 7 天,分别用日、月、火、水、木、金、土七个天体的名称命名。公元 321 年,罗马皇帝君士坦丁颁布诏书,正式将星期定为日常的时制。此后,星期制度长期沿用直至今天。

《吉尔伽美什》史诗用楔形文字写成,是古代两河流域最著名的英雄史诗。诗中塑造了一个蔑视神意、为民造福的英雄形象,表达了人们希望获知生死秘密的愿望。

两河流域的神话传说引起后人特别的兴趣。人们发现,基督教《圣经·旧约全书》中一些故事的渊源就来自古代两河流域。有一首叙述神创造世界的诗歌与《圣经》的创世故事十分相像,都是说神在第六天创造了人,第七天休息;《圣经》中有蛇引诱亚当、夏娃偷食禁果的描述,两河流域的神话中也有人的祖先因受到引诱而犯罪的故事。

此外,古代两河流域人民在药物、植物、动物、地理等方面也掌握了较为丰富的知识。

思想游戏

自 20 世纪 80 年代以来,伊拉克先后经历了两伊战争、海湾战争、伊拉克战争,伊境内的多座博物馆遭袭击,大批珍贵文物被破坏。

请你以文物保护志愿者的身份,策划一个介绍伊拉克文物价值的宣传活动。

第二节 古代埃及

尼罗河的赠礼

埃及位于非洲东北部,地跨亚、非两洲,沙漠占国土面积 90% 以上,是北非人口最多、历史最悠久,经济、交通地位最重要,国际影响最大的国家。古代埃及的地理范围与现代埃及大体相同:它北临地中海,南部与努比亚(即今天的苏丹)接壤,而东部和西部则遍布着广袤的撒哈拉沙漠。和许多古老文明一样,埃及文明由一条大河——尼罗河孕育而成。

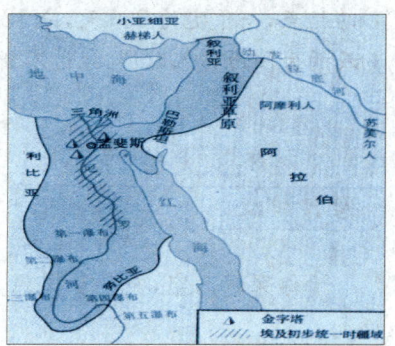

6-2-1 古埃及地图

他山之石

尼罗河是世界第一长河,全长 6 600 多公里,在埃及境内有 1 200 多公里。尼罗河在流经开罗附近时分为五条支流,呈放射状流入地中海,古埃及人称这个扇形的三角洲为"下埃及"。开罗以南的河谷地带直线长为 700 公里,地形狭窄,宽度从 10 公里到 20 公里不等,古埃及人称之为"上埃及"。在河谷中,悬崖峭壁举目可见,之外就是沙漠,几乎常年不雨,气候十分干燥。自古以来,由于自然环境不同,上、下埃及发展出不同的文化与信仰,埃及人和邻近民族都称埃及为"两地"(The Two Lands),而尼罗河是两地之间联系的要道,也是维持埃及文明整体性的命脉。

6-2-2 卫星拍摄下的尼罗河

6-2-3 古埃及农耕图

在炎热而干燥的埃及，尼罗河每年定期泛滥，淹没了河谷大部分低地，冲洗掉土壤中的盐分，浸灌着两岸干旱的土地；含有大量矿物质和腐殖质的泥沙随流而下，在两岸逐渐沉积下来，成为肥沃的黑色土壤。公元前450年左右，古希腊历史学家希罗多德来到埃及，对生活在绿洲上的埃及人有这样的描述："他们比世界上其他任何民族，都易于不费什么劳力而取得大地的果实。因为他们取得收获，并不需要用犁犁地，不需要用锄掘地，也不需要做其他地方的人所必须做的工作。那里的农夫只需要等河水自行泛滥上来，流到田里去灌溉，再待河水退回河床，然后每个人把种子撒在自己的土地上，叫猪上去踩踏这些种子，此后便只是等待收获……"尼罗河每年的泛滥可以预知，趋势平缓，从而助长了埃及人的自信和乐观，他们把洪水之神看作"它的到来会给每个人带来欢乐"的神。尼罗河对古埃及人的生活方式有决定性的影响，被他们视若神明，古希腊历史学家希罗多德说"埃及是尼罗河的赠礼"。

 他山之石

太阳历是采用回归年作为基本周期（一回归年为365.2422日），以太阳的周年运动作为天文依据的历法。太阳历简称阳历，起源于古埃及。

6 000年前，古埃及人把尼罗河每次泛滥的时间刻在竹竿上。他们发现，每当尼罗河的潮头来到今天开罗附近时，天狼星会与太阳同时从地平线升起，这天之后，再过五六十天，尼罗河就开始泛滥，两次泛滥之间大约相隔365天。于是他们就把天狼星与太阳同时从地平线升起的那一天，定为一年的起点，一年定为365天，分12个月，每月30天，年终加5天为节日，这就是埃及的太阳历。后来，埃及的太阳历传入欧洲，经过不断改进，成为我们今天通用的太阳历——公历。

 思想游牧

请你穿越时空，充分发挥想象力，把自己设想成一位埃及人，向同学们描述你的生产情况和生活情况。

知识链接

为了完成南北埃及的统一大业，美尼斯把上下埃及交界的城市定为首都，并且命名这个要塞为"White Wall"（城市的泥砖墙涂以白石膏粉），现在则称为孟斐斯（Memphis，希腊语），孟斐斯作为埃及首都长达3 000年。现今埃及首都开罗（Cairo）距孟斐斯以北20英里，同样位于尼罗河流域和河口的接合处。

尼罗河是人类的好朋友，但它偶尔也会是一个严厉的监工。它教给两岸居民"协作劳动"的艺术，为建造灌溉的沟渠、修筑防洪的堤坝而彼此合作。这种互利互惠很容易发展成为一个个有组织的国家。约从公元前3 500年开始，河流两岸陆续出现了十几个奴隶制小国，他们为争夺河水、土地，甚至为不同信仰而斗争，彼此经常处于敌对状态。经过长期的战争和兼并，大约从公元前3 100年起，埃及逐渐形成一个统一的国家。传统的说法认为，美尼斯统一了上下埃及，埃及开始了王朝时代，前后经历31个王朝。

　　古埃及国王称为法老(Pharaoh)，自称是太阳神(拉神)的儿子，享有至高无上的权威。公元前15世纪，埃及国力强盛，对外征服频繁，疆土不断拓展，成为地跨亚非的大帝国。两百多年以后，帝国由盛转衰。公元前6世纪，埃及被波斯灭亡。此后，埃及又先后被希腊人和罗马人征服和统治。7世纪，它成为阿拉伯帝国的一部分，逐渐同阿拉伯人融合，古埃及文明发展的脉络在沙漠中消失了。

◐ 金字塔的国度

　　埃及有句古谚语说："人类畏惧时间，而时间畏惧金字塔。"

　　埃及素有金字塔国之称。埃及金字塔(Pyramids)最早出现于4 500年前，是古埃及法老和王后的陵墓。陵墓是用巨大石块修砌成的方锥形建筑，由于它规模宏大，从四面观看都呈等腰三角形，颇似汉字中的"金"字，我国称它为"金字塔"。

　　在埃及神话中，太阳升起的尼罗河东岸是生命的源头，人在世的时候住在这里，称为"活人之城"；而太阳降落的西岸是"死人之谷"，这里与通往来世的路途相通，因此，作为陵墓的金字塔都建在尼罗河的西岸。现在的尼罗河下游，散布着大约八十多座金字塔，大部分建于古王国时期。

　　在这些金字塔中，最著名的要数开罗南部吉萨高地上的三座大的金字塔，分别是胡夫、哈佛拉、孟卡拉祖孙三代的金字塔。这三大金字塔呈斜线排列毗邻而立，与附近的狮身人面像一起组成最为世人熟悉的图像，几乎成为埃及和古埃及文明的象征。

6-2-4　狮身人面像

史海钩沉

　　胡夫金字塔是世界上最大的金字塔，塔高146.5米，四边各长230多米，用230万块巨石砌成，每块石重约2.5吨。砌筑的巨石之间未用任何黏合物，却严密得天衣无缝。墓室原建在塔底，后又在塔内的中部建了墓室。此金字塔的入口在塔北面离地面18米处，呈三角形，从而使塔身的重量均匀地散开，不致将通道口压垮。最神奇的是，现在从金字塔测得的各种数据又与大量天文数据吻合得不差分毫。

6-2-5　吉萨金字塔群

　　哈佛拉金字塔是仅次于胡夫大金字塔的埃及第二大金字塔。哈佛拉金字塔旁有一座狮身人面像，希腊人称之为斯芬克斯，它的视线"恰巧"与北纬30°重合。整个雕像高20米，长约57米，一个耳朵就有2米高，除狮爪外，全部由一块天然岩石雕成。由于石质疏松，且经历了4 000多年的岁月，雕像风化严重。

　　孟卡拉金字塔是哈佛拉继承者的金字塔，不过规模和建筑艺术远逊于前面两座金字塔。1839年，一名英国探险家首次打开这座金字塔，在墓室中发现一具花岗岩石棺及法老木乃伊。但装运这些文物的船只在返回英国途中遭遇意外，石棺和木乃伊都沉入大西洋。

　　关于金字塔建造的情形记载在古希腊历史学家希罗多德的传世之作《历史》中，但他在文章末尾说道："这些我无法确定。"

思想游览

　　由于古代金字塔的工程浩大，规模宏伟，很多人怀疑五千年前的人类是否有这种建造能力。金字塔是怎样建造的？谁建造的？它又是为谁建造的？硕大无比的石料如何开采、搬运？狮身人面像究竟代表什么？金字塔真的是法老的陵墓吗？它还有其他用途吗？"金字塔能"究竟是否存在？

　　针对上面的问题，请发表自己的看法。

文化成就

　　早在公元前4000年代中叶，古埃及人就发明了象形文字。埃及的象形文字是由一些表示人物、动物、建筑物以及其他各种物体形象的符号构成，大约有700个。象形文字的重要特点是既有表意符号，又有表音符号，通常刻在石碑或寺庙、陵墓的墙壁上，有时也出现在纸草上，因多用于宗教祭祀，为僧侣祭司所掌握，象形文字被希腊人称为"神圣的铭刻"。公元四世纪，埃及古老的宗教被基督教取缔，神庙被封闭，最后一批通晓象形文字的祭司绝迹，象形文字从此失传。

史海钩沉

　　1799年，拿破仑远征埃及，一名法军上尉在尼罗河三角洲罗塞塔发现了一块黑色玄武岩断碑，石上刻有三种文字，分别是圣书体、世俗体和古希腊文。从希腊文来看，内容涉及托勒密王国和埃及艳后克里奥帕特拉。历史学家一直不明白石刻上"圣书体"的意思，直至1822年，法国学者商博良对罗塞塔石碑上的文字释读成功，一门新兴的学科——埃及学也随之诞生。

　　这块著名的"罗塞塔石碑"，现被收藏在伦敦的大英博物馆里。

6-2-6　罗塞塔石碑

　　古埃及人的数学知识达到相当高的水平。每年尼罗河水退后，埃及人都要重新丈量土地，划定田界，因而早在统一国家兴起之前，他们就积累起初步的数学知识。古代埃及人懂得用十进位的计算方法，能够计算长方形、三角形、梯形和圆形的面积，推算圆周率精确到3.16，还会计算简单的算术四则应用题，能够解出有一个未知数的方程式，用来测定谷堆和粮仓的容积。

　　古代埃及在医学方面卓有成就。医生的专业分工很细，有眼科医生、牙科医生和外科医生，等等，据说每个医生只治一种病。埃及人初步了解心脏和血液循环的关系，木乃伊的制作可以证明古埃及人对人体结构的认识水平。

　　古代埃及留下了许多高大建筑，表现了古代埃及人高度的建筑才能。下埃及的金字塔，上埃及的庞大神庙，一北一南，辉煌相映。神庙是古埃及的宗教建筑，它多以石块砌筑带有柱廊的内院、大柱厅和神堂，大门前有方尖碑或法老雕像，正面墙上刻有着色浅浮雕。古代埃及神庙古迹众多，著名的有卡纳克阿蒙神庙、卢克索神庙和阿布辛拜勒神庙等。

知识链接

　　阿布辛拜勒神庙是古埃及法老拉美西斯二世（Ramses Ⅱ）建造的大型岩窟神庙，距今已有3 300年的历史了。庙高30米，宽36米，纵深60米，门前4座巨型石质拉美西斯坐像，每尊高20米，像旁有其母、妻、子女的小雕像，无不栩栩如生。

　　1959年，为了控制尼罗河水泛滥，埃及决定在阿斯旺修建一座规模宏大的水坝。由于包括阿布辛拜勒神庙在内的努比亚遗址群将被水淹没，联合国教科文组织发起紧急救援行动，神庙被切割成2 000多块，分别编号，在距离原址200多米的地方拼合还原。3000多年前古埃及的神庙设计者精确地运用天文、星象、地理学知识，按照要求把神庙设计成为只有在拉美西斯二世的生日（2月21日）和奠基日（10月21日），旭日的金光才能从神庙大门射入，两次穿过60米深的庙廊，依次披撒在神庙尽头右边三座雕像的全身上下，长达20分钟之久，而最左边的冥界之神却永远躲在黑暗里。人们把这一奇观发生的时日称作"太阳节"。为了保留日照奇观，在神庙搬迁的时候，现代专家运用大量精密仪器做了周密的测算，神庙的摆放角度还是出现了偏差，照明的日子比原来推迟了一天，并且一缕阳光照亮了沉睡数千年的黑暗之神的肩膀。

6-2-7 阿布辛拜勒神庙

思想游牧

最近埃及考古学界经研究证实，多年前在王室陵园内所发现的一个木乃伊，是统治埃及近20年后又神秘失踪的十八王朝女法老哈特谢普苏特（Hatshepsut）之尸。请问木乃伊是怎样制作的？制作木乃伊反映了埃及人的什么观念？历史学家又用了哪些方法对木乃伊进行研究？

你可以通过网络，输入关键词"木乃伊"、"哈特谢普苏特"进行搜索，阅读有关史料，然后回答这些问题。

第三节 古代印度

印度河流域的早期文明

印度的名称起源于印度河。在古代，印度并不是一个国家的名字，而是一个包括现在印度、巴基斯坦、孟加拉、尼泊尔、不丹等国家在内的整个南亚次大陆的地理概念。

 **他山之石**

印度是南亚面积最大的国家，因其国土形状宛若牛首，也有人称之为"牛颅之国"。印度西北部是喜马拉雅山南侧山地，南部是广大的德干高原，中部是恒河平原，绝大部分领土在海拔1000米以下，起伏较小。由于开发历史悠久，印度是亚洲耕地面积最大的国家。印度人口众多，是世界上第二个人口超过10亿的国家。印度的主要气候类型是热带季风气候，全年高温，分雨、旱两季。由于西南季风不稳定，印度水旱灾害频繁。

在古代印度的历史中，河流扮演了重要的角色。

印度河发源于喜马拉雅山脉，全长3200公里，是南亚次大陆最长的一条河流，主要流经今天的巴基斯坦境内，最后注入阿拉伯海。

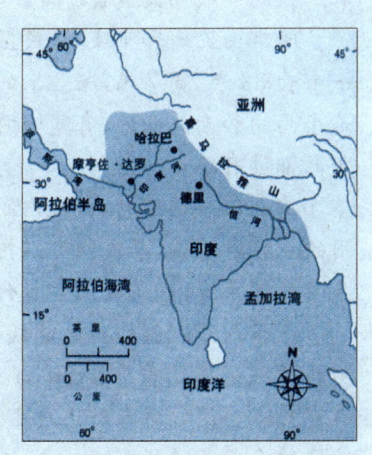

6-3-1 古代印度

印度河流域的雨量相对较小,河水为农耕生产提供了可靠保证。

恒河是印度北部大河,发源于喜马拉雅山脉,注入孟加拉湾。与印度河流域相比,恒河流域气候湿润,雨量充沛,土地也更加肥沃,更有利于发展农业。恒河是印度人民心中的圣河。

古印度文明最早发祥于印度河流域,以青铜时代高度发展的城市文化而闻名,被学者们命名为哈拉帕文化。

公元前2500年左右,印度河流域出现了一些城市和村落,哈拉帕和摩亨佐·达罗是现今发现的两座最重要的城市遗址。据考古发现推断,当时印度河流域已出现结构独特的文字,萌生了宗教信仰,建造了精心规划的城市,各城市的度量衡相当统一,当时的人还掌握了种植棉花并用棉花织布的技术。

哈拉帕文化在公元前1800年至公元前1600年突然衰落。这一光辉灿烂的文明是如何衰落、消亡的,至今还是未解之谜。

6-3-2 哈拉帕文化遗址

史海钩沉

哈拉帕文化(Harappa):在20世纪以前,人们根本不知道历史上有过哈拉帕文化,古印度文明被认为是从公元前1000年代的吠陀时代后期开始的。1922年,考古学家在印度河流域的旁遮普和信德地区发现了哈拉帕和摩亨佐·达罗两个文化遗址。这一新的发现,把古印度文明史整整提前了1500年左右。

现今摩亨佐·达罗已成废墟,但城区的全貌依然可辨。摩亨佐·达罗的城市总体规划非常先进且极为科学,在当时可谓是土木工程的一项伟大成就。

6-3-3 摩亨佐·达罗

城市由卫城和下城(居民区)两部分组成。卫城里有宫殿、行政大厦、谷仓、餐厅等公共设施,还有一个长32米,宽7米,深3米的据猜测是大浴池的建筑物;下城居民区的布局井井有条,街道基本都是东西向和南北向的,有宽阔的、能并行好几辆车的大街,也有比较狭窄的小巷。在街道上,每隔一定距离都设有路灯。

特别值得称道的是,城内的污水和污物处理系统非常完备。大小住宅多半都在外墙里面装有专用的垃圾滑运道,居民们可以把废物倒进滑运道,滑到街边的小沟,小沟又连接下水道系统。这样复杂的处理系统,不仅在上古时代是无与伦比的,就是当今世界的许多城镇也只能望其项背。

房屋是用烧制的砖块建成的,整个印度河流域做砖的模子只有两种标准尺寸。据考古学家称,砌砖的精细程度之高几乎已到了无法再提高的程度。大多数住宅的底楼,正对马路的一面均为毛坯,没有窗户——这种旨在防止恶劣天气、噪音、异味、邻人骚扰和强盗入侵的城市习俗,至今仍为近东许多地区的人们所遵行。

这种整齐划一的布局和有条不紊的组织遍布了整个印度河文明区。这一文明于公元前 2500 年左右达到成熟期，并在以后的 1 000 年中，实际上处于静止不变的状态：这些城市每次遭到洪水毁灭性的破坏后，重建的新城市总是造得跟原来的城市一模一样。如此一贯、连续的传统在世界历史上也是绝无仅有的。

思想游戏

印度河流域的文明之光熄灭了，有些地区，如摩亨佐·达罗更是遭到巨大的破坏。哈拉帕文明消失的原因是什么？是外族入侵，地质和生态环境发生了变化，还是一场灾难性的爆炸？由于仅有的一些印章文字和其他铭文至今仍未能被释读，这个谜底现在仍然隐匿在历史的烟云之中。

假设你是一个历史学家，你打算用哪些方法来揭开这个历史之谜？

吠陀时代

历史回眸

约从公元前 1500 年到公元前 600 年，是古代印度历史上的吠陀时代，它是因雅利安人最古老的文献《吠陀》而得名。《吠陀》是梵书 Veda 的音译，意为知识、学问。

印度河流域的文明衰落后，古印度文明的中心逐渐转向恒河流域。公元前 15 世纪左右，自称"雅利安"（意为"高贵者"）的白种人入侵南亚次大陆，从此开始了印度历史上的吠陀时代。经过几个世纪的武力扩张，雅利安人逐步征服印度河流域和恒河流域，建立起许多小的奴隶制国家。

在雅利安人国家形成的过程中，逐渐形成了森严的等级制度——种姓制度。种姓制度又称"瓦尔那制度"①，它把古代印度居民从高到低分成四个等级：婆罗门、刹帝利、吠舍、首陀罗。第一等级婆罗门掌管宗教祭祀，享有崇高地位；第二等级刹帝利包括国王、官僚、武士等，掌握军、政大权；第三等级吠舍是一般平民，以农、牧、工、商为职业，多数人无政治权利；第四等级首陀罗是被征服的土著居民，地位接近于奴隶，主要从事低贱的职业。

职业世袭、种姓内婚是种姓制度重要的特征，不同种姓之间界限森严。低级种姓不允许从事高级种姓的职业，不同种姓之间禁止通婚。此外，种姓制度对食物、水、接触、礼仪的纯洁性还有更进一步的限制。

历史回眸

孔雀帝国时代，社会上出现了地位低下的"不可接触者"——"贱民"。他们只能从事洗衣、抬死人、掏粪等"不洁"的职业，只能住在村外，穿死人穿过的衣服，用破盘子盛饭。夜间，"贱民"被禁止在城镇或乡村中行走，白天行走必须带上标记，好让人识别。

思想游戏

"当诸神分割原始巨人普鲁沙时，他的嘴变成了婆罗门，他的双臂变成了刹帝利，他的双腿变成了吠

---

① "瓦尔那"意即颜色、品质。

舍，由其双脚生出首陀罗。"——《吠陀》

种姓制度走到 21 世纪的今天，已经存在 3 000 多年了。请查找资料：古老的种姓制度在现代印度社会中是怎样的一种状况，你是如何看待种姓制度的？

列国时代

到公元前 6 世纪，在恒河、印度河流域及其周围地区，已有了二十个左右的国家，其中主要的是十六个大国，从此开始了古代印度史上的列国时代。这是一个战国纷争，同时又逐步为统一打基础的时代。在这些国家中，恒河下游的摩揭陀王国，由于地处南北印度交通要道，又控制着铁矿丰富的地区，因此很快强盛起来。公元前 4 世纪，摩揭陀王国统一了恒河流域，为后来孔雀帝国统一印度打下了基础。

列国时代也正是佛教兴起的时代。佛教大约产生于公元前 6 世纪—公元前 5 世纪，它的兴起是印度社会政治、经济的巨大变化，在宗教和思想领域的反映。佛教创始人乔达摩·悉达多（约公元前 566—公元前 486）是迦毗罗卫国（今尼泊尔境内）的王子，二十九岁时出家修行，三十五岁时大彻大悟。佛教徒尊称他为"释迦牟尼"，意为"释迦族的圣人"。此外，他也被称作"佛陀"，意为"觉悟者"，该宗教因此被后人称作"佛教"。

佛教主张"众生平等"，力图打破婆罗门至高无上的种姓特权，认为各个种姓都可以参加宗教活动，在佛门内没有等级差别。佛教的基本教义是"四谛"，也就是四个真理，第一是"苦谛"，说明人生所经历的生、老、病、死等一切皆苦；第二是"集谛"，说明一切苦的根源在于欲望，有欲望就有行动，有行动就会造业（即平时所说的造孽），于是就不免受"轮回"之苦；第三是"灭谛"，说明必须消灭一切欲望，达到不生不灭的"涅槃"境界，才能消灭苦因，断绝苦果；第四是"道谛"，说明要达到不生不灭的"涅槃"境界，必须修道。

乔达摩·悉达多涅槃后，佛教徒将其佛舍利分别葬在八个地方，并修建佛塔供奉，这就是八大灵塔。而佛像的塑造受希腊雕像的影响，公元 1 世纪之后开始流行。佛塔、佛像都是佛教的重要象征。

思想游牧

在现代印度，信奉印度教的人占全国人口的 83%，信奉伊斯兰教的人占 12%，而信奉佛教的人只占 1%。

请思考：造成这种现象的原因是什么？

孔雀帝国

公元前 324 年，旃陀罗笈多推翻了摩揭陀国难陀王朝的统治，因其出身于孔雀宗族，故称新建立的王朝为孔雀王朝，他所开创的帝国通常被称为孔雀帝国。阿育王在位时对南印度进行了大规模的征讨，统一了除半岛最南端以外的整个印度，这是印度历史上第一次出现几乎统一的国家。阿育王死后，孔雀王朝很快便衰落下去。大约到公元前 187 年，孔雀王朝的末代国王被一位将军杀死，孔雀帝国从此覆灭。

历史回眸

阿育王（约公元前 273—公元前 236）的知名度在印度帝王中是无与伦比的，他是印度第一个有完整资料的统治者。其一生可以分成两个阶段：前半生是"黑阿育王"时代，主要是经过奋斗坐稳王位，通过武力基本统一了印度；后半生是"白阿育王"时代，他皈依佛教，立佛教为国教，并派使节前往东南亚、中亚、波斯、希腊、埃及等地传播佛教。这样，佛教就超出了印度本土的范围，逐渐成为世界性的宗教。

文化成就

印章文字是印度最早的文字,因文字刻在皂石、赤陶、象牙或铜制成的印章和护符上而得名。目前,在哈拉帕文化遗址中已出土印章 2 000 多件,但至今仍有 400 多个文字符号未被释读。印度河文明毁灭后,印度历史上再次出现文字大约是在列国时代之初,一为婆罗谜文,二是佉卢文。婆罗谜文在公元 7 世纪时发展成梵文,这种文字由 47 个字母构成,在语言学上属印欧语系,是近代印度字母的原型。

6-3-4　印章文字

在自然科学方面,古印度人最杰出的贡献是发明了目前世界通用的计数法,创造了包括"0"在内的 10 个数字符号,"0"的发现引发了计算技术的革命。由于这套数字系统是通过阿拉伯人传播到西方的,因此现在被称为阿拉伯数字。

雅利安人最古老的文学作品是《吠陀》,其中《梨俱吠陀》的文学价值最高,它以颂神为主,也有世俗诗歌。古印度最著名的文学作品是《摩诃婆罗多》和《罗摩衍那》两部史诗。《摩诃婆罗多》是一部带有戏剧色彩的神话传说汇编,中间穿插着许多讨论宗教和哲学的章节。《罗摩衍那》主要叙述的是英雄罗摩的事迹,大致反映的是雅利安人向南印度扩张的过程,其文学艺术和思想内容在世界上产生了深刻的影响,它是印度人民心目中的圣书。

印度文化充满着浓厚的宗教色彩。神秘的瑜伽、多姿多彩的舞蹈、魅力无穷的音乐以及表现力深刻的建筑艺术和洞窟艺术等,共同营造出古代印度独特的文化韵味。

 **知识链接**

沙杰汗,你知道,
生命和青春,财富和荣耀,
都会随光阴流逝。
只有这一颗泪珠,
泰姬陵,
在岁月长河的流淌里,
光彩夺目,
永远,永远。
你的完美,是一种债,
我终身偿还,以唯一的爱,
你容许你君主的权力化为乌有。
沙杰汗啊,
可你的愿望本来是要使
一滴爱情的泪珠不灭不朽……

——泰戈尔

6-3-5　泰姬陵

泰姬陵是莫卧儿王朝第五代君主沙杰汗为宠姬泰姬·玛哈尔修筑的陵墓。整个建筑全部用纯白色大理石建成,墙体上镶嵌着由水晶、玛瑙、宝石、玻璃等构成的藤蔓花朵,在不同的光线条件下,会变幻出不同的璀璨光华。泰姬陵始建于 1632 年,历时 22 年之久才建成完工,是一件集伊斯兰和印度建筑艺术风格于一体的古代经典作品。在世人眼中,泰姬陵已成为印度的代名词。

君子动手

请收集有关印度印度历史、文化、风土人情等方面的资料,举办一个知识竞赛或表演。

第四节 古代希腊

❍ 爱琴文明

希腊是西方文明的发祥地。在古代世界中,希腊并不是一个国家的名称,而是希腊人对他们所生活居住区的统称。其地理范围包括欧洲东南部的希腊半岛、爱琴海诸岛和小亚细亚西部海岸。古希腊的文明是从爱琴文明开始的,爱琴文明包括克里特文明和迈锡尼文明。

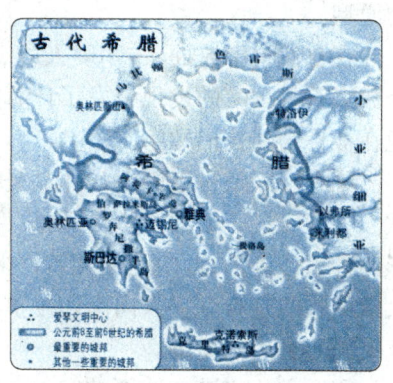

6-4-1 古代希腊

他山之石

希腊有着独特的自然地理环境。

希腊位于巴尔干半岛最南端,爱琴海、爱奥尼亚海与地中海从东、西、南三个方向环绕着希腊,海岸线长约 15 000 公里。希腊是典型的地中海式气候,夏季干燥少雨,冬季温暖湿润,平均气温夏季 23℃—33℃,冬季为 6℃—13℃,年平均降水量 400—1 000 毫米。因为是个多山的国家,土壤也不甚肥沃,这里的土地多不适合种植粮食作物,但更有利于橄榄和葡萄的种植。

希腊岛屿众多,岛屿面积占全国总面积的 20%。其中最大的克里特岛,东西长约 250 公里,南北仅 12—60 公里,如一艘长船横卧爱琴海,成为南连埃及北通希腊的枢纽,是爱琴文明的发祥地。

蔚蓝色的海洋、温和宜人的地中海式气候影响着古希腊的历史和文化。

公元前 2000 年,克里特岛进入青铜时代,产生了最早的国家。公元前 17—公元前 16 世纪,在克诺索斯建立的米诺斯王朝处于鼎盛时期,它不仅称霸于克里特岛,而且依靠武力控制地中海地区。现在克诺索斯王宫遗址已得到充分发掘和部分复原,目前所知有关克里特文明的考古材料有一半以上来自这座王宫。王宫结构复杂,"厅堂居室千百间,曲曲折折相通联",在古希腊神话中有"迷宫"之称。克里特此时出现了欧洲最早的文字,字体简化为线形,称线形文字 A,至今仍未被释读。

6-4-2 狮子门

公元前 1450 年前后,克里特岛被来自希腊半岛的迈锡尼人占领,克里特文明迅速衰落,爱琴文明转入以迈锡尼文明为主的阶段。

迈锡尼文明的创造者是阿卡亚人,大约在公元前 1650 年前后,从巴尔干半岛北部进入希腊半岛中部和南部。这个文化的中心位于伯罗奔尼撒半岛,影响远达爱琴海诸岛和小亚细亚,最有名的遗址是阿伽门农王的城堡迈锡尼,巨大的狮子门(以刻有双狮拱卫一柱的浮雕得名)成为迈锡尼文化的象征,至今仍然耸立在伯罗奔尼撒半岛东北部。迈锡尼文化的居民使用一种音节文字,学者们称之为线形文字 B。考古学家们在迈锡尼文化的宫殿遗址上发现了大量使用这种文字的泥板文书,1952 年被英国建筑师文特里斯成功释读。

迈锡尼人向海外扩张势力,在商业利益上与小亚细亚的特洛伊人发生冲突,结果导致了历时十年之久的特洛伊战争。特洛伊战争发生在公元前 13 世纪,当年率领希腊联军围攻特洛伊城的统帅,就是迈锡尼的国王阿伽门农。传说希腊联军最后采用"木马计"攻破了特洛伊城,但希腊各国也在战争中元气大伤。公元前 12 世纪,北方的多利亚人侵入希腊半岛的中部和南部的伯罗奔尼撒,迈锡尼文明遭到毁灭。古希腊最早的文学作品《荷马史诗》就取材于公元前 13 世纪末希腊人远征小亚细亚特洛伊城的故事,相传是盲诗人荷马所作,实际上是特洛伊战争以来数百年希腊民间文学的结晶。

史海钩沉

海因里希·施里曼(1822—1890)是一位深受荷马史诗启发而有所作为的学者。他早年从事蓝靛贸易,并由此而发财致富。出于一个童年的梦想,他决定放弃商业生涯,找到传说中的特洛伊城。1871—1890 年间,施里曼根据荷马史诗中吟诵的特洛伊战争以及迈锡尼国王阿伽门农的传说,先后对特洛伊、迈锡尼和太林斯等地进行考古发掘,取得了惊人的发现,证实了荷马史诗所说的特洛伊和迈锡尼古国的真实存在。

1893 年,英国考古学家伊文思博士,在雅典买到了一些刻有象形文字的小石块,这是当时希腊妇女当做护身符佩戴的饰物。1900 年,为了弄清石块的来源,他来到了克里特岛。150 人连续挖掘 9 个星期后,终于掘出了现代历史研究上最丰富的宝藏——米诺斯的宫殿。

6-4-3　米诺斯王宫遗址

米诺斯王宫占地约 2 公顷,坐落在高山与绿水之间的一座小山上,结构精巧复杂。这座迷宫缺乏围墙防御工事和武器,宫殿除地下室外,地面建筑共有三层,几百间房屋均由迂回曲折的廊道连接,采光设施、供排水、卫生设施极为完备。伊文斯在米诺斯王宫还发现了数万张刻有文字(线形文字 A)的泥版、大量刻有自然花纹的陶器及有着浓厚人文气息的壁画,画面上的人物有男有女,他们或奏乐、或跳舞、或参加仪式。与古埃及绘画相比,这里的壁画描绘的多是现实中的生活场景和周边的各种事物,呈现出另一种完全不同的风貌。这些壁画虽历经数千年之久,色彩依然鲜艳如初。

继伊文斯之后,意大利、美国等考古队也接踵而来,考古发掘扩大到爱琴海上的其他岛屿,湮没数千年的爱琴文明终为世人所知,希腊的历史由此可以上溯到更古的时代,成为世界五大文明发祥地之一。

城邦文明

公元前 8 世纪至公元前 6 世纪,希腊历史进入奴隶制城邦形成时期。当时希腊人在希腊半岛、爱琴海诸岛和小亚细亚西海岸先后建立了许多城邦,又通过广泛的殖民活动在海外建立大量殖民城邦。在众多城邦中最有代表性的是雅典和斯巴达。

雅典位于阿提卡半岛,以雅典城为中心,海上交通便利,工商业发达。以雅典为代表的希腊城邦民主政治,是希腊奴隶制文明在政治上的一大特色,它成为今天西方民主政治的渊源。

雅典民主政治以梭伦改革为起点,至克里斯提尼改革最终确立。公元前 5 世纪,伯里克利任首席将军,雅典民主政治达到空前繁荣,被称为"伯里克利时代"。这一时期,雅典国家民主政治的主要机构是公民大会、五百人会议、陪审法庭。十将军委员会是最高军事机关,由公民大会选举产生,其中首席将军是最高首领,握有军政大权。

6-4-4　伯里克利

为鼓励更多的公民参加国家管理,伯里克利对国家各级公职人员实行了公职津贴制。雅典的民主只在雅典成年男性公民中间实行,奴隶、外邦人和众多的妇女并不享有这种民主。

历史回眸

古代雅典人的物质生活极为简单和贫乏,公民之间贫富差别不大。他们的食物一般只有大麦饼、洋葱和鱼,用水酒送下。衣着也很简陋,主要服装是一块长方形的布围在身上,很少穿鞋戴帽,只有在隆重场合或出席公民大会时,才穿一种类似凉鞋的鞋子。在雅典,妇女的地位较低,她们深居于闺房之中,主要任务是抚育孩子和管理家务,社会交往受到严格限制。雅典人不追求舒适和奢华的用品,也不关心财富的积累,他们的兴趣更多集中于从事政治和文化艺术活动,目的在于尽可能生活得有趣和满意。戏剧是雅典群众性文艺生活的重要形式,每年有三个戏剧节,政府为鼓励公民看戏以参加社会生活,特地发放"观剧津贴",剧场就成了当时公民的政治讲坛和文化生活的中心之一。

斯巴达位于巴尔干半岛南端的伯罗奔尼撒半岛,是一个以农业为主的国家。它没有雅典那种广泛的公民直接民主和活跃的民主政治生活,是贵族共和制城邦的典型代表。

斯巴达国家在历史上以崇尚武力、重视军事教育而闻名,当兵打仗是斯巴达男人唯一的事业,他们20岁开始过军营生活,直到60岁才可退役。斯巴达人轻视文化教育,他们认为学习过多的知识没有用处,会写简单的书信就足够了,语言表达也要尽可能简短、精炼。历史上斯巴达人几乎没有留下什么文化遗产。

公元前5世纪通常被称为希腊的"古典时代"。古典时代的开始与终结是以两次战争作为标志,即希波战争和伯罗奔尼撒战争,这两次战争影响了希腊历史的进程。

希波战争,发生于公元前500年至公元前449年,波斯帝国为了扩张版图而入侵希腊,战争持续了半个世纪,最后以希腊获胜、波斯战败宣告结束。希腊战胜确保了希腊诸城邦的独立及安全,使得希腊继续称霸东地中海数百年。

伯罗奔尼撒战争是以雅典为首的提洛同盟和以斯巴达为首的伯罗奔尼撒联盟之间为了争夺希腊霸权而发生的一场战争,从公元前431年一直持续到公元前404年,最后斯巴达获胜。战争给希腊世界带来了空前的破坏,结束了希腊的古典时代,成为希腊历史上的一个转折点。

思想游戏

雅典和斯巴达都属于古希腊,却形成了两种不同的制度,为什么? 你认为雅典和斯巴达的制度中,哪一个更适应当时的历史条件? 为什么?

希腊文化

"哲学"一词源于古希腊,本意为"爱智慧之学"。希腊很早就出现了朴素的唯物主义和辩证法,德谟克利特的原子论是古希腊唯物主义哲学的最高成就。公元前5世纪,希腊唯心主义哲学的主要代表是苏格拉底和柏拉图,柏拉图是苏格拉底的学生,是欧洲哲学史上第一个建立唯心论体系的哲学家。柏拉图哲学的核心是理念论,"理想国"是他的理念世界在现实中的最大体现。公元前4世纪,希腊著名的哲学家是亚里士多德,他的哲学思想摇摆于唯物主义和唯心主义之间,走上了二元论的迷途。

西方通常所用"历史"一词也源于古希腊,本意为"经调查研究的记事"。希罗多德被西方人称为"历史之父",其著作《历史》(《希波战争史》)内容丰富,文笔优美,是西方第一部系统叙述历史的著作。修昔底德著有《伯罗奔尼撒战争史》,他把历史上升到哲学的高度,被视为历史科学的奠基者。

历史回眸

　　希腊是奥林匹克运动会的发源地。古时候,希腊人把体育竞赛看做是祭祀奥林匹斯山众神的一种节日活动,在诸多竞技会中,规模最大、持续时间最长的是在奥林匹亚村举行的祭祀万神之父——宙斯的竞技会,即今天所称的古代奥林匹克运动会。

　　第一届古代奥运会于公元前 776 年举行,每四年一届。直到公元 393 年,罗马皇帝狄奥多西一世禁止一切异教活动,宣布废除古奥运会为止,历时 1 169 年。为纪念奥林匹亚运动会,1894 年的国际体育大会通过了恢复奥林匹克运动会的决议,成立了奥运会的永久性领导机构——国际奥林匹克委员会,顾拜旦当选为秘书长。1896 年在希腊雅典举行了第一届现代奥运会,以后按照古代传统,每隔四年举行一次。运动会改为轮流在其他国家举行,但仍用奥林匹克的名称,并且每一届的火炬都从这里点燃。2008 年第 29 届奥运会在中国北京举办。

　　希腊文学的最高成就是戏剧。戏剧产生于祭祀酒神的歌舞表演,埃斯库罗斯、索福克里斯和幼里披底斯是古希腊三位著名的悲剧作家,喜剧的出现比悲剧为晚,最著名的喜剧作家是阿里斯托芬。

　　希腊艺术主要体现在建筑和雕刻上。大型建筑主要是神庙。帕特农神庙建于公元前 5 世纪,是希腊全盛时期建筑与雕刻的代表。雕刻艺术以表现生动的人体为主要形式,雕刻家米隆的代表作是"掷铁饼者"、菲迪亚斯的代表作是帕特农神庙中的雅典娜神像。

历史回眸

　　公元前 447 年,为了供奉雅典城邦的守护神雅典娜,在希腊首都雅典卫城的最高点修建了这座希腊古典时期最宏伟的建筑,神庙之名取自雅典娜的别号 Parthenon,意为"贞女"。帕特农神庙体现了多利亚式建筑的最高成就,素有"希腊国宝"之称,是人类艺术宝库中一颗璀璨的明珠。

　　整个建筑工程质量精益求精,艺术设计尤为巧妙。例如建筑家注意到人类视觉对直线易生僵直的感觉,便在各部分作细微矫正,使神庙通体不见一条僵直之线。殿内高达 12 米的雅典娜黄金象牙镶饰巨像、门面山墙上的群像及墙面长达 160 米的浮雕带等,都极其精美,体现了雅典在希腊世界的优越地位。

6-4-5　帕特农神庙遗址

　　4 世纪中叶,神庙被改为基督教堂,雅典娜神像被移去。1458 年土耳其人占领雅典后将神庙改为清真寺。1687 年威尼斯人与土耳其人作战时,炮火击中了神庙内的一个火药库,炸毁了神庙的中部。1801—1803 年,英国贵族埃尔金勋爵将大部分残留的雕刻运走,损失最为严重。许多原属神庙的文物,现在散落在不列颠博物馆、卢浮宫、哥本哈根等地。19 世纪下半叶,曾对神庙进行过部分修复,但已无法恢复原貌,现仅留有一座石柱林立的外壳。

　　古希腊人对天文学、地理、数学、几何、物理、生物、医学等科学知识的积累和理论探讨,都逐渐形成了学科体系,即开始抛弃宗教神学的影响,坚持从物质世界本身去说明事理。

　　泰勒斯、毕达哥拉斯和欧多克索斯是著名的数学家和天文学家。泰勒斯证明了许多几何命题,提出了"直径平分圆周"、"直线相交对顶角相等"等定理。毕达哥拉斯是西方最早证明勾股定理的人。欧多克索斯提出了地球中心说,并据此建立了世界上第一个宇宙几何模型,这种学说直到哥白尼时代才被推翻。

　　亚里士多德是古希腊最渊博的学者,创立了逻辑学、物理学、动物学、植物学、政治学和伦理学,是古希腊文化的集大成者。

医学方面贡献最大的希波克拉底,有丰富的理论著作,被尊为"医学之父"。他制定了著名的"希波克拉底誓言",规定了医生的职业道德,一直影响到今天国际医学组织制定的医德规范。

第五节　古 代 罗 马

光荣属于希腊,
伟大属于罗马。
　　　　——《致海伦》〔美〕爱伦·坡

靴形沃地

意大利半岛又名亚平宁半岛,是伸入地中海的一个狭长半岛。半岛以地中海气候为主,冬季温暖多雨,夏季炎热干燥。其海岸线曲折、多天然良港、水能资源丰富、土地肥沃。从地图上看,它形似一个靴子,因此有"靴形半岛"之称。罗马文明的中心地区是意大利半岛,地中海地区是罗马文明活跃的历史舞台。

6-5-1　地中海世界

罗马城的建立

据考古资料,罗马城最初诞生在距台伯河入海口不远的帕拉丁山丘上,它以帕拉丁山丘为中心,逐渐联合其他各丘形成同盟即所谓"七丘同盟"①。后来又有萨宾部落的加入,发展为"四区之城"②,开始从分散走向统一。至公元前6世纪,罗马城市国家逐步建立起来。

史海钩沉

2007年11月20日,意大利考古学家宣称,他们在古罗马帕拉蒂诺山遗址实施修缮工程时发现的一处洞穴,可能是罗马建城传说中"母狼育婴"的所在地点。

相传古时亚尔尼龙伽国王的弟弟阿穆留斯篡夺了王位,他杀死王子、强迫公主当祭司,在公主生下一对孪生兄弟后,又派人将孩子扔进台伯河。孩子的啼哭声将一只母狼吸引了过来,它不但没有伤害这对双胞胎,反而用乳汁哺育着他们。后来孩子们被一个牧羊人收养,取名为罗慕洛和勒莫斯。长大后,他们帮助外公夺回了王位,并决定再另外建立一座新城。以谁的名字命名呢?兄弟间发生争执。最后,罗慕洛杀死了弟弟,以自己的名字命名新城,后人称之为——罗马(Rome)。传说这个故事发生在公元前753年4月21日,古罗马人就把这一天作为开国纪念日。公元前6世纪,罗马雕塑家塑造了一尊高85厘米的"母狼育婴"铜雕。

6-5-2　"母狼育婴"青铜雕像

---

①　对于七丘同盟所包括的山丘学术界有着不同的看法。据现代学者考证,所谓七丘指帕拉丁的两个山头、厄斯奎林的三个山头和凯里乌斯以及谷地维利亚。
②　四区指的是帕拉丁、厄斯奎林、凯里乌斯和奎里那尔。

共和国的兴衰

公元前 509 年，罗马人建立了罗马奴隶制共和国。共和国的最高行政长官称为执政官，执政官必须从贵族中选出，国家的统治权由贵族组成的元老院操控。《十二铜表法》是罗马历史上的第一部成文法典。

历史回眸

《十二铜表法》是罗马共和国颁布的罗马历史上第一部成文法典，因法典刻在十二块铜板上而得名。《十二铜表法》的原文已佚失，但从后来罗马法学家的著作中可以看出，这一法典的内容相当广泛，包括公法与私法、刑法与民法、氏族继承与遗嘱等，不仅规定了公民的权利和义务，还规定了极为残酷的债务奴隶制。如在第三表中规定：若债务人无力偿还债权人的债务，那么债权人就可以将债务人处死，或把他卖至台伯河以外的地方；如果有若干债权人时，甚至可以将债务人的尸体肢解。

恩格斯指出："后世的立法，没有一个像古雅典和古罗马的立法那样残酷无情地、无可挽救地把债务者投在高利贷债权者的脚下。"《十二铜表法》对以后罗马的法典乃至欧洲的法学都有重要的影响。

公元前 5 世纪，罗马共和国开始对外扩张，到公元前 3 世纪时已征服了意大利半岛。随后，罗马将注意力转向海外，与西部地中海的海上霸主迦太基发生战争并取得胜利。公元前 2 世纪，罗马扩张成为东起小亚细亚、西抵大西洋的地中海霸主。

知识链接

布匿战争（公元前 264—公元前 146 年）是罗马和迦太基为争夺地中海地区霸权而进行的战争。迦太基是公元前 9 世纪腓尼基人在北非建立的殖民地，因罗马人称腓尼基人为"布匿人"，所以这场战争称"布匿战争"。罗马同迦太基的战争共有 3 次，战争以罗马的胜利而告终。

随着领土的急剧膨胀、奴隶和财富的源源流入，罗马贵族奴隶主将占有的大片土地建成大中农庄，使用奴隶劳动。共和国的经济基础——小农和小手工业的经济遭到破坏，罗马共和国孕育着多重社会危机。此时，共和制下的国家机器已不能充分执行镇压奴隶反抗斗争和维护统治的任务，罗马必须建立强有力的军事独裁政权，罗马共和国最终向罗马帝国过渡。

公元前 82—公元前 79 年这段时间是苏拉独裁时期，苏拉独裁是罗马由共和国走向帝国的自然产物。公元前 45 年恺撒集军政大权于一身，他厉行改革但因独裁统治而招致政敌仇视，遭贵族派阴谋分子刺杀。

公元前 27 年屋大维建立元首制，元老院授给他"奥古斯都"的尊号。屋大维大权在握成为事实上的皇帝，罗马共和国结束了，古罗马进入了罗马帝国时代。

罗马帝国时代

罗马帝国，中国古书称为大秦①，是世界古代史上最大的国家之一。

---

① 《后汉书》中第一次出现了大秦王派遣使者来中国的记载，时间为公元 166 年。

他山之石

罗马斗兽场，原名弗莱文圆形剧场，曾是古罗马角斗士与猛兽搏斗、厮杀，供皇帝、王公贵族消遣娱乐的地方。它建于公元72至公元82年间，是古罗马文明的象征。

罗马斗兽场遗址位于今意大利首都罗马市中心威尼斯广场的南面。从外观上看，它呈正圆形；俯瞰时，呈椭圆形。罗马斗兽场的占地面积约2万平方米，长为188米，宽为156米，圆周长527米，围墙高57米，这座庞大的建筑可以容纳近9万名观众。罗马斗兽场是欧洲也是全世界保存至今的最古老、最宏伟的斗兽场。

6-5-3 罗马斗兽场

从屋大维开始的大约两百多年的时间里，罗马帝国经历了它最为强盛的时期，帝国统治稳固，社会经济繁荣，史称"罗马和平"。安敦尼王朝是罗马帝国的"黄金时代"，当时罗马帝国版图东起幼发拉底河、西到不列颠、南达北非、北越多瑙河，帝国疆域达到最大规模，成为地跨欧、亚、非三洲的庞大帝国。

知识链接

All Roads Lead to Rome

"条条大路通罗马"是著名的英语谚语。相传这句话，最早出自罗马皇帝尤里安之口。罗马城成为地跨欧亚非三洲的罗马帝国的政治、经济和文化中心后，罗马帝国为了加强统治，修建了以罗马为中心，通向四面八方的大道。据说，当时从意大利半岛乃至欧洲的任何一条大道开始旅行，只要不停地走，最终都能抵达罗马。

 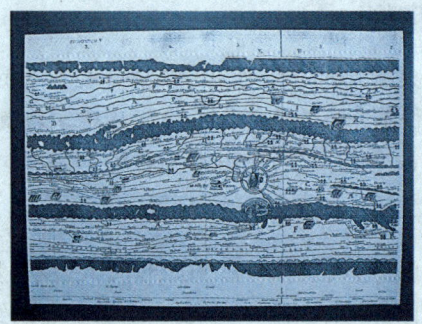

6-5-4 《波伊廷格地图》

《波伊廷格地图》是一幅世界地图，图中有欧洲、非洲与亚洲，但其主体部分是罗马帝国的疆域。在这幅地图上，圆形的罗马城中有一个女神，她头戴王冠，坐在一个高高的宝座中，这形象地说明了她所象征的罗马城就是世界的主人。图中还标绘出了当时已知的世界交通线路，这些纵横交错的发达交通路线，最终都汇总到地图的中心——罗马城。《波伊廷格地图》直观形象地说明了"条条大路通罗马"这一名言。

后来，人们用"条条大道通罗马"来比喻通过多种途径和尝试不同方法来达到同一目的。

公元306年，君士坦丁登上帝位。他实行政治和军事方面的改革，逐渐信奉并皈依了基督教，成为罗马帝国的第一位基督教皇帝，对整个帝国的基督教化进程起到了极大的推动作用。公元330年，他将帝国的首都从罗马迁到拜占庭，取名君士坦丁堡。

罗马帝国后期,国家陷入深重的社会经济危机,奴隶、隶农①起义不断高涨,外族的入侵也随之而来。内外交困的罗马帝国在公元395年分裂为东、西两部分,东罗马帝国都城在君士坦丁堡,西罗马帝国仍定都罗马。

公元476年,日耳曼雇佣兵统帅奥多雅克废黜了最后一个皇帝罗慕洛,罗慕洛的被废通常被认为是西罗马帝国的灭亡②,这标志着西欧奴隶制度的崩溃。此后,西欧进入封建制社会,开始了一个新的历史纪元——中世纪。

古代罗马文化

拉丁字母是目前世界上使用最广泛的一种字母文字系统。它是罗马人在希腊字母的基础上改造发展而成,因此也被称"罗马字母"。

6-5-5　拉丁字母

在农业方面,瓦罗的《论农业》以对话的体裁分别论述大田作物、畜牧业和宅旁经济,他特别注意如何对待奴隶的问题,提出了如何对待奴隶及剥削奴隶劳动等见解。

在自然科学方面,普林尼的《自然史》内容包括天文、地理、动植物、矿物、农业、工艺等,这是一部百科全书式的巨著。

罗马的历史学家以恺撒和塔西佗为主要代表。恺撒的《高卢战记》和《内战记》不仅具有较高的文学价值,而且是研究罗马史、高卢、日耳曼人历史的珍贵史料。塔西佗著有《编年史》、《历史》③、《日耳曼尼亚志》等。其中,《编年史》和《历史》是研究罗马帝国初期社会状况最直接的原始资料,《日耳曼尼亚志》是研究早期日耳曼人历史最主要的历史资料。

值得一提的是,罗马著名教育家昆体良对儿童的心理特点进行了研究,认为教师必须以父母般的态度对待儿童,反对体罚学生。他对儿童的天赋才能做了很高的评价,认为教学质量的关键在于教师,教师应该"善于精细地观察学生能力的差异,弄清每个学生天性的特殊倾向",从而能因材施教。昆体良的代表作《演说术原理》是古代西方第一部系统的教学方法论著,在文艺复兴时期受到人文主义者的高度评价。

古代罗马人在法学方面颇有建树,罗马法对很多国家的法律设定有着深远的影响。

知识链接

罗马法的渊源与发展

所谓罗马法,一般泛指罗马奴隶制国家法律的总称,存在于罗马奴隶制国家的整个历史时期。

早在原始社会,氏族部落就有约束氏族部落成员的严格禁忌与习惯法。但是,习惯法具有很大的随意性,随着罗马共和国时期平民和贵族的矛盾发展,它已经不能适应社会的发展了,于是罗马第一部成文法——《十二铜表法》应运而生。公元前3世纪中期之前,罗马法律的适用范围仅限于罗马公民,被称为公民法,具有明显的狭隘性。在罗马对外扩张的过程中,公民法逐渐演变为普遍适用于罗马统治范围内一切自由民的法律,即万民法。随着罗马法律的发展,拜占庭皇帝查士丁尼一世在位时对罗马法律进行了整理,编纂成《查士丁尼民法大全》,又称《查士丁尼法典》。《查士丁尼法典》的颁布标志着罗马法已经发展到完备阶段,是罗马法之集大成者。

---

① 罗马共和国末期由于奴隶起义的不断发生,奴隶主不得不把土地分成小块出租给自由佃农和奴隶,这种租种土地的自由佃农和奴隶称为隶农。

② 东罗马帝国存续到1453年。

③ 《编年史》亦译作《罗马编年史》,《历史》亦译作《罗马史》。

　　罗马艺术的主要表现形式为建筑和雕刻,凯旋门和万神庙是罗马建筑和雕刻艺术的典型代表。此外,罗马城和庞培古城是罗马帝国的名胜,成为以后欧洲各大都市的建筑蓝本。

 **他山之石**

　　万神庙位于罗马城内,始建于屋大维时代,是罗马建筑中出色的作品之一,被米开朗琪罗誉为"天使的建筑"。因供奉罗马所有神祇,故有潘提翁(即万神)之称,后遭到焚毁,由哈德良皇帝重建。

6-5-6　万神庙的大圆顶

6-5-7　万神庙

　　万神庙门廊高大雄壮,装饰华丽,光彩夺目,代表着罗马建筑的典型风格,柱廊的石柱是用整块埃及灰色花岗岩加工而成。万神庙的建筑特色是在希腊神庙的原有形式上加以大圆顶,形成一个宏大球体与地的相接,而且整个建筑只靠顶上天窗取光,有强烈的集中统一效果。

　　万神殿在 7 世纪时改为基督教堂。

思想游戏

　　请你穿越时空,充分发挥想象力,把自己假想成一位罗马人,向同学们描述一下罗马的文化成就。此外,通过讨论的方式,谈谈罗马文明的伟大之处在哪里,同希腊文明做一简要比较。

第七章

悠久的华夏文明

中国是一个有着辉煌文明的古老国度。从步入文明的门槛之日起,中国先后经历了夏、商、西周、春秋、战国、秦、汉、三国、西晋、东晋十六国、南北朝、隋、唐、五代十国、宋、元、明、清等历史时期。其中在夏、商、西周和春秋时代,经历了奴隶社会发展的全部过程。从战国开始,封建社会孕育形成,秦朝则建立了中国历史上第一个中央集权的封建帝国。此后,两汉是封建社会迅速成长的阶段,唐、宋时期经历了封建社会最辉煌的时代,至明、清两代,封建社会盛极而衰,并最终步入多灾多难的近代社会。

第一节 先秦时代

夏·商·西周的更替

约公元前 2070 年,中国历史上的第一个国家政权——夏朝出现。夏王朝实行王位世袭制,从传说中的禹开始,到桀灭亡,在约四百多年的时间里共传十四世、十七王。

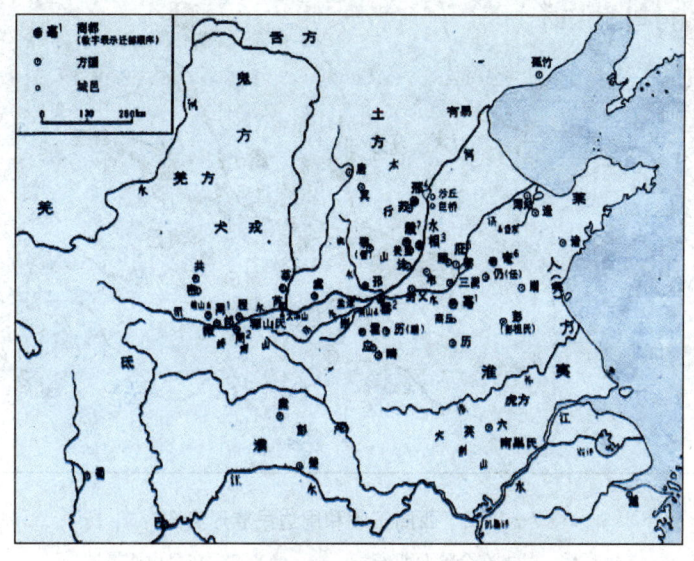

7-1-1 商朝统治区域及周围属国图

亳	在今河南郑州	朝歌	在今河南淇县
周	在今陕西岐山	淮夷	分布在淮河
殷	在今河南安阳		

约公元前1600年,黄河下游的商部落在汤的领导下,推翻了夏王朝,建立起商朝。商朝建立后曾多次迁都,直至公元前14世纪盘庚迁殷(今河南安阳)后才稳定下来,因此商朝又称为殷朝。殷商时代的甲骨文在这时已经发展到了相当成熟的时期,从发现的大量文字中,我们可以了解到商朝的社会生活状况,从而证实了司马迁的《史记·殷本纪》对殷商帝王名称的记载基本可信,我国有文字可考的历史由此开始。商王朝始于汤,终于纣,共传十七世、三十一王。

史海钩沉

商朝盛行"人祭"和"人殉"。奴隶主贵族在祭祀神灵和祖先时,杀掉奴隶作为供品,这便是人祭。商王在一次祭祀宗庙时,曾杀掉奴隶500多人。人殉则是奴隶主死后下葬时,杀死或活埋奴隶作为殉葬品。在武官村一座大墓遗址中发现有殉葬奴隶三四百人。

思想游弋

孔子曰:"大道之行也,天下为公。选贤与能,讲信修睦。故人不独亲其亲,不独子其子,使老有所终,壮有所用,幼有所长,鳏、寡、孤、独、废疾者皆有所养。男有分,女有归。货恶其弃于地也,不必藏于己;力恶其不出于身也,不必为己。是故谋闭而不兴,盗窃乱贼而不作,故外户而不闭,是谓大同。"

——《礼记·礼运》

儒家经典认为,自从禹建立夏王朝,并传子而不传贤之后,"天下为公"变为"天下为家",中国社会就由"大同之世"进入到了"小康之世"。你是如何看待原始社会到奴隶社会的转型? 请说说你的看法。

大约在公元前1046年,商朝属国的国君周武王取得牧野之战的胜利,商朝灭亡。周武王建都镐京(今陕西西安),正式建立周王朝,史称西周。为了巩固奴隶主贵族的统治,周朝统治者建立了一个强有力的中央政府,同时实行分封制、宗法制度与井田制,周朝成为一个强盛的国家。商周时代的青铜铸造技艺已日臻成熟,因此夏、商、周三代被称为我国的"青铜时代"。

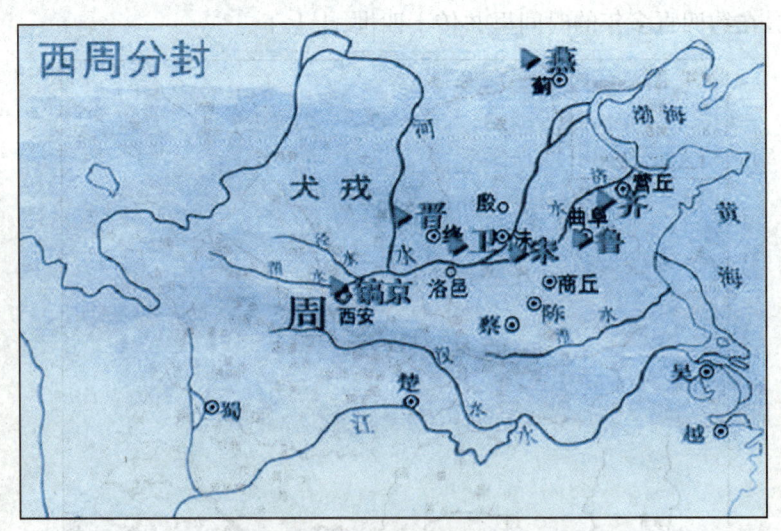

7-1-2 西周王朝和周边民族形势图

镐	在今陕西西安	晋	在今山西翼城
齐	在今山东淄博	燕	在今北京
洛邑	在今河南洛阳	鲁	在今山东曲阜
犬戎	游牧于泾、渭流域	楚	在今湖北秭归
宋	在今河南商丘	吴	在今江苏苏州

史海钩沉

　　周厉王命人监视口出怨言的国人,发现就立即处死,使得"国人莫敢言,道路以目"。这种做法引起了一些大臣的反对,召公进谏说:"防民之口,甚于防川。川壅而溃,伤亦必多,民亦如之。"厉王不听。于是,国人再也不敢讲话了。过了三年,大家一起造反,袭击厉王,把他流放到彘地去了。

　　公元前771年,西部民族犬戎攻破镐京,杀周幽王,西周灭亡。第二年,周平王迁都洛邑(今河南洛阳),史称东周。

君子动手

　　请讨论:夏、商、西周灭亡的原因。

● 春秋战国时代的纷争与变革

　　东周前期,从公元前770年至公元前476年,是我国的春秋时期。平王东迁后,王室衰微,周王已经没有力量统治天下。这一时期,各诸侯国不断进行争霸战争,先后出现齐桓公、晋文公、宋襄公、秦穆公、楚庄王五位霸主,史称"春秋五霸"。

　　齐桓公任用管仲为相,改革内政,又以"尊王攘夷"相号召,国力日趋强盛。公元前651年,齐桓公在葵丘会盟,周王室派代表参加,承认齐桓公在中原的霸主地位。齐桓公死后,齐国国势渐衰。公元前632年,晋文公在城濮之战中故意退避三舍,打败楚国,大会诸侯,晋文公成为中原霸主。公元前606年,楚庄王显

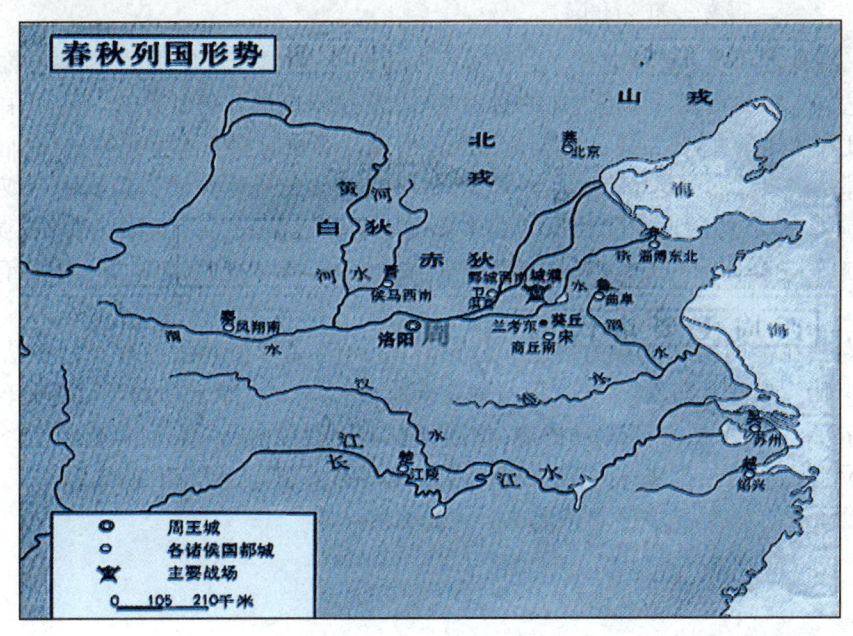

7-1-3　春秋大国争霸图

周	都城在今河南洛阳	晋	都城在今山西翼城
齐	都城在今山东淄博	宋	都城在今河南商丘
吴	都城在今江苏苏州	秦	都城在今陕西宝鸡
燕	都城在今北京	鲁	都城在今山东曲阜
楚	都城在今湖北荆州	越	都城在今浙江绍兴
城濮	在今山东鄄城	葵丘	在今河南兰考

露出争霸之意,派人向周天子问询九鼎之轻重,并在随后的几年争战中取得胜利,最终称霸中原。

春秋末期,越王勾践卧薪尝胆,最终战胜吴国,成为春秋后期的最后一个霸主。

东周后期,从公元前475年至公元前221年,称为战国时期。这两百多年间,各诸侯国之间的争战更加频繁。许多小国逐渐被大国吞并,余下的寥寥无几,齐、楚、燕、韩、赵、魏、秦七国是其中最强大的国家,史称"战国七雄"。在战国时期,赵武灵王是一位有作为的君主,他采用西方和北方民族的服饰,教人民学习骑射,史称"胡服骑射"。最后,西方崛起的秦国,通过兼并战争灭掉东方六国,统一全国,战国时代宣告结束。

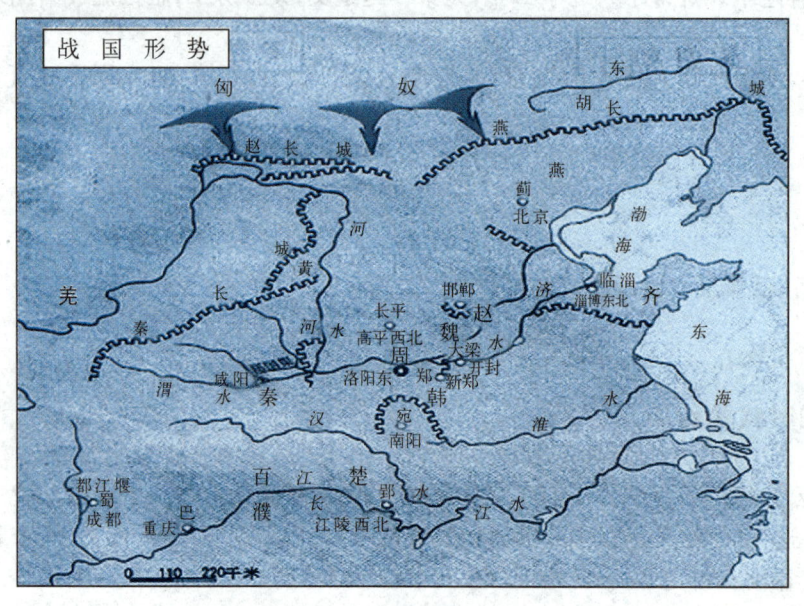

7-1-4 战国兼并形势图

临淄	在今山东淄博	蓟	在今北京	邯郸	在今河北邯郸
咸阳	在今陕西咸阳	长平	在今山西高平	桂陵	在今河南长垣
郢	在今湖北荆州	郑	在今河南新郑	大梁	在今河南开封
马陵	在今河南范县				

中国在西周、春秋之际步入铁器时代。到春秋战国时期,铁农具广泛使用、牛耕逐步推广,产生中国农业史上划时代的变革,它的直接后果是土地的私田化,以及井田制的瓦解。在这一过程中,各诸侯国纷纷变法,用赋税制度和法律条文,将封建土地所有制法定下来。春秋时期齐国管仲的"相地而衰征"和鲁国的"初税亩",实质都是逐步承认土地私有。战国时期,各国封建化的进程加快。为了废弃奴隶制,发展封建经济,建立地主阶级专政,各国地主阶级开展了一系列的变法运动,主要有李悝在魏国、吴起在楚国的变法,申不害在韩国、邹忌在齐国的改革,以及商鞅在秦国的变法。变法运动持续了一百多年,各国终于建立起新的封建制度。

战国时期,商鞅在秦国的变法最为彻底。公元前356年,秦孝公任用商鞅开始变法。主要内容有:一、"废井田、开阡陌",废除井田制,以法律形式确立土地私有制;二、重农抑商,奖励耕织,发展小农经济;三、统一度量衡;四、奖励军功,实行军功爵制,贵族无军功不授爵;五、废分封,行县制,实行中央集权制度;六、编制什伍组织,实行连坐法;七、定秦律,"燔诗书而明法令"。这些措施,废除了奴隶主贵族的世袭特权,促进了封建经济的发展,巩固了新兴地主阶级的统治。

史海钩沉

战国中期,齐国、魏国在中原交战频繁。在桂陵之战(围魏救赵)中齐军大败魏军。后来在马陵之战中,魏军遭齐军伏击,全军覆没,魏国大为削弱。战国后期,东方各国逐渐衰落下去。公元前260年,最有实力统一中国的秦赵两国在长平交战。秦军大获全胜,赵国遭受到毁灭性的打击。长平之战是我国历史上时间最早、规模最大的包围歼灭战。

7-1-5　孔子像

君子动手

请查阅相关资料,列举春秋战国时期五个重要历史人物及其事迹。

百家争鸣

春秋战国时期,在社会大变革的环境下,科技、哲学、文学、艺术都取得了巨大的成就。

春秋时期,出现了老子和孔子两位伟大的思想家。老子是道家学派的创始人,他阐释了朴素的辩证法思想。老子在政治上主张"无为",反对严刑峻法,这对后世政治有很大影响。孔子是儒家学派的创始人,其思想体系的核心是"仁"和"礼"。孔子又是位伟大的教育家。他主张"有教无类"、"学而优则仕",注重因材施教,进行启发式教育,培养德才兼备的人才。

战国时期,各学派纷纷发表自己的政治主张和哲学看法,形成了"百家争鸣"的繁荣局面。参与争鸣的有儒、道、墨等诸家学派。

战国时期百家争鸣简表

名　称	代表人	主　要　主　张
墨　家	墨　子	"兼爱"、"非攻";反对浪费;选举贤能。
儒　家	孟　子	"仁政"说;"民为贵"、"君为轻";"劳心者治人,劳力者治于人。治于人者食人,治人者食于人。"
	荀　子	人力能够征服自然,应该利用自然为人类服务。
道　家	庄　子	鄙视富贵利禄,痛恨社会不公平现象;"有用"不如"无用"好。
法　家	韩非子	历史是向前发展的;主张"法治";建立君主专制中央集权的封建国家。
兵　家	孙　膑	集中兵力,分散敌人兵力,以少胜多,以弱胜强。

君子动手

"东施效颦"、"邯郸学步"、"越俎代庖"、"螳臂当车"、"井底之蛙"、"贻笑大方"、"朝三暮四"、"得心应手"、"踌躇满志"、"望洋兴叹"、"游刃有余"等成语都出自《庄子》这本书,或者从《庄子》中的用语演变而来。请查阅工具书,了解其中蕴涵的哲理和思想。

第二节　大一统的秦汉帝国

秦的统治

"秦王扫六合,虎视何雄哉"。公元前221年,秦王嬴政灭掉东方六国,以咸阳为都城,建立起中国历史上第一个统一的中央集权的封建国家。为巩固统治,秦朝颁布了一系列旨在加强中央集权的政策措施,主要内容包括：

政治方面：第一，确立皇权至高无上。秦王嬴政自称"始皇帝"，将国家大权总揽于一人之手。第二，建立从中央到地方的官制和行政机构。在中央，设置三公九卿；在地方，推行郡县制。三公、九卿和郡县长官，都由皇帝直接任免。第三，颁布通行全国的秦律。

经济方面：第一，扶植封建土地私有制的发展，实行按亩纳税。第二，统一全国度量衡。第三，统一全国币制。第四，统一车轨，建造驰道与直道。

文化方面：第一，统一文字。以秦国通行的文字为基础制定小篆，颁行全国。后来又出现了书写更为简便的隶书。第二，为加强思想控制，接受李斯的建议，焚书坑儒。第三，以法为教，以吏为师。规定教育由官府举办，用法律条文约束百姓，基层的官吏来具体实施教导，严禁私学。

7-2-1 秦始皇

秦始皇是我国历史上杰出的政治家，他结束了长期割据战乱，奠定了我国统一的多民族国家的基础，贡献巨大。但是，秦始皇居功自傲，拒谏饰非，统治残暴，刑法严酷，徭役繁重，赋税沉重，留下亡国隐患。

秦始皇死后，秦二世即位，秦朝统治更加昏暴，阶级矛盾日益激化。公元前209年7月，陈胜、吴广在大泽乡发动起义，这是中国历史上第一次大规模的农民起义。陈胜自立为王，建立张楚政权。第二年，在秦王朝的反扑下，各路起义军均先后失利，吴广、陈胜相继牺牲，反秦起义由项羽、刘邦继续领导。公元前207年，项羽在巨鹿消灭了秦军主力。秦统治集团发生内讧，赵高杀秦二世，另立子婴为秦王。第二年，刘邦军至咸阳灞上，子婴投降，秦朝灭亡。

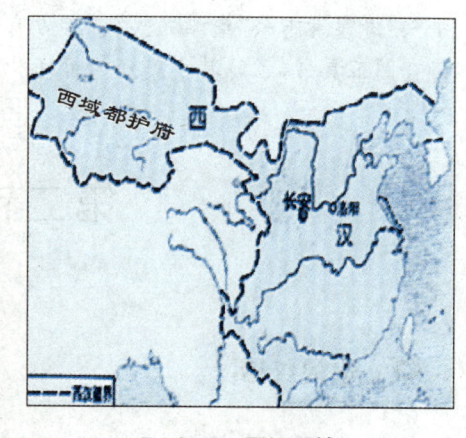

7-2-2 秦朝疆域

陇西郡	在今甘肃临洮	辽东郡	在今辽宁辽阳
咸阳	在今陕西咸阳	九原郡	在今内蒙古包头
象郡	在今广西崇左	南海郡	在今广东广州

君子动手

请寻找有关秦始皇陵兵马俑的图片以及近期关于秦始皇陵考古勘察的报道，体会其中展现的时代精神风貌。

西汉的建立

秦朝灭亡以后，汉王刘邦和西楚霸王项羽为争夺政权进行了四年的争霸战争，史称"楚汉之争"。公元前202年，项羽被围于垓下，在四面楚歌声中，突围至乌江自刎。之后刘邦称帝，国号汉，定都长安，史称西汉。刘邦即汉高祖。

西汉初期，由于经济萧条，统治者吸取秦亡的教训，推行休养生息政策，社会经济逐渐得到恢复。文帝、景帝在位期间，中国封建社会出现第一个盛世——"文景之治"。"文景之治"的出现，主要是因为：一、文帝和景帝重视农业生产。他们多次减免田租赋役，开放山林川泽，鼓励农民进行副业生产，活跃商业市场。工商地主地位大为提高。二、改革法律，废除秦朝的株连。各级官吏断狱从轻，上下狱事减省。三、提倡节俭，反对侈靡，节约财政支出。

7-2-3 西汉疆域

长安 在今陕西西安

汉武帝大一统

汉武帝即位后，国家进入鼎盛时期。但是，此时土地兼并严重，商贾膨胀、边境不宁等问题也威胁着西汉的统治。在这种背景下，汉武帝推行了一系列加强封建大一统的措施。

政治方面：一、设立"中朝"，加强皇权。二、实行察举制和征辟制，重视官吏的任用与考核。三、实行"推恩令"，削弱王国势力，加强中央对地方的控制。四、打击豪强地主，强化完善封建法制，维护社会秩序。

军事方面：出兵打败匈奴，改变了以往汉朝与匈奴关系中的被动地位；进军西南夷和南越，在南越设置南海等九郡。

经济方面：改革币制，铸造五铢钱，作为通行全国的法定货币；盐铁官营；平抑物价、征收工商业者的营业税和财产税，等等。

7-2-4 汉武帝

思想方面：采纳儒学家董仲舒"罢黜百家，独尊儒术"的建议，尊崇儒家学说，提倡大一统，儒学从此成为西汉的统治思想。尊儒的同时，他还崇尚法制。尊儒尚法是他实行统治的根本思想。

在汉武帝的统治下，西汉王朝达到鼎盛。但是，西汉后期，由于统治者重用外戚和宦官，导致政局混乱，国家权力逐渐削弱。公元9年，外戚王莽自立为帝，建立新朝，西汉灭亡。

史海钩沉

王莽即位后，为解决西汉遗留下来的各种社会矛盾，进行了改革，主要是禁止买卖土地和奴婢，改革币制。因为不切实际，引起严重的社会动荡。对匈奴等周边各族发动的不义战争和混乱的币制改革，导致物价暴涨，米价高达一石万钱。王莽改制最终失败。

王莽的改制不仅未能挽救西汉末年的社会危机，反而使各种矛盾进一步激化，终于导致大规模的农民起义，推翻了王莽政权。

东汉的兴衰

公元25年，曾经参加过农民起义的汉宗室刘秀称帝，后来定都洛阳，史称东汉，刘秀即汉光武帝。刘秀采取安抚的统治方法，即以"柔道"治天下。

7-2-5 汉光武帝

政治方面：重用节操高尚，熟悉典章而又有治国之才的文臣；限制武将权势；扩大尚书台权力，加强监察制度；集军权于中央，进一步加强中央专制集权。

经济方面：多次颁布释放奴婢和禁止残害奴婢的诏令；恢复西汉三十税一的田租制度；鼓励流民返乡垦荒种地；裁减官吏和军队，让大批劳动力回乡从事农业生产。

经光武帝多年努力，社会安定下来，垦田和人口都有较大幅度的增加，经济得到恢复，社会较为安定，史称"光武中兴"。

东汉时期，豪强地主发展起来，成为东汉统治的基础。进入东汉中期以后，从和帝开始，东汉政权内部出现了外戚、宦官轮流把持国家最高权力的局面。他们之间多次争斗，各谋私利，东汉政治一片黑暗。东汉后期，土地

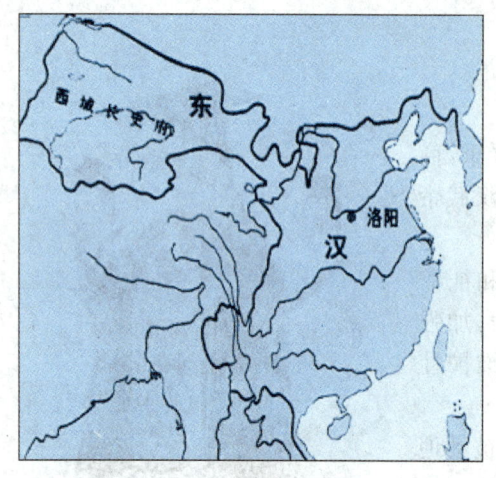

7-2-6 东汉疆域
洛阳 在今河南洛阳

兼并现象严重,统治越来越腐朽。民不聊生,被迫铤而走险,四处暴动。184年早期道教首领张角以"苍天已死,黄天当立,岁在甲子,天下大吉"作号召,利用宗教,组织全国几十万人同时起义,起义军称为"黄巾军"。东汉政府调集军队进行镇压,黄巾军主力英勇战斗,最终被镇压。但在黄巾军的打击下,东汉统治基本瓦解,东汉王朝也名存实亡。

思想游牧

司马光认为:"然秦以之亡,汉以之兴者,孝武能尊先王之道,知所统守,受忠直之言却恶人欺蔽。好赏不倦,诛赏严明,晚而改过,顾托得人,此其所以有亡秦之失而免亡秦之祸乎!"

讨论:汉武帝"有亡秦之失而免亡秦之祸"的原因有哪些?

消失的民族——匈奴

秦汉时期,边疆地区各民族发展较快,他们与中原有着不同形式的交往和联系。

秦汉之际,匈奴冒顿单于统一了北方草原,占领河套地区,形成强盛的奴隶制国家。他们善于骑马并已使用铁兵器,军事作战能力大大提高,经常南下骚扰中原人民生活和生产。六国破灭后,秦始皇以蒙恬为帅,统领30万秦军北击匈奴。在黄河上游(今宁夏和内蒙古河套一带地区),秦军击败匈奴各部大军,迫使匈奴远去大漠以北七百里。随后,为了巩固北部边防,抵御北方游牧民族的入侵,秦始皇命蒙恬主持修筑了我国历史上最大的军事防御工程万里长城。

西汉初期,匈奴不断南下进攻,鉴于当时国力有限,汉政府对匈奴"和亲政策",开放关市准许双方人民进行贸易往来。汉武帝时,西汉经过近70年的休养生息,经济、国力大大增强,对匈奴从战略防御转为战略进攻,展开了长达十年的军事反攻。其中,卫青、霍去病率兵与匈奴进行了三次大战,匈奴受到重创,被迫迁徙漠北。后来,匈奴内部纷争不断,其中呼韩邪单于一部归附汉朝,并娶汉宫女王昭君与汉修好。昭君出塞,密切了汉匈关系,互市兴旺起来,文化往来增多,四十多年间双方相安无事,局势安定。

东汉初年,匈奴内部因争权夺利,分裂为南北两部。南匈奴向汉称臣,与汉人杂居,人口增殖,魏晋时期,大量南迁,促进了民族融合。留居在漠北的北匈奴,仍然威胁着中原及河西、西域的安全。随着东汉的政治稳定,经济的恢复发展,在南匈奴的支持下,东汉大将窦固、窦宪先后出击打败北匈奴。北匈奴政权瓦解,他们对东汉和西域的威胁最后解除。之后北匈奴大量西迁,来到了欧洲和亚洲交界处并在欧洲展开征战,逐渐从中国历史上消失。

思想游牧

历代文人墨客对昭君出塞有许多评说,说的最贴切的是唐代诗人张仲素:"仙娥今下嫁,骄子自同知。剑戟归田里,牛羊绕塞多。"

讨论:昭君出塞的历史意义。

秦汉时期文化

秦汉时期是中国古代文化的大发展时期,这一时期的科技成就,主要体现在天文历法、地学、数学、医学、造纸等领域。

汉武帝时,制订出我国第一部较完整的历书"太初历"。西汉留下了世界上太阳黑子的最早记录。东汉科学家张衡,不仅对月食作了最早的科学解释,还发明制作了地动仪,可以遥测到千里以外地震发生的方位,比欧洲人制作地动仪早1 700多年。

《九章算术》是汉代最重要的数学著作。这部书分九章介绍了许多算术命题及其解法,是当时世界上最先进的应用数学,是中国古代数学形成了完整的体系的标志。

秦汉医学发展迅速,名医辈出。战国问世、西汉编定的《黄帝内经》,为我国医学奠定了理论基础。东汉的《神农本草经》,是中国第一部完整的药物学著作。东汉末年的华佗和张仲景,是中国古代著名的医学家。华佗擅长外科手术,制成了世界上最早的麻醉药"麻沸散",比西方早1 600多年。张仲景撰写的《伤寒杂病论》是后世中医的重要经典,总结了汉代以前诊断和治疗疾病的经验,后人称他为"医圣"。

我国是世界上最早发明纸的国家。西汉前期已经有了絮纸和麻纸。105年,东汉宦官蔡伦改进造纸术,用树皮、麻头、破布、渔网等便宜易得的原料造出便于书写的纸,人称"蔡侯纸"。造纸术的发明与改进,是书写材料的一次伟大革命。

两汉时期,哲学得到发展。西汉董仲舒具有神学倾向的新儒学与东汉王充的唯物主义思想,反映了两汉时期两种截然不同的哲学观点。西汉末年,佛教传入中国并在中国逐渐传播。东汉时,道教产生,道教对我国后世文化的发展具有深远影响。由此,我国古代宗教形成新格局。

汉代史学成就卓著。西汉史学家司马迁写出了中国古代第一部纪传体通史《史记》。《史记》以人物传记为主,编年纪事为辅,叙述了黄帝至汉武帝两三千年间的历史。东汉史学家班固撰写的叙述西汉一朝历史的《汉书》,是中国第一部断代史。

文学方面,两汉的赋和乐府诗最为突出。西汉赋的代表作有司马相如的《子虚赋》、《上林赋》等,它们气势恢弘,篇幅一般较长;东汉赋的代表作有班固的《两都赋》等,它们现实感强,篇幅较短。以《十五从军征》、《陌上桑》为代表的"乐府"汉代诗歌,形式朴实自然,内容丰富多彩,语言通俗深刻,是我国文学宝库中的明珠。

秦汉时期的雕塑,成就辉煌,精品遗存丰富,最突出的是秦始皇陵兵马俑,堪称中国雕塑艺术的精品。东汉成都的说唱俑和洛阳的杂技俑,造型生动活泼。秦汉大量的砖瓦、瓦当,也富有很高的艺术价值。秦汉绘画艺术丰富多彩,墓室壁画、帛画、木刻画等,不乏精品。以长沙马王堆汉墓彩绘帛画为代表,是当时的绘画艺术之珍品。

思想游牧

秦汉时期是中华文明的大发展时期。秦汉文化突出表现在以下五个特征:一是统一性;二是多样性;三是先进性;四是开放性;五是气势恢宏。

讨论:请结合史实说明秦汉文化的特点。

第三节　国家分裂和民族融合
——三国两晋南北朝

● 三国鼎立

东汉豪强地主在镇压农民起义过程中,形成了许多割据势力,各地割据势力攻杀不已,后来形成了袁绍、曹操等一些较为强大的割据军阀。200年,曹操和袁绍在官渡决战,曹操以少胜多,打败了袁绍,为统一北方打下了基础。

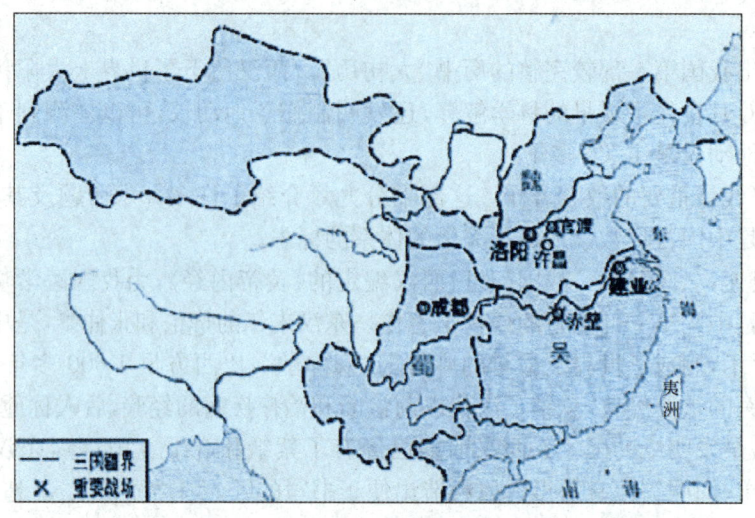

7-3-1 三国鼎立形势图

洛阳	在今河南洛阳	许昌	在今河南许昌	官渡	在今河南中牟
夷陵	在今湖北宜昌	隆中	在今湖北襄阳	赤壁	在今湖北嘉鱼
成都	在今四川成都	建业	在今江苏南京		

史海钩沉

官渡之战中,刘备为谋求霸业,边组建军队,边招揽人才。他三顾茅庐,从隆中请诸葛亮出山辅佐,之后势力迅速壮大,发展成为群雄角逐中的一股重要力量。

东汉末年,孙权继承父兄孙坚、孙策的基业,以江东为根据地,向长江以南扩展,占据今广东、福建及湖南大部地区,成为群雄角逐中的一支重要力量。

7-3-2 曹操

208年,曹操率军南征,在统一全国的关键性战役赤壁之战中,曹操的20多万大军被不足5万兵力的孙刘联军打败,退回北方。赤壁之战促成三国鼎立格局的初步形成。战后,曹操向西北扩大了统治区域。刘备出兵入蜀,控制了西南的一些地区。孙权占据岭南,在东南稳固了统治。220年,曹操死后,曹丕废汉献帝,在洛阳称帝,东汉灭亡。此后,刘备、孙权先后称帝做王,魏、蜀、吴三国鼎立局面正式形成。

史海钩沉

曹丕建立的政权,史称曹魏。曹丕延续了曹操的统治方针,创立九品中正制。建国几年以后,曹魏经济发展,国力比蜀国、吴国强大。但是,后来曹氏大权旁落,266年被司马氏代替。

刘备在成都于221年称帝,国号汉,史称"蜀汉"或"蜀"。蜀汉在丞相诸葛亮辅佐下,国力有所增强,但始终不及曹魏。诸葛亮死后,蜀后主刘禅无心朝政,宦官专权,国势逐渐衰弱。263年蜀国被曹魏所灭。

222年孙权称王,几年后称帝,建都建业。孙吴在军事上与曹魏既对抗又妥协,与蜀汉既联合又争夺。孙权死后,孙吴内乱连年,日益衰落。280年,西晋灭吴。

思想游牧

蒿 里 行
曹 操

关东有义士,兴兵讨群凶。

初期会盟津,乃心在咸阳。

军合力不齐,踌躇而雁行。

势利使人争,嗣还自相戕。

淮南弟称号,刻玺于北方。

铠甲生虮虱,万姓以死亡。

白骨露于野,千里无鸡鸣。

生民百遗一,念之断人肠。

讨论:此诗反映了一个怎样的社会现实?表达了作者怎样的情怀?

➲ 西晋的短期统一

266年,司马炎废魏称帝,建立晋朝,史称西晋。司马炎即晋武帝。280年,统一全国。但西晋的统一仅存37年,是魏晋南北朝长期分裂时期中的短暂统一,可谓"昙花一现"。316年,匈奴贵族攻破长安,西晋灭亡。

史海钩沉

西晋速亡,有其深刻的内在原因。晋武帝并非雄略之才,未能解决官僚奢侈和贪污、党派横行、宗室权力扩张与外族内迁问题,最终导致了八王之乱和永嘉之祸的发生,加速了西晋的灭亡。

➲ 东晋和南朝的统治

317年,西晋皇室司马睿在南方建立晋朝,以建康(今南京)为都城,史称东晋。为立足江南,抵御北方少数民族政权的进攻,统治者一方面加强内部团结;一方面实行休养生息,安抚北方南迁的流民。不久,江南出现"荆扬晏安,户口殷实"的局面。由于生活安逸舒适,一些原来还想北返的南渡士族,包括东晋最高统治者,斗志消磨,再也无意北返,甘于偏安东南一隅,以后即便出现淝水之战收复失地的大好时机,他们也未能好好地把握。

东晋后期,士族大肆兼并土地,农民赋税沉重。统治者为了遏制地方割据势力,大肆征兵,导致农民起义频发,东晋统治集团内部矛盾也日益显露出来。420年,掌握实权的东晋大将刘裕,废晋帝自立,东晋灭亡,南朝开始。

420年至589年的170年里,南朝政权更替频繁,前后经历了宋、齐、梁、陈四个王朝。这些王朝都在建康(今南京)定都。东晋和南朝,与当时的十六国和北朝一直处于对立状态。经过孙吴、东晋和南朝的开发,江南的经济逐渐发展起来,促进了我国经济中心的南移。

陈朝末年,陈后主不理朝政,纵情享乐,589年,隋灭陈,南朝结束。

➲ 十六国、北朝的分裂与统一

西晋灭亡后,我国的北方和西南地区先后出现过十几个民族割据政权,史称"十六国"。此后,439年至 581 年,大约与南朝同一个时期,我国北方先后出现少数民族建立的北魏、东魏、西魏、北齐、北周 5 个政权,历史上称为北朝。北朝和南朝长期对峙,合称南北朝。

十六国后期,鲜卑族拓跋氏建立的北魏,于 439 年统一黄河流域,与南朝对峙。6 世纪前期,北魏分裂为东魏和西魏。东魏和西魏连年争战,后来分别为北周、北齐所代替。

北周武帝即位时,由于北周民穷兵弱,经济萧条,周武帝进行了一系列改革:政治上,大力整顿吏治。经济上,释放奴婢,严惩隐瞒田地、户口的官僚大族;下令僧尼还俗从事农业生产,将寺院财产分给王公大臣。军事上,广征兵源,灭北齐,统一黄河流域。周武帝死后,朝政日渐紊乱,大权落入外戚杨坚之手。

民族融合

汉末、三国以后,我国北部和西北部的少数民族不断内迁。西晋末年,战乱频繁,中原人口剧减,匈奴、鲜卑、羯、氐、羌等少数民族大规模迁居中原,旧史上将这些民族称之为"五胡"。他们开始建立自己的政权,匈奴贵族于 316 年灭了西晋。

十六国时期,北方的割据政权,除少数为汉族建立外,其他都由少数民族贵族建立。各民族统治者割据混战,中原的经济、文化遭到严重破坏,人民颠沛流离。但是,彼此的混战也打乱了原有的民族布局,各民族割据势力削弱,差异逐渐缩小,民族融合得到快速发展。

史海钩沉

北魏孝文帝改革

北魏孝文帝时,吏治混乱、财政困难,北部边境受到游牧民族的武力威胁。孝文帝针对北魏社会问题,顺应民族大融合的趋势,进行了一系列改革,主要内容包括:颁布均田令;整顿吏治;迁都洛阳;推行汉化措施。

北魏孝文帝是我国历史上有作为的政治家、改革家。他顺应历史发展潮流,锐意改革,促进了鲜卑族的封建化,为各民族融合创造了条件。

后来,北魏分裂,但民族融合的脚步并没有停止。内迁的少数民族经过与汉族四百年左右的通婚杂居,相互学习,生产互补,至北朝末年,胡汉差异逐渐消失,实现了民族大融合。民族融合的实现,为隋唐时期的统一繁荣准备了条件。

魏晋南北朝时期,我国南方以及西南、西北等地也出现了民族融合现象。诸葛亮治蜀起就注意改善同西南地区各少数民族的关系,积极发展当地经济,加速了与西南少数民族的融合。吴国开发过程中,征服、招降和笼络越族,越族不断从山谷地带迁到平地,给东吴政权当兵耕地。大批中原人口南迁,更在客观上促进了民族融合的进程。

思想游放

口头阐述魏晋南北朝政权更替的过程及民族大融合情况。

佛教的兴盛

魏晋南北朝时期是佛教发展的一个重要时期,佛教宣扬的灵魂不灭、生死轮回、因果报应,为苦难中挣扎的穷苦百姓找到了一条精神解脱的途径,也适应统治者加强思想控制的需要,因而传播迅速,对中国文化产生了一定的积极影响。统治者为宣扬佛教,在北方开凿石窟,南方修建寺院,"南朝四百八十寺,多少楼台烟雨中"正是佛教兴盛的表现。南朝的梁武帝三次"舍身"佛寺,推行崇佛运动。

但是,佛教盛行也给社会带来严重的危害,当时不断有人出来反佛灭佛。南朝齐梁之际杰出的思想家范缜是其中最杰出的代表,他写出《神灭论》一书,从理论上给佛教以沉重的打击。《神灭论》的反佛思想,是对我国古代朴素唯物思想的重大发展。此外,北魏太武帝和北周武帝,为加强统治,曾先后两次灭佛。

思想游弋

你如何看待佛教的发展。

第四节　统一王朝的再建——隋唐

7-4-1　隋文帝

◉ 分久必合

581 年,北周的外戚杨坚建立隋朝,改元开皇,定都长安,杨坚即隋文帝。他即位后,进行政治经济改革,国力日强。589 年,隋灭陈,结束了自西晋末年以来长达 300 多年的分裂局面,有利于社会的发展。隋文帝是有作为的君主,后世称他的统治为"开皇之治"。

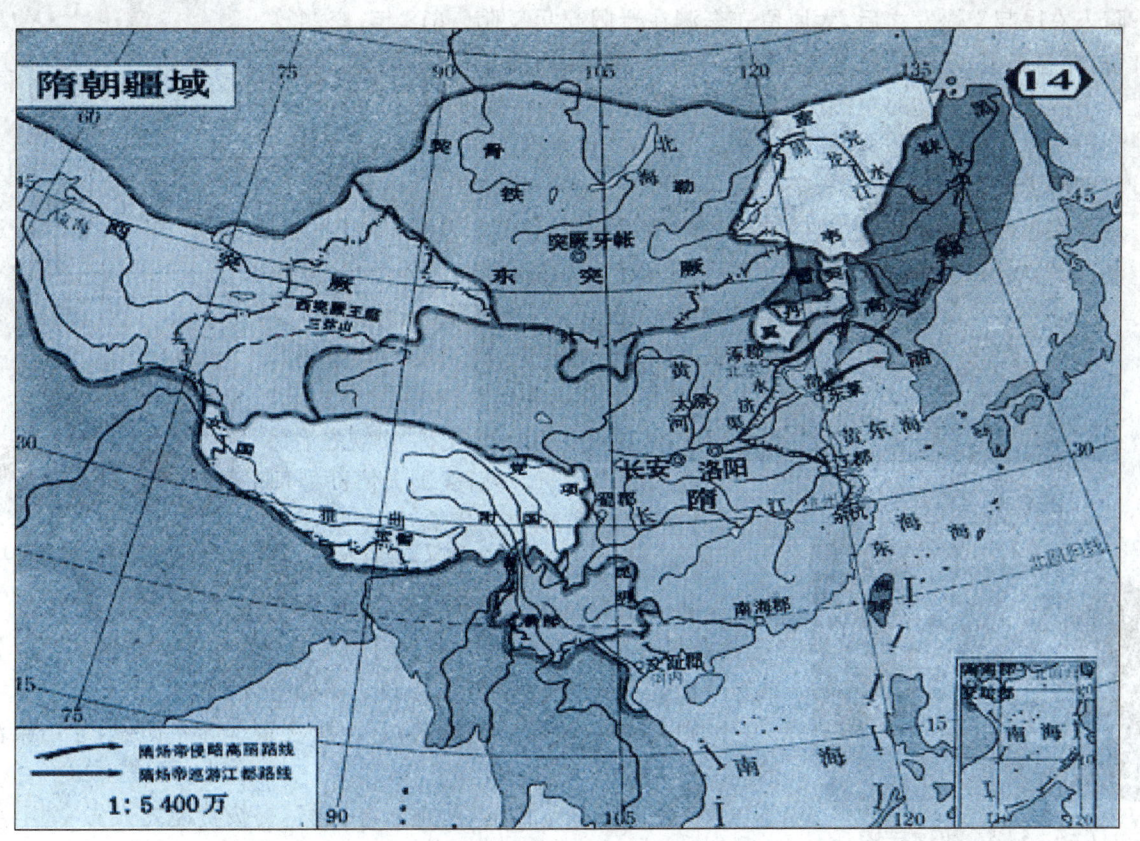

7-4-2　隋朝疆域图

洛口仓　在今河南巩义　　江都　在今江苏扬州　　涿郡　在今北京　　琉球　在今台湾
含嘉仓　在今河南洛阳　　长安　在今陕西西安　　洛阳　在今河南洛阳　　余杭　在今浙江杭州

◐ 隋朝的灭亡

继隋文帝即位的杨广,是历史上有名的暴君隋炀帝。他对内滥用民力,大兴土木,穷奢极欲,采用严刑酷法;对外穷兵黩武,使生产遭到严重破坏,民不聊生。最后导致由山东开始的隋末农民起义爆发,遍及南北。618 年,隋炀帝被起义军围困在江都,部下见大势已去,将他杀死。隋朝灭亡。

思想游戏

汴 水
(唐)胡曾
千里长河一旦开,亡隋波浪九天来。
锦帆未落干戈过,惆怅龙舟更不回。

汴河怀古
(唐)皮日休
尽道隋亡为此河,至今千里赖通波。
若无水殿龙舟事,共禹论功不较多。

讨论:以上两首诗对大运河的开凿各有何看法?你是怎样认为的?

◐ 盛世高峰

隋末农民起义爆发之后,太原留守李渊在晋阳起兵反隋。618 年,李渊篡隋称帝,即唐高祖,定国号为唐,定都长安(今天的陕西西安)。在唐朝建立和统一过程中四方征战有功的李渊次子秦王李世民,于 626 年发动"玄武门之变",杀死太子李建成等。李渊被迫退位(为太上皇),李世民即帝位,次年改元贞观,李世民即唐太宗。

唐太宗吸取隋亡的教训,调整统治政策,完善三省六部制,发展自隋创立的科举制;减轻农民负担,实行建立在均田制基础上的租庸调制,休养生息,发展生产;且知人善任,广开言路,虚怀纳谏,重用诤臣。他统治的时期,在君臣的共同努力之下,出现了一个政治比较清明,社会安定,经济发展,武功兴盛的治世,史称"贞观之治"。

7-4-3 唐太宗

唐高宗统治时期,皇后武则天协助处理朝政,并逐步掌握政权。唐高宗去世几年后,武则天称帝,改国号为周,她是中国历史上唯一的一位女皇帝。她提出轻徭薄赋,注重发展农业生产,知人善任,改革科举制度,让大批出身寒门的子弟有了一展才华的机会。她当权半个世纪,社会经济继续发展,国力不断上升。

武则天晚年,政局动荡不安,直至唐玄宗李隆基即位,才结束混乱局面。

唐玄宗李隆基统治前期,他量才任官,提拔贤能之人做宰相,革新吏治,采取精简官吏、定期考核等措施;同时大力发展生产;为发展经济,抑制佛教;发展科举,兴文治。那时,政治较为清明,国家强盛,经济空前繁荣,唐朝进入全盛时期,史称"开元盛世"。

7-4-4 乾陵的无字碑

乾陵是唐高宗和武则天的合葬墓,墓前有两块碑,其中东边墓碑是武则天为自己立的无字碑。

⊃　王朝末路

　　唐玄宗统治后期,任用小人,宠信奸臣,每日与杨贵妃饮酒作乐,不理朝政,政治十分黑暗;军事措施失当,军备废弛,边镇节度使兵力不断扩大。755年,节度使安禄山在范阳起兵叛乱,很快攻入洛阳、长安。唐玄宗慌忙逃往成都。后来,安禄山的部将史思明又继续叛乱。由于叛军到处烧杀抢掠,遭到军民的顽强抵抗,同时唐朝借回纥兵,任用郭子仪为大将,平定了叛乱。这场历时八年的战乱,史称"安史之乱"。从此,唐朝由强盛走向衰落。

> 　　林甫媚事左右,迎合上意,以固其宠;杜绝言路,掩蔽聪明,以成其间;妒贤嫉能,排抑胜己,以保其位;屡起大狱,诛逐贵臣,以张其势。
>
> 　　　　　　　——《资治通鉴》

　　安史之乱以后,形成藩镇割据局面,严重削弱了唐朝的统治。唐朝后期,土地兼并严重,官吏腐败贪婪,加之战火连绵,百姓困苦不堪。875年,山东、河南农民在王仙芝、黄巢领导下揭竿而起。后来起义军攻入洛阳,占领长安,建立政权,国号"大齐"。起义军没有乘胜追击败退的唐军,唐朝集结力量反扑,黄巢兵败自杀。907年,唐朝为藩镇所灭。

史海钩沉

　　唐朝自玄宗后期,宦官逐步参政,势力越来越大,形成宦官专权的局面。后来,朝廷的高官为各自的利益,结成朋党,排斥异己,造成官僚的派别之争。以"牛李党争"最突出。宦官专权和朋党之争,进一步削弱了唐朝的统治。

君子动手

　　请查阅相关资料,列举唐太宗、武则天、唐玄宗三位君主的丰功伟绩。

⊃　统一多民族国家的发展

　　隋唐时期,国家统一,交通发达,各民族往来密切。隋唐的统治者,尤其是唐前期统治者,推行较为开明的民族政策,加强中央和各民族地区的联系,统一的多民族国家进一步巩固和发展。唐朝前期的疆域空前辽阔,东到大海,西达咸海,东北至外兴安岭、库页岛一带,南及南海。

　　突厥是我国古代少数民族,兴起于今新疆东北部。隋朝初年,突厥分裂为东西突厥。隋唐之交,东突厥强大,向南进扰。贞观时,唐军打败东突厥,东突厥灭亡。唐太宗对降众采取开明政策,大大影响了北方各族。他们纷纷入朝,尊唐太宗为"天可汗"。那时西突厥控制西域,丝绸之路不能畅通。唐高宗时,灭西突厥。唐太宗和武则天,先后在东西突厥故地设安西都护府和北庭都护府,分治天山南北。

　　7世纪初,回纥在色楞格河一带逐水草而居。东突厥灭亡以后,他们逐步南移,归附唐朝。8世纪中期,回纥首领骨力裴罗统一各部,唐玄宗封他为怀仁可汗。8世纪后期,回纥改名回鹘。

　　靺鞨在先秦称肃慎,分布于松花江、黑龙江流域,以渔牧为生。7世纪中期,靺鞨的黑水与粟末两部落强大起来。8世纪前期,唐朝在黑水地区设置黑水都督府,任命其首领做都督。这个地区正式划入唐朝版图。粟末部在黑水部的南面,受中原文化影响大。7世纪末,粟末部首领大祚荣自立为王,后唐玄宗封他为渤海郡王,加授忽汗州都督。渤海国也正式纳入唐朝版图。从此,渤海国地位提高,周围部落纷纷归附,面积扩大，发展很快，有"海东盛国"的美称。

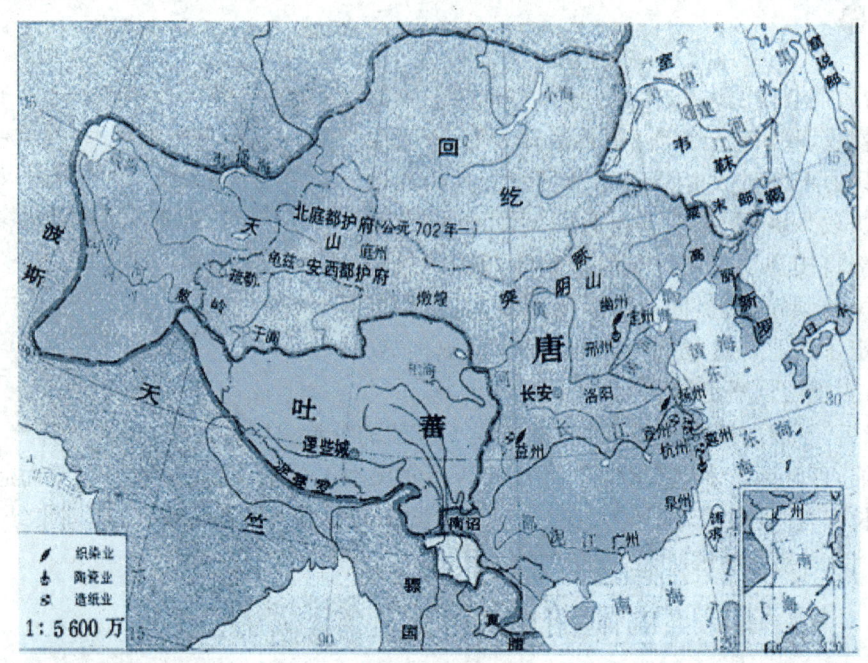

7-4-5　唐朝前期疆域和边疆各族的分布

洛阳　在今河南洛阳　　长安　在今陕西西安　　逻些　在今西藏拉萨

7世纪前期，在云南洱海一带，分布着六诏，他们是彝族和白族的祖先。后来南诏逐步强大并建立了政权。唐玄宗支持南诏首领皮罗阁统一六诏，并封他为云南王。南诏与中原往来频繁，很快发展起来。唐朝宰相杨国忠，为获边功，无故骚扰南诏，引发双方的战争，持续了四十年。8世纪末，南诏与唐会盟，重新归附唐朝。从此，双方时战时和，但交流没有间断。

吐蕃是藏族祖先建立的王朝。7世纪前期，松赞干布做了吐蕃的赞普，统一青藏高原，定都逻些（今天的西藏拉萨）。他仿照唐朝建立官制，制订了严酷的法律，创制吐蕃文字。松赞干布即位后，与唐建立联系，多次遣使向唐求婚。唐太宗把文成公主嫁给了他。文成公主入吐蕃，带去了一百多种生产技术、医药书籍和大量手工艺品，促进吐蕃经济文化的发展。唐中宗时，又将金城公主嫁与吐蕃赞普。吐蕃强大后，与唐争夺地盘，双方连年交战，消耗都很大。9世纪中期，吐蕃与唐会盟，盟约里说："患难相恤，暴掠不作"。史称"长庆会盟"。至今，长庆会盟碑还屹立在拉萨大昭寺门前。

君子动手

试制一表格，标明隋唐时期边疆各主要民族活动的地域、建立的政权及时间、著名人物等。

开放的时代

隋唐时期，对外交往活跃，与亚洲、欧洲、非洲国家都往来，主要形式有使节往来、派遣留学生、技术交流、宗教和艺术交流等。唐朝的对外交通很发达，陆路交通以长安为中心，向东可达朝鲜，向西可以到达印度、伊朗、阿拉伯和欧非各国。海路从登州、扬州出发，可达朝鲜和日本，从广州出发，可达马来半岛、印度、波斯湾，这被称为"海上丝绸之路"。

唐初，朝鲜半岛上有高丽、新罗和百济三个国家，后来在唐政府的帮助下，新罗统一了朝鲜大部。许多新罗留学生来到长安，新罗派往唐朝的使者、留学生及商人的人数是最多的。新罗立国，参用唐制；还设立国学，教授儒学。朝鲜输入唐朝的有马、牛、麻、人参等，唐朝输入朝鲜的有丝绸、茶叶、瓷器、药材、书籍等。朝鲜的音乐受到我国的欢迎，唐太宗时就有"高丽乐"等。

日本很早就同我国有往来,西汉时期,日本就有 30 多个小国与汉朝有往来。唐朝时,交往更为频繁。日本向唐朝派遣的使者、留学生和学问僧仅次于新罗,其中最出名的有阿倍仲麻吕和晁恒。日本派遣的"遣唐使"达 13 次之多,他们学习中国的生产技术哲学历史、政治经济制度、文学艺术、建筑技巧和生活习俗等。日本的大化改新以唐制为蓝本,实行班田收授法和租庸调制。其都城的建筑风格仿照唐都长安,也有朱雀大街,东市西市。日本参照汉字草书和楷书的偏旁,创制了日本文字。日本的饮食、服装和日常的生活也受唐朝的影响很大。

"天竺"是唐朝对印度的称呼,我国很早就与印度有了联系。唐朝时天竺派"遣唐使"来中国,给中国送来郁金香和菩提树。唐太宗派人去天竺学习熬糖法,中国的十进位计数法推动了天竺数学的发展。大唐高僧玄奘到天竺取经,编写的《大唐西域记》成为研究印度半岛古代文化的重要史料。

隋与波斯互派使节,唐朝时波斯国王和王子来到中国,后来死在长安。波斯商人足迹遍布唐朝各地,他们在中国开设"波斯店",把胡椒、波斯枣、药品、香料、珠宝等输入中国,把中国的丝绸、瓷器、纸张等源源不断地运往波斯,并从那里转运到西方。

阿拉伯人与唐朝也有着密切的往来。唐称阿拉伯为大食,7 世纪初,伊斯兰教创始人穆罕默德统一阿拉伯半岛,建立帝国,他用《古兰经》鼓励他的门徒:"为了追求知识,虽远在中国,也应该去。"唐高宗时与大食通使,中国的造纸术传到大食。

⊃ 文化大繁荣

隋唐时期,国家统一,经济空前发展,为文化繁荣奠定雄厚基础。

唐朝的科学技术走在世界前列。隋唐时期发明了雕版印刷术,868 年刻印的《金刚经》卷子是世界上最早的雕版印刷品。唐代发明了火药,唐朝末年,火药开始用于战争。

天文学也有突出成就。隋天文学家刘焯编制的《皇极历》,是当时最先进的历法。唐朝杰出的天文学家僧一行,总结历代历法的成就,编制了《大衍历》,是当时比较准确的历法。一行还留下了世界上用科学方法实地测量地球子午线长度的最早记录。

医学方面,以唐朝杰出医学家孙思邈的《千金方》最重要。孙思邈被后世称为"药王"。唐高宗时政府主持编修的《唐本草》,是世界上第一部由国家颁行的药典。

隋唐时期建筑艺术和技术都取得了很高成就,隋朝工匠李春设计建造的赵州桥,是现在世界上最古老的石拱桥。

隋唐统治者重视宗教的作用。唐朝皇帝大都推行三教并行的政策,即尊道、礼佛、崇儒,对外来的宗教,一般也不排斥。

唐代是中国文学发展高峰,也是古典诗歌的黄金时代。清朝人编的《全唐诗》,收集了两千多位诗人创造的近五万首诗歌。这些诗,内容丰富,体裁多样,风格不同,受到历代人民喜爱。初唐著名诗人有王勃、陈子昂等。盛唐是诗歌最繁荣的时代,"诗仙"李白和"诗圣"杜甫的诗,是千古绝唱。此外,孟浩然、王维等,以优美的山水田园诗著称;高适、岑参等,以豪迈的边塞诗闻名。中唐诗坛的主帅是白居易,他倡导诗歌要反映现实生活。晚唐诗人杜牧、李商隐,以咏史诗感人至深。

白居易称颂李白、杜甫的诗:
　　吟咏流千古,
　　声名动四夷。
　　　　——《读李杜诗集因题卷后》

白居易揭露地方官强迫人民织造地毯,进贡皇帝说:
　　宣城太守知不知?
　　一丈毯,千两丝。
　　地不知寒人要暖,
　　少夺人衣作地衣。
　　　　——《新乐府·红线毯》

唐代文学活动以古文运动影响最大。中唐文学家韩愈、柳宗元继承古散文的优良传统,创出适于反映现实生活的新散文体,形成古文运动。唐代散文由此面目一新。

7-4-6　敦煌壁画《胡旋舞》　　　　　7-4-7　莫高窟的唐代彩塑

　　敦煌莫高窟是我国著名的四大石窟之一,也是世界上最大的艺术宝库之一。它坐落在甘肃东南敦煌鸣沙山的断崖上,有一千多个洞窟。洞窟里塑造了大小不一、神态各异的佛像,壁上绘满金碧辉煌的壁画,最精美的佛像和壁画,大都是隋唐时期的作品。

　　隋唐的画坛,题材广泛,风格多样。杰出的画家有唐朝的阎立本、吴道子等。

思想游戈

　　结合本节内容想一想,隋唐文化对后世有什么影响? 在我们今天的文化生活中有哪些隋唐文化的痕迹?

第五节　民族融合的进一步加强
——五代、辽、宋、夏、金、元

五代十国

　　唐末农民起义将领朱温降唐后,被封为节度使。907年,朱温废掉唐昭帝,建国称帝,国号梁,史称后梁。此后,黄河流域先后建立了后梁、后唐、后晋、后汉、后周王朝,史称五代。除后唐定都洛阳外,其余四个王朝均定都开封。与五代同时,在我国的南方还建有前蜀、后蜀、吴、南唐、吴越、闽、楚、南汉、南平(荆南)、北汉等九个政权,这九个政权连同山西的北汉,史称十国。五代十国是我国封建社会历史上的大分裂割据时期,是唐末藩镇割据局面的发展和延续。

7-5-1　五代十国

史海钩沉

　　五代十国时期,是封建军阀称王称帝的年代,藩镇和帝王是一体之人,那些挥舞着长枪大戟的藩镇活跃在历史舞台上。朱温、王建出身流氓无产者,李存勖、石敬瑭、刘知远是出身卑下、最初连姓氏都没有的沙陀军人,郭威是黥面皇帝,高季兴是家奴封王,杨行密出身走卒,李昇是流浪儿,王潮兄弟出身农家,南汉刘氏是波斯商人的后裔。这些人凭借着武装割据,建立藩镇,成为割据一方的军阀,左右着当时社会的发展。

思想游牧

结合几千年的中国历史,请思考:为什么中国封建社会的发展史总是这样分分合合?

北宋、辽、西夏鼎立

960 年,后周禁军统领赵匡胤在陈桥发动兵变,建立宋朝,定都开封,史称北宋。赵匡胤即宋太祖。北宋王朝的建立,结束了唐末以来四分五裂的局面。由于与辽、西夏等政权并存,北宋的统一只是局部的统一。

宋太祖为了防止藩镇割据再起,采取了一系列措施加强专制主义中央集权。第一,军事措施。解除禁军将领的兵权,并将他们调往外地充当节度使;削弱节度使的实权。将禁军统领权一分为三,都直接对皇帝负责。设立枢密院,掌管调兵权但不直接统领军队,统领军队的将帅没有调兵权。实行更戍法。各地方军的强壮之士都选入禁军,一半驻京师,一半驻各地,以达到"守内虚外"、"内外相制"目的。第二,行政措施。在中央设立参知政事、枢密使、三司使以分割宰相的权力。在地方上,知州由中央派文官担任,又在各州设立通判,通判可直接向皇帝报告情况。各州的公文必须由知州和通判联合署名才有效。第三,集中财权和司法权。设转运使,把地方收入的大部分运送中央。司法人员由中央派文官担任,死刑须报请中央复审和核准。

史海钩沉

960 年的一天,宋太祖请石守信等几位老将喝酒。宋太祖说:"这一年来,我就没有一夜睡过安稳觉。"石守信等人听了十分惊奇,连忙问这是什么缘故。宋太祖说:"这还不明白?皇帝这个位子,谁不眼红呀?如果有一天你们的部下把黄袍披在你们身上。你们想不干,能行吗?"

酒席一散,大家各自回家。第二天上朝,那些老将每人都递上一份奏章,说自己年老多病,请求辞职。宋太祖马上照准,收回他们的兵权。这就是历史上有名的"杯酒释兵权"。

北宋初期采取的加强中央集权的措施,铲除了藩镇割据的基础,为国家统一和社会经济发展提供了条件。但这些措施的负面影响也逐渐显露出来,形成了后来的冗官、冗兵、冗费,造成了北宋的积贫、积弱。

北宋政权建立的前后,在我国还建有一些少数民族政权,主要的有契丹族建立的辽朝,女真族建立的金朝,以及党项族建立的西夏等政权。

907 年,契丹人首领耶律阿保机统一契丹各部,建国称汗。916 年阿保机称帝,建立契丹国,定都上京。后改国号为辽。辽国建立后,不断向四周发展。1004 年,辽兵打到北宋澶州城下,辽宋订立澶渊之盟。自此,双方保持了一百多年的和平交往。1125 年,辽国为金国所灭。辽国首创"藩汉分治"的一国两制制度。

史海钩沉

辽朝实行四时捺钵和五京制。捺钵是契丹语,即皇帝的行在。辽朝皇帝终年活动于四时捺钵中。春水、秋山、坐冬、纳凉均非单纯的游乐休闲活动,辽朝皇帝通过四时捺钵中的钓鱼、围猎等活动,加强同少数民族的联系。四时捺钵的地点随着政治需要而不断改变。有辽一代设有五个都城,即南京、西京、中京、东京、上京,它们分别具有不同的职能。

党项族生活于宁夏、甘肃、陕西西北一带。1038 年,党项族首领元昊称帝,定都在兴庆,国号大夏,史称西夏。北宋、西夏连年战争,双方损失严重。1227 年,西夏被蒙古人灭掉。

7-5-2 西夏王陵

史海钩沉

党项族人善于吸收别人的长处,又能保持自己的优势。他们吸收了宋朝的官制,在朝内设立汉制官职和党项官职,分别由汉族人和党项族人担任。保留了酋长行猎制,有所获则围坐而饮,割鲜而食。军事制度仍然保留着部落兵制度,全民皆兵,军队不脱离生产。带兵官就是部落首领,部落首领有很高的威信。西夏人还根据汉文楷书体创造了西夏文字。此外,西夏王陵建筑别具一格。

思想游牧

请想一想,宋太祖加强中央集权的措施对宋、辽、西夏关系有什么影响?

⊃ 金和南宋的对峙

金朝的建立者女真族最初居住在松花江、黑龙江流域。北宋中后期,女真族逐渐强大起来。1115 年,女真族首领完颜阿骨打称帝,国号金,定都会宁。金利用北宋和辽的衰落,不断南下,1125 年灭辽。金灭辽后,南下攻宋,占领开封,1127 年俘获宋钦宗、宋徽宗,北宋灭亡。

1127 年,北宋康王赵构在临安重建宋朝,史称南宋,年号建炎,赵构即宋高宗。那时候,金兵不断南下,掳掠汉人,各地人民和南宋将领纷纷起来抗金。岳飞是南宋著名的抗金将领。

史海钩沉

岳飞(1103—1142),字鹏举,出生于北宋相州汤阴(今河南汤阴县)的一户佃农家里,19 岁时投军抗辽,辽朝灭亡后,又开始了他抗击金军保家为国的戎马生涯。传说岳飞临走时,其母在他背上刺了"精忠报国"四个大字。

1140 年,岳飞率主力北上,在郾城、颖昌诸战中击败金军主力,并积极准备渡过黄河,收复失地。他激动地对诸将说"直捣黄龙府,与诸君痛饮耳",宋高宗连发十二道金字牌班师诏,令岳飞退兵。岳飞抑制不住内心的悲愤,仰天长叹:"十年之功,毁于一旦",他壮志难酬,只好挥泪班师。

岳飞回到临安后,即被解除兵权,秦桧以"莫须有"的罪名将岳飞毒死于临安大理寺狱中,是年岳飞仅三十九岁。

明代才子文征明在拜谒完岳庙后,曾作《满江红》词一首,其中就尖锐地指出,杀害岳飞的真正凶手未必就是秦桧!词全文如下:

拂拭残碑,敕飞字,依稀堪读。

慨当初,倚飞何重,后来何酷!

果是功成身合死，可怜事去言难赎。

最无辜堪恨更堪怜，风波狱！

岂不念，中原蹙；

岂不惜，徽钦辱；

但徽钦既返，此身何属！

千古休怪南渡错，当时自怕中原复。

笑区区一桧亦何能，逢其欲。

此词虽然未直接指明杀害岳飞的真凶是谁？但明白人读完此词后一眼就可以看出，原来杀害岳飞的真正凶手不是秦桧，而是南宋皇朝的第一个皇帝赵构！

⊃ 元的统一

元朝的建立者是蒙古族，他们长期生活在蒙古高原上。12世纪中后期，蒙古族杰出的首领铁木真经过十多年的战争，统一了蒙古高原。1206年，铁木真在斡难河源召开大会，被推举为大汗，尊称成吉思汗，建立蒙古汗国。成吉思汗的孙子忽必烈，1260年继承汗位。1271年，忽必烈改国号为大元，次年，定都燕京，称之为大都。1276年，元军攻占临安。1279年，元军消灭了南宋残余势力，完成了全国的大一统。

7-5-3　忽必烈

史海钩沉

早在5、6世纪的时候，从呼伦贝尔草原向东延伸到嫩江，南抵洮儿河，北迄额尔古纳河下游，居住着室韦部落，7、8世纪时，室韦逐渐强大起来。当时，在北方称雄的突厥人称他们为达怛。室韦—达怛人是蒙古人的祖先。关于蒙古人的祖先，《蒙古秘史》中记有这样一个传说：受天命而生的孛儿帖·赤那，有妻子叫豁埃·马阑。他们渡过腾吉思湖来到了斡难河的源头扎营住下，生子巴塔赤罕，他们二人繁衍了蒙古人。"孛儿帖·赤那"的意思是"苍色的狼"，"豁埃·马阑"的意思是"惨白色的鹿"。苍狼、白鹿成为蒙古族的图腾。

为了加强对辽阔疆域的统治，元世祖时，在中央设中书省总理全国政务，中书省是最高行政机关，行使宰相职权，中书省的最高长官是中书令，由太子兼任；设立枢密院掌管军事；设立御史台负责监察。在各地分置行中书省，作为中书省的派出机构。行省制的确立，对后世影响巨大。

自唐朝以来，一些信奉伊斯兰教的阿拉伯人和波斯人来到中国经商，逐渐在我国一些地区定居。元朝时，有更多的波斯人、阿拉伯人迁徙到中国来，散居在我国各地，他们同汉、蒙、畏吾儿等民族长期杂居、通婚，逐渐形成了一个新的民族——回族。

思想游戏

中国古代史，分久必合，合久必分。但自元朝以后，就再也没出现过大的分裂。你能找出问题的根源吗？

⊃ 宋元文化

宋元时期，我国封建文化高度发达，指南针、火药、印刷术在这一时期有了划时代的发展，对世界文明的进步起了非常重要的作用。

11世纪中叶,北宋平民毕昇发明活字印刷术,把我国的印刷技术大大提高了一步。活字印刷术发明以后,向东传到朝鲜、日本,向西传到埃及和欧洲。欧洲活字印刷术的产生,比中国晚了四个多世纪。

最早的"指南针"出现在战国时期,我国人民利用磁铁指南的特性制成了"司南"。北宋朱彧所著的《萍洲可谈》是最早记载航海中使用指南针的文献,该书中记述到"舟师识地理,夜则观星,昼则观日,阴晦观指南针"。北宋时期的军事巨著《武经总要》中记载了指南针的建造方法,并详细介绍了磁化历程。南宋时,指南针已在航海上广泛使用。13世纪,经由阿拉伯人传到欧洲各地。指南针为欧洲航海家远洋航行创造了重要条件。指南针用于航海,对世界的经济文化交流的发展起了巨大的推动作用。

7-5-4 司南

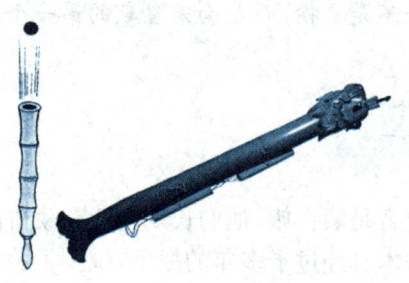

7-5-5 突火枪

火药是古代道家在炼丹中发明的。唐朝已有了火药的配方。唐末,在战争中开始出现了最早的火药武器——火药箭等。宋朝东京开封府设广备攻城作,其中有生产火药的部门。南宋时,发明了管形火器"突火枪",火药和火药武器在13世纪中期传入阿拉伯。火药的发明,引起了军事革命。

他山之石

弗兰西斯·培根指出:"这三种发明(印刷术、火药、指南针)已经在世界范围内把事物的全部面貌和情况都改变了:第一种是在学术方面,第二种是在战事方面,第三种是在航行方面;并由此又引起难以计数的变化来;竟至任何教派、任何帝国、任何星辰对人类事务的影响都无过于这些机械性的发现了。"

马克思评论:"火药、指南针、印刷术——这是预告资产阶级社会到来的三大发明。火药把骑士阶层炸得粉碎,指南针打开了世界市场并建立了殖民地,而印刷术则变成了新教的工具,总的来说变成了科学复兴的手段,变成了对精神发展创造必要前提的最强大的杠杆。"

词是宋代主要的文学体裁。宋词分为两派,一派是苏轼、辛弃疾等人为代表的豪放派;另一派是以李清照、柳永等人为代表的婉约派。苏轼的《念奴娇》、辛弃疾的《永遇乐·京口北固亭怀古》等是豪放派的代表作。李清照、柳永的《如梦令》、《醉花阴》是婉约派的代表作。

宋词在古代文学的阆苑里,与唐诗争奇,与元曲斗妍,历来与唐诗并称双绝。元朝文学的主要成就是"元曲",元曲是元杂剧和散曲的合称。元曲四大家是关汉卿、马致远、郑光祖、白朴。关汉卿是最杰出的代表,《窦娥冤》是其代表作。

知识链接

元曲四大悲剧:《窦娥冤》(关汉卿)　《梧桐雨》(白朴)
　　　　　　《汉宫秋》(马致远)　《赵氏孤儿》(纪君祥)
元曲四大爱情剧:《拜月亭》(关汉卿)　《西厢记》(王实甫)
　　　　　　　《墙头马上》(白朴)　《倩女离魂》(郑光祖)

结合宋元时期政治经济发展史,请思考:这一时期为什么会产生如此灿烂的文化?

第六节　封建制度的没落——明清

加强中央集权

　　明朝时期,封建君主专制制度走向衰落,为了巩固封建地主阶级的统治,明朝统治者对中央和地方官制进行了改革。

　　在中央,废丞相,权分六部。六部各设尚书。六部之外有通政司,负责收纳奏章和臣民告密。都察院、大理寺、刑部合称三法司,三法司互相制约。明朝首创内阁,内阁是中央最高行政机构。明太祖将大都督府改为五军都督府,五军都督府和兵部互相制约。

　　在地方上,废行中书省,设立承宣布政使司,统管地方民政和财政;设立提刑按察使司和都指挥使司,分管地方监察、司法和军政(统称三司)。三司分立,互相牵制,大权统归中央。

　　明朝选拔官吏沿用前代的科举制度。考试在四书五经范围内命题,文体严格限于八股文,应考者不能发挥个人见解。"八股取士"严重禁锢了知识分子的思想。

　　明朝统治者为加强皇权,还设立锦衣卫、东厂、西厂等特务机构。这些机构直接由皇帝控制,负责刑狱、缉捕、侦查之事,监视臣民的行为。

史海钩沉

　　早在朱元璋还是吴王时,便已设立丞相职位,分为左丞相和右丞相。那时,位居左丞相职位的是李善长、位居右丞相职位的是徐达,丞相任所称中书省。明初任丞相的只有李善长、徐达、王广洋、胡惟庸四人。洪武十三年,胡惟庸以谋反罪被诛后,权力分归六部,六部对皇帝直接负责。洪武二十八年,朱元璋立下遗嘱:"朕罢公相,设府部都察院分理庶政,事权归于朝廷。嗣君不许复立丞相,臣下敢以请者置重典。"宰相制度终结于朱元璋。

　　清朝沿袭明制,但还保留着由满洲贵族组成的议政王大臣会议,凡军国大事都由它决定,皇权受到限制。康熙亲政后,在宫内设南书房,选翰林院学士入值,表面上陪皇帝读书写字,实际上也参与机密问题的处理。从此,南书房、内阁、议政王大臣会议,互相制约,最后权归皇帝。雍正时,设立军机处处理军政大事,议政王大臣会议名存实亡。军机处的设立是清代中枢机构的重大变革,标志着清代君主集权发展到了顶峰。

　　文字狱以清朝最盛。清代的文字狱多达80余起。除了极少数事出有因外,绝大多数是捕风捉影,纯属冤杀。

7-6-1　康熙皇帝

知识链接

　　龚自珍的名言"避席畏闻文字狱,著书只为稻粱谋",大意是"言谈中听到文字狱就吓得立即躲远,文人著书就为生计,不敢发表自己的见解"。这是对清代文字狱后果的真实写照。

思想游牧

通过学习,说说明清时期封建制度衰落的最突出表现是什么?

➋ 统一多民族国家的发展

明初,蒙古族分裂为鞑靼和瓦剌等部。永乐年间,鞑靼和瓦剌的首领先后接受明朝封号,双方往来密切。

明中后期,国势衰落,蒙古游骑乘机南下骚扰。明王朝为巩固北部边防,开始修筑长城。但瓦剌骑兵仍曾攻到北京城下。

史海钩沉

长城的修建可以追溯到春秋时期,秦、赵、燕等国为了防御北方少数民族的袭扰,开始修长城。齐国和楚国也修有长城。秦始皇统一中国后,将北方原有的长城连接起来形成了万里长城。此后历代统治者不断修缮,长城的规模不断扩大。今河北迁安境内的大理石长城、北京附近的八达岭长城、甘肃境内的黄土长城别具一格。

明后期,鞑靼部俺答汗主动与明朝和好,明朝封俺答汗为"顺义王",在沿边各地开设互市,与鞑靼贸易。

明末清初,蒙古分为漠南、漠北、漠西三大部。清军入关前,漠南蒙古已归顺清朝,后漠北和漠西也臣服清朝。清朝初年,漠西蒙古准噶尔部逐渐强盛,首领噶尔丹野心不断扩大,向清朝提出对北方统治权的要求。1690年,康熙帝亲征,在乌兰布通大败噶尔丹。1757年清军将准噶尔割据势力粉碎。清朝在乌里雅苏台设将军,在科布多设参赞大臣,加强了对漠西地区的管理。

明末,漠西蒙古土尔扈特部与准噶尔部不和,西迁伏尔加河下游地区,后逐渐被沙俄所控制。1771年在其首领渥巴锡率领下,回到祖国怀抱。乾隆帝在热河行宫召见了渥巴锡,并调拨物资安置土尔扈特部。

1757年,维吾尔族贵族大、小和卓发动叛乱,被乾隆帝平定。1762年,清朝设伊犁将军,管辖包括巴尔喀什湖在内的整个新疆地区。

明朝时称西藏地区为乌思藏,并在这一地区设立卫所。乌思藏地区盛行喇嘛教,明朝建立僧官制度,封赐各教派首领,任免各级僧官。乌思藏地区僧俗接受中央管辖。

清军入关前,黄教领袖五世达赖统一全藏。清军入关后,五世达赖进京朝贺,受到顺治帝接见,并正式赐予"达赖喇嘛"封号。后来,康熙又册封五世班禅为"班禅额尔德尼"。此后,历世达赖和班禅都必须经过中央政的册封才具合法性。

雍正时期,清政府在西藏地区派驻藏大臣,驻藏大臣与达赖和班禅共同管理西藏。

史海钩沉

旧石器时代西藏就有人类居住。后来,西羌的几个农业部落陆续进入西藏,和当地的部落融合,成为吐蕃人的祖先。元朝时,西藏正式纳入元朝版图。清朝时,西藏黄教采用灵童"转世"的办法确定达赖和班禅的继承人。乾隆帝时,建立了金瓶掣签制度。这种制度规定,由驻藏大臣主持,用汉、满、藏三种文字将灵童的材料写在象牙签上,装入金瓶内,由喇嘛当众诵经掣签决定。中签灵童经中央批准。

明朝在我国西南地区沿袭了元朝的土司制度,任命当地少数民族上层人物作土司,土司都是世袭的。永乐年间,西南地区两个宣慰司叛乱,叛乱被平定后,改设贵州布政使司,官吏由中央派遣。这种取消土司衙门,改由朝廷派遣流官直接统治的变革,称为改土归流。

清康熙年间,吴三桂、耿精忠、尚可喜起兵叛乱,史称三藩之乱。康熙帝平息了叛乱,加强对这一地区的统治。

1726年,雍正帝在云南、贵州、广西、四川等地,实施"改土归流"政策,加强清朝中央政府对西南少数民族地区的统治。

清初,台湾处在郑氏家族的统治之下。1683年,清福建水师提督施琅进军台湾,澎湖一战,消灭郑军水师主力,收复台湾。1684年,清朝在台湾设台湾府,隶属福建省。

对外关系

明时,郑和于1405至1433年先后七次泛海出使西洋,访问了亚非三十多个国家和地区,最远到达非洲东海岸和红海沿岸。郑和下西洋比新航路的开辟早半个世纪,是航海史上的创举。

史海钩沉

《明史·郑和传》载"成祖疑帝亡海外,欲踪迹之,且欲耀兵异域,示中国富强,永乐三年六月,命和及侪王景弘等通使西洋"。据此可知,郑和下西洋的主要目的有两个:第一,怀疑被赶下台的建文帝逃亡海外,为寻找其下落,消除政治隐患;第二,耀兵异域,显示明王朝的强大。

元末明初,日本武士、商人和海盗经常到中国沿海骚扰,被称为倭寇。明朝中期,朝廷实行了错误的海禁政策。东南沿海一些奸商与倭寇乘机勾结,共同抢掠分赃。倭寇给东南沿海人民的生命财产安全带来了极大的灾难。

戚继光被明政府派往浙东抗倭。戚继光率领戚家军在台州九战九捷,取得抗倭斗争的重大胜利。后又率军赴福建、广东,与俞大猷合作,重创倭寇。到1565年,东南沿海的倭寇基本肃清。

史海钩沉

戚家军是戚继光招募的一支由农民、矿工和愿意抗倭的地主武装组成的队伍。戚家军使用戚家刀,刀柄有一个向下的弧度,使用起来灵活自如。戚家军使用鸳鸯阵,阵中间是一个身材高大拿狼牙筅的人,两边是长枪手,长枪手两边的人拿的是盾牌和腰刀,鸳鸯阵攻防兼备。戚家军在抗倭斗争中发挥了重要的作用。

澳门自古就是中国领土。1553年,葡萄牙殖民者借口晾晒物品,向明朝地方官行贿,获得在澳门的居住权。后来他们买通澳门守将,获准每年纳银500两,租借澳门为暂居贸易地。

史海钩沉

葡萄牙人进入澳门后,强占房屋,修筑炮台,建筑城垣,非法定居。在葡人的经营下,澳门很快成为中外贸易的中心。值得指出的是,葡萄牙占澳门以后,明政府仍然掌握着澳门的领土主权,澳门的民政和司法归香山县主管。明政府在澳门驻扎军队,负责防务和治安。葡萄牙人租占澳门,使其与祖国大陆隔离了四个多世纪。

7-6-2 郑成功

1624年,荷兰殖民者侵入台湾,台湾人民不断掀起抗荷斗争。1661年郑成功渡海攻台,1662年,打败了荷兰殖民者,台湾回到了祖国的怀抱。郑成功是中华民族的民族英雄。

明清之际,东北边界空虚,俄国侵略者乘机侵入,修筑了雅克萨、尼布楚等殖民据点,掳掠财产,屠杀人民。为捍卫国家主权,1685年和1686年,清军两次进攻盘踞在雅克萨的俄军,取得了雅克萨自卫反击战的胜利。1689年,中俄两国代表在尼布楚举行谈判,双方签订了《尼布楚条约》。条约从法律上肯定了黑龙江和乌苏里江流域包括库页岛在内的广大地区都是中国的领土。

思想游牧

明清时期,为维护统一的多民族国家,进行了哪些斗争?

○ 明清文化

紫 禁 城

紫禁城,今称故宫,位于北京市中心。始建于明初永乐五年。是明、清两代的皇宫,也是当今世界上现存规模最大、建筑最雄伟、保存最完整的古代宫殿和古建筑群之一。其中太和殿最为高大、辉煌,皇帝登基、大婚、册封、命将、出征等都在此举行盛大仪式。内廷中最著名的是养心殿。

7-6-3 故宫太和殿

史海钩沉

封建皇帝自称是天帝的儿子,所居皇宫,被喻为天上的紫宫。明王朝的皇帝及其眷属居住的皇宫,除服务的宫女、太监、侍卫之外,只有被召见的官员和许的人员才能进入,外人不能越雷池一步。因此,明代的皇宫,既喻为紫宫,又是禁地,故旧称"紫禁城"。

紫禁城是中国专制社会皇权思想在建筑上的集中体现。寸砖片瓦皆遵循着封建等级礼制,映现出帝王至高无上的权威。

小 说

书 名	作 者	成书时间	主 要 内 容	价 值
《三国演义》	罗贯中	元末明初	叙述东汉末年和三国时期的政治、军事斗争。	我国最早的一部长篇历史小说。
《水浒传》	施耐庵	元末明初	描写北宋末农民起义,歌颂农民的斗争精神。	我国第一部以农民起义为题材的长篇小说。
《西游记》	吴承恩	明 朝	以唐僧师徒西天取经为线索的神话故事。	是一部具有浪漫主义气息的长篇神话小说。

续　表

书　名	作　者	成书时间	主　要　内　容	价　值
《红楼梦》	曹雪芹　高 鹗	清　朝	描写封建贵族家庭的兴衰,鞭挞封建礼教和封建制度的罪恶,揭露封建社会没落。	是我国古代优秀长篇小说。
《儒林外史》	吴敬梓	清　朝	以揭露科举制度腐败为主。	是我国古代优秀讽刺小说。
《聊斋志异》	蒲松龄	清　朝	借写妖狐鬼怪故事批判封建社会。	是我国古代优秀文言短篇小说集。

科 技 著 作

著　作	类　别	朝　代	作　者	主　要　内　容	价值和影响
《本草纲目》	药物学	明朝	李时珍	记载药物1 800多种,10 000多个药方。绘制了1 000多幅药物形态图。	全面总结了16世纪以前的中国医药学,被誉为"东方医药巨典"。
《农政全书》	农学	明朝	徐光启	介绍我国农学成就和欧洲先进的水利技术和工具。	建立了比较完整的农学体系。
《徐霞客游记》	地理学	明朝	徐霞客	以日记体为主的中国地理名著。	世界上较早记述岩溶地貌的书籍。
《天工开物》	农业和手工业生产技术著作	明末清初	宋应星	总结明代农业、手工业生产技术。	被誉为"中国17世纪的工艺百科全书"。

进 步 思 想 家

明朝中后期,自给自足的封建经济开始瓦解,资本主义生产关系萌芽。理学的统治地位动摇,早期民主启蒙思想悄然产生。

李贽,明朝后期人,敢于打破人们对孔子的迷信,主张历史进化论;揭露和批判道家的虚伪;对武则天和农民起义军备加赞赏。人称之为离经叛道的思想家。

黄宗羲,明清之际人,认为专制为"天下之大害";提倡法治,反对人治;他反对重农抑商,提倡工商皆本,是中国近代启蒙思想家,对晚清民主思想兴起有一定影响。

顾炎武,生活于明清之际,提出"天下兴亡,匹夫有责",提倡经世致用的实际学问,写下《天下郡国利弊书》等。他反对君主专制,提出"以天下之权,寄天下之人",才能"天下治矣"。

王夫之,生活于明清之际。人称"王船山"、"船山先生",是杰出的唯物思想家。他认为气是物质实体,理为客观规律,"气者,理之依也"、"天下唯器";提出"静即含动,动不舍静"的朴素辩证法思想。王夫之的思想家对后世有重大影响。

思想游戏

明末清初为什么会出现具有民主色彩的思想家?

第三编　文明的发展与碰撞

第八章

新航路开辟

在古代,不同区域的人们在探索宇宙、思考人生的过程中形成了不同的文明,并在相对独立的环境中发展起来。到14、15世纪时,这种相对孤立的状态被打破了,世界开始日益发展成为一个相互影响、联系紧密的整体。是什么促使不同的文明之间加强了相互了解和联系?又是什么使不同文明之间的相互影响成为可能?

开辟新航路的背景

15世纪前后,随着西欧各国商品经济发展和资本主义萌芽的产生,人们对作为货币的黄金、白银的需求量日益增加。西欧社会各阶层,尤其是商人和新兴资产阶级热衷于追求金银,甚至认为黄金可以铺就通向天堂的路。但西欧黄金严重匮乏,当时西欧广泛流传的《马可波罗游记》对印度和中国的财富作了夸张描述,激发了西欧人到东方寻金的热情。

来自东方的商品香料、艺术品等深受西欧人的喜爱。但是,15世纪以前,意大利和阿拉伯人垄断着东西方贸易,并在贸易中获得巨额利润,这令西欧商人垂涎不已。15世纪中叶,奥斯曼土耳其帝国占领了地中海东部广大地区,控制了东西方之间的传统商路,东西方贸易严重受阻。想在东西方贸易中占有一席之地,西欧国家必须另辟蹊径。

他山之石

西欧属于温带海洋性气候,四季多雨,气温变化小,适合多汁牧草的生长,所以西欧的畜牧业非常发达。在缺乏饲料的冬季,西欧不得不把大量牲畜宰掉做成咸肉,这需要胡椒、肉豆蔻、肉桂等香料作调味品,而欧洲不出产香料,香料必须从东方运来。

15世纪以前东西方的商路有三条(如图8-1),一条陆路,由中亚沿里海、黑海到达小亚细亚;两条海路,即由海路至地中海东岸叙利亚一带,经两河流域到达波斯湾,或由地中海路至红海,然后由陆路到埃及亚历山大港。

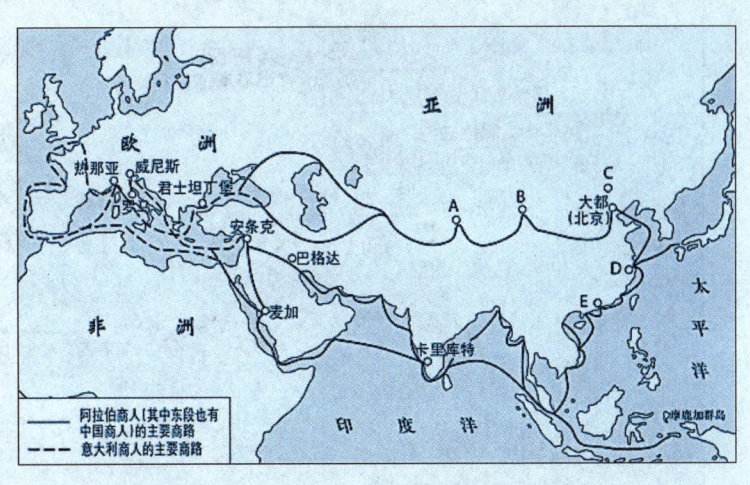

8-1 东西方传统商路

这时,西欧已出现了适于在大海航行的多桅快速帆船;中国的罗盘针和火药经阿拉伯传到西欧,广泛应用于航海;古希腊的地圆学说被越来越多的人所接受,并绘制出概略的世界地图;文艺复兴倡导个性解放,受此影响的人们为了实现个人理想与价值,富有冒险精神。所有这些,都为欧洲人远离海岸到从未去过的大洋航行准备了必要的条件。

8-2 多桅帆船

知识链接

　　明成祖朱棣为了宣扬国威,加强与海外各国的联系,派郑和率领当时世界上最强大的船队七下西洋。郑和船队的大宝船长151.18米,宽61.6米,船高四层,船上9桅可挂12张帆,锚重有几千斤,要动用二百人才能启航,一艘船可容纳千人,代表了当时世界最高造船技术。明朝雄厚的经济实力、强大的军事保障,以及精湛的医疗技术等,为远洋航行奠定了坚实的物质条件。

思辨之窗

　　东西方的航海目的有何不同?你能从中透视出东西方文化上的差异吗?

⊙ 大航海时代的代表人物

　　两百多年来,为了黄金、香料、梦想等,西欧各国争相在海上留下了自己的足迹,葡萄牙和西班牙两国走在了时代前列。

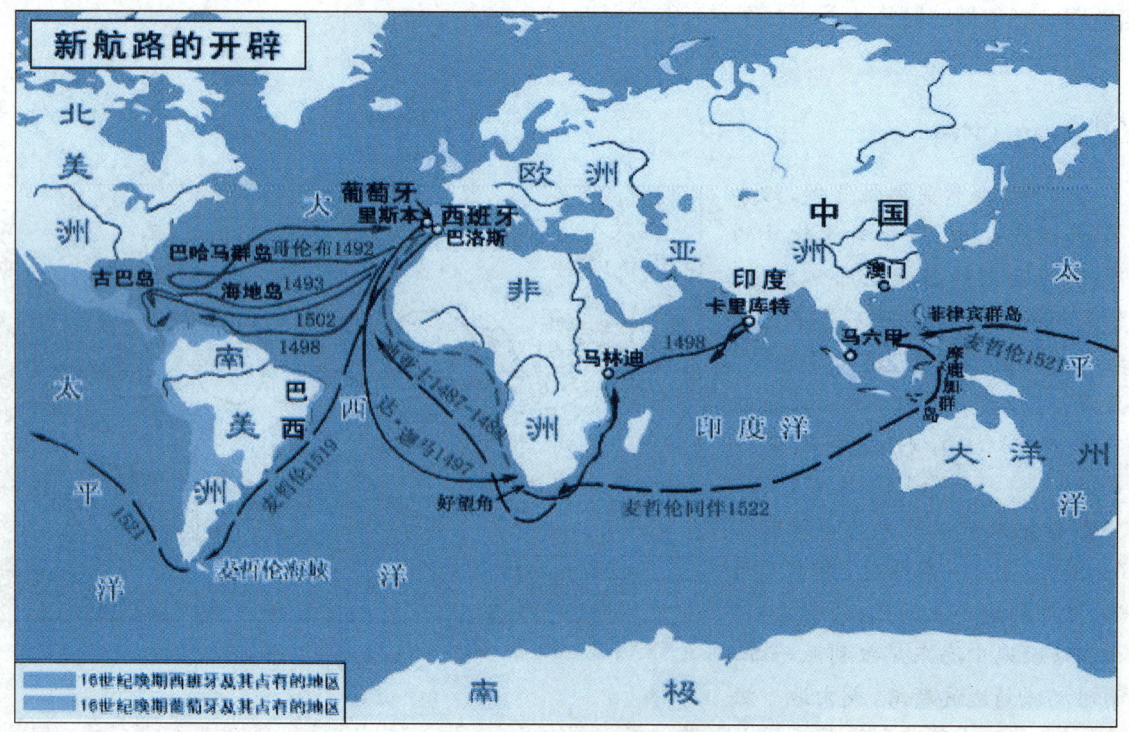

8-3 新航路开辟的主要航线

迪亚士 1487年,迪亚士在葡萄牙国王的支持下,从里斯本出发,沿非洲西海岸向南航行,希望探索出一条通往东方的新航路。在驶过南纬22°之后,他的船队进入到欧洲航海家从未到过的海区。正当他们信心百倍地在海上破浪而行时,一场风暴不期而至,咆哮的海浪铺天盖地地扑向船队。迪亚士和船员们咬牙坚持了整整10天,风暴平息时,疲惫的船员惊喜地发现他们终于找到了非洲最南端,迪亚士将这个地方命名为"风暴角"。由于船员的倦怠和物资严重不足,迪亚士不得不返航。回到里斯本,迪亚士向葡萄牙国王报告了航海过程,国王非常高兴,把迪亚士发现的"风暴角"更名为"好望角",意思是绕过这个海角就有希望到达富庶的东方了。

8-4 迪亚士

8-5 达·伽马

达·伽马 1497年,达·伽马奉葡萄牙国王之命,率领四艘船和140多名水手,从里斯本出发,沿着当年迪亚士走过的航线,去探索通往印度的航程。达·伽马率领船队闯过好望角附近的暴风袭击,逆着强大的莫桑比克海流北上。接着,依靠当地一位经验丰富的领航员导航,乘着印度洋的季风,不到一个月的时间就到达了印度。1499年9月,达·伽马率领着仅剩下一半船员的船队,满载着肉桂等香料和宝石回到里斯本。

1502年2月,达·伽马率领船队开始了第二次印度探险,目的是建立葡萄牙在印度洋上的霸主地位。船队途经基尔瓦时,达·伽马背信弃义,把该国国王扣押到自己的船上,并在海上捕俘了一艘阿拉伯商船,将船上几百名乘客,包括妇女儿童全部烧死。据说,达·伽马此次航行掠夺而来的东方珍品香料、丝绸、宝石等,其所得纯利竟然超过航行总费用的60倍以上。

思辨之窗

1992年4月,我随天津远洋公司轮船从好望角路过,遇到了大风暴。……呼啸的大风号叫着,刮得钢丝发出让人头皮发麻的声音,吹散了船头溅起的浪花,像一颗颗子弹向船舱射来。一个海浪像小山似的覆天盖地砸来,船体突然摆过了35度,海水从后甲板上的舵机房的通风口涌进来,舵机好比船舶的心脏,若被淹失灵,后果不堪设想,情况万分危急,排水是第一要务……又一巨浪从我们身旁的舷外高高涌过来,大浪一下子把我冲了出去,感到一股不可抗拒的巨大力量,我一下子闭上了眼,心想这下完了。幸好有船舷挡着,不然我就被冲到大海里去了。

——海员日记《好望角历险记》(摘自航海纪事)

① 迪亚士、达·伽马和现代的船只在好望角都遇到了风暴,读全球气压带、风带分布图和图3-2-2"全球表层洋流分布",分析好望角附近的风暴是偶然还是必然。

② 结合图3-2-2"全球表层洋流分布",分析达·伽马第一次横渡印度洋时是哪个季节?

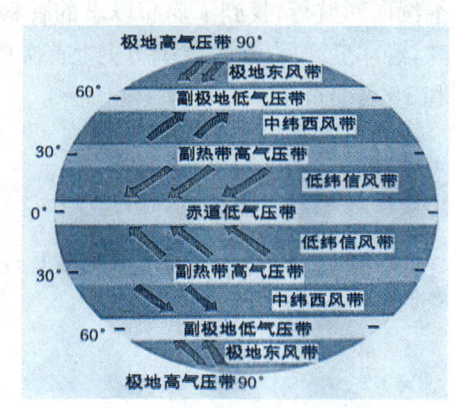

8-6 全球气压带风带分布图

哥伦布 意大利人哥伦布深信地圆学说,认为向西航行也能到达东方。他到处游说了十几年,1492年,哥伦布受西班牙国王派遣,率领三艘帆船,从西班牙巴罗斯港扬帆驶出大西洋,向正西而去。

远航开始的日子里,哥伦布准备了两本航海日志,一本记录他估计每天驶过的实际距离,是秘密的;另一本记载的航程比实际航程小得多,是公开的,这样是为了在航期拖长时,使船员们不致感到惊恐而失去信心。一天傍晚,平塔号的船员高喊在前面看到了陆地,另外船上的船员也跟着爬上了桅杆,一个海岛在

8-7 哥伦布

海天相接之处隐约可见。哥伦布激动不已,命令全体船员唱起了对上帝的颂歌。可是海岛第二天却无影无踪了,这种事在过去和以后都发生过。船队在与世隔绝的大洋上漂泊了很长时间,仍不见陆地的影子,有几个海员甚至想把哥伦布扔到大海里后再返航,毫不动摇的哥伦布坚持向西航行。10月7日,他们看到一种肯定不是海鸟的小鸟越过头顶向西南方飞去,哥伦布以候鸟为航标的,率领整个船队偏西南方航进。他提醒大家,国王曾许诺以巨额报酬给第一个发现陆地的人。

1492年10月12日凌晨,哥伦布的船队终于发现了陆地。这时哥伦布已不仅是一个探险家,而是一个"新大陆"的发现者。此后他又三次向西航行,从不同的航线先后登上了美洲的许多海岸。直到1506年逝世,他一直认为他到达的是印度。

思辨之窗

1. 读哥伦布航线图和世界洋流分布图,分析哥伦布四次航行的路线,为什么第三次西行路线最长,用时却最短呢?

2. 1992年,为纪念哥伦布发现美洲大陆,欧洲人举行了盛大的庆典。但美洲印第安人却打出标语反对:"你们庆祝的是我们的灾难!"你对此有何感想?

麦哲伦 1519年9月,葡萄牙人麦哲伦受西班牙国王之命,率领船队向西方出发。经历了一年艰苦卓绝的航行,他们终于横渡大西洋,来到南美洲南端,发现了一条通往"南海"的峡道,即后人所称的麦哲伦海峡。

船队在"南海"航行了100多天,一直没有遭遇到狂风大浪,所以,他们就给这个海洋命名为"太平洋"。但是,在这辽阔的太平洋上,食品成为最难解决的问题,连盖在船桁上的牛皮也被当做食物,船员甚至还吃了木头的锯末粉。

8-8 麦哲伦

当船队来到菲律宾群岛时,麦哲伦在岛上竖起基督教的十字架,宣称整个群岛归西班牙所有,插手当地部族的事物,最终死于非命。麦哲伦死后,他的同伴们继续向西航行,找到了梦寐以求的香料王国——摩鹿加群岛,然后越过马六甲海峡,经印度洋回国,完成了历史上首次环球航行的壮举。这时,他们只剩下一条船和18名船员了。

 **思想游戏**

1522年9月6日,麦哲伦的船员经过三年的环球航行又回到西班牙,他们发现航海日记少了一天的记录,这是为什么呢?

知识链接

郑和,中国著名的航海家、外交家。

永乐四年(1406年)六月,郑和第一次下西洋,顺风南下,到达爪哇岛上的麻喏八歇国(今印度尼西亚爪哇岛)。当时这个国家正在打内战,郑和船队的人员上岸到集市上做生意,170人被误杀。"爪哇事件"发生后,麻喏八歇国国王十分惧怕,派使者谢罪,要赔偿六万两黄金以赎罪。郑和得知这是一场误杀,又鉴于国王诚惶诚恐、请罪受罚,于是禀明皇帝,化干戈为玉帛,和平处理了这一事件。麻喏八歇国王十分感动,两国从此和睦相处。

8-9 郑和

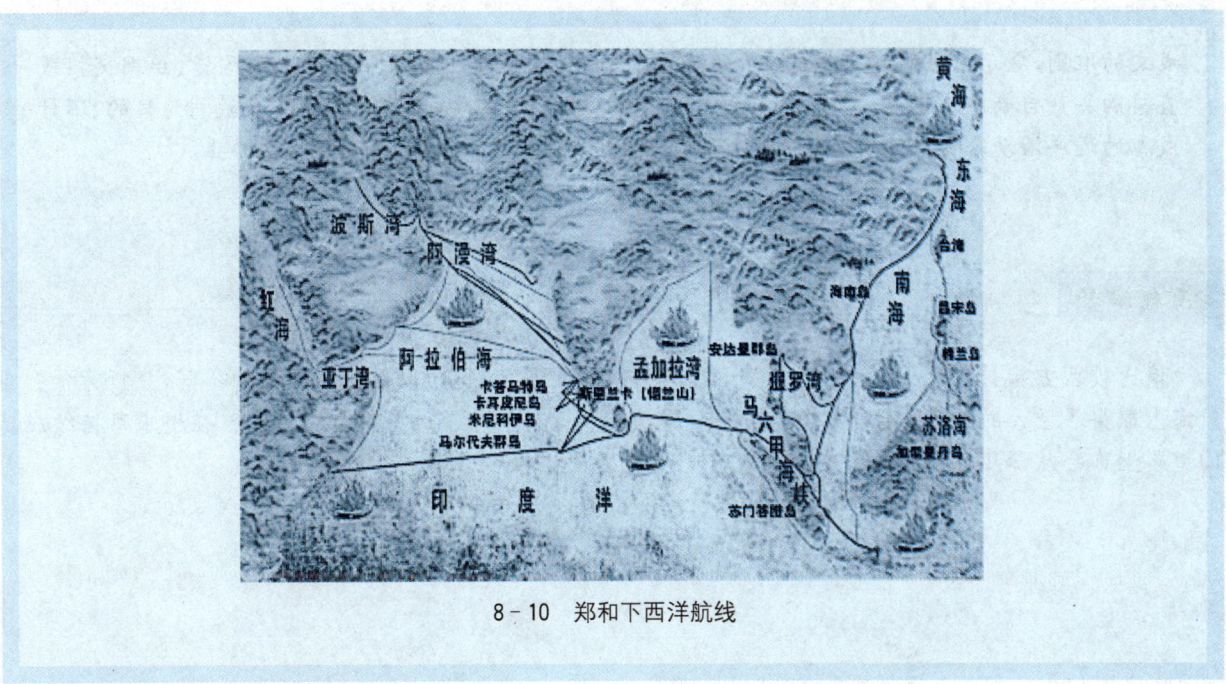

8-10 郑和下西洋航线

思辨之窗

1. 以上五位航海家各有何优势,又有哪些共同之处呢? 你能从中整理出成功者必备的素质吗? 你如何评价他们在航海过程中表现?

2. 读"全球表层洋流分布图"和"全球气压带风带分布图",若重走一次新航路,在航海过程中可能遇到什么现象? 可能遇到哪些困难? 哪些资源可以利用?

新航路开辟的历史影响

西班牙、葡萄牙是新航路的最先开辟者,也成为欧洲最富有的国家。西欧各国纷纷效仿,从而摸清了世界大部分地区的海岸线,发现了许多未知领域,证明了地圆学说的正确性,人们的眼界变得更为开阔。这个时期因此被西方史学家称为"发现的时代"。

新航路的开辟引发了"商业革命"。地理大发现打破了世界不同文明区域之间相对隔绝的状态,促进了欧洲贸易规模和范围的扩大以及世界物种的大交流,催生了股份公司和证券交易所等新的商业经营方式;欧洲的商路和贸易中心由地中海转移到大西洋沿岸,以西欧为中心的世界市场的雏形开始出现。与此同时,黄金大量流入西欧,西欧贵金属增加了3倍多,造成金银价值下降、物价飞涨,从而引发了"价格革命"。"商业革命"和"价格革命"加速了西欧封建制度的解体,促进了资本主义的发展。

另一方面,伴随着新航路的开辟,欧洲国家的殖民扩张和掠夺给亚、非、拉美人民带来了深重灾难,导致这些国家长期的贫穷落后;贩卖黑奴致使非洲失去了至少一亿的精壮人口;印第安文化是人类宝贵的文化形态,但却遭到西班牙殖民者野蛮的毁灭,至少有5 000万印第安人遭到灭绝。同时,地理大发现加速了疾病的传播和世界人种的重新分布。

 **知识链接**

郑和下西洋比西方新航路的开辟早大约半个多世纪,是世界航海史上的一大壮举。郑和下西洋使明朝以宣昭颁赏、厚往薄来的方式实现了万国朝贡,为各国间的平等相处及友好往来确立了不

成文的准则,展示了明朝前期中国国力的强盛。与此同时,郑和下西洋用中国的陶瓷、丝绸交换或直接购买产自南洋的香料、染料等,满足了国内皇家贵族的需要,但这种不以贸易获利为目的、不计成本的远洋活动给明朝财政造成了巨大的经济负担,随着国力衰退,下西洋随之停止。

思想游牧

请比较西方新航路的开辟和东方的郑和下西洋在航海目的、性质以及历史影响的不同,分析为什么在航海上取得了巨大的成功之后,西方由此崛起,东方走向衰弱?本节课给你什么启示?在追求可持续成功的道路上你会从哪几个方面下功夫?

第九章

文 艺 复 兴

▷ 　14—17世纪,西欧国家先后发生了一场资产阶级文化运动,它是人类文明发展史上的一次伟大的变革,历史上称为"文艺复兴"。文艺复兴(Renaissance)一词的原意是"再生",即希腊、罗马古典文化的再生,但实际上文艺复兴包含着更为丰富的内容,包括诗歌、绘画、雕刻、建筑、音乐、政治和自然科学等多方面结构组成的近代文化体系在欧洲浮现出来。

　　从这个时代起,中国以及整个东方文明逐渐从世界领先的地位走向衰落,西欧逐渐超过了东方。

◐ 文艺复兴在意大利的兴起

　　14世纪,欧洲历史进入到近代文明的黎明期。在意大利的佛罗伦萨、威尼斯等地,资本主义萌芽率先出现了。

　　此前,欧洲一直受封建专制思想的禁锢,教会垄断了社会的全部知识教育,要求人们一切听从上帝的安排,禁绝欲望,祈求来世幸福,从而限制人们对物质生活和自由思想的追求,严重阻碍了社会的进步和科学发展。新兴资产阶级出现后,

> 文艺复兴的重大意义不在于复古,而在于创造。
>
> ——法国启蒙思想家伏尔泰

他们希望创造财富、追求现世的享乐,需要新的意识形态为他们所追求的政治、经济利益辩护。有着得天独厚条件的意大利人在古代希腊、罗马的文化中,找到了帮助他们认识物质世界和精神世界的导师。于是,他们把古典文化加以改造,变成为资产阶级服务的工具,一种不同于封建文化的新文化首先在意大利应运而生。

　　文艺复兴的核心是人文主义。人文主义主张以人为本而不是以神为本,"人是万物之灵长,宇宙之精华",要求重视人的价值,强调发展人的个性,肯定现实生活,把人从宗教的束缚中解放出来。

　　文艺复兴时期的人文主义者并不否定基督教,恰恰相反,这一时期众多堪称经典的绘画作品和建筑大都是为宗教而作,并得到了教会的支持。然而,从文化生活各个领域的发展历程可以看出,学者们对待宗教的方式还是发生了变化。

9-1　拉斐尔笔下的但丁

　　诗人但丁是意大利文艺复兴的先驱。他的长诗《神曲》是诗人幻游地狱、炼狱和天堂的神奇经历。从表面看他写的是一个宗教故事,但其实却反映了当时很多社会问题,比如仍然在世的罗马教皇卜尼法八世,他勾结法国破坏意大利统一、干涉佛罗伦萨内政,对于这样的人物,诗人把他安排进了地狱。同时,但丁公开倡导以古典为师,坚持文学创作使用"俗语",以意大利托斯卡那方言创作的《神曲》奠定了意大利民族语言的基石。

史海钩沉

"民族是人们在历史上形成的一个有共同语言、共同地域、共同经济生活以及表现在共同文化上的共同心理素质的稳定的共同体"(恩格斯),近代民族国家形成的诸要素都有一个漫长的历史形成过程。

从15世纪起,西欧各国加快了近代民族国家形成的进程,西班牙、葡萄牙、英国、法国等纷纷建立起统一的民族国家。这些民族国家虽然实行的是封建君主制度,但是,在其初期所实行的内外政策,诸如重商主义、宗教改革等,都加强了中央集权,保证了民族国家共同地域的稳定,发展了民族的共同市场,为海外活动提供了强大的国家后盾,因而在客观上促进了资本主义的发展。

当然,在但丁生活的年代,即13世纪后期,意大利还不是统一的国家,也没有统一的民族语言,拉丁语是唯一在欧洲所有天主教国家通行的语言,各地使用的是自己的土语方言。为此,但丁主张在各地俗语的基础上创立一种统一的、有权威的民族语言,诗人的写作只有自觉参与到民族语言的建构、使用当中,才具备优秀诗人的品性和能力。

此后,欧洲各地的作家分别采用本地方言进行创作,文艺复兴时期的人文主义者推动了民族国家形成的进程。

画家乔托是和但丁同时代的并驾齐驱的代表人物。乔托的壁画同但丁的诗一样,虽然题材依然是宗教性的,却开始努力刻画人物的复杂个性和充满矛盾的现实世界,传达出当时初露曙光的人文主义思想,被誉为"欧洲绘画之父"。

诗人彼特拉克开创研究古典文化的新风尚,最早提出要以"人的学问"代替"神的学问",被称为"人文主义之父"。彼特拉克大部分著作是用拉丁文创作的,但他最优秀的作品抒情诗集《歌集》,却是用意大利托斯卡那方言书写的。《歌集》一改中世纪诗歌中隐晦象征的手法,直接描写诗人对恋人劳拉的爱情,冲破了中世纪宗教神学所宣扬的禁欲主义,具有浓厚的反封建色彩。

薄伽丘和但丁、彼特拉克一起被誉为文艺复兴"文学三杰"。他的代表作小说集《十日谈》也是用意大利托斯卡那方言写成的,《十日谈》的创作背景是1348年意大利爆发严重的鼠疫,在短短4个月时间内,佛罗伦萨人死难过半。劫后余生的薄伽丘更觉生命的可贵,开始撰写酝酿已久的《十日谈》。在他的笔下,10个青年男女逃到乡间避难,约定每人每天讲一个故事消磨时光,于是100个故事用10天的时间娓娓道来,贯穿这些故事的基本线索就是人性。《十日谈》揭露、批判了罗马教会的腐败和僧侣的伪善、堕落、贪婪,肯定人的本性,强调追求现世幸福的权利,提出人与人平等的思想。

思想游牧

请同学们试着通过网络,输入关键词"薄伽丘 绿鹅"进行搜索,了解"绿鹅的故事"。

① 请为"绿鹅的故事"补充最后一句话。

② 请同学们阅读《十日谈》的其他故事,然后小组讨论:文艺复兴时期的人文主义思潮是怎样的?

15世纪后期到16世纪前半期,罗马教皇为了建造壮丽的教堂及美轮美奂的宫殿,为人文主义艺术家提供发挥才智的机会和条件。意大利的文艺复兴进入全盛期,出现了"美术三杰":达·芬奇、米开朗琪罗和拉斐尔。

达·芬奇是意大利最著名的画家,他在艺术上最杰出的代表作是《蒙娜丽莎》和《最后的晚餐》两幅绘画作品。米开朗琪罗的成就标志着文艺复兴艺术的高峰。他一扫意大利宁静和精巧的艺术风格,充分发挥线条的表

9-2 拉斐尔的《西斯廷圣母》

现力,所做雕像以豪放、刚健、雄伟的人体美为特征。他的作品大理石雕像《大卫》表现了一个运动的"瞬间",是新兴资产阶级形象的写照。拉斐尔是与米开朗琪罗并世的著名画家和建筑家,他创作的许多壁画,装饰在梵蒂冈的教皇宫殿里。拉斐尔笔下的圣母充满人情和母爱,完全是现实生活中人间少妇的形象,从而歌颂了普通女性的美,表现了世俗的理想。

史海钩沉

《蒙娜丽莎》是达·芬奇终其一生都保留在身边的作品,"她的表情和含义,完全跟着你的情绪而转移"(傅雷语)。《蒙娜丽莎》的微笑是神秘的,从不同的角度看,她时而严肃,时而温柔,时而感伤,时而快乐,体现了达·芬奇对明暗转移法和空气透视法的熟练运用。蒙娜丽莎的右手更被称为"美术史上最美的一只手"。

《最后的晚餐》描绘了耶稣突然向门徒宣布"你们之中有一个人要出卖我"这句话时,每个门徒的姿态和表情。这幅画在构图和空间透视处理方面,可谓匠心独运。耶稣处于透视的焦点,自然成为统辖全面的中心人物;通过耶稣背后窗外景色的描绘,加强了画面的纵深感,处理光和影的技术臻于完美。

达·芬奇多才多艺,留下了很多手稿,不过,他的主要手稿直到1817年才重新被人们发现。人们惊异地看到,他在哥白尼之前就否定了地球中心说,在牛顿之前提出了重力法则。他的研究几乎涉猎到自然科学的每一

9-3 《蒙娜丽莎》

个方面,包括建筑学、数学、生理学、解剖学、物理学、天文学和机械学等。他设计了许多在当时无法实现,但是却现身于现代科学技术的发明:直升飞机、降落伞、机关枪、手榴弹、坦克、潜水艇、起重机,等等。达·芬奇曾说"一日充实,可以安睡;一生充实,可以无憾",这正是他一生的写照。

思想游弋

"美术三杰"达·芬奇、米开朗琪罗和拉斐尔留下的名作很多,请同学们寻访这些名作,欣赏名作的美、感悟作品的思想内涵吧!

文艺复兴时期,人文主义者特别重视对文化氛围的创造,认为只有建立起文明的社会环境,人的素质才能提高。于是,文化被铭刻在建筑物上,出现了欧洲建筑史上继哥特式建筑之后的又一种建筑艺术风格。

文艺复兴建筑排斥神权至上的哥特建筑风格,提倡借鉴古希腊、罗马的建筑特点,由高尖向横宽发展,同时特别强调结构比例的美,大量采用柱廊和圆拱,显现出一种新颖而生动的活力。佛罗伦萨大教堂大穹隆顶的建造,标志着文艺复兴建筑的诞生。

9-4 哥特式建筑——米兰大教堂

9-5 文艺复兴建筑——佛罗伦萨大教堂

思想游牧

与哥特式建筑相比较,文艺复兴建筑如何体现出人文主义思想的?

文艺复兴时期的意大利在政治思想上也大放异彩。马基雅维利以"人"的眼光研究政治学说,其名著《君主论》反映了当时急剧变革时代的政治现实。

当时,意大利正处于分裂状态,教会权力又凌驾于世俗政权之上,人们普遍希望有一个强有力的君主领导意大利实现统一。"目的总是证明手段是正确的",马基雅维利主张君主为了达到自己的目的可以不择手段,即使背信弃义,也在所不惜。他认为,争雄的办法有两种:一种是遵循法律,另一种是凭借暴力。前者是人的方法,后者是兽的方法。为君者必须"既是能识别陷阱的狐狸,又是能威慑豺狼的狮子",最能效法狐狸的人,将得到最大的胜利。但人君的狐狸性格应巧妙地伪装起来,"为狐而不露尾",让臣民以为他具有种种美德。

马基雅维利主义对欧洲政治思想产生了深远影响。

西欧诸国的文艺复兴

莎士比亚是英国人文主义的杰出代表。莎士比亚的剧作展示了英国广阔的社会场景,创作细致入微,扣人心弦,喜怒哀乐之情跃然纸上,既是社会生活的写照,又是优美的文学作品。莎士比亚在世界文学史中有着深远的影响。

9-6 2009年英国发现莎士比亚唯一存世的肖像画

思想游牧

莎士比亚被誉为"英国戏剧之父"。他有很多世人耳熟能详的作品,如《威尼斯商人》、《罗密欧与朱丽叶》、《哈姆莱特》、《李尔王》等,你可以通过选择观看由其作品改编的电影或直接阅读的方式加以了解。

请思考:为什么说莎士比亚的作品深刻而生动地体现了人文主义思想?

法国作家拉伯雷的长篇小说《巨人传》,以民间故事为蓝本,用浪漫主义和极其夸张的手法塑造了三位巨人的艺术形象,提出"依愿行事"的口号,主张个性解放;在巨人庞大固埃最终找到智慧的源泉——"神瓶"时,神谕显示出一个词:"喝",即畅饮知识,畅饮真理,畅饮爱情,体现了人文主义的理想。庞大固埃主义享乐人生的生活态度也成为后来法兰西民族别具特色的一种文化观念。

伊拉斯谟长期定居于德意志,他揭示并纠正了教会通用的拉丁文本《圣经》中的许多错误,打击了教会解释教义的权威。他在传世名作《愚人颂》中,采用讽刺的手法,把"愚蠢"人格化,假"愚人"之口,对国王、教皇、主教、僧侣等的愚昧无知、贪婪欺诈、荒淫无耻进行了辛辣的嘲讽,有力地推动了德意志的宗教改革。

西班牙作家塞万提斯的长篇小说《堂吉诃德》,以穷乡绅堂吉诃德的游侠史,反映了16至17世纪初西班牙社会生活的各个方面。

9-7 西班牙广场上的塞万提斯、堂吉诃德及其仆人桑丘的雕像

文艺复兴时期的科学

科学,特别是自然科学的发展,是人文主义精神的重要表现。

近代自然科学是以天文学领域的革命为开端的。古罗马科学家托勒密提出的"地球中心说",符合"上帝选定地球为宇宙中心"的说法,因此得到教会的支持。首先推翻这个理论的是波兰的哥白尼。他创立的"太阳中心说"动摇了封建神学的基础,是自然科学开始从神学中解放出来的标志。1609 年,德意志学者开普勒发现行星沿椭圆轨道绕太阳运行的规律,意大利科学家伽利略则自制出一个天文望远镜,发现月球表面有山谷,崎岖不平,金星绕着太阳运行,太阳上有黑点,木星有四个卫星,银河由无数星体组成等。伽利略是近代实验科学的奠基者。

文艺复兴时期,物理学、数学、医学、生物学等领域也都取得突破性的进展。这些进步,主要是由观察和实验活动推动的。

在自然科学发展的同时,也产生了几位卓越的科学思想家。意大利人布鲁诺早年攻读神学,获神学博士学位,后来接受了唯物主义思想和哥白尼的"太阳中心说",继而提出宇宙在时间和空间上是无限的。他到各国宣传唯物主义世界观,最后被宗教裁判所判火刑烧死在罗马鲜花广场。弗兰西斯·培根是近代归纳法的创始人。他特别重视知识,提出"知识就是力量",认为人类借助科学发现和发明,就会有驾驭自然的力量。

第十章

大国的崛起

地理大发现,使世界开始连为一个整体,它在拉近了不同国家和地区之间的距离的同时,也拉开了不同国家相互竞争的序幕。一些国家先后崛起成为世界大国,对世界历史的进程产生了巨大的影响。今天,我们生活在一个因全球化进程而更加紧密联系在一起的世界,历史上各大国兴衰更替的经验和教训,又可以帮助我们来应对现在这个更为纷繁复杂的世界。

第一节 英 国

走近英国

英国的全称是"大不列颠及北爱尔兰联合王国",简称联合王国。它位于欧洲西部,由大不列颠岛(包括英格兰、苏格兰、威尔士)、爱尔兰岛东北部(北爱尔兰)和周围一些小岛组成。英国与法国隔英吉利海峡相望,海峡最窄处只有33公里。1994年,横跨海峡、连接英法的海底隧道正式通车。

君子动手

1. 请在图中找出围绕英国的海和海峡。
2. 指出英格兰、苏格兰、威尔士、北爱尔兰的位置。

 他山之石

英法海底隧道由三条51公里长的隧道组成。南北两条隧道是单线单向铁路隧道,中间隧道为辅助隧道。"欧洲之星"是专门针对这条隧道设计的高速列车,最高时速可达300公里。它把伦敦、巴黎、布鲁塞尔三个首都连接起来,使英国往返欧洲大陆的时间大大缩短,填补了欧洲铁路网中缺失的一环。

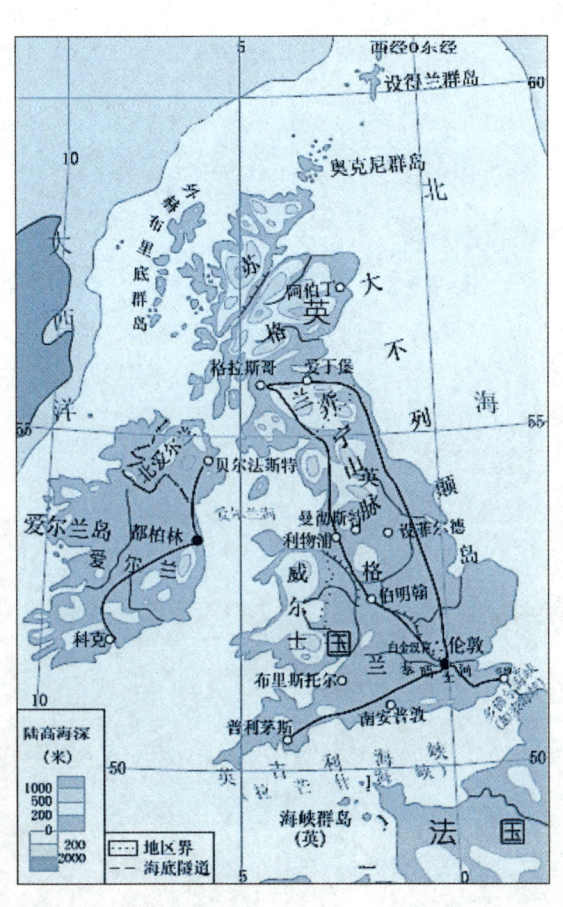

10-1-1 英国

目前,从伦敦到巴黎只需 2 个多小时,比坐飞机要方便快捷许多,还大大减少了因短途飞行而排放的二氧化碳。此外,还有一种区间列车可以运送汽车通过隧道,从而使欧洲公路网也连成一片。

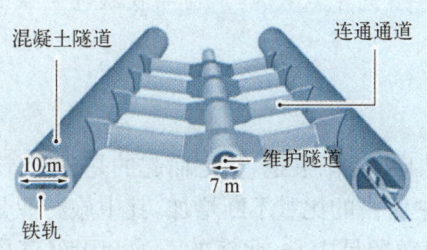

10 - 1 - 2　英法海底隧道示意图

10 - 1 - 3　欧洲之星列车

英国全境按地形可划分为四个部分:东南部平原、中西部山区、苏格兰山区、北爱尔兰高原和山区。总的来说是西北群山起伏,高原相接;东南比较低平,河谷、丘陵纵横其间。英国最重要的河流是泰晤士河,它流经伦敦市中心,是伦敦的主要供水来源。河上航运繁忙,伦敦也是世界著名的良港。

英国位于北纬 50°以北,与我国最北的漠河相当。但因受北大西洋暖流影响,全境皆属于典型的温带海洋性气候,冬暖夏凉,湿润多雨。由于四季风雨不绝,因此天气变化无常,不过灾害性的狂风暴雨却很少见。

 **知识链接**

北大西洋暖流是世界上规模最大的暖流——墨西哥湾暖流的延续。该暖流绕经炎热的墨西哥湾,规模巨大,水温很高。它在强大的西风吹送下横过整个北大西洋,直达北冰洋,给所经的西北欧带去了丰沛的雨水和暖气。据统计,它每年向西北欧每公里海岸输送相当于燃烧 6 000 万吨煤所释放的热量,使得西北欧形成了温带海洋性气候,一月平均气温比同纬度的亚洲东岸和北美东岸要高出 15℃—20℃,位于北极圈以北的俄罗斯港口摩尔曼斯克也因此成为世界上纬度最高的不冻港。

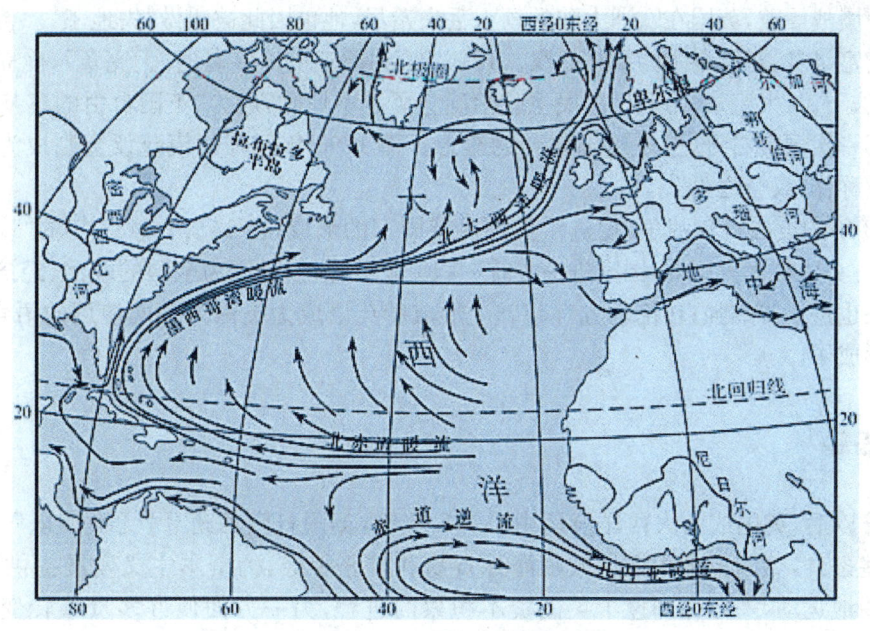

10 - 1 - 4　北大西洋暖流

思想游戏

近些年来,科学家担心全球气候变暖会使北大西洋暖流势力减弱,从而导致欧洲气候变冷。这与电影《后天》中的观点有些相似。

请思考:科学家为何会有这样的担心?

英国是世界经济强国。二战后,纺织、钢铁等传统工业逐渐衰退,代之而起的是汽车、飞机、石油加工、电子等新兴工业。近年来,服务业和能源在国民经济中所占的比重不断增加,其中旅游业是英国最重要的经济部门之一,年产值 700 多亿英镑;伦敦是世界性金融贸易中心;北海的石油和天然气资源有力地推动了英国经济的发展。

英吉利王国的建立和民族国家的形成

不列颠岛上的最早居民是凯尔特人。公元 43 年,罗马帝国打败了凯尔特人,将不列颠划为它的一个行省,凯尔特人开始接触到外界的先进文化。其间,罗马的哈德良皇帝还下令修建长城,以抵御苏格兰人的进攻。5 世纪初,由于内外交困,罗马帝国结束了其在不列颠的统治。

10-1-5　哈德良长城

5 世纪中期,日耳曼人中的盎格鲁、撒克逊等部落开始侵犯不列颠,征服过程持续了一个半世纪。传说中的亚瑟王就是这一时期反抗日耳曼人的英雄。到公元 600 年前后,盎格鲁-撒克逊人已控制了今英国的大部分。征服者和被征服者也渐渐融合为一个民族,"英格兰(England)"一词就是这时开始出现的,意为"盎格鲁人的土地"。至 7 世纪中,不列颠岛上形成七个王国,史称"七国时代"。此后,在英格兰人反抗丹麦人侵略的过程中,英格兰逐渐统一。9 世纪初,英吉利王国形成。

1066 年,来自法国的诺曼底公爵威廉征服了英格兰,这就是"诺曼底征服"。威廉将欧洲大陆的封建制度引入英格兰,宣称国王拥有一切土地,他将土地分封给臣下,命令所有各级封臣都向他宣誓效忠,从而建立起强大的王权,加速了英国的封建化进程。

亨利二世在位时进一步加强了王权,并通过联姻、继承等方式获得了大片法国领土。但是,此后的约翰王却在战争中屡战屡败,英国在欧洲大陆的领土丢失殆尽,他也因此被叫做"失地王"。传说中的罗宾汉就是这一时期劫富济贫、对抗昏主的绿林好汉。1215 年,约翰王被迫签署的《大宪章》,确立了法律至高无上的地位,王在法下。《大宪章》为后世的民主政治确立了基本原则,成为"英国自由的奠基石"。1265 年,英国历史上的第一次国会召开,这是英国议会的雏形。而 1295 年召开的模范议会则成为后来议会的榜样。英国议会被称作"议会之母"。

1338—1453 年的英法百年战争,促进了英国民族国家的形成;在 1455—1485 年的"玫瑰战争"中,贵族互相残杀,地方势力被大大削弱,国家进一步统一;15 世纪,伦敦已成为全国的政治、经济、文化中心;各地区的经济联系也进一步加强;在伦敦方言基础上形成的英语成为英国人共同使用的语言。15 世纪末,英国民族国家形成了。

英国的崛起

新航路开辟以后,英国成为大西洋航运中心;1588 年,英国打败西班牙"无敌舰队",开始确立海上霸权。利用这些条件,英国更加积极地鼓励海外贸易和扩张掠夺,为资本主义发展提供了资本。15 世纪后期开始的圈地运动,一方面加速了英国资本积累的进程,另一方面使许多贵族转变为资产阶级化的新贵族,而离开土地的农民又提供了资本主义发展所需的雇佣劳动力。随着资本主义的发展,新兴的资产阶级和新贵族一起要求摆脱封建束缚。但是，斯图亚特王朝的专制统治却与他们的要求背道而驰。

1603 年，詹姆士一世登上英国王位，开始了斯图亚特王朝在英国的统治。詹姆士一世和他的儿子查理一世都相信"君权神授"，对于能够限制王权的议会，更是极力压制，甚至在 1629 到 1640 年间不召开议会。斯图亚特王朝的专制统治严重阻碍了英国资本主义的发展。资产阶级和新贵族力图通过议会来摆脱封建束缚，这就使国王同议会之间的矛盾逐渐激化。1638 年，苏格兰爆发起义，为了筹集军费镇压起义，查理一世被迫于 1640 年 11 月重开议会，议员们同国王就征税、限制王权等问题展开激烈的斗争，这标志着英国资产阶级革命的开始。

1642 年，查理一世要逮捕议会领袖，非但未能得逞，反而陷于孤立。他离开伦敦，到北部集结军队。8 月，他宣布"讨伐议会"，国王与议会兵戎相见。

他山之石

在每年英国议会的开幕式上都保留着一个仪式。依照传统，国王要乘坐马车来到议会上院，并在开幕式上致辞。自从 1642 年发生了查理一世要进入下院逮捕议员的冲突后，议会就禁止国王进入下院。于是国王派遣一名黑杖侍卫前往下院召集议员来上院开会。在国王示意后，黑杖侍卫郑重其事地向下院走去。当他即将迈进下院之时，大门却"咣当"一声合拢，把他关在门外。侍卫只能举起黑杖在门上连敲三下，一扇小门打开，一双警惕的眼睛扫视一番，在确认他只是一名和平信使后，才重新打开大门。黑杖侍卫宣布国王陛下正在上院等待议员们前往开会，议员们这才起身，随着议长和首相，一路熙熙攘攘前往上院。下院用这种不客气的"礼仪"在表明：民选议会的权力不受王室干涉。300 多年来，国王和议会每年都在一丝不苟地重演这个仪式，他们在互相传达遵守契约的告诫和承诺。这就是英国人的"传统纪律教育"。

10-1-6　黑杖侍卫

10-1-7　查理一世被推上断头台

内战之初，议会军节节败退。危急时刻，克伦威尔统师的议会军先后在马斯顿荒原和纳西比打败王军，击溃了王军主力。查理一世只得逃往苏格兰，但被议会以 40 万英镑的代价引渡回国。1649 年，查理一世被送上了断头台。

英国废除君主制后，成立了资产阶级共和国，克伦威尔掌握实权。他对内用武力维护统治，发展工商业；对外则合并了爱尔兰和苏格兰，打败荷兰，确立了英国的海上霸主的地位。1653 年，克伦威尔就任终身护国主，其实质是军事独裁统治。

1658 年，克伦威尔去世，英国重新陷入混乱。资产阶级和新贵族决定同旧王朝妥协。1660 年，查理一世之子查理二世登上王位，斯图亚特王朝复辟了。复辟后的斯图亚特王朝在英国恢复专制统治，尤其是詹姆士二世力图恢复天主教，这引起了英国各阶层的不满。1688 年，议会邀请詹姆士二世的女儿玛丽及其丈夫威廉入主英国。詹姆士二世众叛亲离，流亡法国。这次政变史称"光荣革命"。"光荣革命"确立了资产阶级和新贵族的统治地位，巩固了资产阶级革命的成果。

1689 年，议会通过了《权利法案》，规定：国王必须定期召开议会；未经议会批准，国王不得征税，不得维持常备军，不得停止法律的实施。《权利法案》具有宪法的性质，它极大地限制了王权，标志着英国开始确立君主立宪制。此后议会又通过了一系列法律，使议会权日益超过王权，国王逐渐统而不治。英国的君主立宪制逐步完善起来。

英国资产阶级革命推翻了封建专制统治的君主制，确立了君主立宪制，为建立资本主义制度开辟了道路，为工业革命提供了条件。它对欧洲和世界其他地区产生了广泛影响，标志着新的历史时期的到来。革命改变了英国，也改变了世界。

工业革命

英国在资产阶级革命后确立起了资产阶级的统治，大大推动了资本主义的发展。圈地运动仍在进行，且已成为合法行动，在获得大量劳动力的同时，也扩大了国内市场。海外贸易和殖民掠夺在一如既往地进行，积聚资本的同时也拓展了海外市场和原材料产地。工场手工业的发展，培养了一批具有丰富生产技术知识的工人。在这种背景下，工业革命大幕拉开。

工业革命，又叫产业革命，是指从18世纪60年代开始，在英国的资本主义生产中以大机器生产取代工场手工业的生产技术革命。

工业革命首先在棉纺织业展开。1733年，凯伊发明了飞梭，大大提高了织布的速度，棉纱顿时供不应求。1765年，哈格里夫斯发明珍妮纺纱机，它能同时纺80根纱线，纺纱速度大大加快。珍妮纺纱机揭开了工业革命的序幕。1769年，阿克莱特制成了水力纺纱机，他还建造了第一座水力纺纱厂，成为近代工厂的典范。1779年，克隆普顿制成了走锭纺纱机，又叫骡机，它可以同时带动300—400支纱锭，纺出的纱细而结实。纺纱技术的进步又推动了织布技术的革新。1785年，卡特莱特发明了水力织布机，使织布效率提高了40倍。

10-1-8 珍妮纺纱机

棉纺织业中机器的广泛应用迫切需要可以到处安装使用的动力机器。1782年，瓦特改良制成了联动式蒸汽机，它通过传动装置可以带动各种机器转动，成为可以广泛使用的"万能蒸汽机"。人类社会由此进入到"蒸汽时代"。

 他山之石

早在1624年，英国就颁布实施了世界上第一部现代意义的专利法《垄断法规》，将专利权授予最早的发明者，有力地保护和促进了私人发明。瓦特晚年的生活非常富庶，其主要经济来源就是被广泛转让的蒸汽机的发明专利。这种对知识产权的保护使英国人都积极投身于技术创新的洪流中。时至今日，英国依然能在全球高新产品生产国中位列第四。

10-1-9 瓦特改良的蒸汽机

随后，蒸汽机被广泛用于采矿、冶金、机械制造等各行各业，为机器大工业的发展奠定了基础。

交通运输业中最重要的发明是1814年史蒂芬孙发明的蒸汽机车，1825年，他负责建成了世界上第一条铁路。从此，人类进入了铁路运输的新时代。

工业的发展对道路的要求越来越高。苏格兰人约翰·马卡丹设计了一种新的筑路方法，就是用碎石铺路,使路中偏高,以便于排水。铺成后路面平坦宽阔,使行进的速度大大加快,夜间旅行也成为可能。从爱丁堡到伦敦,以往要花 14 天,这时仅需 44 小时。人们用设计者的名字将这种路命名为"马卡丹路",简称"马路"。

到 19 世纪 40 年代,英国的主要工业部门均已采用机器生产,它成为世界上第一个工业化国家。

史海钩沉

1851 年,伦敦举办了第一届世界博览会。展会中,英国显示了它在工业和技术上的优势。各种先进的工业产品让参观者目瞪口呆,人们饶有兴趣地看着各种机器工作——它们都通过蒸汽机来驱动,使人感受到工业革命带给世界的变化。

10-1-10 水晶宫复原图

但这届展会上最成功的展品却是为世博会提供展示场地的水晶宫。这座当时欧洲最宏伟、最富有想象力的建筑完全用钢铁和玻璃建造,不管是外面看还是里面瞧,都非常透亮,因此被称为"水晶宫"。水晶宫共耗去 4 500 吨钢材和 30 万块玻璃,仅用四个多月的时间完工,是现代化工业生产技术的结晶。而这在当时只有英国才能做到。两年后的纽约世博会曾拷贝了水晶宫,但由于设计施工不良,它严重漏水。这再次证明了那个时代的美国还不是英国的对手。遗憾的是,它在 1936 年毁于一场大火。水晶宫是世博会历史上第一座标志性建筑,此后的世博会都非常注重建筑艺术,很多引领时代潮流的建筑风格正是从世博会上传扬开去的。

工业革命的影响极其深远。首先,它带来了生产力飞跃性的发展,巩固了资产阶级的统治。其次,它引起社会结构的改变,社会分裂为工业资产阶级和无产阶级两大对立阶级。第三,随着工业革命的扩展,世界逐渐形成了东方从属于西方的格局。

工业革命为英国提供了历史机遇,经过一个世纪的发展,英国确立了"世界工厂"的地位。他凭借强大的实力加紧殖民扩张,终于在维多利亚时代达到巅峰,成为"日不落帝国"。

英国经济学家杰文斯曾这样描述:"北美和俄罗斯的平原是我们的玉米地;加拿大和波罗的海是我们的林场;澳大利亚和西亚有我们的牧场;阿根廷和北美的西部草原有我们的牛群;秘鲁是我们的银矿,南非和澳大利亚是我们的金矿;印度人和中国人为我们种植茶叶……我们洋洋得意、充满信心,极为愉快地注视着帝国的威风……"

英国印象

英国历史上曾出现过众多世界级的文化名人。这其中最具影响力的当属莎士比亚、牛顿和达尔文。

莎士比亚是英国文学泰斗,他给世人留下了 37 部戏剧和 154 首十四行诗,其中成就最高的是以《哈姆雷特》为代表的悲剧。他的大部分作品都已被译成多种文字,其剧作也在许多国家上演。

历史回眸

值得一提的是,莎士比亚的成功还得益于女王伊丽莎白一世。在莎士比亚的历史剧中,很多君王都是反面人物,甚至当《哈姆雷特》剧中的演员念出"脆弱啊,你的名字是女人"的台词时,女王就坐在台下的包厢中。而对此,女王表现出的是宽容。因此从某种角度说,是女王成就了莎士比亚的艺术高度,也成就了英国人民的面貌和气质。

牛顿是近代科学诞生以来最有影响的科学家。他建立了微积分学,但他最重要的成就是确立了经典力学的体系。他在《自然哲学的数学原理》中用数学方法证明了万有引力定律和运动三大定律,把天体力学和地面上的物体力学统一起来,使人类第一次有了可以解释和预测的科学体系。

达尔文是进化论的奠基人。他用5年时间做环球科考,又用20多年进行研究,终于完成了巨著《物种起源》。他提出了以自然选择为基础的生物进化论学说,第一次把生物学放在了完全科学的基础上。

10-1-11　艾萨克·牛顿

10-1-12　斯蒂芬·霍金

当代最有影响的英国科学家是霍金。他被誉为爱因斯坦以来最杰出的理论物理学家。他发现了黑洞辐射,之后又修正了黑洞悖论。他的科普著作《时间简史》迄今已售出2 500万册,成为科学史上里程碑式的佳作。

此外,享誉世界的英国文化名人还包括著有《双城记》等作品的作家狄更斯,塑造了福尔摩斯形象的柯南·道尔,哲学家培根,古典政治经济学的创立者亚当·斯密等。

英国人性格的主要特点是文明有礼,尊重传统,待人友善,富有幽默感,还有些自大。

提起英国人,很多人会想到"绅士风度"。英国是欧洲公认的"君子国","Thank you"和"Sorry"是挂在人们嘴边的常用语;进出建筑时,前面的人会扶住门等待后面的人经过;行人互相让路司空见惯;再拥挤的场合也听不到嘈杂声;需要排队的地方一定是整整齐齐一条线。英国人的另一个特点是尊重传统。有人

10-1-13　温网比赛中的运动员

说,英国人重视传统已经到了病态的程度:在火箭能上天的今天,王室成员还动不动就坐马车;皇室仪仗队的那顶大帽子几百年都没有换过;温布尔登网球公开赛中,运动员不穿传统的白色运动服就不让比赛。还有那些近百年的老电话亭、人们手上拿的大雨伞、法官戴的假发等,无不透露出英国人性格中保守的一面。但也正是深厚的传统和刻板的风格维系了整个英国社会。英国人一般情感不外露,也不大和陌生人交谈,因此给人以不苟言笑、冷漠的感觉。但绝不能因此就认为英国人不友善,在公车上问路的人往往会得到全车人的指点。不可否认,他们礼貌的外表下有一颗自大的心。他们自认为比美国人有文化,比法国人友好,比德国人漂亮,比几乎任何人都更幽默。如果外界对英国有些微词,很少听到他们反驳,在他们看来,外国人怎么看无所谓,我们自己觉得好就行了。他们的优越感表现出来的却是淡定。英国人的幽默感颇为人称道。它们不以夸张的表情和粗俗的语言来赚取笑声,他们的幽默是一种语言艺术,乍听可能平淡无奇,细细琢磨后却令人回味无穷。英国人注重隐私和个人空间。他们不去打探别人的私事,不将自己的观念强加在别人身上,因此天气成为他们交谈中永远的话题。

英国风景秀丽,文物古迹比比皆是。伦敦、爱丁堡、牛津、剑桥等城市因保存了大量古迹和绿地而成为世界名城。英国的世界遗产众多:有教堂,如威敏斯特教堂;有古堡,如伦敦塔;有园林,如丘园。还有见证工业革命的铁桥峡谷,史前的巨石阵,自然奇观"巨人之路"等。英国众多的博物馆和美术馆中收藏了大量的文物和艺术品,尤以大英博物馆为最。所有这些都吸引着来自世界各地的游客。

威斯敏斯特教堂是英国王室的专属礼拜堂,1066年以来的几乎所有英王都在这里加冕,王室成员的婚礼、葬礼等重大仪式也都在这里举行:最近一位在这里举行葬礼的王室成员是戴安娜王妃,2011年4月她的儿子威廉王子在这里举行了婚礼。教堂墓地中埋葬着20多位国王以及社会名流3 000多人,如牛顿、达尔文、丘吉尔等都长眠于此。教堂南翼有一个角落专门安葬文学家,被称作"诗人角"。第一个"入住"的是英国诗歌之父乔叟,迄今这里已安葬了包括狄更斯在内的120多位诗人作家。莎士比亚虽未葬于此,但有一座他的塑像供人纪念。教堂中还有纪念一战牺牲者的无名英雄墓,纪念二战中牺牲于不列颠空战的英雄的皇家空军礼拜堂。可以说,在教堂里走一圈,就好像读了一遍英国历史。

10-1-14 威斯敏斯特教堂

10-1-15 大英博物馆的圆形大阅览室

大英博物馆是世界三大顶级博物馆之一。它建于1753年,现有藏品超过600万件。藏品来自世界各地,涉及范围极广。古埃及馆最负盛名,其中破译了古埃及象形文字的罗塞塔石碑是镇馆之宝。希腊罗马馆收藏的帕特农神庙的石雕令人向往。中国馆中以顾恺之的《女史箴图》最引人注目,而精美的青铜器、瓷器和大批敦煌文物也是珍品。图书馆收藏有大量珍贵的书籍、手稿和抄本。供人们阅读的圆形大阅览室久享盛名,马克思的《资本论》就诞生于此。

英国人在烹饪方面稍显逊色,烧烤、煎、油炸是他们喜爱的烹饪方法,牛肉是他们比较喜爱的食物。

英国人的早餐非常讲究,午餐却很随便,晚餐是一天中的主餐,有时甚至要吃上几个钟头。英国人普遍爱喝茶,每天下午3点的下午茶已成为他们生活的一部分。

此外,苏格兰威士忌、甲壳虫乐队、泰迪熊、电影《哈利·波特》系列等也是英国人对世界的贡献。

10-1-16 甲壳虫乐队

第二节 法 国

○ 走近法国

法国(France)的全称为法兰西共和国,今天的法国是法兰西第五共和国。它位于欧洲大陆的最西端,是西欧面积最大的国家。首都为巴黎。

君子动手

找出法国濒临的海和海峡,以及陆地上的邻国。请说明法国的地理位置对法国交通有何影响?

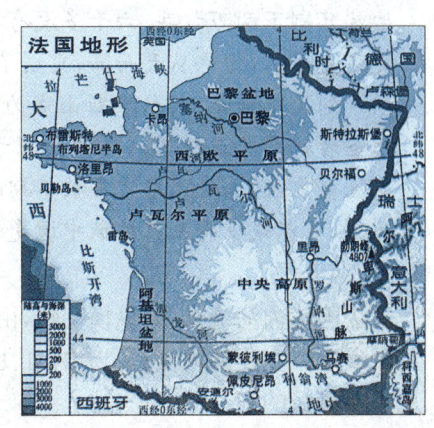
10-2-1 法国地形图

他山之石

高卢是法国古称。公元前5世纪,今法国境内主要的居民是高卢人(凯尔特人的自称),因此这一地区被称为高卢。

公元前1世纪,恺撒在高卢征战9年,最终确立了罗马对高卢的统治。开启了高卢历史上的一个新时代——罗马化时代。

罗马统治高卢时期,其文化上努力推行拉丁化。因为高卢人没有自己的文字,所以拉丁语在高卢传播迅速。罗马人使用的拉丁语成为法国的正式语言,高卢地区的拉丁语经过长期演变发展成为中世纪的罗曼语,此后发展为现代法语。

值得一提的是,高卢人的拉丁语言是Gallus,而Gallus在拉丁语里的另一个意思是公鸡,文艺复兴时期雄鸡成为法国的象征。法国人普遍把高卢鸡视为勇敢的代称。法兰西第一共和国国旗上就有雄鸡的形象。从20世纪80年代起,高卢雄鸡被当做法国足球队和橄榄球队的标志,由此使得高卢雄鸡举世闻名。

法国国土轮廓呈六边形。其地势东南高、西北低,平原和丘陵约占领土的4/5。西南与西班牙交界处有比利牛斯山脉,东部与意大利交界处耸立着阿尔卑斯山脉,北部是巴黎盆地。

10-2-2　阿尔卑斯山脉

阿尔卑斯山脉位于法国、瑞士、意大利三国边境,最高峰勃朗峰海拔4 808米,素有欧洲屋脊的称号。它峰峦挺拔,山顶终年积雪。山脉两侧散布着一些湖泊,它们是很久以前在阿尔卑斯山地冰川的作用下形成的,目前还有约4 000平方公里的现代冰川。阿尔卑斯山系所在位置,原来是古地中海的一部分。由于非洲板块和亚欧板块相撞,使古地中海海底受到强烈的挤压、抬升,发生褶皱运动,形成阿尔卑斯山系。因此,阿尔卑斯山系是较年轻的褶皱山系,地壳不稳定,多火山、地震。阿尔卑斯山秀丽的雪峰吸引着众多的游客。山脉北部是欧洲面积最大的滑雪场,也是大部分山地体育运动的发祥地。法语中"登山运动员"和"登山运动"一词的词根就是阿尔卑斯。

他山之石

阿尔卑斯山高大且神秘,曾书写了历史,制造了无数的英雄,汉尼拔即是其中一位。公元前218年汉尼拔的大军克服了许多艰难险阻,只用了33天时间就越过了冰雪覆盖、山高坡陡的阿尔卑斯山。不过他付出的代价也是惨重的,由九万步兵、一万两千骑兵和几十头战象组成的大部队,在汉尼拔大军翻过阿尔卑斯山后就只剩下两万步兵、六千多没有马的骑兵和一头战象了。但就是这支军队,仿佛从天而降,重创了罗马军队。

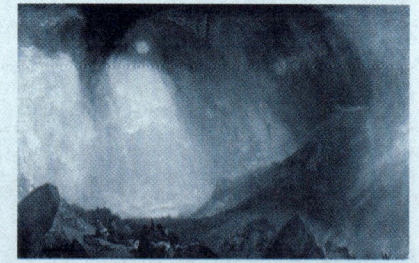

10-2-3　《暴风雪:汉尼拔和他的军队翻越阿尔卑斯山》油画

到了中世纪,阿尔卑斯山成为去罗马朝圣的必经之路,无数朝圣者就葬身在这里。其原因在于人们一旦进入阿尔卑斯山就危险重重,翻山的道路常常被不期而至的暴风雪和雪崩所掩埋。但教会宣称,在朝圣路上遇难是一种功德,可以减少将来在炼狱中遭受的惩罚。所以朝圣者依然勇往直前,不惜以身殉教。

法国境内河流众多,纵横交错,由五大河流和数以千计大大小小的溪流沟汊组成的密集水网滋润着法兰西大地。主要的河流有:塞纳河、加龙河、卢瓦尔河、罗讷河和马恩河。其中卢瓦尔河全长1 020公里,是法国最长的河。

法国的气候得天独厚。濒临大西洋的西部与英国一样,属于温带海洋性气候:冬暖夏凉,年温差不大,全年降水分配也比较平均,基本没有旱、涝灾害;而偏于内陆的东北部地区则同德国一样,属大陆性气候:冬季较冷,霜期较长,夏季较热,雨量较多,冬夏季的温差也较大;东南部地中海沿岸地区则明显呈地中海型气候:冬季温暖湿润,夏季火热干燥,霜期短,降水少,日照长,湿度小。

法国农业发达,是仅次于美国的世界第二大农产品出口国。农业现代化程度很高,品种较多,有小麦、马铃薯、甜菜、葡萄等。这里种植的葡萄质地优良,再加上独特的生产工艺,使法国所产的葡萄酒世界闻名。法国的畜牧业相当发达,在农业用地中畜牧业用地占 3/4 以上。

10-2-4 法国葡萄园

思想游牧

假如你是一位法国农民,你会分别选择在法国的哪一地区养牛、种葡萄、种小麦? 想一想法国地形气候的多样性与农作物类型及分布有什么关系?

法国的工业也很发达。煤、铁资源非常丰富。以巴黎为中心的巴黎盆地是法国最重要的工业区,主要工业部门有汽车、飞机、电器、电子、化学、纺织等。法国发电量中核电比重为世界之冠,核电站数量和核电装机容量均仅次于美国居世界第二位。

⊃ 封建王朝时期的法国

3 世纪末,莱茵河下游一带日耳曼族人的一支法兰克人越过莱茵河进入高卢。5 世纪末,法兰克人的首领克洛维清除了西罗马帝国在高卢的残余统治势力,建立了统一的法兰克王国(Frank Reich)。法国的国名源于法兰克王国国名。Frank 在日耳曼语中原意为"自由的"。

法兰克王国加洛林王朝查理大帝统治时期(768—814)国势空前强盛,版图不断扩大。公元 843 年,查理帝国分裂为三个王国,其中西法兰克王国拥有大体相当于现在法国的版图。987 年,加洛林王朝的最后一位国王路易五世死后无嗣,法兰西公爵于格·卡佩被推举为国王,他将国名改为法兰西,开始了卡佩王朝的统治。接近现代疆域概念的法国历史由此开始。

1328 年,卡佩王朝的查理四世去世后无嗣,其堂兄腓力六世继位,瓦罗亚王朝建立。但英王以亲戚关系为由也要求继承法国王位,1337 年英法百年战争爆发。战争长达 116 年,最终以法国胜利而告终。路易十一在位时,法国基本完成了统一,因此路易十一被称为"国土聚合者"。1589 年亨利三世遇刺身亡,波旁王朝取代了瓦罗亚王朝。

波旁王朝的第三位皇帝太阳王路易十四统治时,法国达到强盛的巅峰,成为欧陆霸主。法国的王权空前扩张,路易十四宣称"朕即国家",君主专制制度达到顶峰。这一时期法国引导了欧洲奢华的巴洛克文化,焕发出空前的文化创造力,法语在 16 世纪后成为欧洲的国际语言。总之,路易十四统治时期法国文化风靡欧洲,为各国贵族所崇拜,巴黎也成为全欧洲的艺术中心。

但与此同时,常年征战使法国负债累累,路易十四又大肆修建凡尔赛宫,法国每年几乎要拿出一半的税收用于凡尔赛宫的日常开销。与贵族奢华生活相映照的,则是平民百姓在苛捐杂税压迫下极度贫困的生活。这种巨大的贫富分化,预示着法国社会内部蕴藏着极大的社会危机,这也为 1789 年的法国大革命埋下了种子。

史海钩沉

凡尔赛宫(Versailles)位于法国巴黎西南郊,是欧洲最宏大、最豪华的皇宫。整座宫殿占地 111 万平方米,气势磅礴,布局严密、协调。正宫前面是一座风格独特的法兰西式大花园。

凡尔赛宫从规模到设计,处处体现着王权的至尊。宫殿轴线,前面通过三条分岔的干道,呈放射状伸向远方,象征着"太阳王"的光芒辐射四方。凡尔赛宫的主政大厅也被命名为"阿波罗厅"。

大革命期间,凡尔赛宫几乎被荒废。直至1837年,重新整修后成为法兰西历史博物馆。1871年普法战争后,德皇曾在此举行加冕典礼。

10-2-5 凡尔赛宫

今日的凡尔赛宫已是举世闻名的游览胜地,收藏着大量珍贵的肖像画、雕塑、巨幅历史画以及其他艺术珍品。除此之外,法国总统和其他领导人也常在此会见或宴请各国国家首脑和外交使节。

吊诡的是,一面是法国封建王朝专制统治不断加强,另一面却是启蒙运动的兴起并蓬勃发展。在法语中,"启蒙"的本意是指"光明"。当时先进的思想家认为,人们处于黑暗之中,应该用理性之光驱散黑暗,把人们引向光明。在法国众多的启蒙思想家中,最著名的有伏尔泰、孟德斯鸠和卢梭等。他们著书立说,以生动的文笔,通过戏剧、小说等形式,深刻揭露和批判了专制主义和宗教迷信,宣传自由、平等和民主。这些思想天才提出的学说和理论,很快进入到贵族中流行的沙龙,成为一种风尚。这也为法国大革命做了舆论准备。

历史回眸

伏尔泰:法国启蒙运动的领袖,被誉为"法兰西思想之王"、"欧洲的良心"。其作品以尖刻的语言和讽刺的笔调而闻名。代表作有《路易十四时代》、《哲学通信》等。在这些作品中,他猛烈地抨击天主教会,把教皇比作"两足禽兽",把教士称作"文明恶棍"。他认为,人生来就是自由和平等的,一切人都具有追求生存、追求幸福的权利,这就是天赋人权思想。他主张人人在法律面前平等,但又认为财产权利的不平等是不可避免的。他反对君主专制,主张君主立宪制度。他的思想对18世纪的欧洲产生了巨大影响,所以,后来的人曾这样说:"18世纪是伏尔泰的世纪。"

孟德斯鸠:法国启蒙思想家、法学家。他不但对封建专制制度的弊端进行了猛烈抨击,而且提出了具体解决办法。他最有影响的著作是《论法的精神》。书中一位虚构的男爵将优秀的英国制度同法国的现行体制做了比较,借机宣扬以立法、司法、行政三权分立制度取代法国的绝对君主专制。

10-2-6 伏尔泰　　　10-2-7 孟德斯鸠　　　10-2-8 卢梭

卢梭:法国伟大的启蒙思想家、哲学家、教育家、文学家,是18世纪法国大革命的思想先驱。他对法国社会进行了更加严厉的批判,坚持"社会契约"论和"人民主权"说,他主张国家的主权属于人民,统治者的权力来自他同人民签订的契约,如果他违反了民意,人民就有权推翻它。卢梭还指出人类不平等的根源是财产的私有。主要著作有《论人类不平等的起源和基础》、《社会契约论》、《爱弥儿》、《忏悔录》等。

法国大革命

　　三级会议：是法国全国人民的代表应国王的召集而举行的会议。参加者有教士、贵族以及其他民众（称为第三等级）这三个等级的代表。会议通常是在国家遇到困难时，国王为寻求援助而召开，因此是不定期的。1614 年至 1788 年再没有召开，直到 1789 年，路易十六召开了最后一次三级会议，这次会议导致了法国大革命的爆发。

　　到 18 世纪末，法国资本主义发展起来了。纺纱机、蒸汽机日益增多，波尔多、马赛成为大商港，新兴的资产阶级要求摆脱封建桎梏、获得政治权利。同时，封建专制制度陷入严重危机，路易十六在位期间，法国背负着 40 亿法郎的巨额债务，国库空空如也，面临倒闭的边缘。这位以解锁著称的国王也不知该如何打开这把财政危机之锁了。万般无奈之下，他只得重新召开三级会议，企图对第三等级增税，以解决财政问题。但第三等级要求增加代表名额，并要求改变以往三个等级分开开会的方式。进而他们又要求制订宪法，限制王权，实行改革，并召开制宪会议。路易十六准备用武力解散制宪会议，1789 年 7 月 14 日，巴黎人民爆发起义，攻陷了象征法国封建专制暴政的巴士底狱，法国大革命爆发。为了纪念这一历史事件，这一天后来被定为法国的国庆日。

10-2-9　法国三级会议开幕

10-2-10　巴黎人民攻占巴士底狱

　　在人民起义的压力下，路易十六被迫作出让步，权力从国王手中转到了制宪会议。在制宪会议中，起主导作用的是代表大资产阶级和自由派贵族的君主立宪派。1789 年 8 月，制宪会议制定了一系列废除封建特权的法令，颁布了《人权宣言》，宣布：人们生来而且始终是自由平等的，自由、财产、安全和反抗压迫是天赋不可剥夺的人权；国家的主权属于人民，法律面前人人平等；国家实行司法、行政、立法三权分立的原则；私有财产神圣不可侵犯。《人权宣言》以美国《独立宣言》和法国资产阶级启蒙思想作为依据，是法国大革命的纲领性文件。1791 年 9 月，制宪会议颁布了法国第一部宪法，宣布法国为君主立宪制国家，保留君主制，实行三权分立。但同时又规定了有财产限制的选举权，暴露出其局限性。

　　法国大革命引起了欧洲各国君主的恐慌，国王路易十六也企图勾结外敌镇压革命。1792 年夏，奥地利和普鲁士联军侵入法国本土，在面临内忧外患的形势下，巴黎人民进行第二次起义，政权转入了代表工商业资产阶级利益的吉伦特派手中。9 月，义勇军高唱着《马赛曲》开赴前线，在瓦尔密大胜入侵的反法联军，极大地鼓舞了法国人民的斗志。同月，法国废除了君主制度，建立了共和国，史称法兰西第一共和国。不久路易十六被送上了断头台。

　　但法国的局势仍十分严峻，内乱迭起，反法联军大兵压境，在此危急时刻，巴黎人民发动了第三次起义，政权转到更激进的革命民主派手中，雅各宾派开始专政。以罗伯斯庇尔为首的雅各宾派执政后，采取了一系列革命措施，平息国内叛乱，打败外国干涉军的武装入侵，为法国大革命的彻底胜利作出了重大贡献。但

10-2-11　罗伯斯庇尔

雅各宾派的极端恐怖政策,使得人人自危,最终各派联合推倒了雅各宾专政,罗伯斯庇尔也在 1794 年"热月政变"中被送上断头台,法国大革命高潮过去了。

➲ 拿破仑帝国

热月政变后,法国局势依然动荡不安,物价上涨,粮食短缺。新的反法联军又开始大兵压境。各派势力需要一个强有力的铁腕人物来掌权。军人出身的拿破仑登上了法国历史舞台。1799 年 11 月,拿破仑发动雾月政变①,担任法兰西第一执政,独揽大权,建立了军事独裁统治。1804 年他的权力达到顶峰,加冕为法兰西第一帝国的皇帝。

10-2-12 《拿破仑加冕典礼》

历史回眸

拿破仑·波拿巴(1769—1821)出生于科西嘉岛一个破落贵族家庭。他曾就读于法国军校。1793 年秋,他在收复土伦的战役中,展示了优秀的指挥才能,破格晋升为准将,年仅 24 岁。1795 年,他因镇压巴黎保皇党武装叛乱有功,荣升为陆军中将兼巴黎卫戍司令,在军界和政界中崭露头角。接着他又远征意大利,翻越阿尔卑斯山,迫使奥地利退出反法联盟。拿破仑在短短几年内,从一个炮兵上尉一跃而成为纵横法国和欧洲的风云人物。

10-2-13 达维特
《拿破仑骑马像》

法兰西第一帝国建立后,拿破仑对内采取了一系列有利于政治稳定和资本主义发展的政策措施,如颁布《民法典》,为资本主义制度树立了立法蓝本。对外在同反法同盟的多次战争中获胜,巩固了法国大革命的成果。比如:他曾在维也纳北部的奥斯特里茨战役歼灭了 10 倍于法军的俄奥联军,并为此修建凯旋门

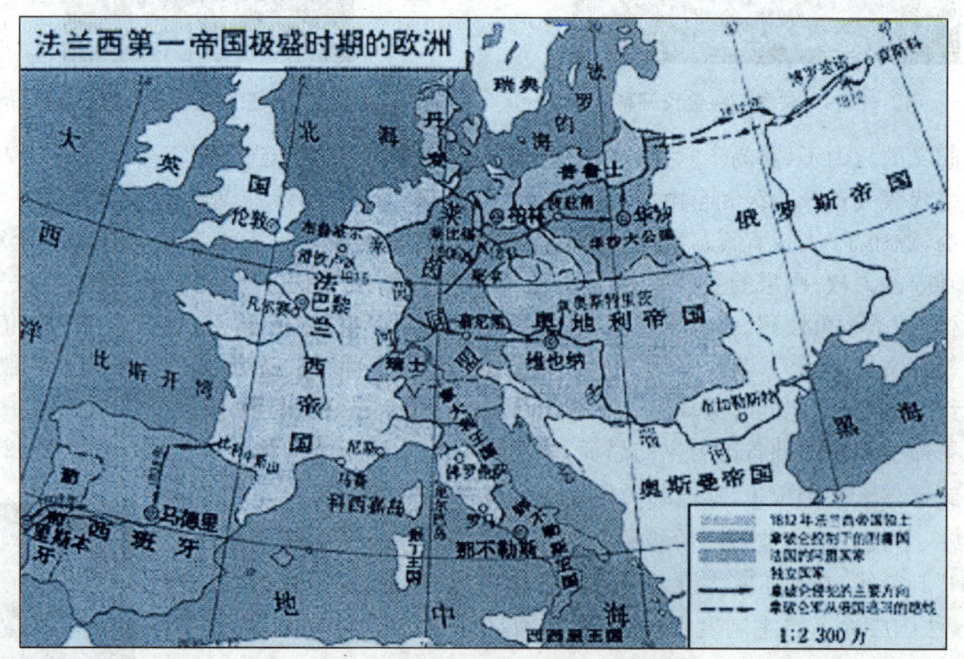

10-2-14 法兰西第一帝国极盛时期的欧洲

---

① 法国共和历或称法国大革命历法,是在法国大革命时期采用的,它规定以 1792 年 9 月 22 日作为共和国纪元的开始,每年从秋季开始,将全年的月分别称作:葡月、雾月、霜月、雪月、雨月、风月、芽月、花月、牧月、获月、热月、果月。

以资纪念。到1812年，拿破仑几乎控制了整个欧洲，第一帝国达到全盛。但拿破仑战争在后期具有明显的侵略、奴役和称霸的性质，引发了各国人民的反抗。

拿破仑对俄国的远征成为其帝国由盛转衰的转折点。俄国以空间换时间，利用俄国寒冷的冬季，最终击败了拿破仑。从此拿破仑的帝国一蹶不振，反法同盟卷土重来，拿破仑被迫两次退位，其中1815年滑铁卢战役是他一生的最后一次战役。从此"滑铁卢"成了失败的代名词。最终他被放逐到大西洋上的圣赫勒拿岛，终老于此。

思想游戏

请依据课本内容和从网上搜索的资料，说一说你认为拿破仑到底是怎样一个人？请大家任意选定一种身份：拿破仑的家人、属下、对手、子民、或者是现在的一名学生⋯⋯说出你最想对拿破仑讲的话。

拿破仑帝国覆灭后，法国的封建王朝波旁王朝复辟。此后共和与帝制交替，政治风云多次变幻，但最终确立了共和制度。这一时期法国工业迅速发展、工业革命兴起并最终完成；同时法国还侵占了印度支那、非洲大片土地，成为仅次于英国的庞大殖民帝国。19世纪末，法国向垄断资本主义的过渡。这一时期，法国经济发展的总体趋势比较缓慢，其经济地位从世界的第二位下降到世界的第四位。但法国信贷资本十分发达，因此它被称作"高利贷帝国主义"。

第一次世界大战中，法国虽为战胜国，但却付出了沉重的代价。战后法国经济严重困难，政局不稳。二战初期，在德军的袭击下，法国一败涂地，贝当政府向法西斯投降。但法国人民进行了英勇反抗，戴高乐组织起"自由法国运动"，与盟军一道光复了国土。

战后1946年，法国经济在美国援助下得到恢复，但政局却一直不稳，政权更迭频繁，在12年间更换了24届内阁。在这种情况下，1959年1月，具有极高威望的戴高乐又出山担任总统。在他任总统期间，法国对海外殖民地采取开明政策，许多非洲法属殖民地纷纷独立。法国不再对海外用兵，节省了巨额军费，使国家能够专心内部经济建设，走上了经济复苏之路。

法国印象

法国历史悠久，文化丰盈，具有别致的风土人情。

17世纪开始，法国的古典文学迎来了自己的辉煌时期，相继出现了莫里哀、司汤达、巴尔扎克、大仲马、维克多·雨果、罗曼·罗兰等文学巨匠。他们的许多作品都成为世界文学的瑰宝。其中的《巴黎圣母院》《红与黑》《高老头》和《基督山伯爵》等，已被翻译成世界文学作品，在世界广为流传。近现代，法国的艺术在继承传统的基础上多有创新，不但出现了罗丹这样的雕塑艺术大师，也出现了像莫奈和马蒂斯等印象派、野兽派的代表人物。难以计数的艺术作品成为整个人类文明的宝贵遗产。

首都巴黎素有"世界艺术之都"的美誉，名胜古迹比比皆是。挺拔的埃菲尔铁塔、壮观的凯旋门、典雅的爱丽舍宫、豪华的凡尔赛宫、神秘的卢浮宫、协和广场、宏伟的巴黎圣母院，都是世界建筑史上的艺术珍品。这一切吸引着世界各国很多游客。据统计，法国是世界第一旅游大国。

知识链接

埃菲尔铁塔位于巴黎市中心塞纳河南岸，是世界上第一座钢铁结构的高塔，被视为巴黎的象征。这座铁塔是为庆祝法国大革命100周年而建造的。塔高300余米，重达9 000吨，共用了1.8万余个金属部件，由150万个铆钉连接固定。

10-2-15　埃菲尔铁塔

10-2-16　卢浮宫

卢浮宫：位于巴黎市中心的赛纳河北岸，是巴黎的心脏。它的整体建筑呈"U"形，是世界上最著名、最大的艺术宝库之一。卢浮宫内藏有三件价值连城的传世之宝，它们分别是爱神维纳斯雕像、胜利女神像和达·芬奇创作的《蒙娜丽莎》。这三件宝贝被称为"卢浮宫三宝"。

值得一提的是卢浮宫正门入口处有一个透明金字塔建筑，它的设计者就是著名的美籍华人建筑师贝聿铭。他建成之初饱受争议，后来则被视为卢浮宫的象征。

在法国丰富的文化内涵当中，浪漫风情是其最重要的特质。其中不可缺少的是香槟葡萄酒、香水和时装。西南部城市波尔多自18世纪以来以盛产优质葡萄酒享誉世界，被称为世界葡萄酒中心。提起法国香水，人们会自然地想到巴黎。其实，真正称得上法国香水摇篮是位于法国南部普罗旺斯的一个小城市格拉斯。那里拥有制造香水得天独厚的气候条件，每年都能收获大量香花：玫瑰、熏衣草、茉莉花等。除此之外，法国的时装在世界上亦享有盛誉，引导着世界时装潮流，影响着人们对于流行的观念。在巴黎有2 000家时装店，老板们的口号是："时装不卖第二件。"

提起美食，法国大餐驰名世界。它不仅以色、香、味、形俱佳而得到广泛赞誉，更重要的是，由此产生的独特饮食文化，已成为法兰西文明发展历程中不可缺少的一部分。法国美食可以用"数不胜数"来形容。比如像名扬四海的法国蜗牛，就有几十种吃法。法国人爱吃的另一种食品，那就是法式煎鹅肝了，它被誉为"世界三大美食之首"。

法国是最早发明电影的国家之一，其电影以艺术性强著称。每年一度的戛纳电影节热闹非凡，其颁发的金棕榈大奖被公认为电影界最高荣誉之一。

总之，法国的宗教气氛，法国的绘画、雕塑、音乐和建筑，法国的哲学、文学、美学和电影，法国的葡萄酒、香水和时装，法国的"自由、平等、博爱"以及敢于创新的精神，共同铸就了法国丰富而充满魅力的文化，令世人神往。

10-2-17　法国时装

思想游发

法国旅游业非常发达，每年接待国际游客的人数一直居世界第一位，请思考这是什么原因？如果你去法国旅游，你会选择去哪里？请设计一条旅游路线。

第三节　美　国

➲ 走近美国

美国是美利坚合众国（United States of America）的简称。美国本土位于北美洲南部，从大西洋到太平洋,横跨整个北美洲大陆。此外其领土还包括北美洲西北部的阿拉斯加和太平洋中部的夏威夷群岛。

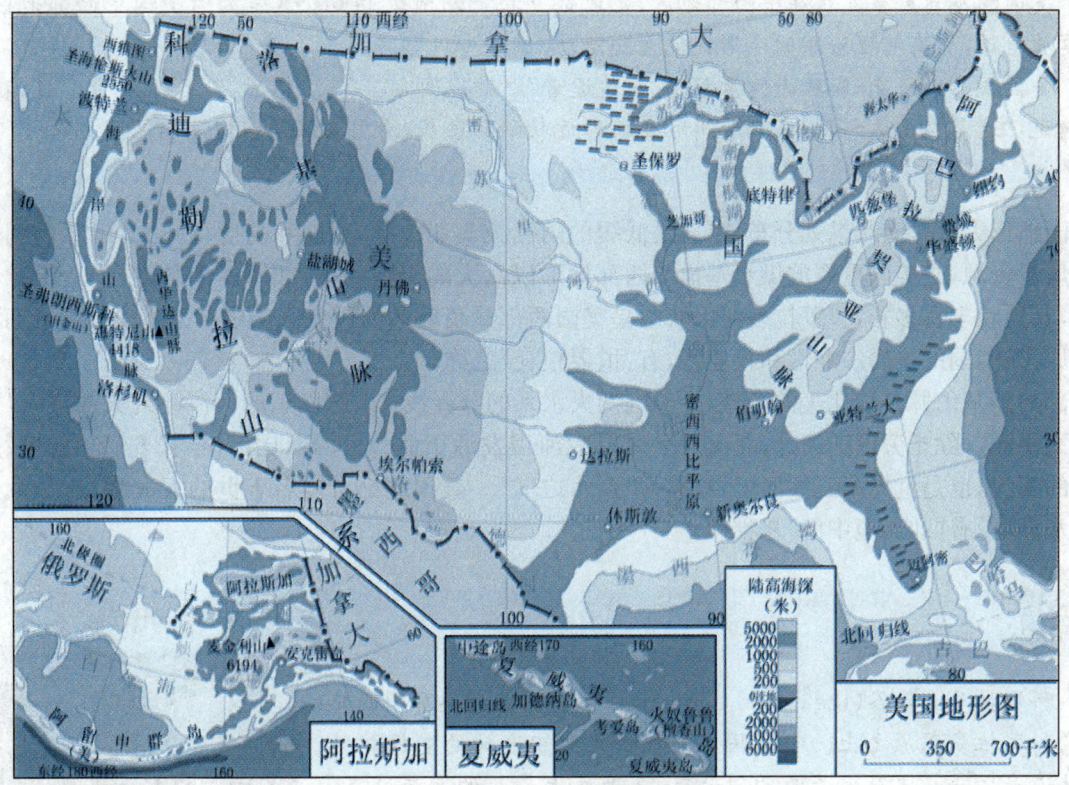

10-3-1　美国地形图

 **他山之石**

　　美国国旗叫做星条旗(Stars and Stripes),旗面左上角为蓝色星区,区内共有50颗星,代表美国50个州。星区以外是13道红白相间的条纹,代表北美最初的13块殖民地。美国首都华盛顿所在地哥伦比亚特区不属于任何州。

　　美国的国旗就是一部美国的建国史。1776年美国独立时,其领土只有大西洋沿岸的13个州,当时的国旗上使用13道红白相间的条纹和13颗星代表这13个州。之后美国通过吞并、购买等手段又取得了其他的一些州,每增加一个州,国旗上就会增加一颗星。这反映了美国领土从大西洋沿岸逐步扩张到太平洋沿岸以及海外的过程,另一方面也反映了原住民印第安人受苦受难的过程。

　　美国本土位于西半球,介于北纬23°—49°之间,三面环海,美国本土的气候大部分地区属温带和亚热带气候,仅佛罗里达半岛南端属热带。由于美国幅员辽阔,地形复杂,所受气流影响也不相同,因而全国各地气候差异极大。阿拉斯加州位于北纬60°—70°之间,属北极圈内的寒冷气候区;夏威夷州位于北回归线以南,属热带气候区。

 **知识链接**

　　美国被称为"龙卷风之乡",每年都会发生1 000到2 000次龙卷风,而且强度很大。这和美国的地理位置、气候条件以及大气环流特征有关。它主要是由来自加拿大的拉布拉多寒流和墨西哥湾暖流相遇形成的特殊气流而造成的,加之美国处于两个大洋之间,水汽也相当丰沛,这使得龙卷风更加频繁。

10-3-2　龙卷风

美国的龙卷风多发生在中西部地区，尤以俄克拉荷马附近最多。这是因为美国中西部地区多为草原地貌，少有崎岖险阻的地形扰乱大气活动。

美国摄影师迈克·霍林谢德素有"风暴追逐者"之称。图10-3-2摄于2005年6月7日，霍林谢德说："这是在南达科他州90号州际公路附近拍到的风暴，看上去像是宇宙飞船。"

美国地形大致是南北纵列分布，东部是低缓的阿巴拉契亚山脉，宽度和高度均不大，山脉两侧蕴藏着丰富的煤炭资源，是美国重要的煤炭基地。西部地形以高大的山地为主，如海岸山脉、内华达山脉和落基山脉等，其地貌丰富多彩，科罗拉多河大峡谷是美国西部最负盛名的风景区。中部是占全国领土面积1/2的大平原，是美国的主要农业区和牧业区，有"世界粮仓"之称。

西部的落基山脉号称北美的脊骨，是美国两大水系的分界线：山脉以东的河流注入大西洋，以西的河流注入太平洋。除圣劳伦斯河外，北美几乎所有大河盖发源于此。密西西比河，全长6 020公里，是北美洲最长的河流，也是世界第三大河流，被称为"众水之父"。美国北部有闻名于世的五大湖，这是世界上最大的淡水湖群，有"北美地中海"之雅称。

知识链接

科罗拉多大峡谷(the Grand Canyon)位于美国亚利桑那州西北部的科罗拉多高原之上。它是联合国教科文组织选为的受保护的自然遗产之一。峡谷全长约350千米，是世界上最长的河流峡谷。峡谷由河流切割而成，最深处达1 830米，大峡谷呈V字形，谷底最窄处仅120米。从谷底向上，沿崖壁露出寒武纪到新生代的各期岩系，包含具有代表性的生物化石，大峡谷因此有"活的地质史教科书"美称。大峡谷雄伟壮观，历来是世人向往的旅游胜地。

10-3-3　科罗拉多大峡谷

君子动手

从美国地形图中找出阿巴拉契亚山脉、落基山脉、中央大平原、密西西比河和五大湖。请问：美国的地形有什么特点？哪种地形面积最大？

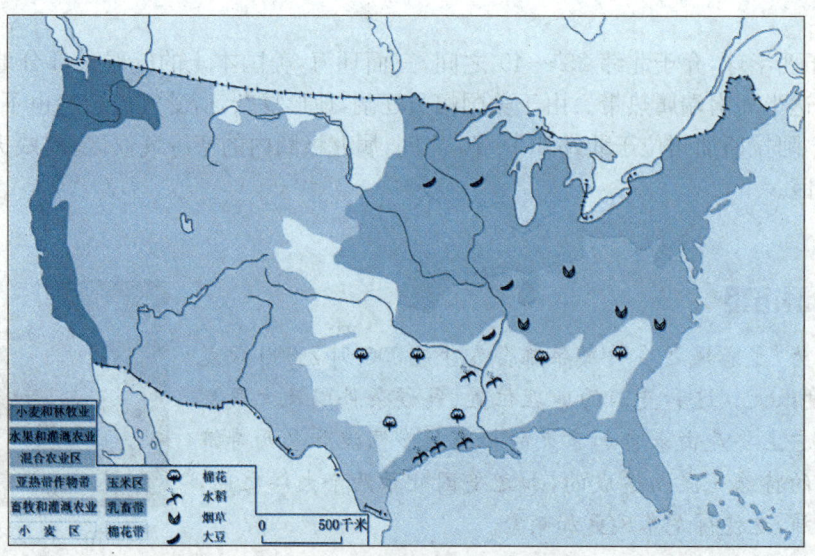

10-3-4　美国农业带分布图

美国是当今世界上经济实力最强大的国家,拥有发达的农业,是世界最大的农产品生产国和出口国。高度机械化和农业地区生产专门化是美国农业的突出特点。主要农产品如小麦、玉米、大豆、棉花等产量都位居世界首位,但是咖啡、可可、天然橡胶等热带农产品需要大量进口。

思想游牧

美国优越的自然环境,为农业生产提供了得天独厚的条件。观察"美国农业带的分布"图,请说出美国有哪些农业带(区)? 并分析其形成原因。

美国拥有完整的工业体系,工业产品种类齐全,在世界工业中居领先地位。美国有三大工业区,东北部是美国开发最早,也是污染最严重的工业区,其中主要是传统工业部门。正由于东北部污染严重,工业区就逐步向南部、西部"阳光地带"转移。很快南部和西部地区就发展成为以新兴工业门类为主的工业区。南部工业区是新兴的石化、宇航中心。西部工业区有举世著名的"硅谷",因大量生产电子工业的基本材料——硅片而得名。它集中了整个世界半导体、电脑技术的精华,是世界最早的电子工业基地。

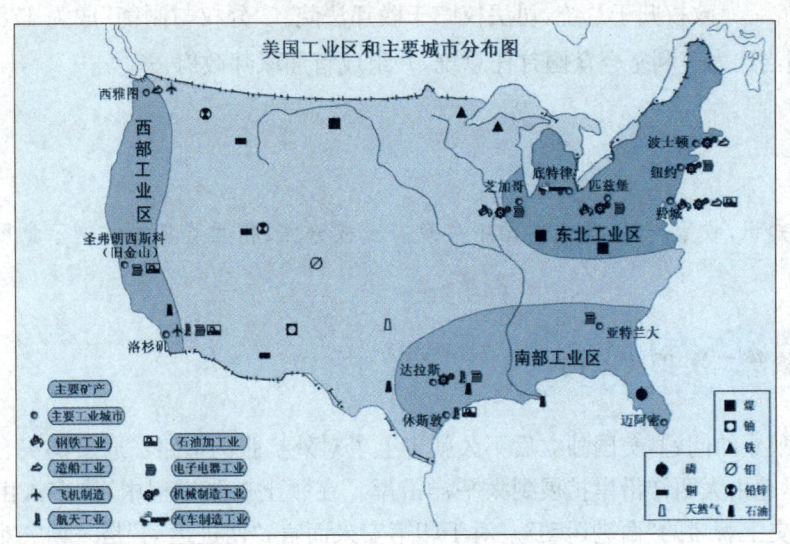

10-3-5 美国工业区和主要城市分布图

君子动手

请在图中找出旧金山、西雅图、芝加哥和休斯敦等城市,并搜集资料,较为详细的介绍这些城市的工业特点。此外有人说:"美国是世界高科技产业基地",你同意吗? 你能列举一些有关高新技术的产品吗?

北美独立战争

历史回眸

印第安人是北美大陆的最早居民,属于蒙古利亚人种。1492 年哥伦布认为他们到达的"新陆地"是印度,故称当地居民为"印第安"人。早在公元 10000 年至 25000 年前,他们就开始了在这片土地上的活动,培育了玉米、马铃薯,建造了高大的金字塔式台庙,留下了在今天难以解释的玛雅文字,形成一种独特的印第安文明。印第安拥有三大文明中心——玛雅文化、阿兹特克文化、印加文化。

17世纪以前,北美大陆仅有印第安人和爱斯基摩人居住。15世纪末,通往美洲的新航路发现后,西班牙、法国、荷兰等欧洲国家先后侵入北美大陆。殖民者屠杀和驱逐印第安人,陆续建立了许多殖民地。在这些国家中英国起步较晚,1607年,英国在北美东海岸建立了第一个殖民地弗吉尼亚。1620年由于受到英国国内宗教的迫害,一部分清教徒乘坐"五月花号"到达美洲,奠定了另一块殖民地马萨诸塞的基础。经过17、18世纪的多次战争,英国后来居上,成为北美大陆的胜利者。

10-3-6 乔治·华盛顿

到18世纪30年代,英国在北美大西洋沿岸建立了13个殖民地。经过一百多年的开拓,各殖民地经济往来频繁,初步形成了统一市场;英语逐渐成为通用语言,这样就形成了一个主要由来自欧洲移民组成的新民族——美利坚民族。英国不断向北美殖民地增税和倾销商品,这激起殖民地人民的极大愤怒。终于在1775年,马萨诸塞州莱克星顿打响了北美独立战争的第一枪。1776年,北美13个殖民地共同发表《独立宣言》,宣布美国独立。在乔治·华盛顿将军的统帅下,美国军民与英国军队苦战5年,在1781年约克镇战役中,美军赢得决定性的胜利。1783年英国正式承认美国独立。为了加强中央政府权力,1787年,美国召开制宪会议制定了宪法,确立联邦制,实行三权分立原则,立法权归于国会、行政权归于总统,司法权归于联邦法院。"分权与制衡"成为1787年宪法的最高原则。1789年华盛顿当选为美利坚合众国首任总统,并组成首届联邦政府。

君子动手

请根据所学的知识,收集资料,画出美国中央政府三权分立、相互监督的结构示意图。

南北战争和第二次工业革命

为了解决领土狭小的问题,美国独立后不久就走上了对外扩张的道路。通过购买、武装颠覆和发动战争等手段,其领土迅速由大西洋沿岸扩展到太平洋沿岸。在领土扩张过程中,许多人由东部移居西部,这一过程就是美国历史上著名的"西进运动"。对于印第安人而言,"西进运动"是一场灾难,他们或遭到了血

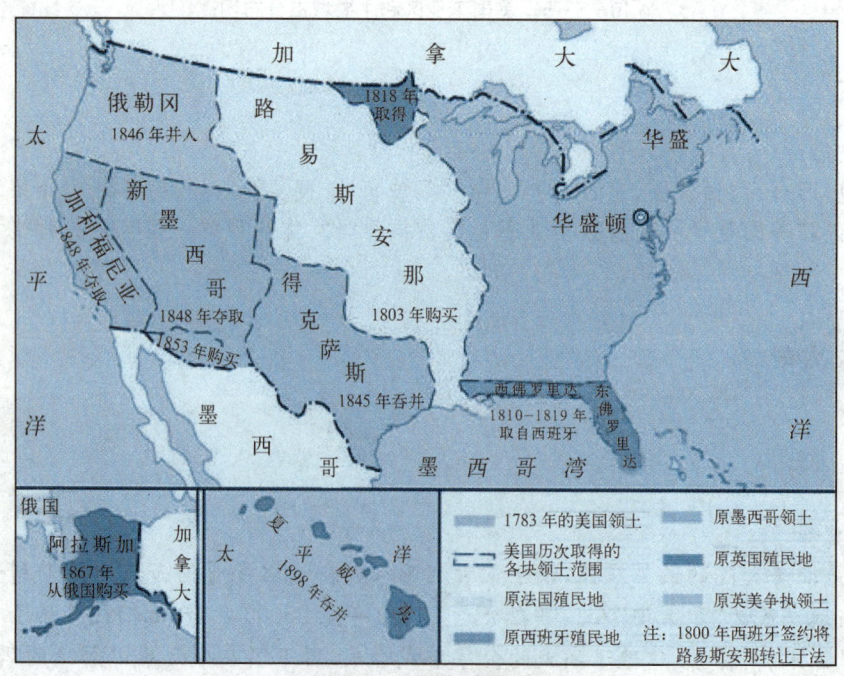

10-3-7 美国领土扩张

腥屠杀,或被流放到更荒凉更偏僻的地区。但是美国广大的西部土地得到了开发,促进了美国经济的发展。更重要的是,在西进运动中,拓荒者逐渐形成了开拓进取勇于冒险的精神和乐观务实的生活态度,而且他们还形成了尊重甚至崇拜发明创造的观念。在后来被称为美国的立国精神。

思想游戏

有人说,美国的"西进运动"是一部印第安人的血泪史。但美国向西部的扩张和移民,又促进了经济的发展。请大家收集资料,谈谈你的理解。

历史回眸

斯托夫人的《汤姆叔叔的小屋》,通过讲述黑奴汤姆被卖到种植园辛苦劳作直至被折磨致死的悲惨遭遇,鞭挞了黑人奴隶制度的罪恶。这本小说风靡美国,为美国造就了 200 多万废奴主义者。林肯总统后来接见斯托夫人时称其是"写了一本书,酿成了一场大战的小妇人"。

随着美国领土的扩张,到 19 世纪中期,南北两种经济制度的矛盾不断激化。南方发展奴隶制种植园经济,北方发展资本主义工商业经济。这两种经济制度的差异和矛盾最终导致了战争的爆发。南北矛盾的焦点就集中在奴隶制的存废问题上。从 19 世纪 30 年代起,北方掀起了轰轰烈烈的废奴运动。

思想游戏

请结合以前所学知识,用资本主义经济发展的基本要素来分析南北两种经济制度的矛盾。

1860 年代表北方利益主张限制奴隶制的共和党人亚伯拉罕·林肯当选为总统。1861 年,南方一些州建立南部联盟,并公开分裂国家挑起内战。这场战争史称南北战争。战争初期,南方军队一度占据优势。1862 年,林肯政府颁布《宅地法》和《解放黑人奴隶宣言》。这两个法令的颁布极大地调动了广大黑奴和人民的积极性,战争局势得以扭转。1865 年,内战最终以北方的胜利而告终。内战刚结束,林肯就在福特剧院里被人暗杀。南北战争为美国资本主义经济发展扫清了障碍,但内战并没有彻底消灭种族歧视,直到今天,种族歧视问题仍未得到彻底解决。

10-3-8　亚伯拉罕·林肯

1870 年前后,第二次工业革命蓬勃兴起,这次工业革命的中心是后起的资本主义国家美国和德国。科学技术的发展主要表现在三个方面,即电力的广泛应用、内燃机和新交通工具的创制、新通讯手段的发明。人类进入"电气时代"。在第二次工业革命的推动下,美国迅速完成了近代工业化。到 1894 年,美国工业产值已跃居世界首位。与之相适应,其工业生产集中的程度很高,垄断组织托拉斯的发展迅速,美国已成为典型的"托拉斯帝国主义"。

历史回眸

托马斯·阿尔瓦·爱迪生(Thomas Alva Edison,1847—1931):美国最著名的电器发明家,他被称为"发明大王"、"现代的普罗米修斯"。尽管他一生只在学校里读过三个月的书,但通过坚持不懈的努力,他获得了电灯、印刷机、留声机、蓄电池、电影等约两千项发明专利,为人类的文明和进步做出了巨大的贡献。

10-3-9　爱迪生

思想游牧

请分析美国经济崛起的原因,并谈谈你从中能得到什么启示?

二十世纪的美国

10-3-10
富兰克林·罗斯福

1914 年第一次世界大战爆发。战争使欧洲各国元气大伤,却给美国带来大量财富。战后美国已成为世界上最大的债权国和最大的资本输出国。美国的黄金储备量占世界的 40%;纽约也成为世界金融中心;美元在世界货币体系中的地位上升。20 世纪 20 年代,资本主义世界基本上处于相对稳定期,各主要资本主义国家"繁荣"一时。但在这"繁荣"的表象背后,却隐藏着严重的危机。由于人民的实际购买力并未提高,资本家为了防止产品积压,就采取各种手段刺激消费。如有意压低贷款利息,采取分期付款的方式刺激超前消费;公司老板则拼命怂恿投资者购买自己的股票,导致股票发行面额大大超过社会上的资金总量。这一切最终导致灾难发生,1929 年 10 月 24 日,在纽约股票交易所人们开始大量抛售股票,股票价格暴跌,一场空前严重的经济危机爆发了。

美国爆发的经济危机,影响波及世界各国,使上百万的工人失业,大批的农民被迫放弃耕地,工厂商店关门,银行倒闭,一片萧条。1933 年,富兰克林·罗斯福就任美国第 32 届总统。为了摆脱经济危机,实现经济复兴,他推行政府积极干预经济的政策,历史上称之为"罗斯福新政"。

在整顿财政金融体系方面,他下令银行暂时休业整顿,重建人们对银行的信心;放弃金本位制;实行美元贬值;加强政府对经济的计划指导。

在工业方面,通过了《国家工业复兴法》以及其他一些立法,力图复兴工业。法案中规定了公平竞争的法则,内容包括限制最低工资和最高工时;承认劳动者有同雇主进行集体谈判的权利,以实现"工业和平";消除生产过剩,也规定了企业的生产规模和产品价格;并发动了声势浩大的"蓝鹰"运动。

在农业方面,政府采用各种措施减少耕地面积和农产品产量,并规定由政府收购剩余农产品以稳定市场价格。

在社会福利方面,实行社会救济,并推行"以工代赈",兴办大型公共工程,增加就业,刺激消费和生产,稳定社会秩序。

罗斯福新政开创了国家干预经济发展的新模式,使美国走出了经济危机的困境,并遏制了美国的法西斯势力。

第二次世界大战中,美国加入反法西斯同盟,与苏、英、法等国一道,打败了德日意法西斯国家。战后,美国和苏联成为超级大国,他们

10-3-11 田纳西水利工程中的水坝

的矛盾逐渐激化,以美国为首的资本主义阵营和以苏联为首的社会主义阵营开始进行"冷战"。八十年代后期,随着东欧剧变和苏联的解体,美国成为世界上唯一的超级大国,美国在世界政治与经济中占有重要地位。

美国印象

美国是一个移民国家。除了印第安人外,追根溯源,其他居民都来自世界的其他地区,所以素有"民族熔炉"之称。这些来自不同国家、有着不同宗教信仰的移民使美国社会中的不同文化并存,并互相交流、互

相促进,形成一个文化大熔炉。因此,有人把美国文化称为"合金文化",又称"鸡尾酒文化"。在美国,欧洲白人移民的后裔人数最多,占80%以上。有色人种主要是黑人。印第安人的数量已不多,而亚洲移民后裔的数量上升较快。这些移民为美国的繁荣和发展作出了巨大贡献。但直到今天,黑人、印第安人和黄种人仍然没有得到完全平等的待遇,这反映了美国社会仍存在着严重的种族不平等现象。

知识链接

　　美国绿卡,即美国永久居民卡,是用于证明外国人在美利坚合众国境内拥有永久居民身份的一种身份证。一方面,美国绿卡对世界其他地方有移民意向的人们具有永恒的吸引力;另一方面,美国绿卡也为美国吸引了世界各国的有用人才。

知识链接

　　美国第一任总统华盛顿的祖先是英国人。
　　著名科学家爱因斯坦是德国出生的犹太人。
　　诺贝尔物理奖获得者李政道、杨振宁和丁肇中出生在中国。
　　著名的民权领袖马丁·路德·金、现任美国总统奥巴马、著名流行音乐明星迈克尔·杰克逊都是非洲族裔。

　　美国广阔的土地上存在着很多令人叹为观止的自然景观。热带景观有佛罗里达温泉、夏威夷的海滩,寒带景观则有阿拉斯加的冰霜;它既有中西部辽阔无边的大草原,又有高耸的落基山脉。黄石国家公园、尼亚加拉大瀑布、科罗拉多大峡谷都是美国驰名世界的自然景观。

知识链接

　　尼亚加拉瀑布(Niagara Falls),印第安语意为"雷神之水"。瀑布位于美国和加拿大边境的尼亚加拉河上,形成于最后冰川期消退之时。它是世界第一大跨国瀑布,并被誉为世界七大奇景之一。参观尼亚加拉瀑布最好的时间是每年7月至9月,这几个月份其水量最大。尼亚加拉瀑布以其宏伟磅礴的气势和丰沛浩瀚的水量而著称,瀑布落差高达52米,巨大的水流从高处直冲而下,发出震耳欲聋的响声,气势如雷霆万钧。它与南美的伊瓜苏瀑布及非洲的维多利亚瀑布合称为世界三大瀑布。尼亚加拉瀑布一直吸引着无数的游客来此度蜜月、走钢索、横越瀑布或者坐木桶漂游瀑布。

10-3-12　尼亚加拉瀑布

　　但由于尼亚加拉瀑布的常年冲蚀,使得石灰岩崖壁不断坍塌,致使尼亚加拉瀑布逐步向上游方向后退。根据1842—1927年的观测记录,它平均每年后退1.02米,落差也在逐渐减小。照此下去,再过5万年左右,瀑布将完全消失。为了挽救尼亚加拉瀑布,20世纪50年代以来,美、加两国政府耗费巨资,采取控制水流、用混凝土加固崖壁等措施,使瀑布后退速度控制在每年不到3厘米。

　　美国不仅有美丽的自然景观,其风格迥异的城市风光也令人流连忘返。美国首都华盛顿是美国政治中心,国会大厦和白宫是这里最著名的建筑。华盛顿有许多纪念性建筑,其中华盛顿纪念碑、杰弗逊纪念堂和林肯纪念堂最负有盛名。

知识链接

华盛顿纪念碑,是一座由白色大理石砌成的方尖碑,高 169 米。其内墙镶嵌着 188 块由私人、团体及全球各地捐赠的纪念石,其中一块刻有中文,是中国清政府赠送的。纪念碑内有 50 层铁梯,也有 70 秒到顶端的高速电梯。游人登顶后可把全市风光尽收眼底。美国政府于 1899 年宣布:华盛顿特区任何建筑物的高度都不可以超过华盛顿纪念碑!

10 - 3 - 13
华盛顿纪念碑

10 - 3 - 14　国会大厦

10 - 3 - 15　林肯纪念堂

10 - 3 - 16　纽约时报广场

东北部的纽约则是美国最大的城市,也是世界三大金融中心之一。著名的自由女神像就坐落在这个城市。纽约也是摩天大楼最多的城市,帝国大厦和世界贸易中心大楼均有 100 多层高,巍峨壮观。纽约也因此有了"站着的城市"之称。华尔街(wall street)长不超过 1 000 米,却是美国财富和经济实力的象征。这里是美国大垄断组织和金融机构的聚集之地,著名的纽约证券交易所和美国证券交易所均设于此。

知识链接

自由女神像矗立在哈得孙河与纽约湾入口处的自由岛上,是法国人民为祝贺美国独立 100 周年赠给美国人民的礼物。神像由法国建筑家巴托尔迪设计,其中自由女神像高 46 米,连基座共高 93 米,铜质。自由女神头戴王冠,右手高擎火炬,左手紧执《独立宣言》,成为纽约市甚至全美国的标志。

10 - 3 - 17　自由女神像

位于加州的旧金山又名三藩市,是一个重要的港口城市和移民城市。金门大桥是旧金山的象征,也是世界著名大桥之一。渔人码头、斯翠宾植物园和亚洲美术馆是这个城市最著名的景观。市区东北角的"唐人街"为美国华人最大的集中地。

美国还有一些城市以独特的风格著称于世,比如:赌城拉斯维加斯,影城好莱坞,汽车城底特律和火箭城休斯敦等。

10 - 3 - 18　金门大桥

美国作为世界强国,它的政治、经济、科技、文化,甚至迪斯尼、好莱坞、NBA、麦当劳、星巴克、耐克鞋、苹果电脑……无一不对世界生活产生影响。

 **知识链接**

电影的诞生源自美国。加利福尼亚州的好莱坞是人类电影发展的重镇,好莱坞电影也成为美国文化的主要代表之一。在20世纪20年代,美国每年平均产出高达800部正规电影,查理·卓别林的喜剧、依据小说《飘》改编的《乱世佳人》、《超人》等电影流传至几乎每个大陆和国家,成为家喻户晓的美国象征。

NBA男子篮球职业联赛是美国人喜爱观看的比赛。许多美国男孩都梦想成为NBA的篮球明星,因为那样不仅可以获得巨大的财富,还能成为人们崇拜的偶像。迈克尔·乔丹即是NBA的传奇明星,他曾率领公牛队夺得过六届NBA总冠军,创下了无数辉煌的战绩。为了感谢乔丹为芝加哥带来的荣誉,该市内竖有他的雕像。我国球员姚明加入NBA后,使得NBA风靡全中国。

第四节 德 国

走近德国

德国位于欧洲中部,面积为35.7万平方公里,人口约8 200万,是除俄罗斯外欧洲人口最多的国家。德国有欧洲的"十字路口"之称,它是东西欧之间和斯堪的纳维亚与地中海之间的交通枢纽。德国境内最长的河流是莱茵河,欧洲第一大河多瑙河也发源于德国境内。

德国地势南高北低,呈阶梯状分布,可分为四个地形区:北德平原,地势低平,河网密布,乳用畜牧业发达;中德山地,由东西走向的高地构成,将德国南、北分开;西南部的莱茵河谷地区,多森林和高山牧场,贯穿德国南北交通的莱茵河在峡谷间蜿蜒流过;南部的巴伐利亚高原和阿尔卑斯山区土壤肥沃,盛产烟草、葡萄和啤酒花,山区有许多风景如画的湖泊,是德国的旅游胜地。

德国气候温和,1月平均气温为−4℃—1℃,7月是18℃—20℃,年降水量500—1 000毫米。西北部靠近海洋,属温带海洋性气候,冬暖夏凉;向东、向南逐渐过渡为温带大陆性气候,四季温差逐渐加大。

德国的交通十分发达,沟通欧洲东西南北的水、陆、空交通都经过这里。法兰克福拥有欧洲第二大机场,莱茵河则是德国的黄金水道。

10-4-1 德国

君子动手

德国是欧洲西部邻国最多的国家,请在图中找出德国的九个邻国,再找出流经德国的几条主要河流。

知识链接

　　莱茵河是一条国际河流,德国境内有865公里。它全年水量充沛,水位变化小,便于航运,是世界上最繁忙的河流之一。它还通过一系列运河与其他大河连接,构成一个四通八达的水运网。莱茵河所流经的地区是欧洲主要工业区,由于运费低廉,因此它成为工业运输大动脉,但同时也使其成为欧洲污染程度最高的河流。近几十年,德国政府投入大量资金来改善莱茵河的生态环境,成效显著。现在,人们又可以在河畔垂钓了。

10-4-2　莱茵河畔

10-4-3　保时捷跑车生产线

　　德国是世界八大工业国之一,主要工业部门有电子、汽车、航天、化工等。其工业发展的基础是丰富的煤炭资源、便利的水陆运输和雄厚的科技力量。鲁尔区是传统的煤钢工业区,以采煤、钢铁、机械制造等为核心,在德国经济中有举足轻重的地位。20世纪60年代起,鲁尔区实施清理改造和产业结构调整,发展新兴工业和第三产业,现已成为新型经济区。德国是欧洲最大的汽车生产国。慕尼黑(宝马汽车总部所在地)、斯图加特(奔驰和保时捷汽车总部所在地)、沃尔夫斯堡(大众汽车总部所在地)形成了制造业集群。新型工业集中在慕尼黑周围地区,这里已成为德国航天、飞机制造和微电子工业中心。

长期分裂的德意志

　　德国是一个在世界近现代史上产生过重大影响的国家。但与此不相称的是,德国历史上却长期上演着分裂的剧目。在它1 000多年的历史中,统一的时间只有短短的不足100年。

史海钩沉

　　日耳曼人(Germans)是欧洲古代民族之一。古代日耳曼人分布在莱茵河以东,维斯瓦河以西,多瑙河以北和北海、波罗的海以南的地区,这一地区被称为"日耳曼尼亚"(拉丁语,Germania)。现在英语中的"Germany"(德国)即源于此。4世纪末,日耳曼人在匈奴人的压力下,开始进入罗马帝国境内,加速了西罗马帝国的灭亡。漫长岁月中,他们逐渐和欧洲其他民族融合,演化出今天的瑞典人、丹麦人、英格兰人、德意志人等许多民族。

　　日耳曼人这一称谓是古罗马人对他们的称呼,产生于8世纪末的"德意志"(Deutsch,源自德语)一词才是生活在日耳曼本土地区的人们对自己的称呼。这个词最初是指这一地区通行的语言,后来又指使用这种语言的人,最后才扩大到指他们的居住地。今天德国人依然称自己的国家"Deurschland"(德意志)。而其他语言中如意大利语、俄语等对德国的称谓则同英语一样来自日耳曼尼亚一词。

　　西罗马帝国灭亡后,日耳曼人在其废墟上建起众多国家,其中以法兰克王国影响最大。法兰克最有作为的君主是查理大帝,他对德意志历史亦有着重大的影响。他志向远大,不仅要做法兰克国王,还要借助教会力量成为欧洲的统治者,罗马帝国的继承人。他打着宗教的大旗东征西讨,占据了西欧大部分领土。终于在800年,他如愿以偿地被教皇加冕为"伟大的罗马人的皇帝"。从此,法兰克王国成为查理曼帝国。

公元 814 年,查理大帝驾崩。在他死后仅仅 29 年,他的三个孙子就凭借一纸《凡尔登条约》将帝国一分为三。这就是德、意、法三国的雏形。919 年,亨利一世取得东法兰克的王位。即位第二年,他把国名改为德意志王国,这被看做是德意志历史的开始。962 年,奥托一世接受教皇加冕,称神圣罗马帝国皇帝。在此后 840 多年的时间里,德意志王国一直以"德意志民族的神圣罗马帝国"的名义出现在历史舞台上。

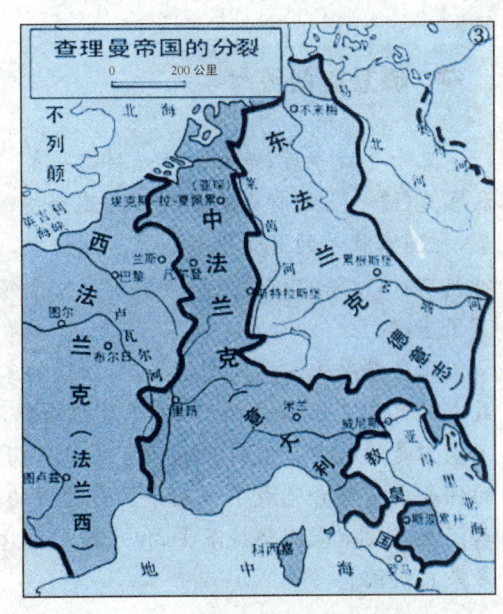

10-4-4 查理曼帝国的分裂

神圣罗马帝国始终不是一个真正统一的国家。查理大帝铸就的辉煌在他的子孙心中留下一个梦想,那就是成为上帝认定的罗马皇帝的继承人。这使得德意志历代君主都过于看重罗马皇帝的称号,他们想通过占领意大利使神圣罗马帝国不再徒有虚名,同时又获得意大利的财富;通过控制罗马教廷来为皇权找到强大的精神支撑。因此,德皇在对外的明争暗斗中浪费了太多精力,反过来却疏于国内建设。面对国内事务,德皇常常需要借助诸侯的力量。而诸侯就借机为自己牟取权益,结果皇帝只能对诸侯作出让步,这意味着皇权的衰落和诸侯势力的加强。最终诸侯发展成了可与中央对抗的独立的邦君,甚至连国王也要由诸侯选出。教皇、德皇和诸侯之间的这种斗争是德意志长期分裂的重要原因。德意志离统一已愈行愈远。

1386 年,查理四世颁布"金玺诏书",确认国王由七大选侯选出;承认诸侯在自己的邦国内拥有绝对的君主权力。德意志的分裂局面以法律形式被确认下来。

历史回眸

由于长期分裂和皇权软弱,天主教会肆意剥削着这个国家,德意志因此被称作"教皇的乳牛"。1517 年,教皇甚至出售赎罪券来骗取钱财,终于导致德意志宗教改革运动的爆发。运动的倡导者是马丁·路德,他把自己撰写的《九十五条论纲》贴在威登堡教堂的大门上,吹响了反对罗马教廷的号角。他提出建立廉俭教会,强调"因信得救",认为在上帝和凡人之间不需要教士。从论纲贴出的第一天起,路德就赢得了人们的支持。而 1524—1526 年的德意志农民战争又把运动推向顶点。此后,宗教改革扩展到欧洲其他国家,形成了许多脱离天主教的新教派,这些教派被统称为新教。路德的另一贡献是促进了德意志语言文字的统一。他把圣经译成德文,文字优美,结构、词汇新颖,确立了标准的德语。他的译文甚至是德国儿童学习德语的课本。民族语言的统一对于民族国家的形成至关重要,对于德意志民族来说,路德的这一贡献比宗教改革更为重要。

10-4-5 马丁·路德

宗教改革后,德国的诸侯分成了天主教和新教两个阵营,他们在"宗教纠纷"的掩饰下争夺地盘、教产和反对皇权。欧洲列强为了掠夺扩张纷纷介入其纷争,最终导致了 1618—1648 年三十年战争的爆发。战争主要是在德国领土上进行,但是西班牙和丹麦、瑞典、法国相继卷入,使得战争的掠夺性暴露无遗。最终法国成为最大赢家,德皇被迫求和。1648 年,战争双方签订《威斯特伐利亚和约》,法国和瑞典从德意志获得了大片土地和赔款;德意志彻底分裂成 300 多个小邦国,诸侯完全独立,德皇的威严荡然无存。这一条约以国际法的形式确认了德意志的分裂局面,神圣罗马帝国名存实亡。

● 德意志的统一

三十年战争后,普鲁士开始崭露头角。它的历代国王都致力于建立强大的王权和军队。他们通过承认容克(普鲁士的贵族地主)拥有"完全支配"农民的特权,来换取其对王权的支持;大力推行军国主义政策,把国家收入的 3/4 投入到军队建设中,由此建立了一个高度集权的军国主义国家。最著名的国王是腓特烈二世,他给自己的继任者留下了一个领土和人口增加过半、拥有 20 万军队的强国,为德意志的统一打下了基础。

正当普鲁士人励精图治之时,法国的拿破仑崛起了。1805 和 1806 年,奥地利和普鲁士这两个德意志最大的邦国先后被法国打败,德皇被迫取消了神圣罗马帝国,此时的德意志连一个名义上的国家都没有了。但是拿破仑带来的并不只有灾难,他下令取消小邦国,使德意志的邦国数减少到 30 多个,德意志统一的任务由拿破仑完成了一大半。更重要的是,他把法国大革命的成果带到德意志,强力推行资产阶级改革。虽然改革未能坚持下去,但已经对德意志产生了深远影响。此后施泰因和哈登堡的改革,其方略就大多来自法国。

从 1807 年开始,施泰因和哈登堡先后在普鲁士进行了资产阶级改革。改革废除了农奴制,给予农民人身自由;允许容克地主经营工商业,他们的庄园逐渐转变为资本主义性质的农场;容克开始分化,出现了资产阶级化的容克。19 世纪 50 年代,普鲁士的农业资本主义化完成。这种发展资本主义农业的方式被称为"普鲁士道路"。施泰因—哈登堡改革虽不彻底,但它是德意志近代史的开始。

经济统一是政治统一的基础。经济学家李斯特的学说充分反映了德意志发展资本主义和谋求统一的要求。针对小邦割据状态,李斯特提出建立全德关税同盟。他的主张为普鲁士所接受。1833 年,德意志的 18 个邦正式组成关税同盟。同盟条约规定:同盟各邦间免除关税,对同盟外邦国实行统一进口税。到 1852 年,除奥地利和个别地区外,德意志所有各邦都已加入关税同盟。关税同盟的建立,为德意志的资本主义发展和民族统一奠定了经济基础。普鲁士掌握了德意志的经济主导权,这成为普鲁士统一德意志的先声。

思想游戏

关税同盟建立之前,德意志境内关卡林立,税制繁多。从柏林到瑞士,现在不过两小时车程,在当时却要经过 10 个邦国,办 10 次手续,交 10 次关税,换 10 次货币。1834 年 1 月 1 日,关税同盟正式生效,商品、资本、劳动力开始在各邦间自由流动,民族工业迅速发展。今天,欧洲统一市场正在重演着这一幕。

请思考:今天的人们可以从一百多年前的德意志得到哪些启示和借鉴。

君子动手

搜集德国统一前后的资料,从中找出奥地利最终被排除出德意志的原因。

随着经济力量的提升,各邦间经济、文化的不断融合,德意志要求统一的愿望越来越强烈。最终完成这一使命的人是俾斯麦。他在任首相的第一个星期就在议会发言说:"当代的重大问题不是通过演说或多数派的决议所能解决的……而是要用铁和血。"这就是"铁血政策",俾斯麦也因此被称为"铁血首相"。

德意志的统一是通过三次王朝战争实现的,它们分别是德丹战争、普奥战争和普法战争。

德丹战争的起因是石勒苏益格—荷尔斯坦因问题。石、荷两地同丹麦和德意志的关系都很密切,其归属一直纠缠不清。但丹麦却在 1863 年将石、荷并入丹麦。俾斯麦决定联合奥地利对丹麦开战。这样做一方面可以树立普鲁士在德意志各邦的威信,另一方面又可以消除欧洲列强和奥地利的戒心。1864 年,战争爆发,普奥联军轻松取胜,丹麦让出了石、荷。在和奥地利瓜分战利品时,俾斯麦要了一个手腕:石、荷为普奥共有,但分别管理,奥管荷尔斯坦因,普管石勒苏益格。他这样做是在为普奥冲突埋下伏笔。

10-4-6 俾斯麦

下一个对手就是刚刚还与普鲁士并肩作战的奥地利。但对奥开战并非易事,欧洲列强不会坐视不管。于是俾斯麦展开了外交活动:用降低关税稳住英国,用传统友谊笼络俄国,许诺给法国空头的领土支票从而获得它的中立。1866 年,普奥战争爆发。普鲁士凭借铁路运兵和电报指挥的优势,依靠出色的军官和富有纪律性的士兵,只用七周时间就赢得了胜利。就在普鲁士举国上下准备进军维也纳时,俾斯麦却决定插剑入鞘,停止战争。他再次显示了其过人之处:普军再向前进,法国遂成后顾之忧,因此当务之急是使普军凯旋。其次,羞辱奥地利会使它成为"敌人的盟友",相反,让奥地利体面地结束战争,就可以"保留使我们现实的对手再度成为朋友的可能性"。他只提出了两个条件:石、荷一切权利归普;奥地利退出德意志。1867 年,北德意志联邦成立,它成为后来的德意志帝国的基础。

10-4-7 在凡尔赛宫的镜厅举行的
德皇加冕典礼

北德联邦建立后,尚有南德四邦独立于联邦之外。法国害怕统一的德国成为其劲敌,因此竭力阻挠南德四邦加入北德联邦。俾斯麦深知对法一战在所难免。他再次运用外交智慧成功地孤立了法国:他断定如果普法开战,与法国因苏伊士运河问题渐生龃龉的英国不会干涉;由于普鲁士对奥地利的宽大,奥地利也不会轻举妄动;对俄国,俾斯麦表示对沙皇最关心的黑海舰队问题不会设置任何困难,由此打动了沙皇;至于南德四邦,俾斯麦则用经济的手段使其倒向了普鲁士一边。接下来的问题就是激怒法国,让它挑起战争:对于他开给法国的空头领土支票,俾斯麦下决心什么都不给;然后又利用西班牙王位继承问题彻底激怒了法国。1870 年,法国向普鲁士正式宣战。普军凭借先进的作战方式连战连捷。9 月2 日的色当决战,法军惨败,法王和法军元帅均被俘虏。最终南德四邦也全部加入了北德联邦。

1871 年 1 月 18 日,德意志帝国宣告成立。德意志终于实现了历史上第一次真正的统一。

思想游牧

俾斯麦的胜利很大程度上要归功于他杰出的外交才能。他深知欧洲列强绝不会坐视德国强大,因此他运用灵活的外交手段,不断地化敌为友,化友为敌,始终确保普鲁士在同一时间只有一个敌人,同一时间只在一线作战。他懂得适可而止,有人这样评价他:强硬但保留适当回旋的余地,野心勃勃但有所节制,只有他才能让他的手下败将对他感激万分。但是这样精明的俾斯麦对法国的惩罚却是毫无余地的:法国的阿尔萨斯和洛林并入德国,赔款 50 亿法郎。他对法国的羞辱也是没有节制的:德意志皇帝的加冕典礼就选在法国的凡尔赛宫进行。

请思考:俾斯麦为什么要这样做?

⊃ 崛起的德国撼动世界

统一的德国一跃成为资本主义强国。统一为资本主义发展扫清了道路;法国的赔款为经济发展提供了资金;俾斯麦出台了保护经济发展的措施;帝国政府奉行的外交政策,也为经济发展创造了良好的国际环境。

在 19 世纪 70 年代开始的第二次工业革命中,德国成为主力。它既重视重工业,又注重新兴工业,电力、化学、钢铁工业都有了长足的发展。工业革命完成后,德国已建立起完整的工业体系。到 1913 年,它成为欧洲头号工业强国。

德国统一后,容克把持着国家的政治、经济大权,军队则凭借在统一战争中的贡献而影响巨大。德国统一的方式给这个国家打上了深深的军国主义烙印。随着经济的迅猛发展,德国完成了生产、资本的集中和垄断。到 19 世纪末 20 世纪初,德国进入帝国主义阶段,其特征是容克资产阶级帝国主义。这时的德国已不再满足于只做欧洲强国,它要争夺世界霸权。终于,德国成为了 20 世纪两次世界大战的罪魁祸首,而它自己则成为了两次大战最大的失败者。二战后德国再次分裂,直到 1990 年才重新统一。

思想游牧

尼采曾说:公共舆论实际上是反对谈论战争的不幸后果的,尤其是一场胜利的战争⋯⋯伟大的胜利往往隐藏着巨大的危险,它比失败更让人类的本性难以承受。

结合德意志统一后的历史事实谈谈你的想法。

 他山之石

　　二战结束以来,联邦德国的历任总统和总理都对德国的战争罪行进行了反思、道歉和忏悔。首任总理阿登纳上任后的第一件事就是向"宿敌"法国真诚道歉。1970 年,总理勃兰特在波兰华沙犹太人纪念碑前,在全世界的注视下,突然双膝跪下。这一惊人之举胜过千言万语。这位反纳粹勇士承担起了作为德国总理的历史责任,"不必这样做的他,替所有必须跪而没有跪的人跪下了"。为让年轻一代牢记历史,德国教育法规定:历史教科书必须包含足够的有关纳粹时期历史的内容。德国法律规定严禁宣传纳粹思想,严禁使用纳粹标志,否认德国在战时屠杀犹太人也要受到严惩。希特勒及其助手们已被钉上了耻辱柱,在德国没有他们的坟墓,也没有他们的任何纪念物。德国人的反思触及到了灵魂。勇于承担历史责任的德国终于赢得了受害国政府和人民的谅解,赢得了国际社会的尊重。

10 - 4 - 8　勃兰特在波兰华沙犹太人纪念碑前下跪

德国印象

德国历史充满了艰辛与奋斗,这也造就了德国文化的辉煌成就和德意志民族的坚韧性格。

德国文学在 18 世纪走向顶峰。歌德及其代表作《浮士德》是德国文学史上的一座丰碑。其后的席勒、海涅和格林兄弟也都是杰出代表。到 20 世纪,有多位德国作家获得了诺贝尔文学奖。德国还创造了音乐史上的奇迹,巴赫、贝多芬、瓦格纳、舒曼、勃拉姆斯都是世界级的音乐大师。贝多芬更是登上了古典音乐的顶峰,他最著名的作品是九部交响曲。其中《第九交响曲》中的合唱《欢乐颂》,已成为欧盟盟歌。德国思想界同样星光熠熠,康德、费希特、黑格尔将德国古典哲学推上高峰,马克思和恩格斯一起创立了马克思主义。

10 - 4 - 9　歌德　　10 - 4 - 10　贝多芬

德国能够产生如此众多的文化巨人,与其历来重视教育是分不开的。早在查理曼时期,他就指令在自己的行宫兴办学校。这一传统被继承下来。普鲁士是世界上第一个实行义务教育的国家。1809年洪堡主持的教育改革,更成为德国后来两百年科学、文化、技术发展的基石。1810年建立的柏林大学(1949年改名为洪堡大学),则作为世界上第一所现代大学,影响了各国的高等教育。教育为德国培养了高素质的国民,凭借这一优势,德国成为第二次工业革命的主力,跻身世界一流强国行列。

10-4-11　洪堡大学中的洪堡像

德国人性格中比较突出的特点是遵纪守法,诚实守信,勤奋工作,乐于助人。

10-4-12　遵纪守法的德国人

德国人的纪律性是举世闻名的。对任何规则和纪律,他们一律遵守,在本国遵守本国法律,出国也会遵守当地规定。有时他们会显得缺乏灵活性。有一个关于红灯的笑话:半夜两点驾车见到红灯还停车的,全世界只有德国人;红灯发生故障,他们会长时间等待,或者绕行。但我们看到的是德国交通秩序井然,火车、飞机以守时著称,他们因为高度的纪律性赢得尊敬。诚实守信是他们的另一个特点。在德国,考试很少有监考人员;购物时,售货员既会向你介绍商品优点,还会提醒你商品有哪些缺点;谈生意时,德国人许诺很慢,但一旦许诺,就会不折不扣地执行;他们非常守时,约定了时间,绝不会早到或晚到。德国人工作勤奋,他们的原则是先工作,后娱乐,只有辛勤劳动的人才有权利享受生活。凭借着这种精神,他们在战后的废墟上创造出了"经济奇迹"。德国人还乐于助人。如果你向一个德国人问路,他会热情指点,如果他不知道,他会替你去问别人,甚至会陪你走一程。如果他们路遇不平,一定会拔刀相助,对不道德的人、流氓无赖从不姑息。德国人还很讲究整洁,公园、街道、影剧院等公共场合,到处都干净整齐。一般人家都是黎明即起洒扫庭院,把家中整理得一尘不染。

德国的名胜古迹以教堂、宫殿居多。科隆大教堂、维斯教堂、维尔茨堡宫等29处已被列为世界文化遗产。位于北海与大陆间的浅海湿地瓦登海栖息着3 000多种动物,它与麦塞尔化石坑一起被列为世界自然遗产。

科隆大教堂被誉为世界上最完美的哥特式建筑,与巴黎圣母院和罗马圣彼得大教堂并称欧洲三大教堂。它从1248年开始兴建,工程时断时续,至1880年才完工。整个工程规模浩大,至今仍保留有上万张设计图。教堂全部用磨光石块砌成,共用去40万吨石材。加工后的每个构件都十分精确,如石笋般垒砌而成。因为年代久远,现在表面已呈黑色,令人望而肃然起敬。教堂的两座尖塔高157米,像两把宝剑直插云霄。另有1.1万座小尖塔烘托,使整座教堂显得清奇冷峻,充满力量。教堂内有5 700个座位,窗户上用彩色玻璃镶嵌出《圣经》故事,总计有一万平方米,成为一道亮丽风景。爬上509级阶梯登上钟楼,可眺望莱茵河的美丽风光和整个科隆市容。自教堂完工后,科隆市政府即规定:城内所有建筑不得高过教堂,造成科隆许多大楼地上只有七八层,地下却有四五层的现象。

10-4-13　科隆大教堂

勃兰登堡门位于柏林市中心,被誉为德国国门,也是德国统一的象征。它建成于1791年,以雅典卫城为蓝本。门内有五条通道,中间一条最宽,是专为皇室成员通行而设计的。城门正面门楣上和通道内侧的石壁上都刻有大型浮雕,门顶上安置着一尊驾着四马战车的胜利女神铜像。女神张开翅膀,手执权杖,一只鹰鹫立在饰有月桂花环的权杖上,花环内有一枚铁十字勋章。这枚勋章现在是德国联邦国防军的标志。

10-4-14　德国统一前后的勃兰登堡门

1806年，拿破仑打败普鲁士军队后，下令拆下胜利女神像运回巴黎，直到1814年才被索回。二战后德国分裂，勃兰登堡门成为柏林墙的一部分，它因此成为德国分裂的标志。1989年，柏林墙被拆除，勃兰登堡门重新开放。1990年10月3日，勃兰登堡门旁的广场上人山人海，人们在尽情地庆祝德国统一。勃兰登堡门因其特殊的象征意义，又成为了德国统一的象征。

10-4-15　慕尼黑啤酒节盛况

提起德国人的饮食，肉、香肠、面包和啤酒是他们的最爱。

德国人吃饭无肉不欢，烤肘子、腌肘子、烤乳猪等都很有特色。德国的香肠有1 500多种，吃香肠必要配面包，面包也有300多种。吃的时候先在面包上抹一层厚厚的奶油，再配上奶酪和果酱，加上香肠一起使用。德国的啤酒销量居世界第一，慕尼黑啤酒节誉满全球。人们用一升装的大酒杯开怀畅饮，十几天的时间就可以把几百万升啤酒一扫而光，展现出他们疯狂的一面。

第五节　日　本

➡ 走近日本

日本位于太平洋西岸，是由东北向西南延伸的弧形岛国，领土由北海道、本州、四国、九州四个大岛和3 900多个小岛组成，因此被称为"千岛之国"。

日本国土曾是亚洲大陆东部边缘的一部分，由于地处亚欧大陆板块与太平洋板块的碰撞地带，这里几经隆起和沉降。大约一万多年前，随着冰川融化，海平面急剧上升，陆桥被淹没，四面环海的日本列岛最终形成。

思辨之窗

1. 请在图中找出日本濒临的海洋。

2. 观察日本山地丘陵、平原的分布，请说明日本河流的走向和特点？

3. 日本和英国都是岛国。请比较两个岛国的海岸线并说明曲折的海岸线对经济的发展有何影响？

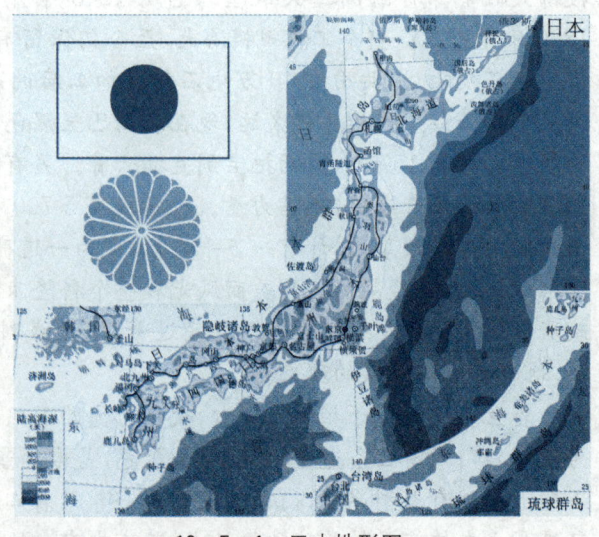

10-5-1　日本地形图

日本处于环太平洋火山地震带,火山分布广、类型齐全,堪称"世界火山博物馆"。日本有火山200多座,其中九州岛的阿苏山具有世界上最大的破火山口①。日本又有"地震国"之称,全国日平均发生有感地震四次以上,给人们的生活带来了极大不便甚至灾难,"忍"——承受与坚持是日本人面对天灾的精神支点。

另一方面,火山地震的频发也给日本带来了"奇妙的副产品"——温泉,日本全国约有大小温泉两万处,泡温泉成为日本国民生活中必不可少的组成部分。

 **知识链接**

富士山是日本的象征,海拔3 776米,是日本的最高山峰,它那美丽的圆锥体轮廓,是5 000年前火山喷发后形成的。

"富士山还活着"!科学家在对最新的监测数据研究后得出结论:富士山每年仍有10次左右的"火山性地震"发生,只是震源较深,才没有造成火山喷发,但许多地方仍在向外喷发高达80℃的热气。

"未登过富士山的人是无知者"。日本人奉富士山为"圣岳",一生当中至少须爬山一次。每到7—8月,富士山开放为登山节,此时登山者络绎不绝,其中不乏妇女、老人和小孩。

10-5-2 富士山

在日本,找不到肥沃的大河流域和开阔平原。山地丘陵占日本国土的75%,河流短小湍急,水力资源丰富;日本平原多为近海的冲积平原,狭小分散,最大的关东平原,其宽也不过200公里左右。日本的耕地面积仅占国土面积的14.6%,是世界上最大的农产品进口国,只有水稻的产量能基本达到自给。

不过,广阔的海洋为日本提供了丰富的渔业资源,日本捕鱼量居世界首位。在日本暖流与千岛寒流的交汇处,北海道渔场成为世界四大渔场之一。水产品在日本人的饮食中占有重要地位。

日本的海洋性季风气候非常明显,且呈现出明显的南北地域差异。与我国同纬度的地区相比,日本气候温和湿润,四季变化舒缓而有规律,夏多雨冬多雪,森林覆盖率高达67%,到处无山不绿、有水皆清,整个日本列岛都融入到柔和的大自然之中。

思想游牧

截至2001年底,日本森林面积约为2 423万公顷,是世界森林覆盖率最高的国家之一。与此同时,日本木材自给率仅为18.4%,是世界上进口木材最多的国家,它甚至来中国采购一次性筷子。

请思考:日本为什么要这样做?

 **他山之石**

据国际资源署统计,2008年日本资源自给率仅为17.7%。石油、煤炭、铁矿石、小麦、棉花等几乎完全依赖进口。日本如何保障国家战略和经济安全呢?

1975年,日本实施《石油储备法》,规定国家、企业存储的石油必须至少分别供全国消费90天和60天,开始逐步建立起战略资源储备制度。

如今,国际铁矿石价格节节攀升,日本受的影响却相对较小,其原因就是日本企业参股海外许多矿山。比如在澳大利亚24个主要矿山中,日本企业重点投资了8家,参股16家。

---

① 火山经过连续多次喷发以后,原来的火山锥体因失去支撑而发生塌陷,或后继岩浆的喷发使原有火山口受到破坏并扩大而形成的新火山口,称破火山口。火山口积水成湖,被称为火山口湖,比如我国长白山天池。

2006—2008 年,日本的食品企业在巴西、非洲和中亚等地租用和购买了大量农田以种植有机作物。目前,日本的海外农田面积是国内农田的三倍。

日本是当今世界仅次于美国的第二经济强国,加工制造业、高科技产业、国际贸易、金融业和信息产业都高度发达。汽车工业是日本经济高速发展的缩影,日本汽车以优质、低价、低耗油量等优势,自 1976 年后就使日本成为世界最大的汽车出口国。以首都东京(Tokyo)为中心形成的东京大都市圈是世界上最大的城市集聚体,它承担着日本全国政治、经济、文化中心和交通枢纽的职能。

○ 德川幕府统治下的日本

19 世纪中期,正当工业文明把世界连成一个整体时,日本仍是一个封闭落后的封建国家。这时的日本在经历了镰仓幕府、室町幕府之后,已经进入到了德川幕府时期,亦即江户时代(江户,今东京)。

史海钩沉

2 月 11 日是日本的建国纪念日。在神话传说中,日本于公元前 660 年 2 月 11 日建国。

日本 4 世纪以前的历史,在日本最早的历史文献《古事记》中是以神话故事的形式来记述的。因此,研究日本早期历史,除依靠日本的考古资料外,史学家们还借助日本周边国家的历史文献。一般认为,曾与我国东汉王朝有过交往的邪马台国,是日本最早的奴隶制国家。

公元 3 世纪末到 4 世纪时,在本州中部大和盆地出现了一个强大的国家——"大和国"(今奈良县)。他们尊奉太阳女神天照为自己的主要保护神,在 5 世纪时,大体上统一了日本列岛。今天的日本国就是在此基础上发展起来的。

大和国的最高统治者最初被称为"大王"或"大君"。646 年,日本仿效中国隋唐朝制度,实行"大化革新",开始由奴隶社会过渡到封建社会。以天皇为绝对君主的中央集权制国家建立起来,大和正式改名日本国,意为"日出之处的国家"。

1192 年,关东武士集团首领源赖朝取得"征夷大将军"称号,控制全国军政实权,开创了镰仓幕府。天皇成为政治傀儡,仅仅保持精神权威。日本进入由武士阶层掌管实权的"幕府时代"。

德川幕府统治时期,实行严格的封建等级制度,全国分士、农、工、商四个等级。德川家族占有全国 1/4 的土地,将军以下的 260 多个封建领主称作"大名",其领地为"藩"。将军与大名都有自己的家臣即武士,武士从将军或大名那里得到封地和禄米,同时必须对其效忠。这些武士一般是职业军人,拥有佩刀的特权,是维护幕府统治的基础。天皇、将军、大名、武士构成了日本的统治阶级。

史海钩沉

在日文中,"武士"一词的本意是侍者,贴身随从。平安时代后期,为了保护庄园的安全,庄园主纷纷建立自己的武装,促成了后来武士集团的逐渐形成。随着"幕府时代"的到来,武士成为行政管理者,他们在练武之余,也要学习文化,懂得欣赏艺术,品味茶道、棋道等的精髓以附庸风雅。

武士道,通常指武士的道德及行为规范,涵盖忠、孝、义、勇、诚、克己等。其核心是无条件效忠主君,对主君的忠诚凌驾于其他所有伦理之上,将无私献身作为武士的最高义务和最终行为。明治维新时,统治者推行"武士道即大和魂"的思想,武士道精神被纳入军国主义轨道。

10-5-3 武士佩带双刀,长刀用于杀敌,短刀用于自裁

随着地理大发现,西方势力开始影响日本。为了禁止天主教的传播,防止西部靠海的大名因发展对外贸易强大起来,17世纪时,德川幕府连续五次颁布《锁国令》,禁止日本人出国和外国人进入日本,只允许中国和荷兰在长崎一地通商。日本对西方的开放如惊鸿一瞥,整个日本仍旧过着自给自足的生活。

尽管如此,商品经济还是在日本出现了。到19世纪初,具有资本主义性质的手工工场出现,大阪、京都等城市成为商业中心。商人们逐渐积累起大量财富,当大名、武士和农民出现经济困难时,都向商人借贷,以至出现"大阪商人一怒,天下大名为之震恐"的局面。随着新兴地主和高利贷商人经济实力的不断增强,他们对自己政治上无权的处境越来越不满。

另一方面,幕府和各藩为解决财政困难,经常停发和削减下级武士的俸禄,失去生活来源的中下级武士"恨主如仇",被迫寻找新的出路。幕府不可逾越的等级制度和赖以维持统治的阶级基础开始出现动摇。与此同时,广大劳动人民不堪忍受残酷的压迫,接连爆发农民起义和市民暴动。一切迹象表明,德川幕府存在着严重的统治危机。

10-5-4 "黑船来了"

1853年,美国海军准将佩里率四艘涂成黑色的军舰开进江户湾(今东京湾)鸣炮示威,要求日本开国,建立外交关系和进行贸易,史称"黑船事件"。第二年,幕府同再度来日的佩里签订《日美亲善条约》。继美国叩关之后,英国、俄国、荷兰、法国等列强也纷至沓来,迫使日本签订了一系列不平等的条约,外国侵略势力不断向日本渗透。幕藩体制在内外交困下面临着分崩离析。

➲ 倒幕运动和明治维新

随着日本民族危机的不断加深和社会矛盾的日趋激化,一些有识之士逐渐认识到,必须推翻幕府统治,向资本主义国家学习。以大久保利通、西乡隆盛、木户孝允等人为代表的中下级武士形成革新派,得到了人民的拥护和一些不满幕府统治的大名的支持。一场轰轰烈烈的倒幕运动展开了。

1868年,倒幕派推翻了德川幕府。不久,明治天皇政府从京都迁到东京(原江户),开始"求知识于世界",积极发展资本主义,这就是历史上著名的"明治维新"。明治维新的主要措施有:

实行废藩置县,加强中央集权,宣布士农工商"四民平等"。建立起适应资本主义经济发展的新的社会体制。

承认土地私有,允许土地买卖,统一征收地税。农业的近代化为日本资本主义的发展提供了资本积累。

推行殖产兴业政策,依靠国家政权全力推进日本工业化的步伐。明治政府积极修铁路、开矿山、兴办邮局、电报、电话,开办工厂,"示以实利,以诱人民",大力保护和扶植私人资本主义的发展。

历史回眸

按照殖产兴业计划,日本政府直接从西方"拿来"了法国式的缫丝厂、德国式的矿山冶炼厂、英国式的军工厂。

作为示范,日本政府投资兴办了缫丝厂。政府从法国购置了缫丝设备,还重金聘请了法国技师,但却招不来工人,因为老百姓害怕那些震耳欲聋的机器会吸走人的精魄。

为了消除人们的戒惧心理,明治政府劝说全国士族的女儿带头进厂当女工,学好技术后再分赴全国各地。在四年时间内,有2 000多名女工接受了法国技师的培训。到1873年维也纳世界博览会时,福冈县生产的生丝可以和欧美相媲美,成为日本最早进入国际市场的产品。

1880年明治政府颁布条例,廉价处理国营资产。除军事等必须保留的企业外,国家以极低的价格和无息长期分期付款的方式,将绝大部分国有企业卖给与政府关系密切的资本家,有些企业甚至是无偿转让。为了保护这些私人企业的发展,政府还给与他们经营补助金。这些做法为日本迅速进入垄断阶段、出现一批垄断财阀准备了条件。

到90年代初期,日本初步实现了资本主义工业化。

10-5-5   明治维新时期的东京大学生

倡导"文明开化",用西方资本主义文明改造日本封建文化;提出"和魂洋才"的思想,大力发展近代教育,培养资本主义建设人才,并注重从小培养学生忠于国家和以天皇为中心的思想。

实行征兵制,建立近代化的军队。日本军队称为"皇军",所有军人必须遵守武士道精神,绝对效忠天皇,天皇拥有统率军队以及对外宣战等一切大权。

1889年,日本颁布了《大日本帝国宪法》,初步建立起君主立宪制的资产阶级国家体制。

踏上穷兵黩武之路

明治政府刚一成立,就宣扬"日本乃万国之本",要"开拓万里波涛,布国威于四方",制定了以征服中国为中心的"大陆政策"。日本在走上资本主义道路的同时,也踏上了穷兵黩武的扩张之路。

1874年,日本侵略台湾,切断琉球与清朝的宗藩关系;1879年吞并琉球,划为冲绳县。90年代初,明治政府将财政收入的60%用于军备扩张,明治天皇甚至决定从1893年起,每年从宫廷经费中拨出30万元,再从文武百官的薪金中抽出1/10,补充造船费用。当年,日本便建立战时大本营机制,做好了武力吞并朝鲜进而同中国作战的准备。甲午战争的胜利,激起日本更加疯狂的民族主义和军国主义热潮。19世纪末20世纪初,日本采用非正常手段完成了向帝国主义的过渡,被称为"带军事封建性的帝国主义"。

到八国联军侵略中国时,日军由列强的小伙伴成为侵华的主要力量;1904年日本在中国领土上与俄国展开了一场厮杀,日本从此独霸了东亚海权,成为世界海军强国,并终于把朝鲜变成实际上的殖民地;第一次世界大战爆发后,日本借对德宣战,占领中国山东;又以最后通牒方式,迫使袁世凯接受日本旨在灭亡中国的"二十一条"要求。在长期的对外战争中,从1931年占领我国东北,再到1937年全面侵华和1941年发动太平洋战争,军部与昭和天皇都充当了极其重要的角色。1945年8月15日,日本宣布无条件投降。

这是日本迅速崛起而又失败的主要轨迹。

思想游弋

现行《日本国宪法》于1947年5月3日实施。宪法规定,国家实行以立法、司法和行政三权分立为基础的议会内阁制;天皇为国家的象征,无权参与国政;"永远放弃把利用国家权力发动战争、武力威胁或行使武力作为解决国际争端的手段,为达此目的,日本不保持陆、海、空军及其他战争力量,不承认国家的交战权。"(第9条)

这一规定为日本宪法赢得了和平宪法的美誉,也促使日本在战后坚持和平发展道路,到1968年时,日本迅速复兴,成为世界上仅次于美国和苏联的第三大经济强国。

现在,日本一些政治家为谋求政治大国地位,主张日本必须修改宪法,修改重点之一就是宪法第九条。请问:你如何看待这个问题?

知识链接

在浩瀚的太平洋上，日本有一个不能维持人类生活的礁盘——冲之鸟礁。因为上面没有淡水、没有植物、在海水涨潮时露出水面的面积不足10平方米，《联合国海洋法公约》将之定义为礁，而不是岛。

但是，2010年5月，日本参议院通过法案，自行将冲之鸟礁石"划礁为岛"。这暗藏什么玄机呢？

冲之鸟礁处于西太平洋第一岛链和第二岛链之间，扼守东海进出太平洋的主要航道，军事战略地位非常重要。据日本共同社报道，日本在2010年财政预算案中列入7亿日元在日本的南鸟岛和"冲之鸟岛"修建码头。此外，若礁变成了岛，以此为基点周围12海里均为日本领土，日本政府还可设定200海里海洋专属经济区，进行资源调查开发，并觊觎中国东海大陆架资源。

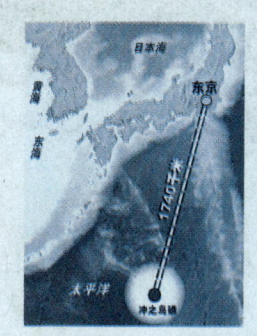

10-5-6　冲之鸟礁

由于海浪侵蚀，冲之鸟礁不断缩小。多年来，日本一直致力于"人工造岛"：

为了让礁石露出海面，日本不惜耗费巨资在珊瑚礁周围加筑水泥石墩；

2005年，日本开始"救礁计划"。拨款1 000万日元，在礁石上设置门牌号、加设灯塔、派人长期驻守、宣示"日本主权"；

2006年，日本投入755万日元进行珊瑚养殖。先把冲之鸟礁的珊瑚带回冲绳培植，来年再放归冲之鸟礁附近；

2008年，日本向联合国大陆架界限委员会提出南太平洋大陆架延伸申请。

10-5-7　"水泥石墩"

日本印象

知识链接

8世纪编成的日本最早的史书《古事记》为汉字音训混用；另一部编年体史书《日本书纪》则用汉字写成；日本最早的诗集《万叶集》是以汉字作音符收录的。

日本古代文化主要得益于对中国文化的吸收和融合。日本文字产生前，日本人习用汉字作为记录的工具，5世纪中叶开始使用汉字作为标记日本语音的音符。大化改新后的"奈良时代"（710—794），是日本学习中国唐朝文化的高峰。中国的典章制度、文学诗歌、儒学、宗教、建筑、医学、服装、日常风俗等对日本都有很大影响。在这个时期，出现了假借汉字的偏旁部首而创造的日本民族的文字——片假名，以及假借汉字草书字形创造的平假名。

10-5-8　日本料理

从大化改新到明治维新，日本社会的进步始终得益于对外来文化的吸收。但日本并没有丧失自己的根性，得天独厚的自然风土孕育了独具一格的日本文化。

日本人对大自然有一种特殊的亲和感情。从远古时代起，日本人就生活在狭小的岛国，又时而遭受梅雨、台风和火山地震的困扰，但总的说来，温和湿润的气候并没有使他们受到经常性的残酷压抑。身处在优美的大自然中，人们崇拜自然界中的万物生灵，对大自然的热爱带来生活与自然的融合。比如，他们爱吃生冷的食物，比较崇尚原味；喜好素淡的颜色和天然情趣；俳句中必定要用表示季节的词语——"季语"，

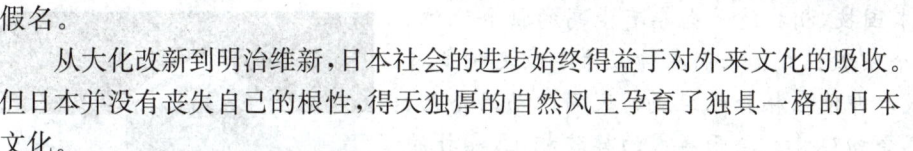

10-5-9　庭园

10-5-10　能乐

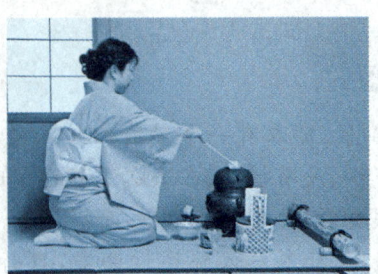

10-5-11　茶道

10-5-12　金阁寺(京都)

来体现大自然的魅力；日本其他的艺术表现不论是建筑、庭园、传统茶道、花道、书道，还是能乐的表演，都追求"闲寂与古雅"，使人在品味禅意的同时，心灵更加纯净，达到与自然和谐、统一的境界。

此外，欣赏大和绘、浮世绘、歌舞伎等传统文化艺术，漫步于本愿寺、金阁寺等古色古香的寺庙，徜徉在被古建筑包围着的现代化中心城市——京都，亲历元旦、成人节、男孩节、女孩节、盂兰盆节等节日，都会让人感受到日本浓郁的历史文化气息。

历史回眸

为了能够在二战后顺利占领日本和管理日本人，美国政府特意委托人类学家鲁恩·本尼迪克特对日本进行了专门研究。1946年，在本尼迪克特所著的《菊与刀》中，她将日本人描绘成："既好斗又温和谦让；既尚武又尊崇美感；既蛮横又彬彬有礼；既刻板又富于适应性；既顺从又不愿受人摆布；既忠诚又心存叛逆；既勇敢又胆怯；既保守又敢于接受新事物。这些相互矛盾的性格特征在日本人身上最高程度地表现出来。"

菊和刀象征着日本人的矛盾性格亦即日本文化的双重性。

10-5-13　上野樱花

"上野的樱花烂熳的时节，望去确也象绯红的轻云……"
——鲁迅：《藤野先生》

樱花是日本的国花，也被日本人视为精神的象征。

樱花在日本已经有一千多年的历史，日本著名的古典小说《源氏物语》描写了平安时代宫中赏樱的情景。樱花的开放标志着春的来临，它的花期很短，素有"樱花七日"之说。在日本人看来，樱花的美在于盛开时的绚丽，更在于转瞬飘落时的纯洁和壮美，如同传统武士道看淡生死的观念。"人生短暂，活着就要像樱花一样灿烂"，这种信念体现在他们的生活处事之道中，就是日本特有的不惜一切力求向上、坚忍不拔的民族精神。每年的"樱花节"，人们结伴来到樱花树下席地而坐，边赏樱、边畅饮，陶醉在漫天飞舞的"花吹雪"中，享受着日本独有的由樱花带来的文化氛围。

日本流行棒球、足球等体育运动，也崇尚相扑、柔道等传统运动项目。

相扑是闻名世界的日本国技，相扑选手也享有崇高的社会地位。相扑起源于日本神道的一个宗教仪式：人们在神殿为丰收之神举行比赛，盼望能带来好的收成。即使在相扑已经成为民间运动的今天，天皇、皇太子仍会亲临比赛会场观赏。与西洋式的摔跤相比，相扑的规则十分简单：整个台子呈正方形，中部为直径4.5米的圆圈，比赛时，脚掌以外任何部分触及台子表面，或者身体超出圆圈者表示被击败。

柔道起源于日本古代"柔术"，是一种以柔克刚、利用对方力量将

10-5-14　相扑

对方摔倒、同时避免对方受伤的护身之术。它和剑道一起被列为日本小学的必修项目。柔道家的级别用腰带的颜色（初级：白，高级：黑）来表示。

10-5-15　柔道

日本是世界上的动漫强国。日本动漫在全球拥有广大的收看人群，其发展的模式具有鲜明的民族特色，由动漫衍生出的文具、玩具、游戏软件和服装等在全球形成了一个巨大的产业链。如今，日本"卡哇伊"文化对整个世界的影响不容忽视。

10-5-16　《千与千寻》

手冢治虫被誉为"日本动漫之父"，其1963年出品的《铁臂阿童木》一举打开了40多个国家的动漫市场。后来，宫崎骏给动漫王国带来了一股清新的风，他通过一个个动漫剧作，在让人感受艺术的魅力的同时，也在不经意间触及到人类的灵魂。2001年宫崎骏摄制的《千与千寻》获得第75届奥斯卡最佳动画长片奖。宫崎骏在日本已成为动画的代名词。

君子动手

20世纪80年代中央电视台放映的日本动画片《铁臂阿童木》，是中国引进的第一部国外动画。从那时起，日本动漫伴随了许多中国人的成长。

请同学们以小组为单位，通过网络、对书店、小卖部、文具店等场所的走访及问卷等形式，调查研究：日本动漫对中国青少年有什么影响？

日本国民的主体是大和民族，约占全国人口的99.9%。阿伊努人是日本的少数民族，2008年日本政府正式承认阿伊努人是日本的"原住民族"。

北海道是阿伊努人的生息地。这里的知床半岛是日本原始自然风貌保存最完整的地区，被列入世界自然遗产名录。在这块不大的区域里，生长在知床海域的大马哈鱼、鳟鱼等鱼类与毛腿渔鸮、虎头海雕、白尾海雕、棕熊、白狐等珍稀动物形成了顽强的生命链，是清晰显示海洋与陆地生态系之间链锁关系的稀缺生态区。此外，雪景、温泉、薰衣草田野……共同组成北海道美景的象征。

第十一章

第一次世界大战

伴随着各主要资本主义国家的崛起，列强加紧了对世界的瓜分。19世纪末20世纪初，资本主义世界体系最终形成。由于资本主义经济政治发展不平衡的加剧，帝国主义国家之间争夺世界市场和世界霸权的斗争日趋白热化，最终酿成了人类历史上第一次世界性的战争。对于第一次世界大战，列宁的评价是："这是一群野兽，他们彼此斗来斗去，相互撕咬，已经到了不能控制自己的地步。"

人类迈入现代社会门槛的步伐格外沉重。

❑ 错综复杂的矛盾

"世界几乎已经被瓜分完毕，余下的部分正在被瓜分和殖民化之中。可惜我们到不了夜间在我们头顶上闪烁的星星那里。如果可能，我要吞并那些星星。我经常想到这件事，我看到它们这样亮却又那样远，只觉得心中难受。"

——〔英〕塞西尔·约翰·罗得斯，1877年

19世纪70年代以前，英国被称为"世界工场"，工业实力居世界首位，其后依次是法国、美国和德国。19世纪末，在主要资本主义国家进入垄断阶段即帝国主义阶段后，美国和德国的经济快速发展，超过了老牌的资本主义国家英国和法国，但它们所占的殖民地变化不大，它们不满足于这种经济实力与政治状况倒挂的现象，要求取得与其经济地位相适应的政治地位和国际地位。在世界没有被瓜分完毕时，它们之间的矛盾和争夺还可以通过宰割和分配新的"自由"土地而暂时得到缓和。但是，当世界已被瓜分完毕时，必然要出现重新瓜分世界领土的斗争，甚至战争。

在争霸斗争中，欧洲列强之间的矛盾错综复杂，但基本矛盾有三对，即法德矛盾、俄奥矛盾和英德矛盾。

法德矛盾主要源于普法战争。法国在普法战争中战败，不仅割地赔款，也失去了几百年来在欧洲大陆的霸主地位，法国力图"复仇"并进而夺取德国的萨尔矿区。德国则竭力压制法国的东山再起，加紧扩军备战。

俄奥矛盾主要集中在对巴尔干半岛的争夺上。长期以来，巴尔干半岛处于土耳其人的奥斯曼帝国统治之下，这里民族众多，其中斯拉夫人居多数，居民的宗教与文化背景千差万别。19世纪末20世纪初，随着奥斯曼帝国的衰落，罗马尼亚、塞尔维亚、保加利亚和阿尔巴尼亚等国相继取得了独立。奥匈帝国则在德国的支持下趁机吞并了波斯尼亚和黑塞哥维那，将触角伸到巴尔干地区。同时，沙皇俄国也积极插手巴尔干地区事务，打着"泛斯拉夫主义"的旗号，"支持"巴尔干人民的民族解放斗争，企图借此机会打通自己南下地中海的通道。俄奥两国在巴尔干半岛狭路相逢。

知识链接

　　巴尔干半岛是欧洲三大半岛之一,它伸入地中海,就像一块进入欧亚非三洲的跳板,战略地位十分重要,历来是兵家必争之地。巴尔干地区山多林密,有着丰富的煤、铁、石油、棉花等资源。同时,这里民族关系复杂,不同的民族文化、宗教信仰和生活习惯导致巴尔干地区各民族之间也是摩擦不断,成为列强眼中"柔软的下腹部"。

　　列强的争夺、民族矛盾的不断激化、各种矛盾的相互交织,使得美丽的巴尔干地区成为欧洲的"火药桶"。

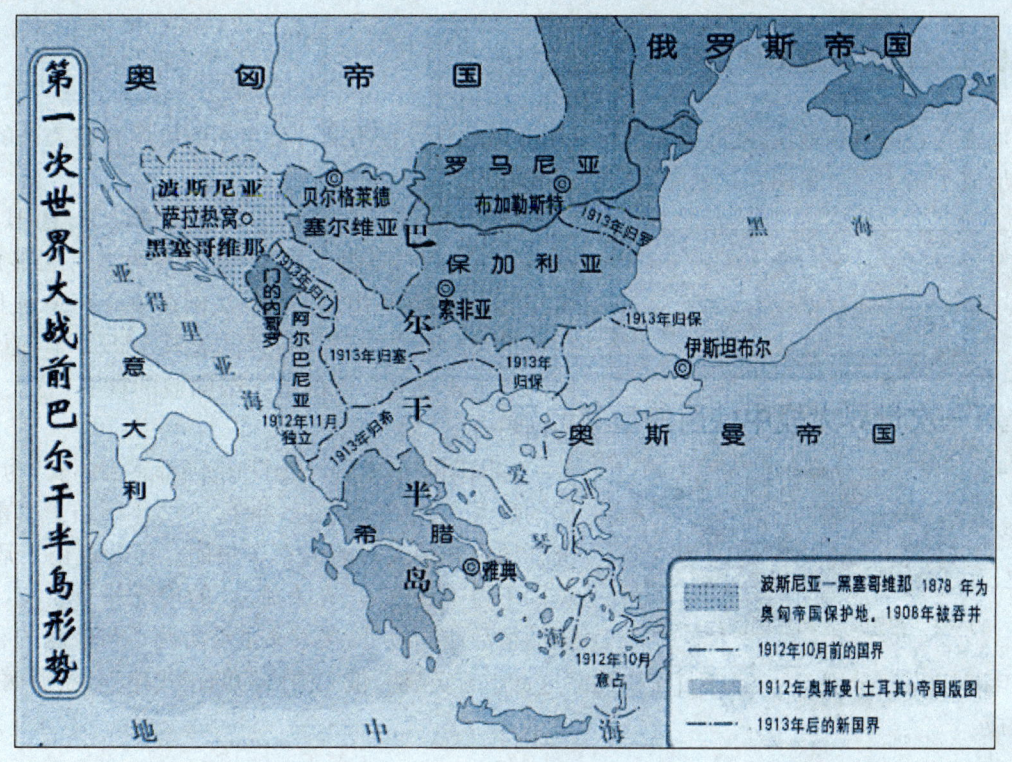

11-1　第一次世界大战前巴尔干半岛形势

君子动手

　　请查找资料,了解:巴尔干半岛现在有多少个国家、民族和宗教信仰? 现今的巴尔干半岛是个平静所在吗?

　　19世纪90年代以后,德国从争取称霸欧洲的"大陆政策"转向夺取全球霸权的"世界政策",这是对已经掌握世界霸权的"大英帝国"的严重挑战。英德矛盾日渐激化,成为帝国主义国家之间的主要矛盾。

历史回眸

　　德国直到1871年国家统一之后才参与对殖民地的争夺,19世纪末20世纪初,德国拥有的殖民地不到英国的1/10,殖民地人口仅占英国的40%。

　　"我们不能容忍任何外国对我们说:怎么办? 世界已经分割完了! ……我们不愿消极地站在旁边,而让他人分割世界。"1899年,德国外长皮洛夫在议会中发言。他将争霸的矛头首先指向英国,指出："让别的民族去分割大陆和海洋而我们德国只满足于蓝色天空的时代已经过去了，我们也要求阳光下的地盘。"

"定叫海神手中的三叉戟掌握在我们手中"，德皇威廉二世叫嚣。为了夺取更多的海外殖民地，德国疯狂扩军备战，海军力量很快增长到世界第二位，仅次于英国。这对于英国来说，是不能容忍的，英德之间的军备竞赛愈演愈烈。到1909年时，英国政府做出决定，德国每造一艘军舰，它就建造两艘。

帝国主义两大军事集团的形成

为了加强各自的争霸地位，欧洲列强纷纷寻求利益伙伴。在不断冲突与不断协调利益关系的过程中，欧洲列强形成了两大军事集团："三国同盟"和"三国协约"。

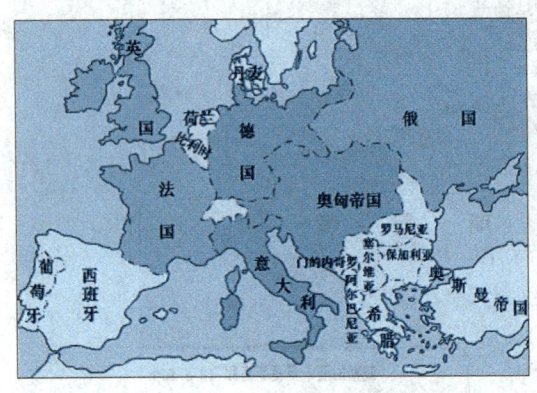

11-2　三国同盟和三国协约

1879年，在德国首相俾斯麦的推动下，德国与奥匈帝国率先缔结了"同盟条约"。这个条约具有明显的反俄性质。后来，德国利用意大利与法国在争夺殖民地上的矛盾，拉拢意大利加入同盟共同对付法国。1882年，德、奥、意三国同盟正式成立。德国是三国同盟的核心，意大利是其中的动摇者①。

三国同盟形成后，法国和俄国都感到不安，为了对付共同的敌人，法俄开始靠近，并于1892年缔结了军事协定，欧洲开始出现两大对峙的军事集团。随着英德矛盾的加剧，英国不得不调整其"光荣孤立"的传统外交政策，首先与德国的宿敌法国接近，接着又主动协调了与俄国的利害冲突，在1904年和1907年分别与法、俄签订了协约。这标志着英、法、俄三国协约的正式建立，欧洲两大军事集团最终形成。

第一次世界大战的爆发

1914年6月，奥匈帝国在波斯尼亚和黑塞哥维那地区进行以塞尔维亚为假想敌的军事演习，这激怒了塞尔维亚民族主义者。6月28日，奥匈帝国皇储斐迪南大公检阅了军事演习后，在波斯尼亚首府萨拉热窝的街头被一名塞尔维亚青年刺杀。这就是第一次世界大战的导火线——萨拉热窝事件。

萨拉热窝事件发生后，立即成为世界各大国报纸的头条重要新闻，欧洲各国都在关注事件的发展。"塞尔维亚作为一个政治因素，必须从巴尔干地区抹杀掉。"

——奥匈帝国皇帝悲喜交集

"这是千载难逢的好机会"，"现在不发动就永远没有发动的机会了"。

——德国皇帝煽动奥匈帝国皇帝

在德国的全力支持下，奥匈帝国于7月28日向塞尔维亚宣战，在以后的一周内，德、俄、法、英相继投入战争，第一次世界大战爆发。交战的一方为同盟国的德国、奥匈帝国、奥斯曼帝国和保加利亚；另一方为协约国的英国、法国和俄国，以及支持他们的塞尔维亚、比利时、意大利、日本②等国。随着越来越多的国

---

①　第一次世界大战爆发后，意大利从它本身的利害关系出发，先是保持中立，在观察了将近一年后，加入协约国方面作战。

②　日本参战，目的在于夺取德国在太平洋上的属地马绍尔、加罗林和马里亚纳诸岛；攫取德国在山东的"租借地"，进一步侵略中国。

家和地区投入战争,一场主要资本主义国家之间发生的战争,将越来越多的小国、殖民地与半殖民地卷入进去,演变成为一场具有世界规模的大战。

11-3 "引爆"大战导火线的手枪2004年在奥地利一家修道院的灰尘中被发现。

11-4 刺客普林西普被捕

萨拉热窝事件发生后,17岁的普林西普大胆地陈述了他的信念和动机。"我毫不后悔,因为我坚信我消灭了一个给我们带来灾难的人,做了一件好事。……我看到了我们的人民每况愈下。我是一个农民的儿子,知道乡村中所发生的一切……这一切都对我产生了影响,而且,我还知道他(指斐迪南大公)是斯拉夫民族的敌人,……作为未来的君主,他会阻止我们联合,实行某些显然违背我们利益的改革。"

普林西普属于塞尔维亚的一个秘密组织——"不统一,毋宁死",即"黑手社"。黑手社成立于1911年,社章规定该组织"宁愿采取恐怖行动也不愿进行理性宣传,因此必须对非组织成员绝对保密"。

对于萨拉热窝事件,人们各执一词:有人认为是维护民族利益的正义行动,也有人认为是极端民族主义的恐怖行为。你是怎么认为的?

如果普林西普不刺杀奥匈帝国皇储斐迪南大公,第一次世界大战还会爆发吗?你怎么看待第一次世界大战的性质?

第一次世界大战的进程

第一次世界大战的主要战场在欧洲,分为三条战线:西线,英、法、比军对德作战;东线,俄国对德、奥作战;南线,奥匈帝国对俄国和塞尔维亚。西线和东线是欧洲主要战场,其中西线的战争起决定性作用。

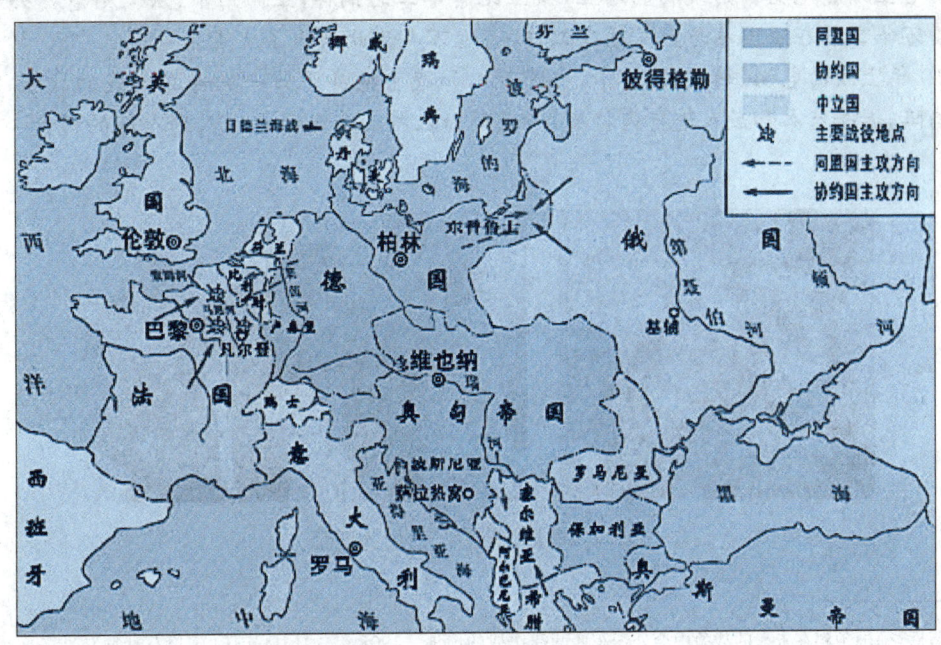

11-5 第一次世界大战形势

1914年是战争的第一阶段。面对德军的进攻，协约国取得了马恩河战役的胜利。此后，西线转入阵地战和消耗战。德国速战速决的计划破产①。

11-6　一战战场上的英国坦克

1915—1916年是战争的第二阶段。1916年，双方在欧洲大陆上进行了三次大型血战：凡尔登战役、索姆河战役和东线俄军的夏季攻势。在海上，英德之间爆发了第一次世界大战期间最大规模的海战——日德兰海战。这一阶段，大战的战略主动权转移到协约国一方。

1917—1918年是战争的第三阶段。1917年，美国对德宣战，壮大了协约国集团的经济和军事实力；中国等国也相继投入战争；俄国爆发十月革命，新生的苏维埃政权退出了帝国主义战争。1918年11月11日，德国宣布投降，大战以同盟国的失败而告终。

思想游戏

马恩河战役后，德军参谋总长小毛奇向德国皇帝报告说："陛下，我们输掉了战争。"想一想，为什么说马恩河战役后预示着德国将输掉这场战争？

史海钩沉

中国也被拖入战争。

1917年，中国北洋政府作为协约国的一员，派出14万华工远赴欧洲参与对同盟国的作战。其中9.6万人分配到英军，3.7万人划归法军，1万人跟随美国远征军。

一战期间，华工们修工事、扫地雷、救伤员、埋尸体、运送军需品、伐木、开矿、筑路架桥……从事着各种最艰苦、最繁重的工作，成为协约国最终取得胜利的不可或缺的重要力量。当时的法军高层称赞他们是"世界一流工人"，英国军方也认为"这些华工将在一战历史上享有崇高地位"。中国文化名家蔡元培更是振臂高呼："劳工神圣！劳工万岁！"

此后，随着时间的流逝，华工渐渐不为世人所知。直到1988年，法国政府才终于公布了有关华工的文献。1988年11月28日，在纪念第一次世界大战胜利70周年时，法国政府在当时华工聚居地——巴黎毛里斯德尼街口建筑物的墙上，镶上纪念华工的铜牌，上面用中、法文刻着："公元1916—1918年，14万华工曾在法国参与盟军抗战工作，有近万人为此献出了宝贵生命。"

在2010年上映的电影《精武风云》中，中国劳工和战士投身于第一次世界大战的战场，在枪林弹雨中冲锋陷阵，赤手空拳和敌人进行肉搏战，一段鲜为人知的历史再次进入到人们的视野。

11-7　电影《精武风云》中的画面

---

① 法俄结盟后，德国预料在未来的战争中会处于东西两线作战的境地。1905年，德国制定了"施里芬计划"，准备在战时先在西线集中兵力，短期内打败法国，然后再将主力东调，打垮俄国。

第一次世界大战的后果

第一次世界大战是一场帝国主义性质的战争，尽管塞尔维亚和比利时为维护自己的主权和独立而战，具有民族解放战争的性质，但并不足以改变战争的非正义性。

第一次世界大战是一场规模空前的战争，历时四年多，有30多个国家的大约15亿人口卷入这场战争，双方共有840万人阵亡、2 000万人受伤，另有350万人成为终身残疾、1 000万人因饥饿和瘟疫而死亡。大战中双方直接用于战争的费用约为2 000亿美元左右。在这场战争中，第二次工业革命的科技成果得到了广泛应用，毒气、潜艇、坦克、飞机等新式武器投入战场，战争的残酷性加剧。第一次世界大战给人类造成了巨大的物质和精神损害，饱受战争创伤的人们渴望和平，和平主义思潮在世界范围内盛行起来。

第一次世界大战严重削弱了帝国主义和殖民主义的力量，世界格局发生了重大变化。欧洲四大帝国在战争中被摧毁，代之而起的是一个崭新的社会主义国家苏联和德意志共和国、奥地利共和国、波兰共和国、捷克斯洛伐克共和国、匈牙利共和国等一系列资产阶级共和国。英国、法国和意大利虽然取得了战争的胜利，但在战争中被严重地削弱了。战后初期，欧洲国家的无产阶级革命运动和亚、非、拉美的民族解放运动出现了新高潮。随着英国各自治领的离心力日益增长，英帝国最终改组为英联邦。

美国、日本等国在第一次世界大战中迅速崛起。美国在战后成为世界最大的债权国和最大的资本输出国，对欧洲战后重建起着举足轻重的作用，对国际事务的影响力越来越大，纽约也成为世界金融中心之一。日本在战争中获得了异乎寻常的发展良机，它承接了协约国大量的军需订单，又乘欧洲各国无暇东顾之机，几乎独占了中国东北的市场，并加紧了对英、法等国殖民地的经济渗透，短短几年间，日本由农业国变成工业国，由债务国摇身变成债权国。

第一次世界大战后，随着凡尔赛—华盛顿体系的形成，国际关系中心由欧洲开始向其两侧转移，几个世纪以来形成的以欧洲为中心的世界格局出现严重动摇。1920年1月，人类历史上第一个世界性国际政治组织——国际联盟在日内瓦成立。

第十二章

第二次世界大战

> 第二次世界大战是 20 世纪人类历史发展的转折点，它改变了整个世界的面貌。这场迄今为止人类历史上规模最大的战争，席卷全世界 80% 的人口，战火遍及四大洲、四大洋，几乎每个角落都感受到地球的颤栗。人类在付出惨痛的代价后，终于战胜了法西斯，获得了和平与发展。

第一节　二战的爆发和初期阶段

◗ 1929 年—1933 年资本主义世界的经济危机

"梅隆拉响汽笛，胡佛敲起钟。
华尔街发出信号，美国往地狱里冲！"

——20 世纪 20 年代末纽约儿歌

12-1-1　20 世纪 20 年代的美国海报

第一次世界大战后，资本主义世界进入到相对稳定时期，美国经济出现繁荣景象。与此同时，生产的社会化和生产资料私人占有之间的矛盾也更加突出，贫富分化加剧，供需矛盾日益尖锐；风行的分期付款和银行信贷，刺激了市场的虚假繁荣。当时的财政信贷政策催化了一个逐级放大的资金链，以致潜伏着巨大的金融风险。

1929 年 10 月 24 日，星期四。纽约华尔街证券交易所突然崩盘，股票价格暴跌的速度连场内的行情自动收录机都跟不上。到 11 月中旬，股票价格下跌 40% 以上，证券持有人的损失高达 260 亿美元，成千上万普通美国人辛劳一生的血汗钱化为乌有。

股票的暴跌引发了美国严重的经济危机。半数银行倒闭，先后有 10 万多家企业破产，农业也出现连带反应。一方面"过剩"的产品无人问津，一方面到处是失业和饥饿。来势凶猛的经济危机很快蔓延到全球，导致整个资本主义世界的工业生产几乎倒退到 20 世纪初，甚至 19 世纪末的水平，国际贸易额减少了 2/3，工人失业率达 30% 至 50%。其中，美国遭受的打击最为严重，GDP 下降了一半，德国仅次于美国。这次经济大危机又引发整个资本主义世界的政治大动荡。

由于历史和现实中的政治和经济条件不同，各资本主义国家为摆

12-1-2　美国银行的挤兑风潮

脱困境,也选择了不同方式和道路。在美国,1933 年 3 月新就任的总统富兰克林·罗斯福宣布实行"新政"(New Deal),政府凭借强大实力,整顿财政金融体系、加强对工业的计划指导、调整农业政策、推行"以工代赈",全面加强对经济的干预。罗斯福新政,开创了国家干预经济发展的新模式,缓和了阶级矛盾,带领美国走出经济大萧条。

> 股市崩溃八个月后,美国流传着一则凄惨的幽默:"你必须排队才能挤到窗口跳下去。"到 1932 年 6 月 9 日触底时,道琼斯指数已经下跌了 91%! 那时最热的流行歌曲是:
> "Brother, Can You Spare a Dime?"

而德国和日本则走上了法西斯道路,"凡尔赛—华盛顿体系"逐渐崩溃,世界开始走向战争。

世界大战欧亚策源地的形成

由于"凡尔赛—华盛顿体系"的制约,德国在世界竞争中面临着极为不利的经济态势。1929 年经济危机爆发后,美国从德国抽回大量资金,这无异于釜底抽薪,使德国经济更加雪上加霜,德国出现了空前严重的社会危机和政治危机。德国垄断资产阶级希望依靠希特勒和纳粹党的统治拯救德国,寻求希特勒所宣扬的"新的生存空间"。1933 年希特勒出任德国总理,纳粹党掌握了国家政权。从此,德国走上了对内独裁、对外积极扩张的道路,世界大战的欧洲策源地形成了。

希特勒上台后疯狂扩军备战,加强法西斯独裁统治,实行国民经济军事化,用纳粹党的理论钳制人们的思想,对犹太人实行种族灭绝政策。1935 年德国公开撕毁《凡尔赛和约》,放手扩充陆军,重建空军,建造军舰,又在第二年出兵占领莱茵非军事区。

历史回眸

一战后,由英、法、美三国操纵签订的《凡尔赛和约》使德国丧失了 1/8 的国土、1/10 的人口和全部的殖民地,承担 1 320 亿金马克的赔款并接受在军事方面的严厉打击。法国元帅福煦在签订和约时说:"这不是和平,这是 20 年的休战。"

德国具有浓厚的军国主义传统,《凡尔赛和约》又在德国人心中埋下了仇恨的种子。希特勒宣扬"强权国家是改善经济的前提",主张"新帝国必须再一次沿着古代条顿武士的道路进军,用德国的剑为德国的犁取得土地,为德国人民取得每天的面包",这既迎合了部分德国人的极端民族主义心理,又符合人民改变现状、振兴德国的愿望,希特勒轻易上台执政。

对于占领莱茵非军事区的行动,希特勒后来回忆说:"进军莱茵的 48 小时,是我一生中神经最紧张的时刻。如果当时法国人也开进莱茵,我们就只好夹着尾巴后退,因为我们手中可以利用的那点点军事力量,即使是用来稍作抵抗,也是完全不够的。"历史学家约翰·惠勒·贝内特称:"阿道夫·希特勒不发一枪就赢得了第二次世界大战的第一仗"。

12-1-3　希特勒的狂热支持者

经济基础薄弱、国内市场狭小的日本,在经济危机的重击下同样走上了建立法西斯专政的道路。1936 年,受军部法西斯势力控制的广田弘毅上台组阁,标志着世界大战的亚洲策源地形成。

局部的反法西斯战争

随着欧亚战争策源地的形成,德国、日本伙同早在 20 年代初建立法西斯专政的意大利一起,多次发动了侵略战争。中国、埃塞俄比亚、西班牙等国人民在各自的国家内进行了英勇的反法西斯斗争。

在亚洲,1931年日本发动"九·一八"事变,中国打响了世界反法西斯战争的第一枪。1937年7月,日本又发动全面侵华战争,妄图"三个月灭亡中国",中国人民奋起抵抗,国民党和共产党实现第二次合作,中华民族的抗日战争开始。

在非洲,1935年10月意大利军队在大量飞机、坦克的配合下,入侵埃塞俄比亚。埃塞俄比亚军民的武器装备极其落后,许多人只能手持大刀、长矛对敌作战,但他们英勇顽强,粉碎了意大利速胜的企图。

在欧洲,1936年7月西班牙佛朗哥等法西斯军官发动了叛乱,西班牙内战爆发。德意法西斯悍然出兵干涉,西班牙内战演变为一场西班牙人民反对法西斯侵略的民族战争。

历史回眸

1937年德国空军疯狂轰炸西班牙的格尔尼卡,将其夷为平地,造成大量平民伤亡。毕加索创作了大型画作《格尔尼卡》,以变形、象征和寓意的手法描绘了人民在法西斯暴行下,惊恐、挣扎和死亡的悲惨世界。此画多次进行了公开展览。二战期间,一个德国法西斯分子看过《格尔尼卡》后问毕加索:"这是您的杰作吗?"

毕加索回答:"不,这是你们的杰作。"

12-1-4 《格尔尼卡》

1937年11月,德、意、日组成"柏林—罗马—东京"三国轴心集团,三个法西斯国家在"反共产国际"旗号下进行联合,妄图称霸世界。

面对德、意、日法西斯疯狂的侵略扩张,英、法、美等西方大国一直采取姑息纵容的绥靖政策,企图以牺牲弱小国家和民族的利益为代价,通过部分满足侵略者的贪欲来维护本国的利益。绥靖政策并没有给西方带来和平,反而助长了法西斯侵略的气焰,加速了世界大战的爆发。

慕尼黑阴谋

1938年3月,德国吞并奥地利,英、法、美三国政府分别承认这一事实,撤回驻奥使馆,代之以驻维也纳领事馆。几个月后,希特勒又借口捷克斯洛伐克境内的日耳曼人遭受到了"迫害",以战争相威胁,要求割占苏台德区。

英、法十分害怕卷入战争,逼迫捷克斯洛伐克接受割地的建议。1938年9月29日,英、法、德、意四国首脑张伯伦、达拉第、希特勒和墨索里尼,在慕尼黑签署了协定,强行把苏台德区割让给德国。历史上把这次会议称为"慕尼黑阴谋"。至此,绥靖政策达到顶峰。

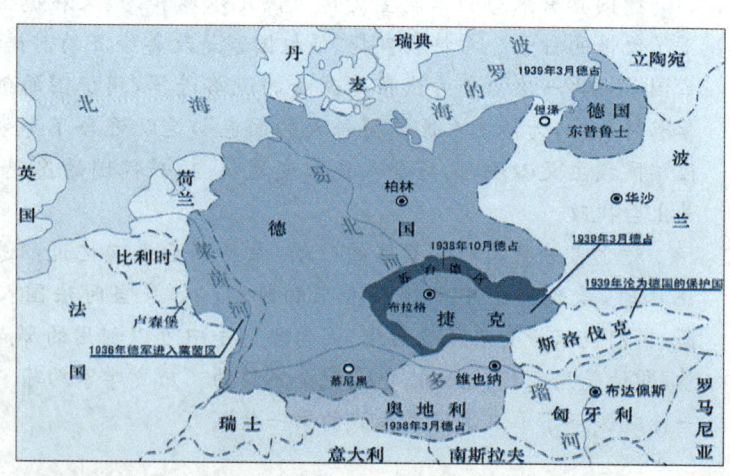

12-1-5 德国法西斯的扩张(1938年—1939年3月)

苏台德区同德国相邻,是捷克抵抗德国的天然屏障。俾斯麦曾说:"波希米亚的主人就是欧洲的主人。"

捷克斯洛伐克位于欧洲中心,战略位置非常重要。占领捷克斯洛伐克不仅可以东进直接威胁苏联,也能成为南下侵略巴尔干地区的重要基地,同时还可以占有捷克斯洛伐克发达的重工业,特别是欧洲第二大兵工厂——斯科达兵工厂,强化希特勒的战争机器。

慕尼黑协定签字之后,捷克斯洛伐克的代表才被召进会议厅,张伯伦和达拉第向他们宣布协定的内容,并且告知:"这是无权上诉和不能修改的判决词。"

慕尼黑协定签订后,德国更加肆无忌惮,第二年吞并了整个捷克斯洛伐克。随着战争威胁的迫近,苏联和英法准备着手建立集体安全体系。但双方分歧太大,谈判进行了四个月仍无实质性进展。与此同时,德国担心英法与苏联结成同盟自己将处于两线作战的困境,于是展开了积极的外交活动,同时和双方进行秘密谈判。苏联在与英法不能达成合作的情况下,转而寻求避战自保,以赢得备战的时间。1939 年 8 月,《苏德互不侵犯条约》正式签订。

12-1-6　张伯伦返回伦敦

面对机场上欢呼雀跃的人群高喊:"从今以后,整整一代人的和平有了保障。"

思想游牧

2009 年 9 月 1 日,世界多国领导人齐聚二战爆发地——波兰维斯特普拉特半岛。俄罗斯总理普京致辞时,谴责了《苏德互不侵犯条约》,但表示将这一条约视为"二战唯一的导火索"有失公允。俄罗斯总统梅德韦杰夫在 8 月 30 日的访谈节目中说,一些国家认为俄罗斯和纳粹德国对二战的爆发负同等责任,这一说法是"不负责任的谎言"。

你对这些观点有何看法?

12-1-7　波兰纪念二战爆发 70 周年

第二次世界大战的爆发和西线形势

1939 年在 9 月 1 日,德军突袭波兰。英法作为波兰的盟国被迫对德宣战,第二次世界大战全面爆发。

战争之初,德国在西线只有 23 个师,英法的 110 个师占有很大优势。但英法宣而不战,致使波兰军民孤军作战。不久,波兰覆亡。

12-1-8　德法边境的"静坐战争"西线无战事,法国总理发给士兵一万只足球,让他们借此消磨时间。

利用英法的退让,德国积极进行西进准备。为保障对英法作战的侧翼安全,并取得从海上进攻英国的前哨基地,1940 年 4 月 9 日,德军仅四个小时就占领丹麦、当晚占领挪威首都奥斯陆。

5 月 10 日,德国在西线发起总攻。卢森堡不战而亡,荷兰、比利时先后投降。同时,德军绕过重兵设防的马其诺防线侵入法国,直指英吉利海峡,英法盟军约 40 万人被逼退至法国北部的敦刻尔克海港附近。英国紧急组织代号为"发电机计划"的营救行动,经过 9 天 9 夜的奋战,共有约 33 万余人从敦刻尔克撤到英国,5 万负责护卫的法军被俘。敦刻尔克大撤退为盟军日后的反攻保存了大量的有生力量,但装备辎重几乎丧失殆尽。

史海钩沉

比军投降后，余下的 40 万盟军被德军挤进敦刻尔克附近不到 60 平方公里的"口袋"里。但是在 1940 年 5 月 24 日，发生了一件奇异的事情：德国装甲部队停止向前推进，希特勒只是派出飞机执行轰炸任务。这次的停顿，让盟军在这场生死时速中，有机会逃出合围，并依靠军舰、大小商船、渔船、摩托快艇、游船、拖网船撤离海滩，丘吉尔称之为"奇迹救援"。

12-1-9 敦刻尔克大撤退

德军在关键时刻为什么会有致命性的停顿呢？希特勒一道莫名其妙的命令，给第二次世界大战留下了一个谜。

6 月，德军对法国发动了新的进攻，法国政府决定放弃首都，宣布巴黎为不设防城市；意大利趁火打劫，也向法国宣战。6 月 22 日，法国投降。包括巴黎在内的法国大部分地区由德国占领，只有东南部名义上由法国贝当政府统治，实则充当德国的傀儡。此后，戴高乐将军在英国组织"自由法国"运动，继续抗击侵略者。

12-1-10 德军长驱直入

历史回眸

1940 年 6 月 22 日，法国代表被迫在停战协定上签字。根据德方指定，签字仪式安排在第一次世界大战结束时德国签订投降书的地点——法国贡比涅森林的"福煦车厢"里，只是这次双方对换了座位。此后，福煦车厢作为战利品被运到柏林，后在美英盟军轰炸柏林时被炸毁。另一种说法是希特勒在 1945 年 4 月，为免德国战败时法国故伎重演，下令将其炸毁。

德国的西线进军，宣告英法长期推行的绥靖政策最终破产。1940 年 5 月，张伯伦下台，丘吉尔接任英国首相，领导英国同德国作战。

1940 年 7 月，德国实施"海狮计划"，企图征服英国。为了避开自己的海军劣势，德国决定先对英国进行"恐怖空袭"，伦敦连续 57 个昼夜遭到德军飞机的疯狂轰炸，不少城市化为灰烬。德军的飞机在数量上占有 2∶1 的优势，但英国空军的飞机性能更为先进，并拥有大量高射炮和先进的雷达设施。英军以损失 915 架飞机和 414 名飞行员的代价摧毁了 1 733 架德机，击毙和俘获 6 000 名德国飞行员，在 10 月取得不列颠之战的胜利。第二次世界大战爆发以来，希特勒的侵略计划第一次遭到重大失败。

思想游弋

当罗斯福总统谈起应该为第二次世界大战起个名字时，丘吉尔脱口而出："The Unnecessary War!"丘吉尔在他的巨著《二战回忆录》中写道：二战是"一场并非必然的战争，从来没有一次战争比这场战争更容易制止的了"。

谈谈你的看法，二战能避免吗？对于二战爆发的原因，有人作了这样的比喻：干柴遇到了烈火，再加上有人用吹火筒不停地吹。你认为这个比喻恰当吗？

第二节　二战的扩大和反法西斯战争的胜利

苏德战争爆发和日军偷袭珍珠港

1941 年 6 月 22 日凌晨,希特勒撕毁《苏德互不侵犯条约》,分三路突然向苏联发起全面进攻,苏德战争爆发。第二次世界大战进一步扩大。

历史回眸

德国突袭苏联的行动代号是"巴巴罗沙计划"。

巴巴罗沙是"红胡子"的意思,是德意志国王、神圣罗马帝国皇帝腓特烈一世的绰号。腓特烈一世在 12 世纪时曾 6 次入侵意大利、指挥十字军东侵,统治政策极其残酷,引起了当时欧洲的普遍恐惧。人们传说他的胡子是用鲜血染红的。希特勒用它作为侵苏战争的代号,其含义不言而喻。

苏联对德军的"闪电战"猝不及防。苏联对战争爆发的时间和德军的主攻方向判断失误,也未料到德军一开战就集中使用大量坦克和飞机这些技术兵器、并投入 75% 以上的主力实施大纵深袭击。因此,苏联边境线上的防御体系在 24 小时内就陷于瘫痪。到 11 月,德军已占领了苏联 150 多万平方公里土地,控制了苏联大约 40% 的人口及大部分工业区。

与德国在欧洲的疯狂侵略相呼应,日本在亚洲妄图建立"大东亚共荣圈",这严重威胁到美英在太平洋的利益。1940 年 9 月,美国对日本实行钢铁、石油等战略物资的贸易禁运,冻结日本在美国的资产,增加对中国的援助。英国等国也随之采取了相应措施。为取得战争主动权,日本军部决定用武力解决问题。

1941 年 12 月 7 日清晨,日本航空母舰特混舰队的舰载机突然袭击了美国在太平洋的海军基地珍珠港,以微小的代价重创美国太平洋舰队。日军偷袭珍珠港的当天,同时发起对中太平洋和东南亚各地的进攻,在不到 4 个月的时间里侵占了这些地区。太平洋战争爆发,第二次世界大战真正达到了世界规模。

历史回眸

英国首相丘吉尔听到日军偷袭珍珠港的消息,马上给罗斯福总统打电话:
"日本是怎么回事?……"

罗斯福打断道:"是确实的,他们袭击了珍珠港。我们现在风雨同舟了。"

"事情倒变得干脆了,上帝保佑你,总统先生。"丘吉尔的声音都有些颤抖了。

丘吉尔对当晚的表述是:"我睡了一个得到了拯救而心满意足的人所睡的觉。"

苏联与美国的参战大大增强了世界人民的反法西斯力量。美国彻底放弃了孤立主义政策,世界反法西斯国家在德意日法西斯的疯狂进逼下,开始逐步地走向联合。1942 年 1 月,中、苏、美、英等 26 国在华盛顿签署《联合国家宣言》,各国保证以全部的军事和经济资源,团结一致,彻底打败法西斯轴心国及其追随者。这标志着国际反法西斯联盟的正式形成。

国际反法西斯联盟的形成,坚定了世界人民战胜法西斯的决心,增强了国际反法西斯力量,不同社会制度、不同种族的国家和人民为

12－2－1　战争时期的宣传海报

了共同的目标,互相配合,对加速反法西斯战争的胜利起了极为重要的作用。

● 第二次世界大战的转折

从莫斯科战役到斯大林格勒战役

希特勒企图在入冬以前打败苏联,1941年9月底,德军发动对莫斯科的进攻,在两周之内完成了三个大包围圈,共俘虏66.3万苏军。

面对险峻形势,斯大林留在莫斯科,亲自指挥保卫战;朱可夫大将迅速重建了4个集团军,防卫通往莫斯科的所有重要地段;50万市民帮助构筑防御工事(其中有3/4是妇女);12万人的民兵师迅速集结。莫斯科军民同仇敌忾,誓死保卫祖国的心脏。11月27日,德军推进到了离莫斯科仅24公里处。也就在这一天,气温骤然下降①,德军攻势功亏一篑。12月5日,苏军展开自开战以来的首次大规模反攻,歼敌50万,敌人仓皇退却100—250公里。

德军在莫斯科战役中的失败,标志着希特勒闪电战的破产,粉碎了德国"天下无敌"的神话。

史海钩沉

克里姆林宫是俄罗斯民族的象征,其建筑无论是建筑式样还是色彩都独具特色,非常醒目。它是怎么躲过德军的空袭呢?本世纪初,俄罗斯国家档案馆一个封存了64年的文件对此解密:

根据总体伪装构想,所有建筑全部漆成莫斯科建筑背景色彩;克里姆林宫高耸的红星和教堂上的十字架都被蒙上护套。从空中往下看,宫内的许多房屋伪装得像剧院,改后的大道就像一条普通的公路,新造的木桥改变了地理环境特征,尽管并无行人行走,但看起来却像真的一样。列宁墓上方直接搭建了一个巨大的三层楼房木制模型……与此同时,在莫斯科另一个地方,一个假克里姆林宫一夜之间竣工完成了。

12-2-2 克里姆林宫

1942年7月,为夺取苏联南方重要的粮食、石油产区,进而包抄莫斯科,希特勒集中了100多万兵力向斯大林格勒发起进攻。

12-2-3 斯大林格勒的巷战

斯大林格勒(原名察里津)位于欧洲最大的河流之一——伏尔加河下游西岸、顿河大弯曲部以东的60公里处,是伏尔加河流域最古老的城市之一。在伏尔加河的滋养下,这里一直是俄罗斯的"南部粮仓"。伏尔加河—顿河运河开凿后,这里更是成为俄罗斯欧洲地区东南部水陆交通枢纽,扼守着欧亚两洲的咽喉。斯大林格勒作为苏联欧洲部分东南部的政治、经济、文化中心和重要的军事工业基地,有着重要的战略意义。

德军每天出动上千架飞机,把斯大林格勒炸成了一片废墟。9月中旬,德军攻入市区,苏联军民与之展开激烈巷战,坚决执行斯大林"决不后退一步"的命令。希特勒把他的主力和几乎所有后备力量源源不断调到这里,收效甚微,反而消耗了有生力量。11月,苏军开始反攻,德军残部被迫于次年2月宣布投降。

① 史学界普遍认为,1941年的降温比往年早半个月,还在10月上旬时,莫斯科地区就开始下雪。但对11月27日中午气温骤降的幅度说法不一。一种说法是降到了−40℃左右,一种说法是降到了−20℃。对于12月5日开始的第二次降温,两派观点又趋于一致,即,气温下降到了大约−30℃左右。

斯大林格勒战役的胜利，是苏德战场的转折点，也是第二次世界大战的转折点。从此，苏军开始转入战略反攻。

历史回眸

1942年10月以来，斯大林格勒的巷战成为令德国士兵绝望的噩梦。

为便于巷战，苏联士兵划分成独立战斗分队，每队由一连士兵组成并配备三四辆坦克。他们利用每一寸土地，誓死保卫家园，仅火车站在一星期内就易手13次之多。德军以极大代价攻下的残垣断壁，到夜间又被苏军抢了回去。就算德军已经占领了工厂的一半厂房，但在另一半弹片横飞的厂房里，车间的生产照旧进行，工人们驾驶着刚从流水线下来的坦克直接出厂，迎战敌军。

为夺回东线主动权，希特勒于1943年夏季发动了库尔斯克战役。这是人类战争史上最大的一次坦克战，德军装备的是当时最为先进的武器——"虎"式、"豹"式坦克和"斐迪南"式强击火炮。经过50多天的厮杀，德军最终败退。这场会战后，苏军完全掌握了战略主动权，转入了战略进攻。

史海钩沉

"苏军在库尔斯克会战的胜利标志着德国法西斯已经处于覆灭的边缘"（斯大林）。一直以来，人们都认为德国在东线迅速崩溃是由于库尔斯克战役的惨败。

不过，也有人根据美国华盛顿特区国家档案馆的一份资料认为，在7月12日那场关键性的战役后，德军精锐SS装甲军仅损失了48辆坦克，仍有163辆具备作战能力。另一方面，苏联原始资料显示，"苏军第5坦克集团军在这次战役中失掉坦克约650辆，战斗后需要大修的有400辆。由于无法恢复其集团攻击能力，已将剩余坦克编入步兵连队。"把这些材料对应起来，有史学家判断德军的撤退是在战后仍然保留大批有生力量的情况下进行的，是苏联军队的顽强抵抗令希特勒丧失了继续同苏军作战的勇气和信心。

12-2-4 德军"虎"式坦克

随着希特勒撤退决定的做出，苏军乘胜前进，从1944年1月起基本收复了全部国土，并进入东南欧地区继续对德作战。

中途岛战役

1942年4月，美国16架舰载飞机轰炸东京，日本联合舰队总司令山本五十六判断美军的飞机来自太平洋中的中途岛，决定倾日本海军之力彻底摧毁美国太平洋舰队。

6月4日，中途岛作战开始。由于美军破译了山本密码，掌握了日军行动的准确情报，致使日军的偷袭没能得逞，但轰炸日舰的美机也没有命中目标。其中一队在预定海域未找到目标的美军轰炸机，在返航时，突然意外地发现一艘日军驱逐舰。他们顺藤摸瓜，看到了由四艘航空母舰组成的蔚为壮观的日军特混舰队。这时，日本舰队的甲板上满是鱼雷、炸弹和没来得及起飞的飞机。最终，日军4艘航空母舰被击沉，连带损失了300多架飞机和大批经验丰富的飞行员。中途岛战役后，日本在太平洋再也无力发动大规模进攻，太平洋战场出现转折。

阿拉曼战役

墨索里尼乘欧洲战事正紧、英国分身乏术之时，从1940年7月起，入侵英国在东非和北非的殖民地，但被英国留守部队击溃。1941年2月，希特勒派隆美尔率领非洲军团驰援北非意大利军队，攻守双方多

12-2-5　阿拉曼公墓

其中一墓志铭题为："对于世界，你不过是一名士兵；而对于我，你却是整个世界。"

次易位。

1942年夏，德意军队进逼阿拉曼，开罗告急，但其过长的战线增加了供给的困难。10月，英军在蒙哥马利指挥下发动反攻。由于德意军团没有空中掩护，依靠地中海的供给线也已基本掌握在英军手中，德军装甲部队濒临瘫痪，北非战场形势发生转折。1943年，北非德意军队投降，北非战事结束。

1943年7月，美英盟军在意大利的西西里岛登陆。意大利发生政变，墨索里尼政府垮台，新政府宣布投降、退出战争。法西斯轴心国开始瓦解。

世界反法西斯战争的胜利

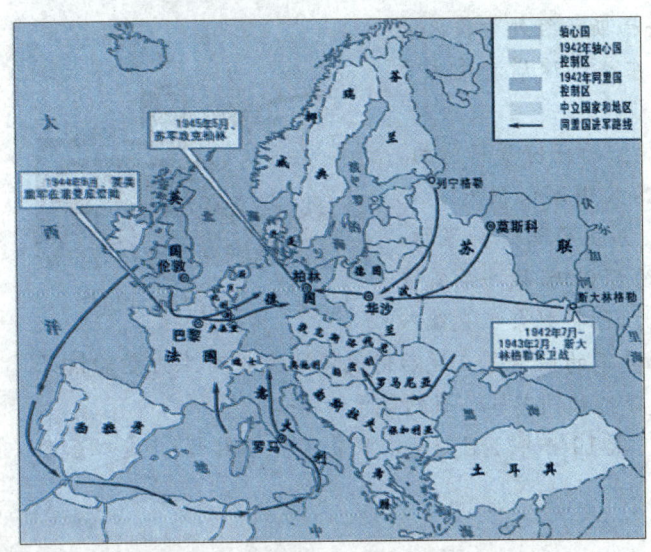

12-2-6　第二次世界大战形势图

随着战争形势出现根本性的转折，反法西斯同盟各国加强了政治和军事上的合作，争取最后的胜利。1943年11月，中、美、英三国政府首脑在开罗会晤，签署了《开罗宣言》。明确规定日本所窃取于中国的领土，如东北、台湾、澎湖列岛等归还中国。

接着，苏美英三国首脑斯大林、罗斯福和丘吉尔举行德黑兰会议，决定在欧洲开辟第二战场，通过了三国在对德作战中一致行动和战后合作的宣言。为了确保登陆的成功，盟军进行了各种周密的准备。1944年6月6日凌晨，美英盟军在法国的诺曼底强行登陆，此前三个空降师刚刚趁夜色在德军后方着陆。德军猝不及防，盟军成功建立滩头堡，开始向法国内陆进攻。8月，巴黎光复。诺曼底登陆开辟了欧洲第二战场，德国陷入苏军和英美盟军东西夹击的铁钳之中，加速了灭亡。

12-2-7　三巨头

12-2-8　苏联红军攻占柏林

1945年2月,苏美英三国首脑斯大林、罗斯福和丘吉尔举行雅尔塔会议,签订《雅尔塔协定》,对尽快结束战争、战后德国问题和规划战后世界秩序做出了重要安排。会后,盟军加强了对德军的攻势,美苏军队在易北河会师。苏军猛攻柏林,在4月30日将红旗插上德国国会大厦,希特勒自杀身亡。5月8日,德国正式签署了无条件投降书。欧洲反法西斯战争胜利结束。

史海钩沉

苏德战场被称为20世纪最为惨烈、最为血腥的战场。

苏联在二战中抗击着80%的德军,伤亡数字是非常惊人的。俄罗斯2005年公布的最新数字显示为:共有2 660万苏联公民在二战中丧生。苏联全国的成年男子有一半非死即残。

1945年夏,苏美英三国首脑斯大林、杜鲁门、丘吉尔在德国的波茨坦会晤,重申了雅尔塔会议的精神,以中美英三国的名义敦促日本无条件投降。日本法西斯负隅顽抗,叫嚣要进行"本土决战"。

1945年8月,苏联对日宣战;以中国为主的亚洲各国军民展开了战略大反攻;美国在日本的广岛和长崎分别投放了原子弹。原子弹打击了日本法西斯极端势力的嚣张气焰,同时也造成20多万和平居民的死亡。8月15日,穷途末路的日本天皇宣布日本无条件投降。9月2日,日本正式签署投降书。反法西斯的第二次世界大战胜利结束。中国是抗击日本法西斯侵略的主要国家,为世界反法西斯战争的胜利做出了巨大牺牲和重大贡献。

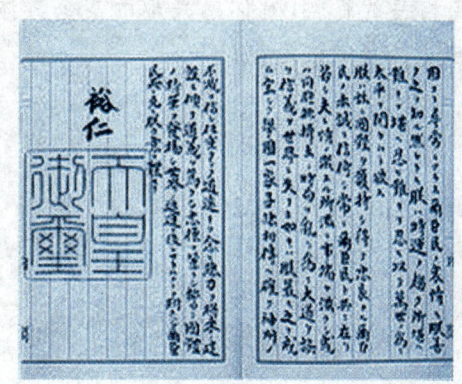

12-2-9　日本天皇发表的投降诏书

第二次世界大战历时六年,先后有61个国家和地区参战,17亿以上的世界人口被卷入战争。据不完全统计,战争中军民共伤亡9 000余万人。这场规模空前的战争给人类带来了前所未有的破坏和灾难。

战争彻底打垮了德、意、日法西斯国家,英法虽是战胜国,但实力已大为削弱,美国成为战后世界最强大的资本主义国家。帝国主义势力的削弱促进了民族解放运动的蓬勃发展,世界上涌现出一系列民族独立国家和人民民主国家。苏联是遭受战争破坏最严重的国家,经济倒退了10年,但它拥有巨大的经济潜力,很快发展成为战后唯一能和美国抗衡的世界上的一流强国。

第二次世界大战是一场世界反法西斯战争。法西斯的残暴在战争中暴露无遗,德意日法西斯国家犯下的滔天罪行罄竹难书,战争打败了法西斯,挽救了人类文明,也教育人类要铭记历史、珍视和平、共同进步。

历史回眸

奥斯维辛集中营位于波兰的一个小镇,是二战期间纳粹德国建立的欧洲最大的集中营。

奥斯维辛集中营被人们称为"死亡工厂"。德国纳粹在这里至少屠杀了250万人、50万人死于饥饿和疾病,受害者绝大部分是犹太人。1945年1月27日,苏联红军解放奥斯维辛集中营时,在这里发现了7 000公斤头发、35万件女装、4万双男鞋和5 000双女鞋。当时集中营内的幸存者仅有2 800多人,其中包括130名儿童。

为了让人们牢记历史,并警示世界"要和平,不要战争",1979年,联合国教科文组织将奥斯维辛集中营列入世界文化遗产名录。

12-2-10 铁道直通集中营   12-2-11 被囚者

君子动手

　　请同学们搜集二战相关的资料，对你感兴趣的某个具体问题进行专题调查，开一场"我眼中的二战——世界大战的启迪"为主题的讨论会。

第四编　近代中国

第十三章

晚清积弱和列强的侵略

1840年，鸦片战争爆发。清政府战败后被迫签订了中英《南京条约》，中国由此开始沦为半殖民地半封建社会。在此后的几十年中，欧美主要资本主义国家又发动了一系列侵华战争，不断加强对中国的殖民掠夺，中国一步步地走近半殖民地半封建社会的深渊。

第一节 鸦片战争

鸦片战争前的国内国际形势

鸦片战争前夕，中国处在封建社会末期，在清朝的统治下已经危机四伏。

那时的中国已经远远落后于世界发展潮流之后。自然经济在社会经济中仍占统治地位；从明朝中后期开始孕育的资本主义萌芽发展极其缓慢；封建制度严重束缚了中国经济的发展；土地兼并严重，阶级矛盾十分尖锐。清朝统治后期，政治上日益腐败。各级官吏贪赃枉法，搜括民财，贿赂成风；军队装备陈旧，纪律败坏，吸食鸦片、聚众开赌等现象屡见不鲜；清政府还实行文化高压政策，禁毁书籍，大兴文字狱，钳制思想。随着阶级矛盾的加剧，各地的农民起义此起彼伏。

历史回眸

当时，作为主要生产资料的土地高度集中于皇帝、大官僚、大地主手中，农民只有少量土地或完全没有土地。皇帝是最大的地主，嘉庆年间，各地共有皇庄1000多处，皇帝共占有全国1/10左右的耕地。大学士和珅一人占地达五万多公顷。其他占地上万亩的官僚、贵族、地主也大有人在，"田之归于富者，大约十之五六"。地主在集中了大量的土地后，把土地分成小块出租给农民耕种，农民要将收入的一半以上作为地租交给地主，同时还要承担政府的各种赋税，许多农民濒于破产。

清中期以后，吏治日益败坏，这与中国历史上最著名的贪官和珅不无关系。和珅年轻时仪表俊伟，又颇有才学，因而受到乾隆皇帝的赏识，飞黄腾达。他擅政二十多年，权倾朝野，同时又贪婪无度，甚至公然勒索纳贿，而百官则争相攀附，朝廷中腐败成风。

13-1-1 八旗子弟

清政府每年花费两千万两白银养活着一支近百万的军队，但其中的八旗军早已成为养尊处优的寄生虫,绿营兵也因和平日久,基本不操练。武器装备仍旧使用冷兵器,没有海军,只有水师。水师战船大多用薄板旧钉制造,遇击即破,海防火炮质量低劣,只能装一半炸药,否则炮管会被炸裂。

与此同时,以英国为代表的欧美资本主义国家却在迅速崛起。1840年,英国率先完成工业革命,成为世界头号资本主义强国。伴随着工业资本主义的迅速发展,资本主义各国开始扩张,不断地在世界各地建立起殖民地,把它们作为自己的原料产地和产品销售市场。到19世纪前期,英国已在全世界占据了共200多万平方公里的殖民地,号称"日不落帝国"。

13-1-2 "日不落帝国"的炮舰

知识链接

1840年,英国的煤产量达到3 600万吨,铁产量达到142万吨,棉纺织业的棉花消耗量达4.59亿磅。当年英国的工业产量占世界工业产量的45%。随着实力的不断增强,英国先后侵入印度、新加坡、缅甸、阿富汗等地,并把印度作为其侵略亚洲的基地。于是,地大物博、经济落后的中国自然成为英国的下一个侵略目标。

○英国的鸦片走私和中国的禁烟运动

鸦片战争前的中外贸易中,中英贸易占首要地位。在正当贸易中,英国主要向中国输出毛纺织品、金属制品、棉布等,中国则向英国输出茶叶、生丝、瓷器、药材等。由于中国的自然经济对外国工业品的巨大抵抗力,再加上清政府又实行闭关政策,使得英国商品很难在中国销售。中国处于出超地位。

思想游戈

一个英国人这样描述当时的情况:"他们(中国农民)除了必不可少的东西外很少买。卖给他们的东西无论多么便宜,他们一概不需要。"

请思考:为什么自给自足的自然经济对外国工业品具有顽强的抵抗力?

历史回眸

1757年,清政府正式实行"闭关政策",规定只准广州一口对外通商;对外商在华的活动也进行严格限制,如不得在广州城居住,不得在广州过冬等;禁止国人出境,禁止制造海船;设立公行制度,公行也称十三行、洋行等,外商来华贸易或办理其他事务必须经过特许的公行来进行。

13-1-3 广州十三行

为了扭转不利的贸易地位,英国决定进行可耻的鸦片贸易。英国鸦片贩子无视清政府的禁令,大肆从事鸦片走私,输入中国的鸦片数量不断增加,从19世纪初的每年4 000箱增加到鸦片战争前的每年3.5万箱。

 知识链接

　　鸦片又名阿芙蓉,俗称大烟。它由罂粟果汁经干燥而成,原产于南欧、小亚细亚等地,最早在7、8世纪时由阿拉伯人带入中国。起初鸦片只是作为安神止痛的药材使用。17、18世纪时,鸦片的吸食方法传入中国,此后鸦片开始作为嗜好品被运入中国。鸦片中含有大量的吗啡和尼古丁,具有强烈的兴奋麻醉作用,毒性很大,经常吸食,就会上瘾,且不易戒除。"瘾至,其人涕泪交横,手足委顿不能举","故久食鸦片者,肩耸项缩,颜色枯羸,奄奄若病夫初起"。

13-1-4 鸦片瘾君子

　　鸦片泛滥给中国带来了巨大危害。对外贸易,中国由出超变为入超,白银大量外流,国库空虚,银价上涨。吸食鸦片的人中有官僚、贵族、地主、农民、士兵等。官员吸食鸦片,使得吏治更加败坏;士兵吸食鸦片,军队丧失了战斗力;农民吸食鸦片,则丧失了劳动力。鸦片不仅摧残了人的精神和体质,而且败坏了社会风气,破坏了生产力。

　　烟毒泛滥给中华民族带来了深重的灾难,同时也直接影响到了清朝的统治。以湖广总督林则徐为代表的有识之士上书道光皇帝,请求严禁鸦片。道光皇帝深受触动,1838年,他任命林则徐为钦差大臣,前往广东查禁鸦片。

　　林则徐到达广州后,会同两广总督邓廷桢收缴鸦片,缉拿烟贩,同时整顿海防,招募水勇。1839年6月,林则徐下令将收缴上来的鸦片共一百一十多万公斤,在虎门海滩当众销毁。虎门销烟是中国人民禁烟运动的伟大胜利。它沉重打击了侵略者的气焰,向全世界表明了中国人民维护民族尊严和反抗外国侵略的坚强决心。林则徐是中国近代第一位伟大的民族英雄。

13-1-5 "若犹泄泄视之,是使数十年后,中原几无可以御敌之兵,且无可以充饷之银。"

——林则徐

 历史回眸

　　林则徐命人在虎门海滩的高地上修造了两个长宽各15丈的销烟池,1839年6月3日,虎门销烟开始了。先由人车水入池,然后向池中撒盐成卤,将每块烟土切成四瓣,投入盐卤中浸泡一段时间,再将石灰投入搅拌,销烟池内顿时沸腾翻滚,烟土变成滓沫,不能再收合成膏。一池销毁后,等到海水退潮,打开涵洞,让销毁的鸦片随海水涌入大海,再销毁另一池。到6月23日,缴获的鸦片全部当众销毁。广州百姓纷纷赶来观看销烟壮举,无不欢欣鼓舞,拍手称快。现在,虎门销烟这一爱国壮举已经被镌刻在天安门广场上的人民英雄纪念碑的底座上,供后人瞻仰。

13-1-6 虎门销烟

鸦片战争

　　虎门销烟的消息传回英国,英国政府迅速决定以此为借口发动一场侵华战争。1840年6月,英国舰

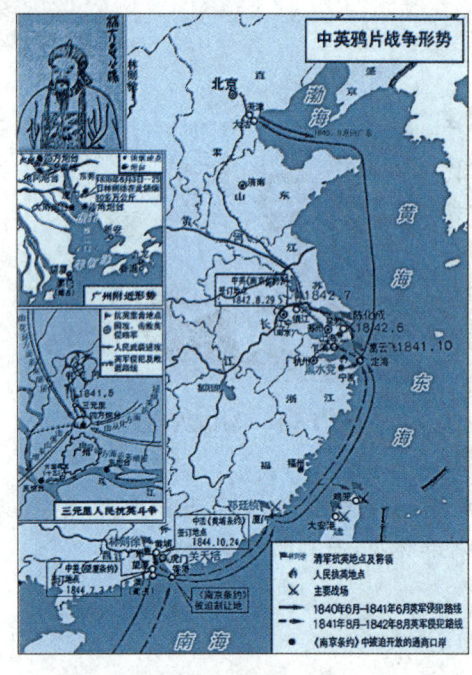

13-1-7　鸦片战争形势图

队封锁珠江口,鸦片战争爆发。这场战争进行了两年,到1842年8月,以清政府的屈服求和而告结束。在战争过程中,人民群众奋起抗英,显示了中国人民反侵略的决心。

鸦片战争共分为三个阶段。第一阶段从1840年6月到1841年1月。这一阶段中,由于林则徐在广东做了充分的御敌准备,英军遂绕开广东,北犯厦门,却被邓廷桢率军击退。他们又沿海北上,在攻陷了守备松弛的浙江定海后,直接将船开到了天津白河口。道光皇帝大为震动,将林则徐革职查办,派琦善赴广东同英军谈判。1841年1月26日,英军强占了香港岛。第二阶段从1841年1月到5月。1841年1月26日,清政府对英宣战,并派奕山前往广东作战。但广州一战,奕山在城头竖起白旗向英乞和,并签订了屈辱的《广州合约》。清政府的第一次出兵抵抗就此失败。第三阶段从1841年8月到1842年8月。这一阶段英军以江浙作为进攻重点,控制长江下游地区,胁迫清政府。清政府组织抵抗非常不力,前线连连溃败。1842年8月,英国军舰抵达南京江面。清政府屈服求和,鸦片战争结束。

思想游牧

有些西方学者认为鸦片战争的爆发是由于"商务上的误会",是英国"维护商业"的战争;还有的学者认为这场战争是源于"东西方文化之间的冲突"。

你对这些观点有何看法?

中英《南京条约》

1842年8月,中英两国代表在南京议和,签订了中国近代史上第一个不平等条约——《南京条约》。其主要内容有:割香港岛给英国;赔款2 100万银元;开放广州、厦门、福州、宁波、上海五口通商;英商进出口货物所应缴纳的关税须经中英两国"秉公议定则例",即协定关税;废除公行制度。

第二年,英国又强迫清政府签订了《五口通商章程》和《虎门条约》,作为《南京条约》的补充条约,从中取得了"领事裁判权"、"关税值百抽五"、"片面最惠国待遇"和在通商口岸租赁土地、房屋和永久居住的特权。

13-1-8　《南京条约》签字时的情景

鸦片战争的影响

《南京条约》的签订,破坏了中国的领土、司法、关税等主权,中国被卷入世界资本主义市场,开始成为世界资本主义的商品倾销地和原料产地,自给自足的自然经济逐步解体,中国开始沦为半殖民地、半封建社会。由此,外国资本主义和中华民族的矛盾开始成为中国社会的最主要的矛盾,中国人民肩负起反对外国资本主义侵略和本国封建统治的双重革命任务。鸦片战争是中国近代史的开端。

由于不平等条约大大降低了进口税率,使得外国商品大量输入中国,其中以棉纺织品数量最多。松江、太仓等地生产的手工棉布原来行销全国,但自从 1843 年上海开埠以后,土布受到排斥,价格低廉的机制洋布夺走了松太土布的大部分市场。厦门开埠后,由于"民间之买洋布、洋棉者,十室而九,由是江浙之棉布不复畅销,商人多不贩运"。广州附近的手工纺织业也是"几停其半"。手工棉纺织业是自给自足的自然经济中的重要组成部分,尽管上述情况出现在局部地区,但是它表明中国的自然经济已开始解体。

与此同时,外国资本主义国家还在加紧掠夺中国的原材料和农产品,其中丝、茶的数量最大。当时中国丝、茶出口的数量、价格、规格都受到外商的控制,服从资本主义国家的需要。中国农产品生产的日益商品化、殖民地化,是中国封建自然经济开始解体的又一标志。

1845 年,英国驻上海领事故意曲解《虎门条约》中关于外国人可以在通商口岸租地和居住的条款,与上海地方官员议定《上海租地章程》,划定"洋泾浜以北,李家庄以南之地,准租于英国商人,为建设房舍及居住之用",这就是最早的租界。此后,美、法也在上海各自划定租界。1854 年,上海租界又成立了工部局、巡捕房等行政、司法、警察机构,实行完全独立的统治制度,形成了"国中之国",进一步破坏了中国的主权。

鸦片战争后,清政府的鸦片禁令虽未取消,但鸦片贸易实际上完全不受法律制裁。英、美烟商利用通商口岸将鸦片大量输入中国。1840 年代末,每年输入中国的鸦片达 4 万多箱,到了 1850 年代,又增至 6.8 万箱。随着鸦片数量的激增,银价一涨再涨,人民生活更加困苦。吸食鸦片的人越来越多,不分男女老幼、官绅商民,人们甚至以吸烟为尊,"特开烟间,令妻子挑膏,殊不为耻。甚或烟馆林立不说,极尽铺张,以豪华称胜,以雅致标奇,秋有菊、冬有果"。这种恶习竟成为当时流行的社交方式。

13-1-9　鸦片烟馆

君子动手

《南京条约》等中国近代史上第一批不平等条约签订后,大量外国工业品倾销到中国。
请搜集当时外国商品大量倾销到中国的资料,试分析这对中国社会产生了怎样的影响。

第二节　第二次鸦片战争

英法挑起战争

19 世纪中叶,世界主要资本主义国家进入经济蓬勃发展的时期。开辟更为广大的商品倾销市场、抢占更多的原材料产地、掠夺廉价劳动力,成为资本主义国家共同的迫切要求。为此,英、法、美等国勾结起来,共同向清政府提出"修改条约"的要求,其目的就是要进一步扩大中国市场,攫取更多的侵略权益。

历史回眸

《南京条约》等不平等条约签订后,英国资产阶级认为中国市场已经被打开,马上就可以赚取巨额利润了。但他们却发现,对华贸易输出并没有明显增长,运到中国的大批商品依然销售不出去。例如在 1853 年,中国人均消费英国棉纺织品的价值是 0.75 便士,而仅有 14 600 人的洪都拉斯,人均消费英国棉纺织品却达 934.5 便士,是中国的 1 246 倍。英国资产阶级认为造成这种状况的原因是中国开放的通商口岸太少,英国攫取的特权不够多。因此,他们决定采取行动来达到目的。最初,英国勾结法、美两国,借口在中法《黄埔条约》和中美《望厦条约》中有 12 年后修约的条款,英国则援引"最惠国待遇"条款,三国于 1854 年和 1856 年两次向清政府提出修约要求,主要内容有:开放中国沿海和内地各城市;鸦片贸易合法化;外国公使进驻北京;降低税率等。清政府两次拒绝了修约的要求。于是,欧美列强决定再次发动侵华战争来迫使清政府就范。

思想游戏

《南京条约》等不平等条约签订后,英国的对华贸易输出并没有明显增长。

请大家思考:造成这种情况的真正原因是什么。

1856 年秋,英国借口"亚罗号事件",悍然出兵袭击广州。接着法国借口"马神甫事件",伙同英国共同出兵。英法发动的新的侵华战争爆发了。这场战争实际上是鸦片战争的继续和扩大,历史上称为"第二次鸦片战争"。

知识链接

"亚罗号"是一艘中国走私船,1856 年 10 月 8 日,广东水师拘捕了船上的 12 名中国水手。这本是中国内政,与英国毫无关系。但"亚罗号"的船主为了走私方便,曾在香港登记注册,有效期一年。事情发生时,登记证已经过期。英国驻广州领事巴夏礼却藉此硬说"亚罗号"是一艘英国船,还诬称中国士兵曾扯下船上悬挂的英国国旗,是对英国的侮辱,要求两广总督叶名琛立即释放水手,并向英国道歉。叶名琛迫于压力,将水手送到英国领事馆,但巴夏礼又习难说中国礼貌不周,拒不接收。10 月 23 日,英国就挑起了战争。此事的策划者英国公使包令在给巴夏礼的信中说:"'亚罗号'是无权悬挂英国国旗的,允许它这样做的执照于 9 月 27 日满期。"他在此后给英国政府的报告中又称:船籍登记证已经无效,船当时不在英国的庇护下,但中国人不知道这一点,千万不要把这一点告诉他们。由此可见,"亚罗号事件"完全是英国制造的战争借口。

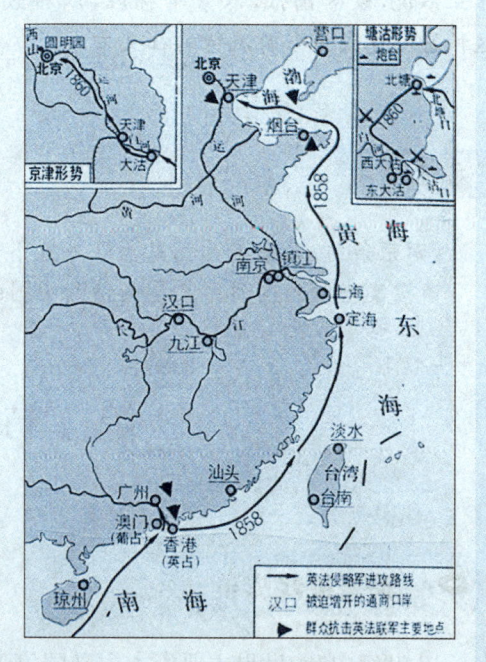

13-2-1 第二次鸦片战争示意图

1853 年,法国天主教神甫马赖非法潜入中国广西省西林县,以传教为名,吸收地痞流氓入教,勾结土豪劣绅,包庇教徒,行凶作恶,最终激起民愤。1856 年 2 月,西林知县张鸣凤逮捕了马赖等 26 人,并依法处死了马赖等 3 人。法国借口"为保护圣教而战",伙同英国发动了第二次鸦片战争。

1857 年 12 月 28 日,英法联军在额尔金和葛罗的率领下进攻广州。29 日广州失陷,两广总督叶名琛被俘,广东巡抚柏贵降敌。英法联军在广州烧杀抢劫,无恶不作,还成立了"联军委员会",对广州实行军事管制。在其操纵下,柏贵仍任原职,充当傀儡。这是中国近代史上第一个地方傀儡政权。英法联军在广州维持了近四年的殖民统治,直到 1861 年 10 月 21 日才全部撤走。

历史回眸

　　英法联军在进攻广州前,曾向两广总督叶名琛发出最后通牒。但叶名琛不做任何战守准备。当时人们嘲讽他在广州的作为是"不战不和不守,不死不降不走"。他被停后,英国人将他送至香港,后又移至印度的加尔各答,囚禁在海边的"镇海楼",直至 1859 年病死在那里。

《天津条约》和《北京条约》的签订

　　为了进一步迫使清政府屈服,英法联军决定北上。1858 年,英法联军舰队抵达天津白河口外,美、俄公使也随同抵达,与英、法合谋侵略中国。

　　4 月,四国公使同时照会清政府,由英法两国提出侵略要求,美俄两国则伪装"调停"。5 月,英法军舰突然闯入白河口,进攻大沽炮台。直隶总督谭廷襄率先逃跑,炮台失陷。接着,英法联军又占领天津,并扬言要进攻北京。咸丰皇帝急忙派大学士桂良等赴天津议和。

　　1858 年 6 月,清政府被迫分别与英、法、俄、美四国签订了《天津条约》,主要内容包括:外国公使进驻北京;增开牛庄(后改为营口)、登州(后改为烟台)、淡水、汉口、南京等 10 处为通商口岸;外国军舰和商船可在长江各口岸自由往来;外国人可往中国内地游历、经商、自由传教;赔偿英国军费及英商损失 400 万两白银,赔偿法国军费 200 万两白银。

历史回眸

　　《天津条约》是国际条约中词句最含糊的条约之一,这是侵略者有意留下的漏洞,为其将来的侵略寻找借口。如在中英条约中有这样的规定:以英文作为法定文字,"自今以后,凡有文词辩论之处,总以英文为正义"。它为侵略者利用西文本篡改条约内容,开了方便之门。

　　《天津条约》还规定,经缔约国双方政府批准后,于第二年在北京换约。1859 年 6 月,清政府在英、法、美三国的武力胁迫下同意在北京换约,并通知其公使在北塘登陆,经天津去北京。但英法公使却蛮横拒绝,坚持由大沽口溯白河,经天津至北京换约。25 日,英法军舰闯入白河,并开炮轰击大沽炮台。僧格林沁所部守军英勇还击,大沽一带的民众也纷纷助战。经过一昼夜的激战,第二次大沽之战以英法联军的惨败而告终。消息传回英、法国内,侵略者大肆叫嚣:"攻占北京,赶走中国皇帝","实行大规模的报复"。8 月 21 日,英法联军集中所有炮火再次猛攻大沽炮台,直隶总督乐善率部拼死御敌,守军大部牺牲,炮台失守。

　　1860 年 8 月,英法联军再次占领天津,接着一路烧杀抢劫,直逼北京。咸丰皇帝吓得急忙逃往热河,由恭亲王奕訢留守北京,负责议和。10 月 13 日,北京留守当局迫于英、法的压力,交出了北京安定门。英法联军进入北京,恣意烧杀抢掠。他们还闯入了北京西郊的圆明园,洗劫并焚毁了这座举世闻名的皇家园林。

历史回眸

　　圆明园位于北京西郊海淀区,又称圆明三园,由圆明园、长春园、万春园三园组成。它占地 5 200亩,园林建筑绵延 20 余华里,历经了康熙、雍正、乾隆、嘉庆、道光几代共 150 多年的经营。其间,清王朝集无数能工巧匠,填湖堆山,种植奇花异木,汇集中西建筑的精华,建成140多座宫殿楼阁、亭台水榭,形成100多处园林景观。此外,园内还珍藏着大量的图书文物、名人字画等,如《四库全书》《古今图书集成》,还有大量的艺术珍品,如钟鼎礼器、铜瓷古玩等,堪称是一座举世罕见的文化宝库。

在英法联军洗劫圆明园的过程中,他们争先恐后,互相扭打,丑态百出。由于园内珍宝太多,他们一时不知该拿什么为好,于是,为了抢金子而把银子丢了,为了抢珠宝又把金子丢了。还有一些士兵手拿木棒,将不能拿走的珍宝全部打碎。接着他们又抢劫了香山、万寿山、玉泉山上的园林宫殿中的大量珍宝。为了掩盖劫掠的罪行,他们两次焚毁了圆明园。当英法联军撤离时,这座伟大的园林已被毁坏得满目疮痍。

13-2-2　圆明园遗址复原图

13-2-3　圆明园大水法遗址

法国作家雨果在1861年的一封信中这样写道:"有一天,两个强盗闯进了圆明园,一个抢劫,一个放火……两个胜利者,一个装满了腰包,一个塞满了钱柜,然后手挽着手,笑嘻嘻地回到了欧洲……在历史面前,这两个强盗,一个叫做法兰西,一个叫做英吉利……我希望有一天,法兰西能够脱胎换骨,洗心革面,将这不义之财归还给被抢劫的中国。"在圆明园遇难150周年的2010年,雨果雕像入住圆明园遗址。

1860年10月,奕䜣在英、法的武力威胁下签订了中英、中法《北京条约》。条约的主要内容有:清政府承认《天津条约》继续有效;增开天津为商埠;割九龙司地方一区给英国;准许华工出国;对英法两国赔款各增至800万两白银;赔还以前没收的天主教堂财产,传教士在各省租买田地,建造自便。

历史回眸

在中国近代史上,英国通过三个不平等条约占领了香港。第一个条约是1842年签订的中英《南京条约》,其中将香港岛割让给英国。第二个条约是1860年签订的中英《北京条约》,将九龙司地方一

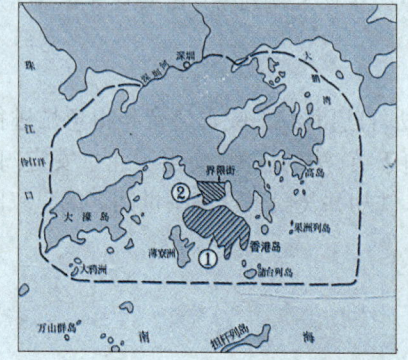

13-2-4　英国割占香港示意图
① 香港岛　② 九龙司地方一区　③ 新界

13-2-5　中国对香港恢复行使主权

区割让给英国,"归英属香港界内"。九龙是香港岛北面与之隔海相望的半岛,因其隶属广州府新安县之一巡司,故称九龙司。"九龙司地方一区"是指半岛南端,即界限街以南(由尖沙咀到油麻地)地方及昂船洲一小岛。第三个条约是1898年签订的《展拓香港界址专条》,英国强租深圳河以南、九龙半岛界限街以北以及东起大鹏湾,西至深圳湾,南至南丫岛的广阔海面和大屿山等230多个岛屿,今统称"新界",租期99年。它使香港的面积扩大了10倍。

我国政府已于1997年7月1日恢复对香港行使主权。

第二次鸦片战争使中国半殖民地半封建化的程度加深了。政治上,中国丧失了大片领土,清政府则开始成为外国侵略者的附庸和工具;经济上,外国侵略势力扩张到沿海各省,并伸向内地,使中国难以抵挡资本主义经济侵略的冲击。

俄国侵占我国北方大片领土

在第二次鸦片战争中,俄国一方面伙同英、法、美威胁中国,另一方面又独自派军队侵入我国北方边疆。从19世纪50年代到80年代,俄国共吞并了我国北方一百五十多万平方公里的领土。

1858年,俄国趁英法联军攻陷大沽的机会,以武力威胁和外交讹诈的手段,迫使清黑龙江将军奕山签订了中俄《瑷珲条约》,将黑龙江以北、外兴安岭以南60多万平方公里的中国领土划归俄国。1860年,在中英、中法《北京条约》签订后,俄国又以调停有功为借口,强迫清政府签订了中俄《北京条约》,将乌苏里江以东包括库页岛在内的40多万平方公里的中国领土割让给俄国,同时又强行规定了中俄西段边界的走向,为侵占我国西部领土制造了"依据"。1864年,俄国又强迫清政府签订了《中俄勘分西北界约记》,侵占了中国巴尔喀什湖以东以南44万平方公里的领土。1881年俄国通过中俄《改定新约》以及后来的五个勘界议定书,又从中国割占了7万多平方公里的领土。

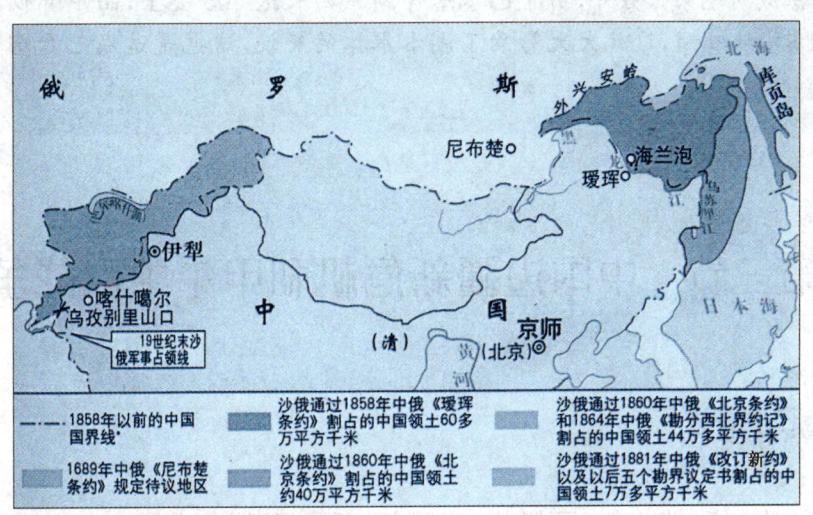

13-2-6　俄国侵占我国北方领土示意图

史海钩沉

在《瑷珲条约》签订后,恩格斯就指出,俄国"从中国取得了一块大小等于法德两国面积的领土和一条同多瑙河一样长的河流"。因此,"俄国不要花费一文钱,出动一兵一卒,而能比任何一个参战国得到更多的好处"。

思想游弦

第二次鸦片战争是中国近代史上签订不平等条约最多、丧失领土最多的一次战争。
请思考：这些给中国带来了怎样的影响？我们应当从中吸取什么教训？

知识链接

巴尔喀什湖位于亚洲中部，是一个内陆冰川堰塞湖。在19世纪中期前，它隶属中国，但在1864年中国清政府被迫同沙俄签订《中俄勘分西北界约记》后，被沙俄侵占。1991年苏联解体后，该湖归属哈萨克斯坦。

巴尔喀什湖是世界第四长湖。它东西长约605公里，南北宽约10—74公里。湖中部的萨雷姆瑟克半岛从南岸伸向北岸，把湖面分成两个水域：西半部广而浅，是淡水湖；东半部窄而深，是咸水湖。造成这种一湖两水、咸淡各半的奇特现象的原因是：巴

13-2-7 巴尔喀什湖

尔喀什湖的主要水源是伊犁河，它汇集天山山脉的冰雪融水后，自东向西注入巴尔喀什湖的西半部，为该湖提供了75%—80%的入水量，使得西部湖水的含盐量仅为1.48‰；而湖泊东半部没有大河注入，湖区气候干旱，蒸发量大大超过补给量，使得东部平均含盐量高达10.4‰，从而造成这种西淡东咸的现象。另外，由于巴尔喀什湖东西长达605公里，而中部仅靠约3.5公里宽的乌泽纳拉尔湖峡相通，这就大大影响了湖水水体的交换，这也是造成巴尔喀什湖一湖两水的原因。

第三节 中国边疆新危机和甲午中日战争

左宗棠收复新疆

从19世纪70年代以后，世界各主要资本主义国家先后向帝国主义阶段过渡，并在全球范围内掀起夺取殖民地的高潮。西方列强在把中国周围的邻国逐个控制为殖民地或保护国之后，便明目张胆地向中国边疆地区大举进犯。沙俄侵略新疆，英国觊觎滇藏，日美进犯台湾，这些造成了中国日益加剧的边疆新危机，在其后更演化为中法战争、中日战争等大规模的侵华战争。

19世纪60年代后，俄国与英国在我国新疆展开激烈争夺。新疆自古以来就是中国的领土，是中国的西大门，帕米尔是西部边疆的天然屏障，又是沟通中亚与印度南亚次大陆的捷径。在英、俄两国支持下，中亚浩罕汗国①军事头目阿古柏于1865年率兵侵入新疆，建立伪政权。1871年5月，俄国以"代收代管"之

---

① 在今乌兹别克斯坦境内，中亚一古国，18世纪初由乌兹别克明格部落建立，1876年为俄国灭亡。

名义亲自出兵侵占北疆伊犁,使新疆危机雪上加霜。

　　与此同时,中国东南、西南和南部边疆面临着列强的侵略威胁,边疆危机愈加严重。这时的清政府没有同时打两场局部战争的能力,因此必须在"海防"与"塞防"之间作出抉择,于是一场"塞防"与"海防"之争就此掀起。

历史回眸

　　李鸿章是极力主张先海防而后塞防的,甚至提出了暂时放弃新疆的主张。他认为新疆各城"即无事之时,岁需兵费尚三百余万两,徒收数千里之旷地,而增千百年之漏卮已为不值",海疆防务才是当务之急。他说:"海疆不防,则心腹之患愈棘";而"新疆不复,于肢体之元气无伤"。所以,朝廷应该把用于塞防的经费用在海防上,扩充海军。

　　左宗棠坚持海防与塞防并重论,提出不能"扶了东边倒了西边",力主收复新疆。新疆不稳会导致其他地区的连锁反应,他强调:"重新疆者所以保蒙古,保蒙古者所以卫京师;若新疆不固,则蒙部不安。"在左宗棠看来,"若此时即拟停兵节饷,自撤藩篱,则我退寸,而寇进尺",收复新疆,势在必行。"胜固当战,败亦当战。倘若一枪不发,将万里腴疆拱手让给别人,岂不会成为中华民族的千古罪人?"

　　1875年,清廷采纳左宗棠等人收复新疆的主张,任命左宗棠为钦差大臣,督办新疆军务。左宗棠以六十五岁高龄,不畏艰险,统兵出征。

　　1876年,左宗棠率清军分三路进入新疆。他采取"先北后南,缓进速战"的正确方针,加之新疆各族人民的支持,清军取得了胜利。1877年,阿古柏在绝望中服毒自杀。第二年,除伊犁以外,新疆重新回到祖国的怀抱。

　　这时清政府面对的一个更重要的问题就是收复伊犁。左宗棠上奏朝廷,提出做好外交和军事解决的两种准备。1880年初,清政府采纳左宗棠的意见,派曾纪泽赴俄国谈判。在谈判中,俄国多方要挟,蛮不讲理,曾纪泽坚持原则,据理力争。为了支持曾纪泽的外交努力,左宗棠在哈密设立抗俄司令部。在左宗棠军事备战的支持下,俄国被迫归还了伊犁。

　　1884年,清政府采纳左宗棠的建议,在新疆设行省,保证新疆的长治久安。

13-3-1　左宗棠

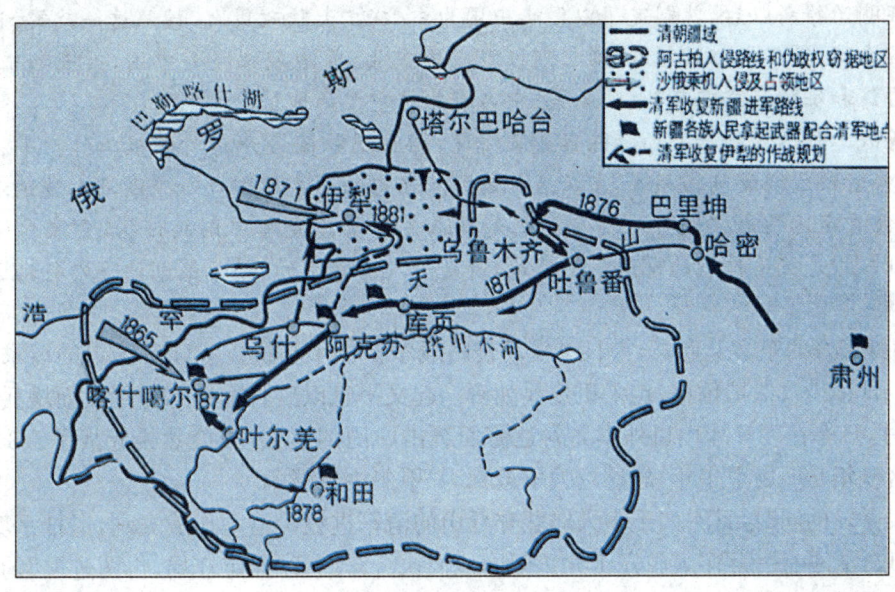

13-3-2　清军收复新疆示意图

伊犁位于中国西北、新疆西部，西临哈萨克斯坦。在干旱的新疆，伊犁雨水相对充沛、气候温润，被称为"瀚海湿岛"。它占新疆面积的3.4%，养育着全疆约12%的人口，在新疆乃至整个西北的地位十分重要。

古代的伊犁，泛指伊犁河流域以及巴尔喀什湖以东、以南的广大地区。历史上它是古丝路北道要冲，素有"塞外江南"的美称。沙皇俄国在19世纪中后期侵占的伊犁大部分地区，现属哈萨克斯坦境内。

13-3-3 伊犁风光

思想游弋

杨昌浚曾吟诗《恭诵左公西行甘棠》："大将筹边尚未还，湖湘子弟满天山；新栽杨柳三千里，引得春风度玉关。"

请思考：这首诗歌颂的是左宗棠哪一功绩？并对左宗棠加以评价。

甲午中日战争

1868年的明治维新，使日本走上了发展资本主义的道路。之后，日本即开始推行"武国"方针，积极扩军备战。到甲午战前，日本已经建成了一支近代化的海陆军。

史海钩沉

日本早在明治维新以后，就制定了以侵略中国为中心的"大陆政策"。按照这一政策，日本计划第一期征服我国台湾，第二期征服朝鲜，第三期征服我国东北，第四期征服全中国，第五期征服全世界。侵占中国的台湾和征服朝鲜在其"大陆政策"中占有相当重要的地位。

日本的备战工作不仅包括大大加强其武装力量，而且还积极展开对清谍报工作。早在战争发生以前，日本侵略者便已绘成包括朝鲜、东三省和渤海湾在内的军事地图。一个欧洲人波纳尔看过这样的地图之后，便肯定地指出："这份地图本身就是日本久已蓄意侵略中国的证据，它驳斥了日本当时（指甲午战争时期）是被迫作战的说法。相反地，那是一次有意图的、精心策划的侵略行动。"

1894年，朝鲜爆发的东学党起义，为日本发动侵略战争提供了契机。应朝鲜国王的请求，清政府派兵帮助镇压起义。日本借口保护侨民，也乘机出兵朝鲜。起义平息以后日本拒不撤军反而增兵，蓄意挑起战争。1894年7月，日军在朝鲜牙山口外丰岛附近海面袭击中国的运兵船，公然挑起战争。8月，清政府被迫对日宣战。这一年是旧历甲午年，故这场战争被称为"甲午中日战争"。

在丰岛海战爆发的同时，日军四千多人向驻守牙山的清军进犯。清军作战失利，退抵平壤。平壤城地势险要，易守难攻，清军有一万多人驻守于此。但因他们执行李鸿章"先定守局，再图进取"的命令，以致贻误战机。9月，日军分四路对平壤发起猛攻。清军回族将领左宝贵坚决抵抗，双方战至最后一刻，他亲自点燃大炮轰击日军，最后不幸中炮牺牲。但主帅叶志超却弃城逃走，据说他当时为了逃命一夜狂奔五百

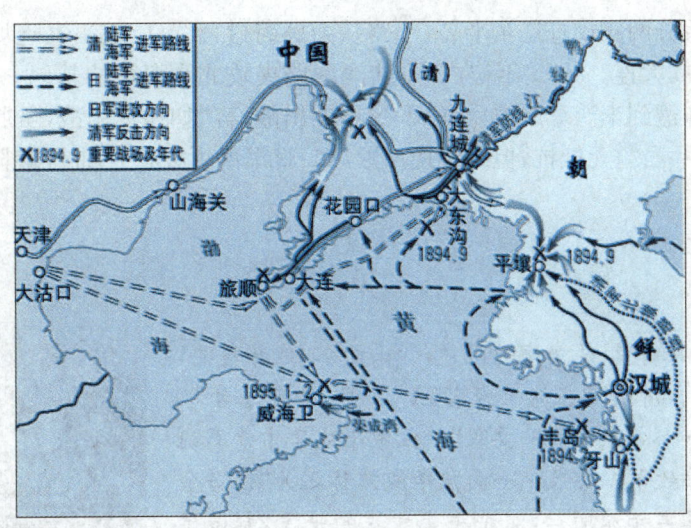

13-3-4　甲午战争示意图

里,一直逃到中国境内,日军顺利占领平壤。此后,战火烧至中国本土。

　　平壤失守两天后,北洋舰队与日本联合舰队在黄海海面上,进行了一场大规模的海战,史称黄海战役。两国舰队对阵,日舰利用航速快、速射炮位多的优势,避开北洋舰队定远、镇远两主力舰,从北洋水师阵前左翼切入,致使北洋舰队队形混乱,陷入被动局面。管带邓世昌和林永升指挥的"致远号"和"经远号"遭日舰重创,之后他们奋力冲向敌舰,直至中鱼雷相继沉没。黄海海战历时5个多小时,日本5艘军舰受重伤,先撤出战场。北洋舰队损失5艘军舰,但主力尚存。此后,李鸿章严令北洋舰队保存实力,躲入威海卫港内,不准出战,日本取得了黄海海域的制海权。

13-3-5　《黄海海战第一阶段的战场》油画

《黄海之战中日双方兵力、损失对比表》

	北 洋 水 师	日 本 舰 队
参战舰艇	10	12
火　炮	161	277
兵　力	2 052	3 333
鱼雷发射管	556	568
总排水量	27	36
舰船损失	5艘沉没	5艘重伤
伤亡人数	1 200	300

历史回眸

　　邓世昌(1849—1894)广东番禺人。他自小立志参加海军,以御强敌。1874年,邓世昌以优异成绩毕业于船政学堂。在黄海大战中,邓世昌指挥"致远"舰奋勇作战,后在日舰围攻下,"致远"舰多处受伤,全舰燃起大火,船身倾斜,弹药用尽。他下令开足马力向日军主力舰"吉野"号冲去,准备与敌舰同归于尽,不幸在途中被敌鱼雷击中,舰体爆裂沉没,邓世昌坠落海中。其随从以救生圈相救,被他拒绝。他所养的爱犬亦游至其旁,口衔其臂以救。但邓世昌誓与军舰共存亡,毅然按犬首入水,自己亦同沉没于波涛之中,与全舰官兵250余人一同壮烈殉国。

13-3-6　邓世昌

黄海战役后，日军兵分两路攻打辽东半岛，一路从朝鲜跨过鸭绿江，攻占九连城；一路从海上进犯，在花园口登陆，攻占了旅顺、大连。1895年初，日军陆海两路夹攻北洋海军的基地——山东的威海卫军港，丁汝昌主动请求歼敌，却遭到李鸿章严厉斥责，下令不准出战，言"如违令出战，虽胜亦罪"，以致北洋舰队失去战机。广大爱国官兵虽誓死抵抗，但终难挽回败局。日军占领威海卫，北洋舰队全军覆没。

史海钩沉

旅顺同威海卫隔海相望，是渤海的门户，背山面水，地势险要，与大连湾成犄角之势。清政府在这里经营20多年，建有炮台50多座，大炮100多门，号称"东亚第一要塞"。但甲午战争中清军统帅龚照玙临阵脱逃，导致军心涣散。一向被李鸿章称之为"固若金汤"的旅顺陷落。日军占领旅顺后，滥杀手无寸铁的平民，制造了震惊世界的旅顺大屠杀。大屠杀持续了四天，共屠杀无辜群众约两万人。英国《泰晤士报》指责日本的残杀暴行说："日本攻取旅顺时，戕戮百姓四日，非理杀伐，甚为惨伤。又有中兵数群，被其执缚，先用洋枪击死，然后用刀肢解。……日本士卒行径残暴如此，督兵之员不能临时禁止，恐为终身之玷。"

13-3-7 日本随军记者龟井兹明伯爵用照相机记录下的旅顺大屠杀情景

思想游牧

当时的中国是大国，有4亿人口，有军队95万，甲午战争是正义的反侵略战争。日本是小国，只有29万军队，后方遥远，供应不便，又是非正义的侵略战争，可是为什么最终清政府战败呢？

● 马关条约

威海卫失陷后，清政府求和之心更切，遂派直隶总督兼北洋大臣李鸿章为全权大臣，赴日议和。谈判中，日本肆意勒索，只准李鸿章说"允，不允两句话而已"，并数次以战争再起相威胁。在日本的淫威下，清政策接受了日本提出的条款，1895年4月，李鸿章同日本首相伊藤博文在马关签订了丧权辱国的《马关条约》。条约规定：

割让辽东半岛、台湾、澎湖列岛及附属岛屿给日本；
赔偿日本军费白银二亿两；
增开苏州、杭州、沙市、重庆为通商口岸；
允许日本在中国通商口岸开设工厂。

日本割占辽东半岛，损害了俄国在中国东北的利益。俄国于是纠集法国、德国出面干涉，警告日本退还辽东，并限期答复。最终日本被迫同意将辽东半岛归还中国，但中国要给日本3 000万两白银作为"赎辽费"。

《马关条约》是继《南京条约》以来最严重的不平等条约。日本从中国掠夺的数亿两白银，相当于清政府3年财政收入的总和，这为其进一步发动侵华战争奠定了物质基础。台湾被日本割占，从此脱离祖国长达半个世纪，台湾同胞也因此长期处在日本侵略者

13-3-8 马关春帆楼谈判现场，前排右一为李鸿章

的殖民统治下。新的通商口岸的开放，使帝国主义侵略势力深入到中国内地。外国资本家在中国开设工

厂,严重阻碍了中国民族工业的发展。中国社会半殖民地化的程度大大加深了。

甲午战争后日本的崛起,改变了远东国际形势的格局。它跃升为亚洲强国,挤进了列强的行列。这使得列强在远东地区的角逐更趋激烈,也预示着一个更加动荡不安的时代的到来。

思想游弋

为什么说《马关条约》是自《南京条约》以来最严重的丧权辱国的条约?这个"最严重"应如何理解?

第四节　八国联军侵华战争

 **瓜分狂潮**

知识链接

　　租界:鸦片战争后,西方资本主义国家根据不平等条约在中国通商口岸划定由他们永久或长期占用的地域,交纳一定数额年租。列强在租界内设立司法、审判、监狱等殖民统治机构,使租界变成"国中之国"。1845年英国在上海建立第一个租界。1919年起中国陆续收回租界。1949年新中国成立,租界制度被彻底取消。

　　租借地:指19世纪末帝国主义列强出于军事目的,强行向清政府租借的大片战略要地,地域广阔。如九龙租借地。

甲午中日战争之后,战败的清政府按照条约须偿还对日巨额赔款。英、德、法、俄等列强趁机进行资本输出,争相提供附有政治性条件的贷款。清政府无奈只得让各列强都参与其中。另外《马关条约》规定允许日本可以在内地开办工厂。列强凭借"片面最惠国待遇"也获得了与日本同等的权利,于是它们积极在华投资办厂,开设银行,开矿筑路,加紧控制中国的经济命脉。

这时列强侵华形成竞争之势,争先恐后扩大在华利益。1897年11月,德国借口两名传教士在巨野被杀,悍然派兵强占胶澳,继而又攫取山东权益。强占胶州湾事件发生以后,产生了连锁反应,其他帝国主义列强纷纷效尤。他们纷纷抢占"租借地",划分势力范围,掀起了瓜分中国的狂潮。

帝国主义列强强占的租借地和势力范围

国　家	强租或割占地区	势　力　范　围
德　国	胶州湾	山　东
俄　国	旅顺、大连	长城以北和新疆
法　国	广州湾	广东、广西、云南
英　国	新界、威海卫	长江流域
日　本	割占台湾和澎湖	福　建

君子动手

请大家联系我们所学的知识,查阅相关资料,说明香港问题的由来。

13-4-1 时局图

《时局图》是近代爱国者谢缵泰所作,图中"不言而喻,一目了然"的对联,生动形象地揭露了清政府的腐败和帝国主义列强对中国的侵略。有人为此画题诗曰:"沈沈(沉沉)酣睡我中华,哪知爱国即爱家。国人知醒宜今醒,莫待土分裂似瓜"。

图中熊代表俄国、虎代表英国、肠代表德国、蛙代表法国、太阳代表日本、鹰代表美国。

思想游牧

1899 年,美国向英、俄、德、日、意、法六国政府提出"门户开放"照会。在照会里,美国承认各国在中国的"势力范围"和它们已夺取的权利;同时要求在其他国家的租借地和势力范围内,享有均等的贸易机会;要求中国内地全部开放,使帝国主义国家都享有投资权利。

阅读上述材料,并搜集资料,请大家回答下列问题:

① 美国为什么要提出"门户开放"政策? 各帝国主义国家对美国"门户开放"政策的态度如何?

② 实行"门户开放"政策会对中国产生哪些影响? 美国为什么会比其他西方列强获益更多?

③ 有人说"中国之所以没有被彻底瓜分要感谢门户开放政策",你觉得该如何认识这种说法?

八国联军侵华

列强的瓜分狂潮加剧了中华民族与帝国主义的矛盾。民族矛盾的激化最终促成了义和团运动的兴起。以失业民众和下层百姓为主体的义和团运动,矛头直指"洋教",迅速在山东、河南、直隶、京津等地区蔓延开来。在遭受一系列打击之后,列强极度惊恐,1900 年 6 月,英、法、俄、美、德、日、意、奥等八国以中国"内乱"危及其在华利益为由组织联军,由英国海军中将西摩尔为率领,发动了侵华战争。

史海钩沉

自从第一次鸦片战争结束后,西方的基督教会在不平等条约和大炮的保护下,先后向中国派遣传教士。他们在中国建立教堂,网罗教徒,收集情报,干涉词讼,挑拨民族关系,进行文化侵略。中国官、绅、民各界对此极其痛恨,反洋教斗争此起彼伏。义和团运动就是在此基础上兴起的。

义和团原名义和拳,原是山东、直隶、河南一代的民间秘密组织。1898年,义和团运动首先在山东爆发,后发展至京津、直隶一带。义和团采取设立神坛的方式发展组织,操练拳术,吸引群众。义和团的基层组织是坛。参加者以贫困农民为主。他们用画符念咒、请神附身等"术法"来吸引团众。最初以"反清复明"为口号,遭到镇压。随着帝国主义侵略的加深,义和拳逐渐把斗争矛头主要指向帝国主义,更名为义和团,提出了"扶清灭洋"的口号。这一口号具有爱国性质,对反帝爱国斗争有鼓舞和动员作用。

13-4-2 义和团拳民

清政府对义和团的策略本在"剿"与"抚"之间摇摆不定。这时一些大臣企图利用义和团运动打击列强,慈禧太后采纳这些大臣的意见,开始招抚义和团,加以利用。1900年,大批义和团群众进入北京、天津。与此同时,东北、山西、内蒙古等地的义和团运动日趋高涨,南方人民的反洋教斗争也风起云涌。他们从捣毁教堂开始,发展到武装打击外国侵略者。

　　义和团具有朴素的爱国思想,对外国侵略给中国带来的灾难十分痛恨。他们表示:"最恨和约,误国殃民;上行下效,民冤不伸。"由此他们的爱国行动不可避免的带有一定的盲目性。义和团四处烧教会、杀教士,抵制所有外国事物和之前失败的"洋务运动"。义和团称外国人为"大毛子",一律杀无赦;称信奉天主教的中国人为"二毛子";称其他通洋学、懂洋语,以至用洋货者为"三毛子"以至"十毛子"等①。

　　义和团运动是清末群众性的反帝爱国运动,最终还是在中外反动势力的联合扼杀下失败了。

　　6月中旬,八国联军2 000多人在西摩尔的率领下,从天津向北京进犯。沿途遭到义和团和清军的奋勇阻击。董福祥的甘军与义和团一起猛攻廊坊车站,杀伤敌军多人。侵略军被迫撤退到杨村车站,又遭到了义和团和清军的围攻,联军只得沿北运河乘木船向天津撤退,后在俄国援军的帮助下,逃回天津租界,死伤300多人。后来西摩尔回忆这件事说:"义和团所用设为西式枪炮,则所率联军必全体覆没。"

　　当西摩尔联军在廊坊受阻时,集结在大沽口外的各国舰队夺取了大沽炮台,天津门户被打开。八国联军源源登陆,大举向天津进犯。曹福田率义和团数千人与清军在老龙头车站(现天津车站),与俄军展开激战,歼敌500多人。张德成率领的义和团,从正面攻击紫竹林租界,为了冲破敌军的"雷区",大摆"火牛阵",在几十头牛尾巴上捆上蘸油的棉絮,点燃后火牛狂奔,踏毁了敌军所布地雷,义和团乘机一拥而进,但遭到敌军死命反击,被迫退出。清军将领聂士成奋勇冲锋在前,多处受伤,腹破肠出,仍不下战场,最后壮烈牺牲,天津很快陷落。大沽炮台失守的消息传到北京后,6月21日清政府被迫宣战。在北京,义和团民向西什库的外国教堂及东交民巷的外国使馆发动猛烈进攻,烧毁比、奥、荷、意四国使馆。清政府虽然向各国宣战,但是没有真正抵抗的决心。慈禧太后很快就下令停止攻击使馆,继而派人给使馆送去米面、蔬菜、瓜果等物品。

13－4－3　《八国联军在大沽口登陆》油画

历史回眸

　　慈禧太后在出逃途中发布上谕,下令剿灭义和团:"此案初起,义和团实为肇祸之由。今欲拔本塞源,非痛加铲除不可。严行查办,务尽根诛"。

　　天津失陷后,八国联军集结约二万兵力,沿运河两岸直扑北京。8月中旬,北京陷落,慈禧太后挟持光绪帝仓皇离京逃往西安。八国联军对北京实行分区占领,联军统帅德国人瓦德西在紫禁城内设立司令部,

---

　　① 参考:林华国著:《历史的真相:义和团运动的史实及其再认识——历史教学丛书》,天津古籍出版社。

统治北京。他特许官兵公开抢掠三天，中国"自元明以来之积蓄，上自典章文物，下至国宝奇珍，扫地遂尽"。连瓦德西也承认，"所有中国此次所受毁损及抢劫之损失，其详数将永远不能查出，但为数必极重大无疑"。八国侵略军所到之处，烧杀淫掠，无恶不作，对中国人民犯下了滔天罪行。而出逃的慈禧，为了维护统治，立刻由仇外一变而为媚外，下令痛剿义和团，同时命令李鸿章和庆亲王奕劻为议和大臣，与各国议和。

史海钩沉

八国联军在占领北京后，公开抢劫三天，洗劫了堆满金银和历朝珍宝的皇宫、颐和园等地。他们连紫禁城中的镏金防火大水缸也不放过，竟然把大水缸上的镏金刮得一干二净。各种珍贵的图书（包括《永乐大典》在内）损失达四万多册。直到今天，伦敦、巴黎的博物馆里还有许多当年被抢掠去的图书。同时八国联军还抢劫官库，使各地库款损失达 6 000 万两左右。这些强盗还借捕拿义和团和搜查军械为名，"三五成群，身跨洋枪，手持利刃，在各街巷挨户踹门而入"。他们搜劫的不仅仅是金银财宝，就连普通衣物也不放过。侵略联军也毫不掩饰地供认："北京今已成为强盗世界。"据估计损失约为10亿。

13-4-4　八国联军在天安门前列队

除劫掠之外，他们还大肆杀戮。侵略军把西四北太平仓胡同的庄亲王府放火烧光，当场烧死1 700人。法国军队路遇一队中国人，竟用机枪把人群逼进一条死胡同连续扫射 15 分钟。日军抓捕中国人，施以各种酷刑，试验一颗子弹能穿几个人，或者故意向身体乱射，让人身中数弹才痛苦地死去。杀人时，八国联军全副武装"监斩"，从各个角度拍照，企图恐吓中国人民，这些照片如今已成为八国联军罪行的铁证。为了摧毁中国人的尊严，八国联军还公然在皇宫内阅兵。这是对中国的严重侮辱，也是对中国主权的践踏。

《辛丑条约》

议和中西方列强提出《议和大纲》12 条，并声称这些条件不可更改，强迫清政府接受，慈禧太后看到列强不把她当做"祸首"加以惩办，如获大赦，为继续保存清政府而感到庆幸，"诏报奕劻、鸿章尽如约"，并厚颜无耻地向列强表示一定要"量中华之物力，结与国之欢心"。

1901 年 9 月，清政府被迫与俄、英、美、日、德、法、意、奥等 11 国签订了丧权辱国的《辛丑条约》。条约规定：

清政府向各国赔款白银 4.5 亿两，以海关等税收做担保，分 39 年还清，本息共计 9.8 亿两；

划定北京东交民巷为使馆界，允许各国驻兵保护，不准中国人在界内居住；清政府保证禁止人民参加反帝运动；

清政府拆毁天津大沽到北京沿线设防的炮台，允许列强各国派兵驻扎北京到山海关铁路沿线要地；

改总理各国事务衙门为外务部，班列六部之首。

《辛丑条约》是列强加给中国的空前严重的不平等条约，严重损害了中国的主权。巨额的战争赔款，加剧了中国的贫困和经济衰败；在北京划立使馆区，造成"国中之国"，各国公使成了清王朝的太上皇；拆毁天津大沽到北京沿线的炮台，外国军队长期驻扎在中国的战略要地，严重破坏了中国的主权完整和国防安全；严禁民众任何形式的反帝结社，则为列强直接镇压中国人民的革命活动提供了合法根据。

总之，《辛丑条约》的签订，使清政府实际上变成了洋人的朝廷，成了帝国主义统治中国的工具。从此

13－4－5 《辛丑条约》签订仪式

中国完全沦为半殖民地半封建社会。

君子动手

　　请设计一个表格,将《南京条约》、《马关条约》和《辛丑条约》三个条约的签定国家、签订时间、主要内容和对中国的影响等内容填入表格。通过表格,请大家总结中国沦为半殖民地半封建社会的过程。

第十四章

从改良到革命

第二次鸦片战争失败后,洋务派掀起了"师夷之长技以自强"的改良运动,中国近代化在艰难中起步。在此后的几十年中,中国资产阶级维新派和革命派相继进行了戊戌变法和辛亥革命,中国传统社会不断嬗变,逐渐转型为近代社会。

第一节 洋务运动

洋务运动的兴起

两次鸦片战争的失败,加上太平天国、捻军等农民起义的打击,清朝统治者陷入了风雨飘摇的困境之中。在这种形势下,一部分封建官员认为要应对这一困境,传统的一套办法已经无效。因此,他们主张利用西方先进科学技术来维护清朝统治,即"中学为体,西学为用"。这些人被称为"洋务派"。洋务派的代表人物,主要是担任封疆大吏的曾国藩、左宗棠、李鸿章、沈葆桢、张之洞等人。在中央政府中他们获得了恭亲王奕訢和军机大臣文祥等人的支持。在这些洋务派官员中,李鸿章经办的洋务面广且量大,时间也最长,是洋务派最重要的代表人物。

14-1-1 奕訢　　　　14-1-2 曾国藩　　　　14-1-3 李鸿章　　　　14-1-4 张之洞

历史回眸

洋务派认为,中国的封建制度与西方国家的制度相比是尽善尽美的,因此中国不能改变这个根本,即李鸿章所说"中国文武制度,事事远出西人之上",中国需要学习的仅仅是西方的"火器"。李鸿章在上海率淮军与外国军队联合镇压太平天国时，就极为艳羡外国军队的火器。他亲眼看到洋兵使用西式武器剿杀太平军的威力，在给曾国藩的信中这样描述："洋兵数千，枪炮并发，所当辄靡，其落地开花炸弹，真神技也！"因此他所主张的"求强"就是要创办制造外国船炮的军事工业。后来，他为了"求富"又仿行西方举办铁路、电报、制造、开矿、纺织等事业。

顽固派是清朝统治阶级中与洋务派相对立的一股政治势力，大学士倭仁、徐桐、李鸿藻是其代表人物。他们主张原封不动地保持旧有统治方法和统治秩序，对外坚持"深闭固拒"，仇视一切外洋事物。他们还幻想依靠盲目排外、闭关锁国来维护封建统治。他们仍囿于"夷夏之辨"的樊篱埋头作茧自缚，攻击洋务派是"用夷变夏"，对洋务派搞洋务的行径深恶痛绝。

史海钩沉

1881 年，为了方便运输开平煤矿所产之煤，清政府修起了一条从唐山到胥各庄的铁路，长约十公里。谁知铁路修好后，却出现了天大的怪事：铁道上拉着车辆跑的不是火车头，而是骡马，因此被世人称为"马车铁路"。这便是顽固派干扰的结果。顽固派认定，铁路会"失我险阻，害我田庐，妨碍我风水"。而清朝皇帝、后妃陵墓东陵，不是在唐山西北遵化县的马兰峪吗？虽说离那铁路上百里，可火车头那般庞然大物，喷烟吐雾，叫声震天，拉起来风驰电掣，皇陵的风水岂不要受到威胁？哪有用马车拉着平平稳稳，慢慢乎乎，优哉游哉地保险？

这两派互相攻击，展开了激烈的争辩。但洋务派的势力主要不在清朝中央，而在掌握地方实权的总督和巡抚方面。辛酉政变后刚刚掌权上台的慈禧太后认为，在内外交困的形势下，要保住清朝的统治地位，必须依靠拥有实力并得到外国侵略者赏识的洋务派。所以，她采取了暂时支持洋务派的策略。从 19 世纪 60 年代到 90 年代，中国发生了一场影响了近代中国命运的洋务运动，史称"同光新政"。

君子动手

请大家比较洋务派和顽固派的不同，然后根据表格的相应要求填写下表：

派　别	代表人物	态　度	共同目的	不同手段
顽固派				
洋务派	中央			
	地方			

从自强到求富

1861 年清政府正式成立总理各国事务衙门，简称总理衙门，由恭亲王奕䜣等充任办事大臣。总理衙门最初经管外交、通商、海关等事务，后来又扩展到经管修路、开矿、制造机械等事务。因此它实际上已凌驾于六部之上，成为筹办洋务的最高行政机构。

治国之道，在乎自强，而审时度势，则自强以练兵为要，练兵又以制器为先。……窃自同治元年臣军到沪以来，随时购买洋枪炮，设局铸造开花炮弹，以资攻剿，甚为得力。

——李鸿章

19世纪60年代初,洋务派以"自强"为口号,创办了一批近代军事工业。主要有曾国藩创建的安庆军械所;曾国藩、李鸿章创办的江南制造总局;左宗棠创办的福州船政局;崇厚创办的天津机器局和张之洞建造的湖北枪炮厂等。

1861年曾国藩创办安庆军械所,任用中国工匠,仿制西式枪炮,是洋务派创办的最早的近代兵工厂。从1862年起该所用三年时间研制成功了我国第一艘轮船"黄鹄"号。

14-1-5   江南制造总局炮厂

1865年曾国藩和李鸿章创办了江南制造总局。它是洋务派开设的规模最大的近代军事企业。它制造的毛瑟枪和无烟火药达到了当时的世界水平。但是,江南制造总局是官办的,它的生产不考虑经济效益。另外它的管理机构是封建衙门式的,他们用管理军队的办法约束工人,又不重视工艺技术的改进,这影响了产品质量。

1866年左宗棠创办了福州船政局,这是当时规模最大的船舶修造厂。该局由铁厂、船厂和学堂三部分组成。起初福建船政局聘请洋匠,后因洋匠谋求巨额薪水,福州船政局怒而解雇全部洋匠。后来遇有新工艺时也只聘用少量洋匠。1888年由中国工匠独立制成的铁甲舰"平远"号,性能不亚于北洋舰队从外国购买的"远"字号战舰。另外福州船政学堂先后派出三批学生去欧洲留学,广为人知的留学生有严复、邓世昌、刘步蟾等。

洋务派为了实现"自强"的目的,积极筹建新式陆海军。清军采用西方军队的训练方式操练,并逐步改用洋枪。至甲午中日开战前夕,以湘军、淮军为代表的各省防军、练军普遍装备了后膛枪炮,比西洋各国毫不逊色。19世纪70年代中期,由于东南海疆危机,洋务派开始筹划海防,提出十年内建成几支海军的倡议。其中主要战舰从英德两国购入,其他船只则由福州船政局和江南制造总局制造。至19世纪80年代中期,洋务派初步建成北洋、南洋和福建三支海军。其中北洋海军实力最为雄厚,它自始至终,一直由李鸿章一手操办和控制。1888年,北洋舰队正式建成,拥有军舰二十五艘,官兵四千多人,由淮军将领丁汝昌任海军提督,拥有旅顺和威海卫两个主要的基地。1885年,清政府成立了海军衙门,实权掌握在李鸿章手里。

洋务派在兴建军事工业的同时,又进一步认识到"必先富而后能强",因此从19世纪70年代开始,他们又以"求富"为旗号创办了一批近代民用工业,以解决军事工业发展中面临的资金、燃料和交通等方面的问题。1872年李鸿章在上海开办轮船招商局,开始了"求富"之路。在此后的十余年间,煤矿、铁厂、缫丝厂、电厂、自来水厂、织布厂、电报、铁路相继建成,这些民用工业的创办为国家回收了大量的白银,并为中国近代民族工业的发展打下了坚实的基础。

洋务派创办的民用企业

建立时间	企业名称	创办人	地点
1872年	轮船招商局	李鸿章	上海
1878年	开平矿务局	李鸿章	唐山开平镇
1893年	湖北织布局	张之洞	湖北武昌
1893年	汉阳铁厂	张之洞	湖北汉阳

上海轮船招商局是中国近代的第一家轮船公司,成立时只有3艘轮船,后发展成为一支拥有轮船三十多艘的商船队。轮船招商局长期使用大量低息、缓息,甚至免息的官款,因此发展很快。由于有了上述的优惠政策,1873年至1893年的二十年间,该局获利达六百多万两白银。

开平煤矿产的煤,除供应国内各局以外,还投放市场。煤的质量优良,价格便宜,很快打开销路,并逐渐取代了洋煤在天津市场的地位。1900年,英国霸占了开平煤矿。

张之洞在湖北创办的汉阳铁厂是中国第一个近代化钢铁工业,包括大小十个分厂,有两座炼铁高炉,两座炼钢转炉,一座平炉及轧制铁轨的设备等,雇用工人三千多名。

为了适应洋务运动的需要,洋务派先后创办了 30 多所新式学校,培养翻译、军事和科技人才,开创了我国教育近代化的先河。其中最为著名的是京师同文馆的设立,它是清代最早培养译员的洋务学堂和从事翻译出版的机构。之后在 1902 年它并入了京师大学堂。同时清政府又选送了数批留学生、进修生,出国深造。1872 年至 1875 年,清政府每年派 30 名幼童赴美国留学。这些留美学生回国后,绝大多数人成为栋梁之才。如詹天佑成为著名铁路工程师,主持修建了京张铁路;邝荣光成为著名采矿工程师,发现了湘潭煤矿;唐国安成为著名教育家,曾任清华学堂校长。

14-1-6　清政府派遣的赴美留学生

史海钩沉

詹天佑(1861—1919),广东南海人。他是中国第一批官费留美生。1881 年他获得学位回国。回国后,詹天佑怀着满腔的热忱承担了修筑京张铁路的重任。

京张铁路,即从丰台出发北上西直门、沙河、经南口、居庸关、八达岭、怀来、鸡鸣驿、宣化到张家口的铁路,全长 360 华里。工程之难在当时为世界所罕见;坡度极大,南口和八达岭的高度相差 180 丈。外国人认为中国人是不可能自行修建的。但詹天佑毅然顶住来自各方面的冷嘲热讽,说:"如果京张工程失败的话,不但是我的不幸,中国工程师的不幸,同时带给中国很大损失。在我接受这一任务前后,许多外国人露骨地宣称中国工程师不能担当京张线的石方和山洞的艰巨工程,但是我坚持我来修建。"

14-1-7　詹天佑

在修建过程中,詹天佑为了缩短工期,想出了"竖井开凿法";为了火车上山,又创造了"人"字形线路,来减缓坡度。最终京张铁路于 1909 年 8 月 11 日提前两年全线通车了,还节余二十八万两银子。京张铁路的胜利完工,是中国人民的胜利,也是中国爱国知识分子爱国精神的充分体现。

思想游牧

19 世纪 60 年代到 90 年代,洋务运动给中国带来了一场巨大变革,这种变化涉及到生活的方方面面。假设我们身处当时,你可能是一个幸运的学生,可能是个军工厂里的工人,一个普通百姓,一个清廷的官员,或一个外国人……请你描述一下当时的生活变化情况。

● 洋务运动的破产及其影响

在甲午中日战争中,北洋舰队全军覆没,洋务运动也随之破产。洋务运动是一次失败的封建统治者的自救运动,它没有使中国走上富强道路。这其中肯定有许多因素,但根本原因则是它没有触动封建制度,布新而不除旧。不过洋务运动引进了西方先进技术和文化,使中国出现了第一批近代企业,为中国近代企业积累了生产经验,培养了技术力量。它客观上为中国民族资本主义的产生和发展起到了促进作用,对外国经济势力的扩张起到一定遏制作用,发展了中国近代的军事和教育,为中国的近代化开辟了道路。

历史上人们对李鸿的评价褒贬不一,请问你心目中李鸿章究竟是个卖国者,还是一个忠诚于中国的人?请撰写一篇评价李鸿章的文章。注意论述要有理有据。

第二节 戊戌变法

➍ 戊戌变法前的形势

19世纪末,世界主要资本主义国家相继进入帝国主义阶段,加大了对华侵略的步伐,中国的领土、主权遭到进一步破坏,中华民族危机空前严重。

在此背景下,一些爱国的官僚、商人及知识分子发出了"实业救国"的呼声,他们纷纷投资设厂,以实际行动践行"实业救国"的主张;帝国主义国家对中国的资本输出,进一步破坏了中国社会原有的自给自足的自然经济;《马关条约》允许日本在中国开设工厂,迫使清政府对民间设厂再也不能限制过严。清政府为了解决财政危机,也放宽了对民间设厂的限制。所以,在19世纪末中国民族工业得到了初步发展。

甲午中日战争前后民办企业比较表

时　　间	企　业　数	资金额(万元)
1863—1894 年	119 个	680 万
1895—1898 年	274 个	1 432 万

19世纪60年代以后,伴随西方资本主义思想的传入,产生了早期的资产阶级维新派,他们主张振兴工商业、兴办学校、学习西方的自然科学知识、实行君主立宪等。到了19世纪90年代,资产阶级维新派作为中国民族资产阶级的代表,登上了历史舞台,发起了一场变法图强的维新变法运动。康有为就是这场政治运动的主要领导者。

康有为(1858—1927),广东南海人,人称"康南海"。他出生于封建官僚家庭,清光绪年间进士,戊戌变法的主要领导人物之一。他提倡变法是国家走向富强的道路,主张把西方资本主义的政治学说同传统的儒家思想相结合。《新学伪经考》和《孔子改制考》是其最有代表性的维新变法的理论著作。

14-2-1　康有为　　　　　　　　14-2-2　梁启超

梁启超(1873—1929),广东新会人,17岁中举人。后就学于康有为,接受康有为维新变法的思想学说,是康有为的得意门生,也是康有为进行变法的主要助手,因其影响并不逊于其师,故世人合称"康梁"。

《新学伪经考》是康有为在戊戌变法时期的主要理论著作之一。康有为认为东汉以来封建统治者尊奉的古文经学出于刘歆的伪造，是"伪经"，应当予以抛弃。这就动摇和破坏了封建顽固守旧势力"恪守祖训"的观念。

《孔子改制考》是《新学伪经考》的姊妹篇，康有为把孔子装扮成"托古改制"的先师，用孔教名义提出维新变法的主张。康有为实际上就是利用孔子的权威来论证资产阶级维新变法的合理性。

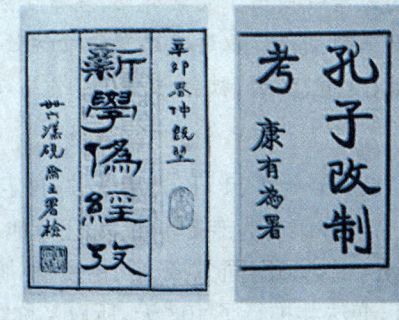

14－2－3 《新学伪经考》和《孔子改制考》

维新运动的兴起与发展

1895 年春，日本逼签《马关条约》的消息传来，激起了全国人民的愤怒。正在北京参加会试的康有为联合 18 省举人联名上书请愿，提出"拒和、迁都、练兵、变法"等主张，这就是历史上著名的"公车上书"。公车上书使维新变法思想发展成为爱国救亡的政治运动，从此揭开了维新变法的序幕。之后，康有为在北京创办《万国公报》，介绍西方国家的政治、经济状况，宣传变法主张。同年 10 月，维新派的政治团体强学会在北京正式成立，定期举办集会演讲、阅读外国书籍。强学会的影响日益增长，两江总督张之洞、在天津小站练兵的袁世凯等都捐银入会。强学会成立以后，《万国公报》改名为《中外纪闻》，作为强学会的机关刊物。这份刊物由梁启超主笔，免费赠送给京官员，宣传维新变法思想。1898 年 4 月，康有为在北京发起组织以救亡图存为号召的保国会，以"保国、保种、保教"为宗旨。在保国会影响下，保滇会、保浙会、保川会等相继成立。

从 1895 年到 1898 年间，全国共有学会、学堂、报馆 300 多所，维新变法运动走向高潮。

《万国公报》自 1895 年 8 月 17 日开始正式刊行，为双日刊，每册有编号，没有出版年月。《中外纪闻》于 12 月 16 日正式刊行，双日刊，每册注明出版年月，没有编号，封面有紫红色"中外纪闻"四字。《中外纪闻》主要有选载新闻、翻译印刷西方国家的书籍、介绍西方资本主义国家自然科学技术和政治学说等内容。《中外纪闻》发刊后不久遭到查封。《中外纪闻》是资产阶级早期政治团体的机关刊物，在中国近代政治史、新闻史上有一定的地位。

百日维新

1898 年初，康有为向光绪帝呈递了《应诏统筹全局折》，请求光绪帝正式确定维新变法政策，选拔人才，改革中央政权机构。《应诏统筹全局折》实际上是资产阶级维新派的施政纲领。光绪帝对这个奏折非常满意也深受感动，不愿做亡国之君的光绪帝决心振作图强推行变法。

《应诏统筹全局折》是康有为的《上清帝第六书》。康有为以印度、埃及、土耳其等国为例，强调这些国家因循守旧最终亡国。他指出了中国目前面临的危机，希望光绪帝取法日本进行变法。康有为向光绪帝提出了大集群臣、宣布变法维新；开制度局、重新商定一切政事制度；设对策所、广征贤才等三项主张。他还建议光绪帝仿效日本的经验，设立法律、税计、学校、农商、工务、矿务、铁路、邮政、造币、游历、社会、武备等12局，具体负责变法的实施。

1898年6月11日，光绪帝颁布《定国是诏》，宣布变法。因为变法发生在农历戊戌年，史称戊戌变法。光绪帝准许康有为专折奏事，并任命他在总理衙门章京上行走。光绪帝还委任梁启超办理大学堂和译书局事务，提拔谭嗣同、刘光第、杨锐、林旭等为军机章京①，负责起草变法的上谕诏书。从6月11日至9月21日，变法共推行了103天，所以又称"百日维新"。

在百日维新期间，光绪帝依据康有为等人的建议，颁布了一系列的变法诏书，主要内容有：

政治方面：提倡官民上书言事，命各省保荐贤才；撤销闲散重叠的衙门，裁减冗员；允许旗人自谋生计。

经济方面：京师设立铁路矿务局和农工商总局，提倡开办各种实业，推动农工商业的发展；奖励创造发明；改革财政，编制国家预算决算；设置邮政局，裁撤驿站。

文化教育方面：开办京师大学堂，各地普遍设立中小学堂；废除八股取士，开设经济特科；派人出国留学、游历；设立译书局，翻译外国书籍；允许自由设立报馆和学会。

军事方面：裁减绿营；陆军改练洋操；增添海军。

变法诏书的颁布，有利于中国民族资本主义工商业的发展和西方科学技术的广泛传播。新政的内容，虽然没有涉及资产阶级维新派所倡导的召开国会、设立议院、制定宪法等政治主张，但毕竟对封建制度进行了不少改革。因此，这次变法受到民族资产阶级和开明地主的拥护，得到爱国知识分子的支持。

思想游牧

几年前热播的电视剧《神医喜来乐》中，主人公喜来乐诙谐幽默的人物特征给人们留下了深刻的印象，他就生活在清朝末年。

试想一下如果你是喜来乐，你是怎么看待当时的清政府？你会支持戊戌变法吗？

● 戊戌政变

光绪帝颁布的变法措施直接触犯到了以慈禧太后为首的顽固派的利益，遭到他们的强烈反对。6月15日，慈禧太后任命亲信荣禄为直隶总督，掌控京津地区，并控制了朝廷的人事任免权。当时，除湖南巡抚陈宝箴支持变法外，朝廷大臣和各省官员支持变法的寥寥无几，变法法令大都成了一纸空文，毫无实效。

史海钩沉

在光绪帝颁布《定国是诏》后的第四天，慈禧太后逼光绪帝连下三道上谕。首先是革除光绪帝的师傅、支持变法的军机大臣翁同龢一切职务，驱逐回原籍，以削弱帝党孤立光绪；其次是规定凡新任命的二品以上大臣，必须到皇太后面前谢恩，目的是防止维新派获得高级官职；再次是任命荣禄为直隶总督，统率北洋三军。此外，慈禧还在宫内部署眼线，密切监视光绪帝的一举一动。

---

① 章京，满语，系官名，职位较低的文职官员。

面对慈禧太后和顽固派对变法的抵制和阻挠，光绪帝进行了反击。9月4日，光绪帝下令将阻挠变法的6名顽固派官员革职。9月5日，任命谭嗣同、刘光第等4人为军机章京，赏四品衔，准许参与变法事宜。9月7日又将阻挠变法的李鸿章等人逐出总理衙门。维新派和顽固派之间的斗争日趋白热化。

14-2-4　光绪帝

14-2-5　瀛台

9月21日，慈禧太后发动政变，宣布"临朝听政"，将光绪帝囚禁于中南海的瀛台，并下令立即逮捕康有为等维新人士。28日，谭嗣同、杨锐、林旭、刘光第、杨深秀、康广仁六人被杀于菜市口刑场，史称"戊戌六君子"。其他参与和支持变法的官员也遭到革职、戍边和囚禁。除京师大学堂外，其余各项新政措施全被废除，戊戌变法以失败告终。

史海钩沉

随着维新派与顽固派斗争的日益激化，京津地区纷纷传言慈禧太后将在10月间赴天津阅兵时，以武力强迫光绪帝退位。形势越来越危急，光绪帝也预感到自己所处的境地，传出密诏让康有为等商量对策、迅速外逃。9月18日深夜，谭嗣同独自来到袁世凯的住处，向他提出"杀荣禄，除旧党"，劝袁世凯效忠光绪帝，诛杀荣禄。袁世凯表面上满口答应，并慷慨陈词"诛荣禄如杀一狗耳"。20日光绪帝召见袁世凯，他仍然表示忠诚于光绪帝，当晚却立即乘车到天津向荣禄告密，出卖了光绪帝和维新派。荣禄得到消息大吃一惊，即刻进京，向慈禧禀报。袁世凯也因此得到慈禧的宠信。

康有为已于20日离开北京南下，由英国人保护逃亡香港。梁启超在日本人掩护下化妆逃到日本。梁启超在临行前，劝谭嗣同一起去日本。谭嗣同表示："各国变法，无不从流血而成，今中国未闻有因变法而流血者，此国之所以不昌也。有之，请自嗣同始。"就义前，谭嗣同在狱中墙壁上题写了绝命诗：

> 望门投止思张俭，
> 忍死须臾待杜根。
> 我自横刀向天笑，
> 去留肝胆两昆仑。

戊戌变法的历史意义及失败原因

戊戌变法是一场自上而下的资产阶级性质的改良运动[①]。戊戌变法是资产阶级维新派在国家民族危难之际发起的一场爱国救亡运动，具有强烈的爱国主义思想和民族意识；资产阶级维新派发展资本主义的

[①] 陈庆华教授认为"戊戌变法是一次失败了的、不彻底的资产阶级革命"。

主张符合当时历史发展的趋势具有进步的意义;戊戌变法又是近代中国的一场思想解放运动,维新派主张学习西方先进科学技术和资产阶级的政治学说,在社会上起了思想启蒙的作用,有利于资产阶级思想文化的传播。

但是,由于维新派采用改良的方法,把希望完全寄托在一个没有实权的皇帝身上,又脱离了广大人民群众,尤其是遭到封建顽固守旧势力的极力反对和镇压,维新运动最终失败。

戊戌变法的失败证明:资产阶级改良道路在半殖民地半封建社会的中国是行不通的。

君子动手

19世纪末中国的戊戌变法与19世纪60年代日本的明治维新都是由封建君主领导的自上而下的改革,但是日本经过变法走上了资本主义的发展道路成为资本主义强国,而中国在戊戌变法后进一步陷入半殖民地半封建的深渊成为帝国主义国家争相蚕食的对象。

请从领导力量、社会背景、国际环境、改革内容等方面来比较两者不同之处。

第三节 辛亥革命

满清王朝可以比作一座即将倒塌的房屋,整个结构已从根本上彻底地腐朽了。难道有人只要用几根小柱子斜撑住外墙,就能够使那座房子免于倾倒吗?[①]

——孙中山

《辛丑条约》签订后,帝国主义列强竞相加紧对中国进行资本输出,争夺铁路修筑权、矿山开采权等侵略活动,控制中国内政,使中华民族危机不断加深。晚清政府为了挽救摇摇欲坠的封建统治而推行的"新政"更进一步加重了对人民的剥削。这期间,中国民族资本主义仍然得到一定程度的发展,民族资产阶级发起的收回利权运动与各阶层人民群众的反帝反封建斗争此起彼伏。资产阶级领导的民主革命运动在全国迅速开展起来。

中国同盟会的成立

1894年11月,孙中山在檀香山联合华侨反清志士建立了中国第一个资产阶级革命团体——兴中会。在入会誓词中,孙中山提出了"驱除鞑虏、恢复中国、创立合众政府"的革命奋斗目标,强烈抨击清政府的反动统治,决心推翻清朝政府,建立资产阶级共和国。兴中会的成立,标志着中国资产阶级革命派的初步形成。孙中山从此走上了推翻帝制、创建资产阶级共和国的革命征程。

14-3-1 孙中山

孙中山(1866—1925),名文,号日新(后改逸仙),生于广东香山县(今中山县)翠亨村一个贫苦农民家庭。他从事革命活动时化名中山樵,后来就用中山为号。孙中山自幼敬仰洪秀全的反清业绩,向往太平天国革命事业,他称洪秀全为"反清英雄第一人",并以"洪秀全第二"自居。

1878年,孙中山随母亲来到檀香山,在他哥哥华侨资本家孙眉的帮助下,进入当地开办的学校读书。孙中山在青少年时接受西方资产阶级教育,对他资产阶级革命思想的形成和发展起了重大影响。

1894年春,孙中山上书李鸿章,提出革新主张,但未被李鸿章理睬。接着甲午中日战争中国军队惨败,清朝统治者却沉湎在歌舞升平中,准备庆祝慈禧太后六十大寿。孙中山彻底认识到自上而下的和平改

---

① 孙中山:《孙中山选集》中册,第145页。

革是行不通的,必须通过暴力手段推翻清政府的反动统治,从而走上了武装革命的道路。孙中山先生毕生致力于中国民主革命事业,1925 年 3 月 12 日在北京病逝,享年 59 岁。

到 1905 年,国内出现了华兴会、光复会等许多革命团体,各革命团体成员 70 余人在日本东京集会,决定成立统一的革命政党——中国同盟会。8 月,中国同盟会在东京召开成立大会,推举孙中山为总理。中国同盟会以孙中山提出的"驱除鞑虏,恢复中华,创立民国,平均地权"作为政治纲领,并决定创办《民报》为同盟会的机关刊物。同盟会是中国第一个全国性的统一的资产阶级革命政党。它的成立,使中国革命运动有了统一的领导核心,促进了中国的资产阶级民主革命高潮的到来。

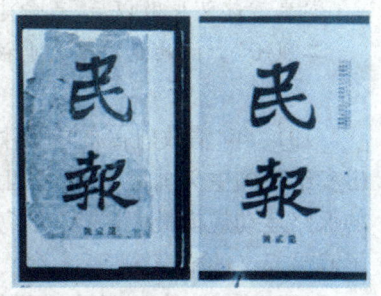

14-3-2 《民报》书影

孙中山在《民报》发刊词中,把同盟会的政治纲领归结为"民族"、"民权"、"民生"三大主义,简称三民主义。

他山之石

三民主义是孙中山所倡导的民主革命纲领。

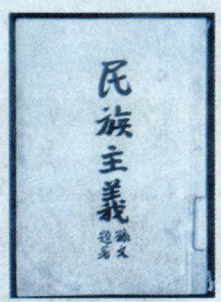  

14-3-3 三民主义

"驱除鞑虏,恢复中华"即民族主义,就是推翻清王朝的统治;"创立民国"即民权主义,就是推翻封建帝制,建立资产阶级共和国,这是三民主义思想的核心,是政治革命的根本;"平均地权"即民生主义,是资本主义的土地纲领,希望采用核定地价的办法,变封建土地所有制为资本主义的土地国有制。

三民主义是比较完整的资产阶级民主革命纲领。它比较全面地反映出中国半殖民地半封建社会的主要矛盾,推动了资产阶级民主革命运动的发展。但是,三民主义又是一个不彻底的革命纲领,它不敢明确提出反对帝国主义的要求,也没有制定出彻底的土地革命纲领,体现出资产阶级革命派的软弱性和妥协性,这也就决定了在三民主义的指导下,中国的民主革命必然会遭到失败。

武昌起义

同盟会成立后,孙中山和他的战友们在许多地方多次发动武装起义,都以失败告终。但是革命党人的勇敢精神和视死如归的英雄气概,鼓舞了全国人民的革命斗志,加速了革命发展的进程。

史海钩沉

1906 年 12 月,同盟会会员刘道一等联合萍乡、浏阳和醴陵的会党,发动了萍浏醴起义。但这次起义终因寡不敌众而失败。萍浏醴起义是同盟会成立后第一次规模较大的起义,这次起义扩大了同盟会在群众中的影响,增强了同盟会领导武装起义的信心。

1911 年 4 月 27 日,同盟会骨干之一黄兴率领起义军攻打两广总督衙门,与清军展开激烈战斗,由于敌众我寡,起义队伍得不到接应而失败。参加起义的革命党人平均年龄 29 岁,大都是留洋学生。起义失败以后,革命志士将收敛的 72 具烈士遗骸合葬于广州郊外黄花岗,史称"黄花岗七十二烈士"。因此这次起义也被称作黄花岗起义。

1911 年,清政府宣布"铁路国有"政策,收回已经准许商办的川汉、粤汉铁路,却将这些铁路的修筑权出卖给帝国主义国家,激起了四川、湖北、广东等省人民的强烈反对。全国掀起了群众性的保路运动,四川的保路运动规模最大,并发动了反清起义。清政府急忙调湖北新军前往四川镇压保路运动,湖北很快传来了武昌起义的枪声。

1911 年 10 月 10 日晚,新军工程营的革命党人熊秉坤、金兆龙等率领士兵占领了楚望台军械库。震动中外的武昌起义爆发了。接着,起义部队进攻湖广总督衙门,总督瑞澂慌忙从总督衙门后墙打洞逃走。经过一夜激战,革命军占领武昌。接着,起义军又攻占了汉阳和汉口。12 日,武汉三镇全部光复。因为这次革命发生在农历辛亥年,历史上称为辛亥革命。为了把革命推向前进,湖北军政府成立。新军协统黎元洪任都督。

知识链接

武汉是湖北省省会,位于江汉平原东部,总面积 8 494 平方公里。市区由武昌、汉阳、汉口三镇组成,俗称"武汉三镇"。

武汉是中国水域面积最大的城市,水域面积约占城市面积的 1/4,素有"江城"和"九省通衢"之称。

武汉属亚热带大陆性季风气候,四季分明,是我国东南多雨到西北少雨的过渡带,梅雨和伏旱是两大特点。武汉夏季酷热冬季寒冷,七八月气温可达 40 摄氏度以上,是我国的"四大火炉"之一。

14-3-4 武汉

现在,凭借优越的地理位置及经济实力,武汉成为国家重点建设的工业城市、华中地区最大的工商业城市,更是华中地区的金融中心。

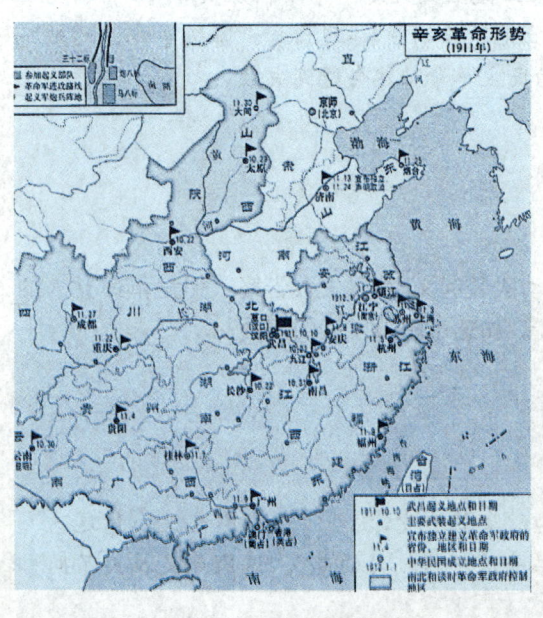

14-3-5 辛亥革命形势

1911 年 7 月,同盟会成员决定在长江流域发动起义,他们把武昌作为发难的地点,因为武昌是湖北的省会又是长江重镇,位于全国的中央。革命党人进行了长期的准备工作,共进会和文学社两个组织长期深入湖北新军中进行革命思想的宣传,参加文学社和共进会的士兵约占新军总人数的 1/3,为武昌起义的发动奠定了基础。

在同盟会的推动下,湖北共进会和文学社作为领导和发动武昌起义的机关。9 月,文学社和共进会举行联席会议,推举文学社领导人蒋翊武任总指挥,共进会领导人孙武为参谋长。10 月 9 日,孙武在汉口俄租界装配炸药不慎爆炸,孙武负伤被送往医院。俄国巡捕闻声赶来,将准备起义用的旗帜、印信、名册等全部搜去,起义计划暴露。当天下午,蒋翊武在起义总指挥部召开紧急会议,不料指挥起义的秘密机关遭到破坏,蒋翊武仓皇逃脱。那时孙中山远在海外筹款,黄兴在香港,湖北革命党人群龙无首,在没有指挥机关的紧急形势下果断地发动了武装起义。

武昌起义以后,各省纷纷响应,最早响应武昌起义的是湖南省和陕西省。截止到 11 月 9 日,全国有 14 个省区宣布脱离清政府的统治,清王朝的统治走向崩溃的边缘。但是,在革命迅速发展的同时潜伏着失败的危机,不少地方的政权落入立宪派①和旧官僚手中。

 **中华民国的成立**

1911 年 12 月 25 日,孙中山从国外回到上海,受到热烈欢迎。各省代表在南京集会,推举孙中山为中华民国临时大总统。1912 年 1 月 1 日,孙中山在南京宣誓就职,宣告中华民国临时政府成立。中华民国定都南京,采用五色旗为国旗,改用公历,以中华民国纪元。3 月,孙中山在南京颁布了参议院制定的《中华民国临时约法》。

以孙中山为首的南京临时政府是一个以资产阶级革命派为主体的革命政府。实际上,政府里也混入了一些立宪派和旧官僚。

知识链接

南京临时政府的政策和法令

政治方面:根据孙中山提出的"凡属国人,咸属平等"的原则,宣布人民享有选举、参政等政治权利,以及集会、出版、言论、结社、信仰等自由;废除"老爷"、"大人"等称呼;严禁买卖人口,禁止蓄奴;禁止缠足、蓄辫、赌博、种植和吸食鸦片,等等。

经济方面:奖励和保护工商业的发展;奖励投资;废除清朝的苛捐杂税。

文化教育方面:否定"尊孔忠君"的封建教育,禁止使用清政府颁行的教科书;提出了"军国民教育、实利教育、公民道德、世界观、美育"的教育方针。

外交方面:南京临时政府虽然强调民族独立,但为了争取获得帝国主义国家的支持,在《告各友邦书》中,承认清政府与帝国主义列强缔结的一切不平等条约,保护帝国主义在华的各种特权和利益。

 **袁世凯窃取革命果实**

南京临时政府成立后,帝国主义各国采取军事威胁、外交孤立和经济封锁等手段,对革命政权施加压力;革命政权中的立宪派和旧官僚也乘机向革命派进攻;资产阶级革命派内部妥协思想日益滋生。孙中山迫于各种压力被迫对袁世凯妥协退让,提出如果清帝退位、袁世凯赞成共和,可以把临时大总统的职位让给他。

历史回眸

袁世凯得到孙中山的保证以后,加紧逼迫清帝退位。他暗中指使段祺瑞等 46 名北洋将领联名电奏清政府,要求清政府立即采用共和政体,否则将带兵入京。已经被革命吓破了胆的清政府再也无法支撑局面,不得不在 1912 年 2 月 12 日颁发了皇帝退位诏书,统治中国 260 多年的清王朝结束了。

① 立宪派,这里指主张清政府实行君主立宪的政治群体,他们实际上是反对资产阶级民主革命的。

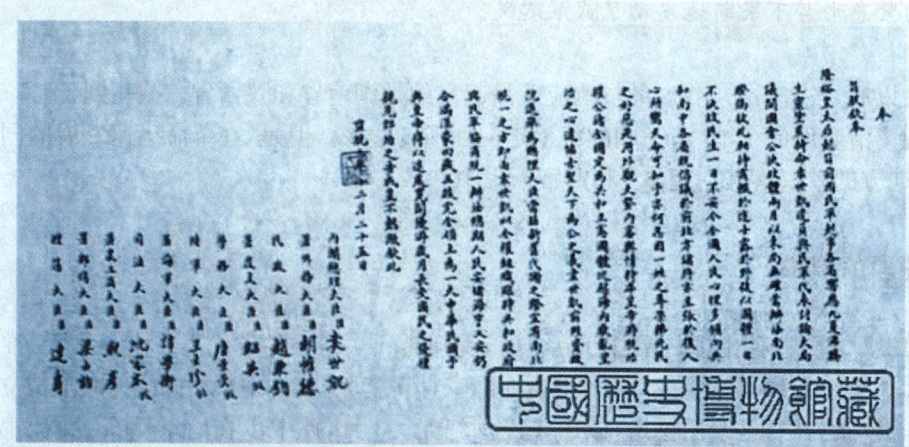

14-3-6 清帝退位诏

清帝退位的优待条件主要是：清帝退位以后，皇帝称号不废，民国待以外国君主之礼；每年由民国政府拨给皇室费用400万元；清帝暂住故宫，日后移居颐和园，等等。

清帝退位后的第二天，袁世凯通电声明赞成共和，孙中山向南京参议院提出辞职。接着，南京参议院举行临时大总统选举会，全体一致选举袁世凯为临时大总统。袁世凯谋取全国政权的目标终于得到了实现。

1912年3月10日，袁世凯如愿以偿地在北京就任中华民国临时大总统。孙中山4月1日正式解除临时大总统职务，临时政府迁往北京。这样，辛亥革命的胜利果实被袁世凯窃取了。

14-3-7 袁世凯在北京就任临时大总统

思想游戏

辛亥革命的胜利果实最终被袁世凯窃取了，请想一想袁世凯为什么能够窃取辛亥革命的胜利果实？

辛亥革命的历史意义及失败原因

辛亥革命是中国近代历史上一次比较完整意义上的反帝反封建的资产阶级民主革命。它推翻了统治中国260多年的清王朝，结束了2 000多年封建君主专制在中国的统治，建立了资产阶级共和国，推动了历史的前进；辛亥革命也是一场深刻的思想启蒙运动，使民主共和思想深入人心；南京临时政府采取的经济政策和措施推动了中国民族资本主义工商业的发展；辛亥革命爆发在约占世界人口 1/4 的亚洲大国，与菲律宾、越南、印度等亚洲国家的民族解放斗争形起了 19 世纪末 20 世纪初亚洲民族解放运动的风暴；辛亥革命是先进的中国人学习西方的又一次可贵的尝试，进一步推动了中国近代化的进程。

但是，由于中国资产阶级的软弱性和妥协性，他们始终没有提出一个彻底的反帝反封建的革命纲领，不愿同帝国主义完全决裂；资产阶级革命派没有勇气发动和依靠广大人民群众彻底推翻封建势力，缺乏广泛的群众基础；资产阶级革命派始终没有真正建立属于自己的革命武装。因此，辛亥革命没有完成反帝反封建的历史任务，也没有改变中国半殖民地半封建的社会性质。

辛亥革命的失败证明：在帝国主义时代，在半殖民地半封建的中国，资产阶级不可能领导民主革命取得胜利。资产阶级共和国的方案在中国是行不通的。

君子动手

"辛亥革命结束了 2 000 多年封建君主专制在中国的统治"，请自己动手算一算封建君主专制政体在中国存在的确切年数。

第十五章

中国共产党领导新民主主义革命的胜利

▶ 中国近代史是中西方文明碰撞的历史，正是在西方文明的冲击下，新文化运动兴起了，它为五四运动的爆发奠定了思想基础。中国共产党的成立，是近代中国革命历史上划时代的里程碑。她从诞生之日起，就为实现民族独立、人民解放和国家富强，为实现共产主义远大理想，进行着不屈不挠、艰苦卓绝的斗争，终于在1949年迎来了中华人民共和国的成立，结束了1840年以来中华民族屈辱的历史。

第一节 五四运动和中国共产党的诞生

● 新文化运动

袁世凯上台后，掀起尊孔复古逆流，企图利用封建思想禁锢人们的头脑，维护自己的统治。与此同时，中国民族资本主义在第一次世界大战期间得到发展，西方启蒙思想在中国得到进一步传播。一批激进的民主主义者认识到要在中国实现真正的民主，不但要进行政治革命，还必须进行思想革命，由此掀起了一场波澜壮阔的新文化运动。

1915年9月，陈独秀在上海创办《青年杂志》，标志着新文化运动兴起。《青年杂志》从第二卷第一号起改名为《新青年》。1917年，陈独秀受聘为北京大学文科学长，《新青年》编辑部也从上海迁到北京。李大钊、胡适、钱玄同、鲁迅、刘半农等人相继参与《新青年》的编辑或撰稿工作。

15-1-1 《青年杂志》封面

15-1-2 李大钊

15-1-3 陈独秀

史海钩沉

　　钱玄同和刘半农是新文化运动时期的两位代表人物。新文学肇始,最需要反响——特别是来自"反"的那方面的"响儿"。苦于一时不见,两位就商量着制造一个,于是钱玄同化名"王敬轩",历数新文学的坏处,刘半农则一一予以驳斥。这就是轰动一时的"双簧信"。真刘半农骂倒假"王敬轩",新文学乃告成立。

　　民主与科学是新文化运动的核心。新文化人士宣传的民主思想涵盖范围较广,不仅指人民享有民主权利、政府机构权力制衡等政治民主,也包括人权、自由、平等、博爱等理念。

　　新文化人士认为科学与民主同等重要,必须以科学来反对迷信,启迪民智,使民众成为现代有智识的国民。当时提倡的科学,主要是指与迷信、蒙昧无知相对立的科学思想、科学精神,以及具体的科学技术与科学知识,同时也包括反对迷信、偶像崇拜,宣传进化论、唯物论、无神论等内容。

他山之石

　　1915年,陈独秀发表《敬告青年》一文,提出"国人欲脱蒙昧时代,羞为浅化之民也,则急起直追,当以科学与人权并重"。李大钊发表《民彝与政治》一文,指出"民与君不两立,自由与专制不并存,是故君主生则国民死,专制生则自由亡"。

　　新文化运动的倡导者们在提倡民主、科学,反对专制、迷信的同时,树起了"打倒孔家店"的大旗,对以儒家学说为代表、维护专制制度的旧礼教旧道德,进行了猛烈的抨击。鲁迅对旧礼教旧道德的抨击最为猛烈,他主要通过对现实生活的敏锐观察,利用文学作品深刻地揭露专制制度和纲常礼教的黑暗。

　　鲁迅的第一篇白话小说《狂人日记》是中国现代小说的奠基之作,同时又是一篇声讨旧势力的战斗檄文。

　　鲁迅还发表了《我之节烈观》一文,揭露"忠、孝、节"伦理道德的危害性。陈独秀也撰文批判传统的贞节观念,指出这种观念与资产阶级的人格独立观根本对立。

　　新文化运动是一次彻底清算旧文化的思想革命,其锋芒必然指向旧文学及其文体——文言文。1917年胡适在《新青年》上发表《文学改良刍议》一文,指出一个时代有一个时代的文学,文言文作为一种文学工具已经丧失了活力;中国文学要适用时代要求,就必须革新语体。为此,他提出了文学改革的主张,即提倡白话文,反对文言文,提倡新文学,反对旧文学。

15-1-4　鲁迅

　　在胡适的倡议下,陈独秀在《新青年》上发表《文学革命论》一文,不仅主张以白话文取代文言文,还主张推倒陈腐的旧文学,建设新鲜的新文学,从而使文学革命的旗帜更加鲜明。

史海钩沉

　　在古文中,原没有第三人称的阴性代词,行文时,为了不招致误会,必须前后照应交代。提倡白话文之后,没有"她"字行文更为不便。刘半农勇于破旧立新,以一句话为例,创造出了"她"字——"她说:'他来了,诚然很好;不过我们总要等她。'"

新文化运动是辛亥革命在思想文化领域的延续。它在政治上和思想上给专制主义以沉重的打击,动摇了传统礼教的思想统治地位,它促使人们追求真理、追求进步,从而为马克思主义在中国的传播创造了有利的条件,推动了五四运动的发生。

思想游弋

陈独秀说:"我们现在认定只有这两位先生("德先生"和"赛先生"),可以救治中国政治上、道德上、学术上、思想上一切的黑暗。"

"德先生"和"赛先生"是新文化运动的两面旗帜,它们分别指什么?

知识链接

　　新文化运动纪念馆位于北京五四大街 29 号,建于原北京大学的红楼旧址上。1917 年蔡元培出任国立北京大学校长,并在此楼办公。他提倡新文化、新思想,主张各种思想"兼容并包",提倡学术民主。在他主持下,陈独秀、李大钊、胡适等新派教授相继到北大执教,一时间红楼内出现许多新团体和进步刊物。红楼因此成为新文化运动的营垒。新文化运动纪念馆于 2002 年 4 月正式开馆,馆内有展览、文物和图片等。

15-1-5　新文化运动纪念馆

五四运动

　　第一次世界大战期间,由于欧洲帝国主义列强忙于战争,暂时放松了对中国的侵略。中国的民族资本工业在这时有了一定程度的发展。与此同时,中国无产阶级也日益成为近代中国一支重要的社会力量。

　　"冲决过去历史之网罗,破坏陈腐学说之囹圄",新文化运动为适合中国社会需要的新思潮的传播开辟了道路,为五四运动的发生做了思想准备。

15-1-6　参加巴黎和会的代表

　　俄国十月社会主义革命的胜利,为中国革命指出了道路。正如毛泽东同志在《论人民民主专政》一文中所说:"十月革命一声炮响,给我们送来了马克思列宁主义。十月革命帮助了全世界的也帮助了中国的先进知识分子,用无产阶级的宇宙观作为观察国家命运的工具,重新考虑自己的问题。走俄国人的路——这就是结论。"

　　1919 年 1 月,在第一次世界大战中取得胜利的协约国召开巴黎和会,商讨处置战败国以及维护世界和平等问题。这实际上是一次由英、法、美三个帝国主义国家操纵的重新瓜分世界的会议。中国以战胜国的身份出席会议,希望改变中国在国际上的不平等地位。中国代表在会上提出取消帝国主义在中国的特权、取消日本强迫中国承认的"二十一条"、收回山东的权益等,但遭到拒绝。

　　1915 年 1 月,日本驻华公使向袁世凯政府递交了"二十一条"密约,妄图使中国沦为日本的殖民地。其主要内容包括:

　　① 承认日本继承德国在山东的一切权益,山东省不得让与或租借他国。

　　② 承认日本人有在南满和内蒙古东部居住、往来、经营工商业及开矿等特权。旅顺、大连的租借期限

并南满、安奉两铁路管理期限,均延展至99年为限。

③ 汉冶萍公司改为中日合办,附近矿山不准公司以外的人开采。

④ 所有中国沿海港湾、岛屿概不租借或让给他国。

⑤ 中国政府聘用日本人为政治、军事、财政等顾问。

史海钩沉

　　巴黎和会上,日本提出德国在山东的权益应由它来继承。中国代表顾维钧在会上作了认真发言,说明山东是中国不可分割的一部分,有力批驳了日本的无理要求。这是中国代表第一次在国际舞台上为国家主权进行辩护。但是,日本要挟如果山东问题得不到解决,就退出和会。为了自身利益,英、法、美最终决定牺牲中国的合法权益。

　　欧美列强做出了将德国在山东的一切权益转让给日本的决定。中国在巴黎和会上外交失败,这激起中国人民的强烈义愤。

　　率先起来的是青年学生。5月3日,学生代表在北京大学法科礼堂召开会议。学生代表相继发言,义愤填膺。法科代表谢绍敏将中指咬破,裂断衣襟,血书"还我青岛"四字。会议决定在5月4日发动游行示威。

15-1-7　5月4日北大学生的游行

　　1919年5月4日,北京各校学生3 000余人汇集天安门广场,发表宣言,号召人民奋起救国。他们高呼"外争国权,内惩国贼"、"废除二十一条"、"打倒卖国贼曹汝霖、章宗祥、陆宗舆"等口号,爱国情绪高涨。

史海钩沉

　　示威学生向使馆区进发,后转向位于赵家楼的曹汝霖家。学生一时找不到曹汝霖,于是放火焚烧曹宅。正在曹宅的驻日公使章宗祥惊慌出走,被学生打得头破血流。这时大批军警赶到,逮捕了32名学生。

　　学生的爱国行动引起了全国各地各界的广泛响应,许多城市的工人罢工、商人罢市。工人阶级作为独立的政治力量登上历史舞台,运动中心也很快由北京转到上海。上海的"三罢"斗争把五四运动推向高潮。

　　5月6日,上海中华工业协会发布通告,上海工人随即掀起罢工高潮,并提出:"提倡国货,不用日货","不作日人之工"。在学生罢课、工人罢工的影响和推动下,商人也举行罢市。很快,由上海掀起的"三罢"运动迅速扩展到全国,使帝国主义和北洋政府感到巨大威胁。

思想游弋

　　五四爱国运动的爆发是偶然现象吗?为什么说它是中国新民主主义革命的开端?

由于各界群众的联合行动,北洋政府不得不罢免了曹汝霖、章宗祥、陆宗舆的职务。6月28日,出席巴黎和会的中国代表拒绝在《凡尔赛和约》上签字。中国第一次拒绝了由世界几个强大的帝国主义国家制订的和约。

五四运动是一场伟大的反帝爱国运动,体现出强烈的爱国精神和牺牲精神;它是一场广泛传播民主科学的新文化运动,体现了鲜明的民主和科学精神;它又是一场伟大的思想解放运动,体现了追求真理、勇于解放的精神。

五四运动是中国从旧民主主义革命发展到新民主主义革命的转折点,从此中国历史翻开了崭新的一页。

君子动手

请搜集2010年"五四奖章"获得者的事迹,结合对2010年"五四奖章"获得者事迹的了解,谈谈这项活动的开展对青年有什么意义。

中国共产党的诞生

15-1-8 中共一大会址

伴随着马克思主义在中国迅速而广泛的转播,中国出现了一批接受马克思主义的先进分子。他们把马克思主义同中国工人运动初步结合起来,为中国共产党的成立准备了思想条件。

1920年,中国第一个共产党的早期组织在上海诞生,陈独秀任书记。不久,全国各地党的早期组织相继建立。这就为中国共产党的成立奠定了组织基础。

1921年7月23日,中国共产党第一次全国代表大会在上海法租界望志路举行。参加大会的有各地党的早期组织的正式代表毛泽东、董必武等13人,代表着当时全国50多个党员。由于会场受到法国巡捕的搜查,会议最后一天移至浙江嘉兴南湖的游船上进行。

君子动手

中国共产党自诞生之日起,就历经风雨砥砺,勇敢地承担起改变国家和民族命运的历史使命。请搜集参加中共"一大"的十三位党员的资料,谈谈你的感想。

党的"一大"通过的中国共产党纲领,规定党的名称为"中国共产党",党的奋斗目标是社会主义和共产主义,并且坚持用革命的手段来实现这个目标。

大会确定党成立后的中心任务是组织工人阶级,领导工人运动。大会选举出党的中央领导机构中央局,陈独秀为书记,并于1921年8月11日在上海成立中国劳动组合书记部,这是党领导工人运动的第一个公开机构。

中国共产党的成立,使灾难深重的中国人民有了可以信赖的组织者和领导者。自从有了中国共产党,中国革命的面貌焕然一新。

15-1-9 停泊在水面上的中共"一大"纪念船

第二节　中国共产党从幼稚走向成熟

◐ 中共二大

1922年,中国共产党召开第二次全国代表大会。大会分析了中国国情后,重申中国共产党奋斗的最终目标是实现共产主义;现阶段的民主革命任务是打倒军阀,推翻帝国主义的压迫,建立民主共和国。这是中国第一次明确提出反帝反封建的民主革命纲领。

中国的民主主义革命,从鸦片战争开始到五四运动,经历了无数次斗争。但由于历史条件的限制,还没有哪一个阶级或政党,能够正面提出这一政治主张,年轻的中国共产党刚刚成立一年,就解决了这个基本问题,为中国革命指明了方向。

◐ 国共第一次合作

中国共产党一成立,就领导工人阶级向帝国主义和封建主义展开斗争。1922年到1923年2月,中国出现了工人运动的第一次高潮。这次工人运动的高潮以香港海员罢工的胜利为起点,以京汉铁路工人大罢工遭到血腥镇压而告结束。残酷的事实使中国共产党认识到,面对强大的敌人,要取得革命的胜利,必须团结广大农民、民族资产阶级等一切可以团结的力量,建立革命统一战线。与此同时,在当时的政治舞台上,以孙中山为首的民族资产阶级在民主革命的征程中虽然屡战屡败,但仍为维护临时约法,而与北洋军阀进行着不懈地斗争。

史海钩沉

京汉铁路是全国铁路的大动脉,也是北洋军阀吴佩孚的经济命脉。1923年2月4日,京汉铁路工人举行大罢工。2月7日这一天,在帝国主义支持下,吴佩孚调动军警在京汉铁路沿线镇压赤手空拳的罢工工人,制造了震惊中外的"二七"惨案。

中国共产党钦佩孙中山的革命精神,派遣李大钊和孙中山取得联系,二人经常促膝谈心、废寝忘食。共产国际也派代表向孙中山指出他依靠一派军阀打倒另一派军阀的错误,建议改组国民党,建立革命武装,同共产党合作。孙中山接受了中国共产党的政治主张和苏联的建议,开始了他一生中伟大的转变。

思想游牧

孙中山一生中有三次重大转变,试思考前两次是什么?

1923年,中国共产党在广州举行第三次全国代表大会,确立了同孙中山领导的国民党进行合作的方针。1924年1月,国民党第一次代表大会在广州召开,大会通过宣言,重新阐释了三民主义,确定了联俄、联共、扶助农工的三大政策。新三民主义与中国共产党的民主革命纲领的若干原则基本一致,成为国共两党合作的政治基础。大会同意共产党以个人身份加入国民党。

国民党第一次代表大会标志着国共两党合作的实现和革命统一战线的正式建立。在国共两党推动下,反帝、反军阀的国民革命运动在全国蓬勃开展起来。

五卅运动是中国共产党领导下的群众性反帝爱国运动,它标志着大革命高潮的到来。与之相配合,共产党人苏兆征、邓中夏组织领导省港大罢工,沉重打击了英帝国主义。

1924年5月,国共合作的成果——中国国民党陆军军官学校在广州黄埔成立。第二年,国民政府在广州成立。1926年7月,国民政府决定挥师北伐,革命对象直指直系军阀吴佩孚、孙传芳和奉系军阀张作霖。在工农运动的配合下,北伐军消灭了吴佩孚、孙传芳所部,张作霖也被打败,被迫退守东北。

为了配合北伐战争,1926年10月到1927年3月,上海工人在敌强我弱的情况下举行了三次武装起义,第三次武装起义在周恩来的直接领导下取得了胜利,起义工人占领了上海,革命势力扩展到整个长江流域。

在北伐战争取得节节胜利的同时,帝国主义急于在中国寻找新的代理人,国民党与中国共产党就农民运动等一系列问题意见相左,矛盾日益激化。蒋介石等国民党右派加紧反共,汪精卫控制下的武汉国民政府也日益右倾。1927年,他们先后发动"四一二"和"七一五"反革命政变,成千上万的共产党人和革命群众被杀害,轰轰烈烈的大革命失败了。

 **知识链接**

毛泽东在《〈共产党人〉发刊词》中说:"这时的党终究还是幼年的党,是在统一战线、武装斗争和党的建设三个基本问题上都没有经验的党,是对于中国的历史状况和社会状况、中国革命的特点、中国革命的规律都懂得不多的党,是对于马克思列宁主义的理论和中国革命的实践还没有完整的、统一的了解的党。"大革命时期,共产国际,及其驻华代表对中国共产党有过许多正确的指导和帮助,但他们也有不少脱离中国实际的错误指挥。在大革命后期,党的领导机关犯了以陈独秀为代表的右倾机会主义错误,使党在大革命的危急时刻完全处于被动地位。

大革命的失败使中国共产党和中国革命事业遭受到了惨重损失。但是,中国革命的步伐并没有停止。中国共产党擦干身上的血迹继续前进。

工农武装割据的形成

1927年8月1日,周恩来、贺龙、朱德、刘伯承等率领2万余人在南昌举行武装起义,打响了中国共产党武装反抗国民党反动派的第一枪,用血与火的语言,宣告了中国共产党人坚持革命的坚强决心,标志着中国共产党独立领导武装斗争和建立人民军队的开始。

 **史海钩沉**

1933年7月,中华苏维埃政府根据中央革命军事委员会的建议,决定8月1日为中国工农红军成立纪念日。1949年6月,中国人民革命军事委员会发布命令,规定以"八一"两字作为中国人民解放军军旗和军徽的主要标志。中华人民共和国成立后,将此纪念日改称为中国人民解放军建军节。

据统计,十大元帅中直接或间接参加过南昌起义的就有七位,他们是朱德、贺龙、刘伯承、聂荣臻、陈毅、林彪、叶剑英,而参加过起义的大将、上将更不在少数。南昌起义成了中国人民解放军将帅的摇篮。

15-2-1 南昌起义

　　几天后,中国共产党在汉口召开"八七会议",撤销了陈独秀的总书记职务,批判了他的错误路线,确立了开展土地革命和武装反抗国民党反动派的总方针。在会上,毛泽东提出了"枪杆子里出政权"的著名论断。

　　八七会议前后,中国共产党在各地举行的武装起义,大都以夺取中心城市为目标,结果纷纷受挫。9月9日,毛泽东领导的湘赣边秋收起义爆发,针对城市地区敌强我弱的现实,他率领起义部队改向敌人力量薄弱的山区进军,并在行军途中进行了著名的"三湾改编"。党的支部建在连部上,是"党指挥枪"原则的具体体现。

　　10月,毛泽东率领秋收起义部队到达井冈山地区,创建了井冈山革命根据地,开展土地革命和武装斗争。毛泽东开辟的井冈山道路,是工农武装割据,以农村包围城市,最后夺取全国政权的正确道路。

　　中国共产党成立后在许多方面都照搬苏联模式,大革命时期走的是城市中心道路;大革命失败后,以毛泽东为首的中国共产党人,及时纠正陈独秀的"右"倾机会主义错误,开始独立领导武装斗争,建立革命根据地、开展土地革命,创立了工农武装割据的理论,在理论上和实践上为中国革命开辟了一条正确的道路,解决了中国革命的道路问题。

　　1927年12月11日,张太雷、叶挺、叶剑英等领导发动了广州起义。起义军民攻占了国民党广东省政府等重要机关,成立了广州市苏维埃政府。12日,张发奎所部向起义军反扑,起义军浴血奋战,但终因众寡悬殊,遭到严重损失,张太雷和许多起义者英勇牺牲。广州起义,是中国共产党对国民党反动派叛变革命和实行白色恐怖的又一次英勇反击,是在城市建立苏维埃政权的大胆尝试。

15-2-2　广州起义纪念馆

史海钩沉

　　1928年4月,朱德、陈毅率领南昌起义的一部分队伍和湘南起义的农民武装,转战到达井冈山,与毛泽东率领的工农革命军会师,部队合编为中国工农革命军第四军,后改称红军第四军,为什么叫第四军呢?

　　据埃德加·斯诺的《西行漫记》里对朱德的采访,朱德是这样说的:"所以用这名字,为要保持国民革命军第四军'铁军'的大名,它在大革命中是我们革命的堡垒。国民革命军第四军是一支怎样的军队呢? 国共第一次合作掀起的大革命中,由于叶挺独立团及所在的第四军战功卓著,歼灭了吴佩孚的主力,使革命势力发展到两湖地区,因而赢得了'铁军'的光荣称号。可见第四军不是序列号,而是一个荣誉称号。它是为了继承和发扬国民革命军第四军'铁军'的光荣传统。"

思想游牧

　　"星星之火可以燎原"。从1928年到1930年,中国共产党开辟了一系列重要的革命根据地。主要有赣南闽西根据地、湘鄂赣根据地、鄂豫皖根据地、湘鄂西根据地和广西左右江根据地等。红军不断发展壮大,全盛时发展到30万人。

　　结合所学地理知识,思考各革命根据地建立在这些地区的原因。

红军长征

"九一八"事变爆发后,日本侵占了中国东北,进而向华北紧逼,中国的领土和主权不断沦丧。但蒋介石坚持"攘外必先安内、统一方能御侮"的政策,对日本侵略者步步退让,集中力量"围剿"红军。

1934年10月,由于王明"左"倾错误的领导,红军第五次反"围剿"失败,主力被迫撤离南方革命根据地,踏上战略转移的征途,开始了著名的长征。

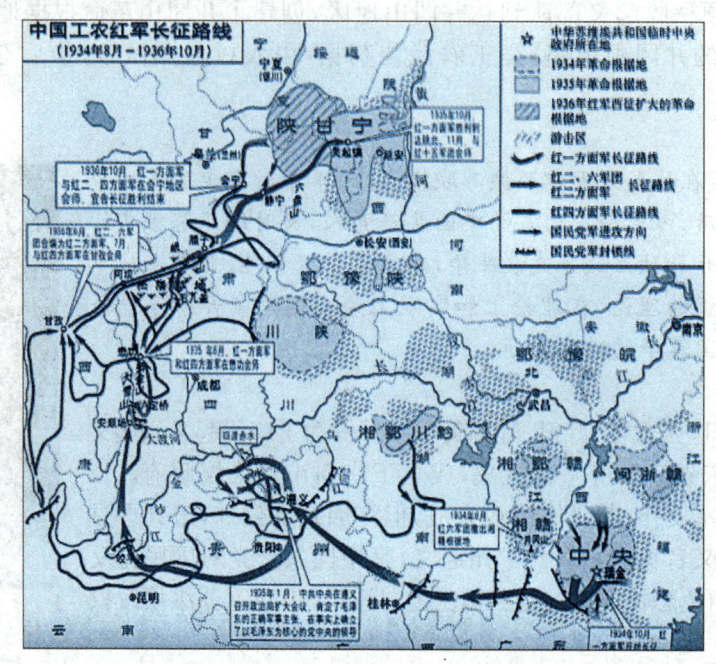

15-2-3 中国工农红军长征路线

在敌人的围追堵截下,中央红军拼死冲杀,冲破了敌人的四道封锁线。红军指战员损失过半,只剩下三万多人。此时,敌人已在红军去湘西的路上布下口袋阵,但是博古、李德等人仍然执意前往湘西去与二、六军团会合。在红军生死存亡的关键时刻,毛泽东建议改向敌人力量薄弱的贵州前进。中共中央大多数领导人肯定了毛泽东的意见。于是,红军改向贵州前进,渡过乌江,夺取贵州北部重镇遵义。

史海钩沉

红一方面军,亦称中央红军,是中国工农红军的主力之一。红一军团和红三军团在浏阳永和会师后组成第一方面军,朱德任总司令,毛泽东任总前委书记兼总政治委员。红二方面军,是中国工农红军的主力之一。由贺龙任总指挥,任弼时任政治委员。红四方面军,是中国工农红军的主力之一。总指挥徐向前,政委陈昌浩。

1933年秋,中共中央军委曾计划把七、八、九、十军团合编为第三方面军,后来一部分组成北上抗日先遣队,另一部分随红一方面军长征,所以第三方面军没有建立起来。

1935年1月,中共中央在贵州遵义召开政治局扩大会议,纠正了博古等人在军事上和组织上的错误,肯定了毛泽东的正确主张;选举毛泽东为中央政治局常委;取消博古、李德的军事最高指挥权。遵义会议是中国共产党历史上的一次重要会议。它结束了王明"左"倾冒险主义在党中央的统治,事实上确立了毛泽东在中共中央和红军的领导地位。在生死攸关的危急关头挽救了党,挽救了红军,挽救了中国革命。它证明中国共产党完全具有独立自主解决自己内部复杂问题的能力,是中国共产党从幼年走向成熟的标志。

史海钩沉

遵义会议会址馆标上面的"遵义会议会址"几个大字是毛泽东的手迹。据说,这是毛泽东唯一一次为革命旧址题字。

15-2-4　遵义会议会址

遵义会议以后,在毛泽东的正确领导下,红军声东击西,四渡赤水河,打乱了敌人的追剿计划;抢渡金沙江,跳出了敌人的包围;接着红军强渡大渡河,飞夺泸定桥,翻越白雪皑皑、空气稀薄的大雪山,通过荒芜泥泞、一望无际的草地,终于在1935年10月到达陕北的吴起镇,党中央和红一方面军同徐海东、刘志丹领导的陕北红军胜利会师。第二年10月,红二、四方面军到达甘肃会宁地区,与前来接应的红一方面军胜利会师。三大主力红军胜利会师,标志着红军战略转移任务的完成,粉碎了国民党反动派扼杀中国革命的企图,中国革命转危为安。

思想游弋

《长征组歌·四渡赤水》歌词写道:"乌江天险重飞渡,兵临贵阳逼昆明。敌人弃甲丢烟枪,我军乘胜赶路程。调虎离山袭金沙,毛主席用兵真如神。"

请思考:"毛主席用兵真如神"是因为什么?

君子动手

请搜集资料,了解长征沿途的地形地貌特征及川、贵、陕等省份的经济特点。

第三节　抗 日 战 争

● "九一八"事变

从1929年起,日本陆军参谋本部和关东军在中国东北三省先后秘密组织了四次"参谋旅行",侦察情况,制定了侵略中国东北的作战方案。1931年7月,攻城重炮被调运至沈阳,对准东北军驻地北大营;8月,日本陆军大臣南次郎在日本全国师团长会议上叫嚣:满蒙问题只有用武力解决。随后日本做了发动战争的进一步准备。

15-3-1　"九一八"博物馆

史海钩沉

日本关东军是日本陆军的一个重要组成部分,因侵驻中国东北的金县、大连地区的"关东州"而得名。

　　1931年9月18日晚,盘踞在中国东北的日本关东军按照精心策划的阴谋,炸毁沈阳柳条湖附近的南满铁路路轨,并嫁祸于中国军队。这就是所谓的"柳条湖事件"。日军以此为借口,突然向驻守在沈阳北大营的中国军队发动进攻。由于东北军执行蒋介石的"不抵抗政策",当晚日军便攻占北大营,次日占领整个沈阳城。这就是震惊中外的"九一八"事变。在短短4个多月后,中国东北全部沦陷,3 000多万父老成了亡国奴。

15-3-2　"一二·九"运动

　　"九一八"事变激起了全国人民的抗日怒潮,群众性的抗日救亡运动很快在全国兴起。中国共产党多次发表宣言,提出"以民族革命战争驱逐日本帝国主义出中国"的主张。工农商学兵各界民众团体和知名人士,纷纷发表通电抗议日本帝国主义的侵略。青年学生举行集会游行,开展抗日宣传。不愿做亡国奴的东北人民则直接拿起武器,和未撤走的东北军组成抗日义勇军,坚持抗日斗争。国民党的一些爱国官兵也奋起反击,在喜峰口等地坚持长城抗战。

　　1935年,日本帝国主义又制造华北事变,策动华北五省(河北、山东、山西、察哈尔、绥远)自治,企图使华北五省成为"第二个东北",中华民族危机空前严重。

　　此时,中国工农红军正在北上的长征途中。8月1日,中国共产党发表了《八一宣言》,即《为抗日救国告全体同胞书》。

　　12月9日,寒风凛冽,滴水成冰。在中国共产党的号召下,北平学生高呼"停止内战,一致对外!"、"打倒日本帝国主义"、"反对华北五省自治"等口号,涌上街头,举行示威游行。在宣武门,爱国学生遭到上千名军警的镇压。学生的抗日救亡运动,沉重打击了国民党政府的卖国活动,宣传了中国共产党"停止内战、一致对外"的抗日主张,掀起了全国抗日救国运动的新高潮。正如毛泽东所指出的:"一二·九"运动是"动员全民族抗战的运动,它准备了抗战的思想,准备了抗战的人心,准备了抗战的干部,将成为中国历史上的一个非常重要的纪念。"

　　同年12月,中国共产党在陕北瓦窑堡召开了政治局扩大会议。会议主要分析了华北事变后国内阶级关系的新变化,讨论了关于建立抗日民族统一战线、抗日联军和国防政府等问题。会后,毛泽东在党的活动分子会议上作了《论反对日本帝国主义的策略》的报告,进一步从理论和实践上,系统地阐明了党的抗日民族统一战线的策略方针。瓦窑堡会议是中国共产党在土地革命战争到抗日战争的历史转折时期,召开的一次极为重要的会议。

15-3-3　瓦窑堡会议旧址

　　瓦窑堡会议是遵义会议的继续和发展。遵义会议解决了当时最迫切的军事问题和组织问题,瓦窑堡会议则提出了关于建立抗日民族统一战线的理论和策略。这次会议表明,中国共产党从中国实际出发,结合当时的国内形势和党的任务,总结革命成败的经验教训,把共产国际"七大"提出的关于建立反法西斯统一战线的总方针,创造性地运用到中国革命的实践中来。

◎　西安事变

　　日本帝国主义的侵略和国民政府的不抵抗政策,促使国民党内部发生了分化。在中国共产党抗日民族统一战线的感召下,国民党爱国将领张学良、杨虎城接受了中国共产党"停止内战,一致抗日"的主张,1936年12月12日,扣留了在西安督促"剿共"的蒋介石及多名国民党军政要员,希望通过"兵谏"迫使蒋介石同意停止内战、联共抗日。这就是历史上的"西安事变",也称"双十二

15-3-4　张学良与杨虎城

事变"。

西安事变发生后,中国共产党认真分析国内外复杂形势,本着有利于抗日、有利于人民、有利于革命的原则,确定了逼蒋抗日、和平解决西安事变的方针。24 日,蒋介石被迫接受停战议和、联共抗日、释放政治犯等条件。25 日蒋介石获释,由张学良陪返南京,"西安事变"到此和平解决。

史海钩沉

南京方面在弄清张学良、杨虎城和共产党并不想加害蒋介石,而希望和平解决西安事变的态度后,于 22 日正式派出代表宋子文、宋美龄到西安。周恩来作为中共中央全权代表,和张学良、杨虎城一起参加谈判。宋美龄等在谈判中作出"停止剿共"、"三个月后抗战发动"等项承诺。24 日晚,蒋介石又当面向周恩来表示"停止剿共,联共抗日"。

西安事变的和平解决,是中国共产党抗日民族统一战线方针的重大胜利,标志着十年内战局面的基本结束和抗日民族统一战线的初步形成。

思想游牧

在十年内战中,蒋介石杀害了成千上万的共产党人和革命群众。

请思考:蒋介石在西安事变中被扣押后,中国共产党为什么不仅不杀他,反而主张和平解决,释放蒋介石?

❂ 全民族的抗战

1937 年 7 月 7 日,日本侵略军在北平西南的卢沟桥附近,以军事演习为名,向当地中国驻军第 29 军发动突然进攻,第 29 军奋起抵抗。中华民族的抗日战争由此开始。

面对日本帝国主义的进攻,国共两党再次合作,开始了全民族的抗战。以国民党为主导的正面战场和以共产党为主导的敌后战场相互配合,有力地遏制了侵华日军的步伐。

1937 年 8 月 22 日,根据国共双方达成的协议,西北主力红军改名为国民革命军第八路军,朱德任总指挥,彭德怀任副总指挥;南方红军游击队改名国民革命军陆军新编第四军,叶挺任军长,项英任副军长。

9 月 22 日,国民党中央通讯社发表了《中国共产党为公布国共合作宣言》。第二天蒋介石发表讲话,事实上承认了中国共产党的合法地位。这标志着国共第二次合作的实现和抗日民族统一战线的正式建立。

在抗战初期,国民党正面战场发挥了重要作用。国民党组织的淞沪会战粉碎了日本三个月灭亡中国的妄想;徐州会战中,中国军队取得了台儿庄大捷;武汉会战大大消耗了日军。但是到 1938 年 10 月,日军占领广州、武汉,中国还是丢掉了华北、华中等大片国土,抗日战争进入相持阶段。

1937 年 12 月,日军侵占南京后,对南京居民进行了长达 6 个星期灭绝人性的大屠杀。据战后远东国际军事法庭调查统计,日军在南京屠杀居民和士兵达 30 万人以上。南京城房屋 1/3 被烧毁。

15 - 3 - 5　南京大屠杀

在整个侵华战争中,日本帝国主义采取"以华治华"策略,对沦陷区实行殖民统治,培植汪精卫伪政权,将沦陷区变为日本工业原料的基地,并强占耕地,掠夺粮食,抓丁拉夫,抢占银行,滥发纸币,增加苛捐杂税,加紧搜刮人民。同时,日本推行奴化教育,建立了一套殖民化的教育体制,通过学校向青少年灌输奴化思想,企图以此消磨中国人民的民族意识,实现其同化政策。为肃清沦陷区的抗日力量,日本侵略者在华北推行"治安强化运动",在华中发动"清乡运动",对抗日爱国人士实行恐怖政策。

史海钩沉

战争期间,日本侵略军用大屠杀、细菌战、毒气战等残酷手段肆意残害中国人民,给中国人民带来了深重灾难。

侵华日军731部队是日本军国主义组建的细菌战秘密部队,是人类历史上最大规模、最灭绝人性的细菌战研究中心。这支部队拥有3 000多名细菌专家和研究人员,分工负责实验和生产细菌武器,对各国抗日志士和中国平民的健康人体用鼠疫、伤寒、霍乱、炭疽等细菌和毒气进行活人实验和惨无人道的活体解剖,先后有一万多名中、苏、朝、蒙战俘和健康平民惨死在这里。

思想游牧

国民政府在抗战初期组织了多次大规模的会战,但是为什么仍然丧失了大片国土?

当国民党军队在正面战场上和日军激战的时候,中国共产党领导的人民军队也迅速行动起来,奔赴抗日的最前线。

1937年8月,中国共产党召开了洛川会议,制定了全面抗战路线,确立了我军在敌后放手发动独立自主的游击战争、开辟敌后战场、建立敌后抗日根据地的战略任务,正确指导了党和军队由国内战争到民族战争、由正规战到游击战的战略转变,为实现党对抗日战争的领导权和为争取抗日战争的胜利指明了正确道路。

抗战期间,中国共产党在华北、华中、华南建立抗日根据地,积极配合正面战场。在国民政府组织的太原会战中,八路军在山西平型关全歼日军一千多人,取得中国抗战以来的第一次大捷。

15-3-6 洛川会议旧址内景

抗日战争进入相持阶段后,随着日本改变侵华的战略方针,蒋介石开始执行消极抗战、积极反共的路线。1940年,彭德怀指挥八路军100多个团,对日军发动了大规模的袭击。百团大战重创日军的据点、交通线,歼灭日伪军4万余人,极大增强了全国军民抗战胜利的信心。

此后,敌后战场逐渐成为抗日的主要战场。日军对敌后抗日根据地进行疯狂的"扫荡",实施残暴的"三光"政策。中国共产党领导八路军和新四军多次粉碎日军的进攻,在根据地建立抗日民主政权,实行地主减租减息、农民加租加息的土地政策,巩固抗日民族统一战线。与此同时,开展大生产运动和整风运动,为抗战的胜利奠定了物质基础和思想基础。

15-3-7 百团大战

1945年4月,在德国法西斯面临彻底覆灭和中国抗日战争接近最后胜利的前夜,中国共产党在延安召开第七次全国代表大会。大会制定了党的政治路线,那就是:放手发动群众,壮大人民力量,在中国共产党的领导下,打败日本侵略者,解放全国人民,建立一个新民主主义的中国。大会确定了毛泽东思想为党的指导思想。毛泽东思想被写入党章,使全党有了在思想上、工作上取得一致的理论基础,标志着我党在思想上和组织上的成熟。

15-3-8 中共七大会场

思想游放

百年积弱叹华夏,八载干戈伏延安。试问九州谁做主?万众瞩目清凉山。

——陈毅贺"七大"闭幕

请问:"百年积弱"和"八载干戈"各指什么?

1945年8月,美军在日本广岛和长崎投放原子弹,苏联红军也根据《雅尔塔密约》对日宣战,出兵中国东北。8月9日,毛泽东主席发表《对日寇最后一战》,接着,朱德总司令向八路军、新四军和其他抗日军队发布了进军令。抗日战争进入全面大反攻阶段。

1945年8月15日,日本裕仁天皇通过广播发表《终战诏书》,宣布无条件投降。9月2日,日本外相重光葵在美国军舰密苏里号上正式签署投降书。至此,抗日战争胜利结束。

抗日战争的胜利,是中国人民一百多年来第一次取得反对外来侵略斗争的胜利。它大大增强了全国人民的民族自尊心和自信心。中国的抗日战争是世界反法西斯战争的重要组成部分,对世界反法西斯战争的胜利作出了重大贡献。

史海钩沉

1937—1941年,中国独立抗击了100多万日军,到1945年抗战胜利时,日本230万海外派遣军中有120万被牵制在中国。中国战场消耗了日本全部战争开支340亿美元中的120亿,中国军队击毙日军39万多人。中国军人阵亡130多万人,物资损失价值500多亿美元。平民的伤亡和财产损失更是不计其数。

思想游放

日本宣布无条件投降后,台胞知道台湾即将回到祖国怀抱,压在心底半个世纪以来的爱国热情像火山一样喷涌而出,人们举行各种庆祝活动,有的说:"苏联一参战,日本就被逼得非投降不可!"有的说:"美国的原子弹,日本鬼子吃不消了!"有的说:"胜利是中国人民的,这是中国人民的胜利!"

试写一篇小论文,用所掌握的历史知识分析:甲午中日战争中国惨败,而抗日战争中国取得完全胜利,为什么两次战争的结局完全不同?

第四节　解放战争和中华人民共和国的成立

● 重庆谈判

抗日战争胜利前后,围绕着未来如何建设国家的问题,中国面临着民主与专制、和平与内战、联合政府与一党独裁的两种命运。

国民党同意召开国民大会,还政于民,但是提出实现宪政要有先决条件:国民政府的"法统"不致紊乱,"军令政令"必须统一。先军队国家化,再政治民主化。其实质是维护国民党大权独揽的旧体制。

中国共产党坚持"废止国民党一党专政、成立联合政府"的方针,并提出新时期的任务是"巩固国内团结,保证国内和平,实现民主,改善民生,以便在和平民主基础上,实现全国的统一,建设独立自由富强的新中国"。

1945年8月,蒋介石三次电邀毛泽东到重庆谈判。为了争取国内和平,中国共产党派毛泽东、周恩来、王若飞三人到重庆,同国民政府代表王世杰、张群、张治中、邵力子经过多日会谈,达成了多项共识。

1945年10月10日,国共双方代表签订《政府与中共代表会谈纪要》,即双十协定,并公开发表。国民党政府接受中共提出的和平建国的基本方针。双方协议"必须共同努力,以和平、民主、团结、统一为基础","长期合作,坚决避免内战,建设独立、自由和富强的新中国"。双方还确定召开各党派代表及无党派人士参加的政治协商会议,共商和平建国大计。此外,谈判还达成迅速结束国民党的"训政",实现政治民主化;党派平等合法;释放政治犯等协议。

15-4-1 重庆谈判中的毛泽东与蒋介石

历史回眸

毛泽东不顾个人安危亲赴重庆这一行动,向国内外宣告:中国共产党是真诚地谋求和平的,是真正地代表全国人民的利益和愿望的。毛泽东等到达重庆,受到各阶层民众的热烈欢迎,在国内外引起巨大反响。民主人士柳亚子赋诗称颂毛泽东亲临重庆的行动是"弥天大勇"。重庆《大公报》发表社评说:"毛先生能够惠然肯来,其本身就是一件大喜事。"抗战胜利后,"我们再能做到和平、民主与团结,这岂不是国家喜上加喜的大喜事"!《新华日报》发表四位读者来信说:"毛泽东先生毅然来渝,使我们过去所听到的对中国共产党的一切诬词和误解,完全粉碎了。毛先生来渝,证明了中共为和平、团结与民主而奋斗的诚意和决心,这的确反映和代表了我们老百姓的要求。"

内战爆发

根据"双十协定",中国各党派代表和无党派人士参加的政治协商会议在重庆举行。会议围绕政府组织、施政纲领、国民大会、军事问题、宪法草案等五个问题进行讨论,再一次确认了避免内战、和平建国的方针和政治民主化、军队国家化、各党派平等合作的和平建国的途径。

但是,政治协商会议结束后,国民党先后制造了一系列迫害民主人士的惨案,暗杀著名民主人士闻一多等人,破坏政协决议。在国民党六届二中全会上,否定了政协会议的各项协议,为发动内战做准备。

史海钩沉

闻一多(1899—1946),中国现代伟大的爱国主义者,坚定的民主战士,中国民主同盟早期领导人,中国共产党的挚友、诗人、学者、民主战士。1946年7月15日在悼念民盟昆明负责人、反蒋激进人士李公朴先生的大会上,闻一多忍受着连日饥饿带来的折磨,发表了著名的《最后一次的讲演》,当天即被国民党特务杀害。毛泽东在他著名的文章《别了,司徒雷登》中写道:"闻一多拍案而起,横眉怒对国民党的手枪,宁可倒下去,不愿屈服……表现了我们民族的英雄气概。"

1946年6月,蒋介石完成内战部署,调集重兵进攻中原等解放区,内战爆发。

人民民主统一战线的巩固和发展

国民党发动全面内战后，各民主党派和无党派人士日益靠拢共产党。中国共产党努力加强同民主党派和无党派人士的联系，支持他们反对国民党独裁统治的斗争。

1948年，中国共产党在纪念五一节口号中，提出召开没有反动分子参加的新的政治协商会议，筹备建立民主联合政府。各民主党派和无党派人士热烈响应，陆续进入解放区，在中国共产党的领导下参加筹备新的政治协商会议和建立新中国的工作。

人民解放战争的胜利

全面内战开始时，国民党在军事上、经济上都占有明显的优势，扬言要在三至六个月内消灭共产党和解放区。

面对严峻的形势，毛泽东提出"一切反动派都是纸老虎"的著名论断。这极大地增强了中国人民战胜美蒋反动派的信心和勇气。

中国共产党领导解放区军民奋起反击，经过8个月的作战，解放军共歼敌71万余人。国民党虽然占领了一些城市，但付出了巨大代价。至1947年2月，国民党的全面进攻不得不停止。

全面进攻失败后，蒋介石改变策略，实行被称为"双矛攻势"的重点进攻。蒋介石调集25万军队进攻陕北解放区。当时西北解放军只有17 000人，敌我力量悬殊。中共中央和毛泽东主动撤离延安，转战陕北，同时指挥全国的解放战争。西北解放军采用蘑菇战术与敌人周旋，取得青化砭、沙家店等战役的胜利，歼敌三万多人。

同年夏，华东解放军在山东孟良崮地区，全歼国民党军队"五大主力"之一的整编七十四师，打退了敌人的进攻。这样，基本上粉碎了国民党的重点进攻。

1947年夏，刘伯承、邓小平率晋冀鲁豫解战军主力强渡黄河，千里跃进大别山；随后，陈赓、谢富治率晋冀鲁豫解战军一部挺进豫陕鄂边区，有力地配合了刘邓大军和西北野战军的作战；陈毅、粟裕率领华东解战军主力挺进豫皖苏地区，实行分散作战。三路大军形成品字阵势，挺进中原，对国民党展开战略进攻。

 **知识链接**

江汉飞传刘邓捷，中原重见李郑回。
陈谢挥戈下宛洛，聂杨立马薄燕台。

——选自《吟反攻形势》
陈毅，1947年12月

思想游弋

为了实现全国性战略反攻计划，毛泽东根据战局发展的形势，客观、全面和深刻地分析了双方基本情况和国民党军队的战略企图，正确选定了中原地区作为人民解放军转入战略进攻的突破口，以大别山作为此次战略反攻的主要目标。他说："蒋介石伸出两个拳头打我们，一个在山东，一个在陕北。好得很啊！两个拳头这么一伸，他的胸膛就露出来了。我们的战略方针，就是要紧紧地拖住这两个拳头，让刘、邓进军中原，对准他的胸膛插上一刀！"

试思考：毛泽东所作的战略部署是什么？

解放战争进行到第三年，解放军兵力迅速增长，武器装备也有很大改善，中共中央认为同国民党进行战略决战的时机已经到来。于是，从1948年9月至1949年1月，连续发动了辽沈、淮海、平津三大战役。

辽沈战役是第一个战役。从1948年9月发起，林彪、罗荣桓指挥东北野战军与国民党军队进行了近两个月的艰苦作战，歼灭国民党精锐部队47.2万余人，解放了东北全境。

淮海战役是第二个战役，从1948年11月至1949年1月，刘伯承、邓小平和陈毅、粟裕、谭震林等分别率领中原野战军和华东野战军，与国民党军队在中原地区展开决战，歼灭国民党军55.5万人，使长江以北的华东、中原地区基本上获得解放。

平津战役从1948年11月至1949年1月，东北野战军和华东野战军按照中共中央军委先打两头、后取中间的原则，首先攻克西线的新保安、张家口；在东线，1949年1月15日，全歼天津国民党守军13万余人，解放天津。

1月31日，傅作义率部接受改编，北平和平解放，平津战役胜利结束。平津战役歼灭和改编国民党军队52万余人，使华北地区除太原、大同、新乡等少数据点及绥远一隅之地外，全部获得解放。

15-4-2   北平和平解放

三大战役中，人民解放军共歼灭和改编国民党军队150多万人；连同其他解放区，共歼灭国民党军队230多万人。国民党军队的主力基本上被消灭。三大战役的胜利，为解放长江以南地区，解放全中国，推翻国民党统治奠定了基础。战略决战中产生的"天津方式"、"北平方式"和解放绥远西部地区产生的"绥远方式"，成为解决残存国民党军队的基本方式。

史海钩沉

在三大战役期间，毛泽东经常不顾疲劳，彻夜不眠地工作。在他屋里那张旧写字台上，为前线起草的指示、电文竟达190份之多，周恩来感慨道："毛泽东在世界上最小的司令部里，指挥了规模最大的革命战争。"

55岁的毛泽东身体强健，满头黑发。三大战役胜利结束，毛泽东终于可以轻松一下了。警卫员李银桥给他篦头，毛泽东喜欢篦头，他说这样可以促进血液循环，消除疲劳，是一种很好的按摩。忽然，李银桥发现了一根白发，他叫出了声："哎呀，主席，你有白头发了。""噢——"毛泽东轻轻呵出一声，看着警卫员拔下来的白发，风趣地说："白了一根头发，胜了三大战役，值得！"

革命即将取得全国胜利，毛泽东在1949年的新年献词中，号召"将革命进行到底"，"要坚决彻底干净全部地消灭一切反动势力，不动摇地坚持打倒帝国主义，打倒封建主义，打倒官僚资本主义，在全国范围内推翻国民党反动统治"。1949年3月，中国共产党在河北省西柏坡召开七届二中全会，解决中国由新民主主义向社会主义转变的重大问题。

1949年1月，蒋介石"引退"以后，李宗仁代总统。李宗仁表示愿意同共产党进行和平谈判，企图与共产党划江而治。为了迅速结束战争，实现国内和平，共产党提出和平谈判八项条件。4月初，以周恩来为首席代表的共产党代表团同以张治中为首席代表的南京国民政府代表团，以八项条件为基础，在北平进行和平谈判。双方达成《国内和平协定最后修正案》。但是，在蒋介石操纵下，4月20日南京国民政府拒绝在和平协定上签字。和谈破裂。

4月21日，毛泽东主席、朱德总司令发布向全国进军的命令。人民解放军百万雄师横渡长江，23日解

15　4-3　人民解放军渡江作战示意图

放南京,统治中国 22 年的国民政府覆没了。此后人民解放军向全国进军,追歼国民党残余部队,蒋介石等国民党要员退亡台湾。

知识链接

　　南京渡江胜利纪念馆(旧馆)地处扬子江畔,坐落在六朝古都南京挹江门城楼上。"钟山风雨起苍黄,百万雄师过大江",1949 年 4 月 23 日解放南京时,中国人民解放军就是从这里浩浩荡荡入城的。1984 年 4 月 23 日,为纪念南京解放 35 周年,经过重新整修后,在此城楼建立了渡江胜利纪念馆。馆内珍藏着丰富的文物和史料,成为青少年参观学习获得历史知识和接受革命传统教育、传播渡江精神的重要基地。

中华人民共和国的成立

　　1949 年 9 月,中国人民政治协商会议在北平举行,中国共产党和各民主党派等各界代表出席了大会,讨论成立新中国的问题。1949 年 10 月 1 日下午 2 时,毛泽东主持的中央人民政府委员会举行第一次全体会议。会议一致决议:宣布中华人民共和国中央人民政府成立;接受中国人民政治协商会议《共同纲领》为政府施政纲领。

　　下午 3 时,北京 30 万军民在天安门广场举行集会,毛泽东主席在天安门城楼上庄严宣告:"中华人民共和国中央人民政府于本日成立了。"在国歌声中,毛泽东亲自按动电钮,升起了第一面五星红旗,54 门礼炮齐鸣 28 响。

思辨之窗

　　在开国大典上,54 门礼炮齐鸣 28 响。54 门大炮表示当时统计的我国有 54 个民族,28 响礼炮代表什么含义呢?

15-4-4　毛泽东主席宣布中华人民共和国中央人民政府成立

　　升旗之后,毛泽东宣读了《中华人民共和国中央人民政府公告》,紧接着举行了规模浩大的阅兵式和群众游行。庆祝活动到晚上 9 点多钟结束,但欢乐的人群依然抑制不住内心的兴奋。

中华人民共和国的成立开辟了中国历史新纪元。标志着中国新民主主义革命已经取得伟大胜利,标志着中国人民受奴役受压迫的半殖民地半封建时代已经过去,中国已经成为一个新民主主义国家。新中国的成立,壮大了世界和平、民主和社会主义的力量,鼓舞了世界被压迫民族和被压迫人民争取解放的斗争。

思想游牧

从党的建立到中华人民共和国的成立,中国共产党人进行了艰难的探索,经过了从幼稚到成熟的过程。

试根据所学内容谈一谈中国共产党从幼稚走向成熟的表现。

第五编　人类新时代

第十六章

人类的生产活动

人类的生产活动包括农业生产与工业生产。工农业生产是人类生产活动的最主要表现形式,是人类利用自然、改造自然的主要内容。人类对自然环境的影响,主要是在工农业生产的过程中产生的;人类与自然环境的关系也是在工农业生产的实践中建立的。

第一节 农 业

农业的发展历史

世界农业的发展,大致经历了原始农业、传统农业和现代农业三个阶段。当今世界,发达国家的农业已进入到现代农业阶段,而发展中国家的农业一般处在传统农业阶段,热带雨林地区、北极地区等少数地区还分布着原始农业。

世界农业三个历史发展阶段的主要特点

	原 始 农 业	传 统 农 业	现 代 农 业
时 期	原始社会	从奴隶社会至工业革命	工业革命后
生产工具	木器和石器	手工工具和铁器	机械化
动 力	人 力	人力和畜力	电气化
生产技术	靠天收	凭经验	科学技术

思想游戏

你听过神农氏种植五谷的神话故事吗?"五谷"指的是哪些农作物?从古至今,"五谷"都发生了哪些变化?

知识链接

我国农作物中的外来物种

我国农作物品种繁多,下面是在我国普遍栽培的外来农作物。

番薯、马铃薯、玉米——均产自南美洲,是印第安人首先培养出来的。明代中期引入我国,清代中期得到推广。

茄子——原产于印度和泰国。据估计,在东汉后期传入我国。

菠菜——原产于伊朗,公元647年由尼泊尔传入。

西红柿——原产于南美洲,18世纪初传入我国,当时仅供观赏,19世纪中期作为蔬菜栽培。

葡萄——汉武帝时,张骞出使西域带入我国。

西瓜——原产于非洲,从南宋初期引至中原及长江下游,后又引种至全国。

花生——原产于巴西,于明代晚期传入我国。

苹果——原产于欧洲及中亚西亚、土耳其一带,是19世纪传入我国的重要果类。

影响农业生产的因素及其发展变化

某个地区的农业生产往往是多种因素共同作用的结果,影响农业区位的因素主要有:气候、地形、土壤、市场、交通运输、政府、科技等。

气候 热量、光照、降水等气候因素对农业区位的影响极大。不同动植物的生长发育要求不同的气候条件,而气候条件的分布具有明显的地域差异。因此,一个地区农业的选择应充分考虑当地的气候因素。例如,《晏子使楚》中"桔生淮南则为桔,生淮北则为枳"就是最好的写照。

思辨之窗

下列哪些水果产自北温带?

苹果、荔枝、梨、椰子、芒果、杏、枣。

地形 不同的地形区,适宜发展不同类型的农业。平原地区的地势平坦,土层深厚,适宜发展耕作业;山地耕作不便,且不易于水土保持,但适宜发展畜牧业或林业。例如,我国农业生产的相关政策规定,坡度大于25°的土地不得发展种植业。

16-1-1 平原

16-1-2 红壤

土壤 土壤是作物生长的物质基础,不同类型的土壤,适宜生长不同的作物。例如茶树适宜生长在酸性的土壤上,花生最适宜生长在肥力较高的沙壤土中。

影响农业生产的自然因素相对稳定,但并非是决定性的,人们可以根据经济技术条件,对其进行利用和改造。

思辨之窗

阅读下面三段材料,说一说人们是如何利用和改造自然因素的?你还能列举其他的例子吗?

材料一：我国将橡胶生产向北推广到北纬22°，将双季稻生产推广到江淮平原，将小麦的种植高限发展到海拔4 000米的高度。

16-1-3　塑料大棚

16-1-4　梯田

材料二：1976年太原市郊区建造了29种不同规格的大棚，1978年大棚生产已推广到南方各地。

材料三：中国的梯田主要分布在江南山岭地区，其中广西、云南居多。这些地方多山多雨，梯田依山而建利于农业生产。

市场　农业产品要到市场上销售，才能实现其价值，因此，市场需求量最终决定了商品农业生产的类型和规模。例如，大城市周边农村奶牛养殖、蔬菜种植比例的上升。

交通运输　交通运输条件对农业生产的影响越来越强。园艺业、奶牛业等，由于其产品容易腐烂变质，故要求有方便快捷的交通运输条件，以维持其产品新鲜上市。

政府　世界各国的农业，都受到国家政策以及政府干预手段的影响。例如，2004年以后，我国政府出台了一系列惠农政策，对目前我国农业生产产生了积极的影响。

随着社会经济的发展，农业生产的社会经济条件处于不断的发展变化之中，例如市场区位及需求的变化、交通运输条件的改善、农产品保鲜冷藏技术的发展。因此，在选择农业区位时，农民考虑更多的是社会经济因素。

思辨之窗

1. 阅读下面材料，说一说影响农业生产的市场、交通运输条件两大因素发生了哪些变化？

材料一：为缓解我国副食品供应偏紧的矛盾，农业部提出建设"菜篮子工程"，建立了中央和地方的肉、蛋、奶、水产和蔬菜生产基地及良种繁育、饲料加工等服务体系，以保证居民一年四季都有新鲜蔬菜吃。

材料二：20世纪90年代初，荔枝在北方的销售价格高达60元/公斤，而最近几年，荔枝在北方的销售价格只有10元/公斤。

2. 阅读下面材料，如何才能减少"蔬菜滞销"、"菜价伤农"现象的发生呢？

2011年上半年，全国多个省份出现了蔬菜滞销或收购价格暴跌的现象，一时间，关于蔬菜收购的报道成了最受人们关注的新闻。相关的新闻标题有：河南中牟滞销芹菜沦为垃圾；大连数百万斤大白菜无人收购；山东蔬菜滞销，菜农碾菜喂猪；广州叶菜每斤1毛无人问津，菜农"很受伤"。

君子动手

某地（如图）想发展小麦种植、苹果种植、水产养殖、蔬菜种植和奶牛养殖，请你结合农业区位因素的有关知识，帮他们提一些建议。

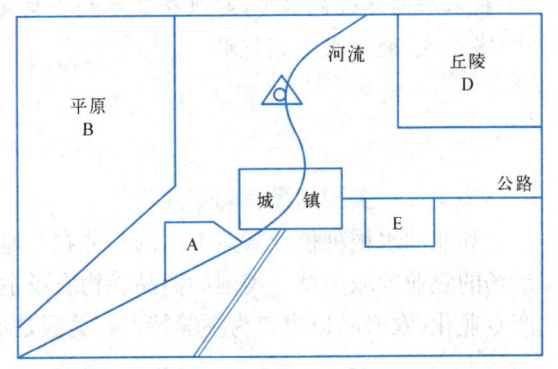

图16-1-5　某城镇周围土地农业利用类型

⚬ 各具特色的农业生产类型

由于动植物分布的地域不同,自然条件、社会经济条件的地域差异,世界上形成了多种农业地域类型。

以种植业为主的农业地域类型

案例一 亚洲水稻种植业

亚洲水稻种植业主要分布在亚洲的东亚、东南亚和南亚的季风区,以及东南亚的热带雨林区。这些地区的气候具有雨热同期的特点,适宜水稻生长。水稻种植业是一种劳动密集型农业,东亚、东南亚和南亚,人口稠密,劳动力丰富,是发展水稻种植业的有利条件;另一方面,水稻的单位面积产量很高,在这里种植水稻缓解了人口对土地的压力和对粮食的需求。这片地区种植水稻的历史悠久,稻米是人们喜爱的主要食粮。

16-1-6 亚洲水稻种植业

亚洲的水稻种植业分布的地区多属于发展中国家,经济、技术发展水平比较低,再加上人口、土地等问题,亚洲水稻种植业具有以下几方面的特点:小农经营;单位产量高,但商品率低;机械化水平低;水利工程量大;科技水平低。

 知识链接

袁隆平和杂交水稻

袁隆平,我国杂交水稻育种专家,中国工程院院士,被誉为"杂交水稻之父"。

袁隆平在杂交水稻研究方面取得四大突破:超级杂交水稻晚稻亩产量高;稻谷结实率高;稻谷千粒重高;筛选出适合华南地区种植的两个中国新型香米新品种。目前,两系法杂交水稻技术居国际领先水平,超级杂交水稻平均每公顷产量达到1万多千克,处于世界领先水平。

16-1-7 袁隆平

案例二 美国商品谷物农业

和亚洲水稻种植业截然不同的一种农业地域类型是美国的商品谷物农业。商品谷物农业是一种面向市场的农业地域类型。美国的商品谷物农场主要分布在中央大平原,具有生产规模大、机械化水平高、生产专业化、农产品以出口为主等特点。美国是世界上最大的谷物出口国。

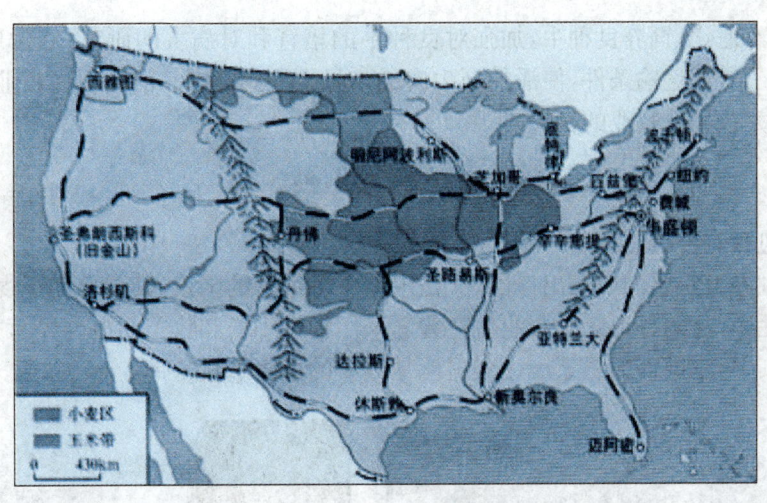

16-1-8 美国主要农作物分布

思想游牧

美国是世界上经济最发达,同时也是农业最发达、农业全球化发展最快的国家。它以只占世界人口5%的人力生产出了世界谷物总量的五分之一,农产品年均出口额超过500亿美元,是全球最大的粮食和肉类产品出口国,在世界农产品市场上长期居于垄断地位。

请大家收集有关美国农业生产的资料,分析美国能成为世界上最大的商品谷物生产国和出口国的原因?

以畜牧业为主的农业地域类型

案例三 阿根廷潘帕斯草原大牧场放牧业

阿根廷是世界上主要的牛肉出口国之一,养牛业在阿根廷畜牧业中占有很大的比例。养牛业主要分布在阿根廷潘帕斯草原上。潘帕斯草原占阿根廷国土面积的1/3,这里气候温和、湿润,有约6 000万公顷自由放牧的天然草场,牛肉具有天然、纯正的品质。潘帕斯草原交通运输十分便捷,全国一半以上的铁路线集中在这里,并呈放射状聚集到位于拉普拉塔河口的布宜诺斯艾利斯城,以及罗萨里奥、布兰卡港等,各地的农牧产品被输送到那里加工、包装、运销到世界市场。阿根廷人口分布很不均匀,接近三成的人口集中在首都布宜诺斯艾利斯附近,而潘帕斯草原人口密度较低,土地租金低廉,为牧场的大规模经营提供了便利条件。

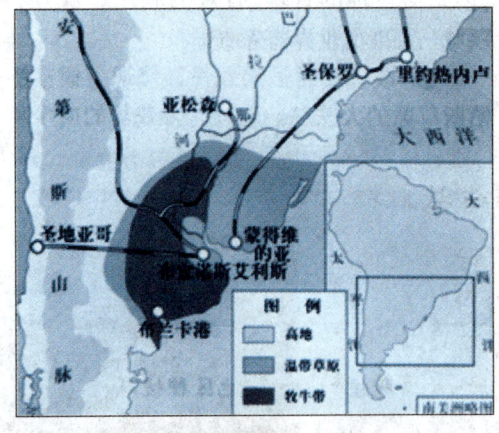

16-1-9 阿根廷大牧场放牧业分布

16-1-10 阿根廷大牧场放牧业

为了保证潘帕斯牧牛业的发展,阿根廷人采取围栏放牧、划区轮牧、种植饲料、打机井保证生产生活用水等措施,保障牧场不退化;饲养良种牛,加强对良种牛的培育和对病害的研究;修建通往港口的铁路,使用海上冷冻船,改善了交通运输条件,使潘帕斯牛肉的市场扩展到欧洲。潘帕斯畜牧业商品化、专业化、地域化程度高,已成为大牧场放牧业的代表。

混 合 农 业

案例四 澳大利亚混合农业

澳大利亚既是世界上重要的小麦出口国,又是出口羊毛最多的国家,其羊毛和小麦主要产于境内东南部和西南部的草原地区,这两片地区的农业生产普遍采用种植小麦和牧羊的混合经营方式,是比较典型的商品化混合农业。其中,东南部的墨累—达令盆地是主要的小麦—牧羊带。

16-1-11 澳大利亚混合农业农场

墨累—达令盆地的混合农业农场以家庭经营为单位,农业生产规模大,机械化水平和专业化程度高,商品率高,在其生产经营上具有以下特点:

在墨累—达令盆地小麦—牧羊带农业生态系统中,小麦的耕作活动和牧羊活动在一年中是交替进行的,两种农事活动的忙季在时间上是错开的,农民可以有效地利用时间安排农活。同时,农民可以根据市场需求决定小麦种植面积和牧羊头数的多少,农民具有决策权和自主权,农业生产具有较大的灵活性和对市场的适应性。

澳大利亚混合农场农事活动安排

月 份	1	2	3	4	5	6	7	8	9	10	11	12
小麦种植	犁地 (忙碌)		播种 (忙碌)		生长季节 (农闲)					收割 (忙碌)		
绵羊饲养	在牧场上放牧 (牧闲)				配种 (忙碌)		剪羊毛 (忙碌)		在收割后的麦田 上放牧(牧闲)			

这种混合农业经营方式将耕种、放牧、休耕进行轮作,有利于恢复土壤结构,保持土壤的肥力和自然生产力,使经济再生产和土地的自然再生产和谐一起来,以达到对土地的合理、有效的利用。此外,种植业为畜牧业提供饲料,畜牧业为种植业提供肥料,农场成为一个良性的农业生态系统。

 **知识链接**

我国珠江三角洲桑基鱼塘

桑基鱼塘是我国珠江三角洲地区,为充分利用土地而创造的一种高效人工生态系统。

桑基鱼塘是池中养鱼、池埂种桑的一种综合养鱼方式,构成了桑、蚕、鱼三者之间密切的关系,形成池埂种桑,桑叶养蚕,蚕茧缫、蚕沙、蚕蛹、缫丝废水养鱼,鱼粪等泥肥肥桑的比较完整的能量流系统。在这个系统里,蚕丝为中间产品,不再进入物质循环。鲜鱼是终级产

16-1-12 桑基鱼塘

品，提供人们食用。珠江三角洲有句渔谚说"桑茂、蚕壮、鱼肥大，塘肥、基好、蚕茧多"，充分说明了桑基鱼塘循环生产过程中各环节之间的联系。

桑基鱼塘的发展，既促进了种桑、养蚕及养鱼事业的发展，又带动了缫丝等加工工业的前进，逐渐发展成一种完整的、科学化的人工生态系统。

思想游弋

我国是农业大国，农业人口众多，农业发展历史悠久，但我国的农业生产与发达国家相比还有很大差距，如：农业生产的科技水平、管理水平及管理手段，农产品质量、农产品的加工、储运的技术，等等。

请你结合所学的世界主要农业地域类型的相关知识，为我国的农业发展献计献策。

第二节　工　业

迅速发展的工业

工业生产是指在工厂里，劳动力（工人、技术人员等）运用动力（燃料、电能）和机械设备，将原料制成产品的生产过程。

世界工业的发展大致经历了三个阶段。18世纪中期，以蒸汽机的发明为主要标志的第一次技术革命，使机器大生产代替了手工劳动，工业从农业中分离出来成为一个独立的物质生产部门，出现了棉纺织、钢铁等少数工业。19世纪70年代开始的第二次技术革命，使人类进入了电气化时代，出现了电力、化学、石油开采及加工、汽车与飞机制造等工业部门。20世纪50年代以来的新技术革命，产生了以信息技术产业、生物工程、新材料为代表的高技术工业。这些新技术革命，正在改变着工业生产的基本面貌。

随着科学技术的发展，人类对资源的开采、利用的广度和加工的深度不断提高，新兴工业部门越来越多，分工越来越细，生产过程的科技含量和对原材料的利用率越来越高，工业产品也越来越丰富。

影响工业布局的因素及其发展变化

工厂进行生产的过程中，所需原料、燃料的输入和产品的输出，都需要便捷的交通条件，所以工厂的选址要考虑如何接近原料、燃料产地和消费市场，以节省运输费用。影响工厂厂址选择的因素很多，主要有：原料、动力（燃料）、劳动力、市场、交通运输、土地、环境、水源、政府的政策等。在诸多的区位因素中，某种工业的区位选择所要考虑的主要因素可能只有一个或少数几个，那么，这类工业的区位选择则以其主导因素为指向，形成不同的指向型工业。

五种指向型工业

类　型	生　产　特　点	区位选择原则	主　要　工　业　部　门
原料指向型	原料不便于长距离运输或运输原料成本较高	接近原料产地	甜菜或甘蔗制糖厂、水产品加工厂、水果罐头厂
市场指向型	产品不便于长距离运输或运输产品成本较高	接近市场	啤酒厂、家具厂、印刷厂

续 表

类 型	生 产 特 点	区 位 选 择 原 则	主 要 工 业 部 门
动力 指向型	需要消耗大量动能	接近火电厂水电站	炼铝厂、有色金属冶炼厂
廉价劳动 力指向型	需要投入大量劳动力	接近具有大量廉价劳动力的 地方	普通服装加工厂、电子装配长、制 鞋厂
技术 指向型	需要高新技术	接近高等教育和科技发达的 地区	集成电路、卫星制造、精密仪表

思辨之窗

某城市计划建设电子工业基地、饮料厂、钢铁厂、化工厂，请根据你所了解的工业区位的有关知识，为这些工厂选择合适的厂址。

工厂产出产品的同时，也将废气、废水、废渣排入环境，造成环境污染，危害人们身体健康。一些对环境有较高要求的高技术工业和食品工业，则以优质环境为其区位选择的主导因素。因此，对环境污染严重的工业，选择区位时应非常慎重。

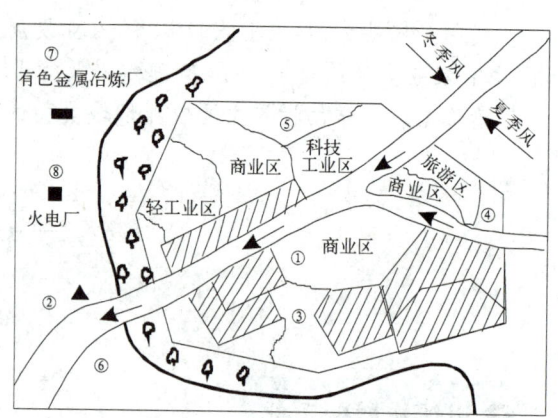

16－2－1　某城市工业布局图

▨ 居民区　── 铁路线　🌿🌿 绿化带　🚩 河流流向

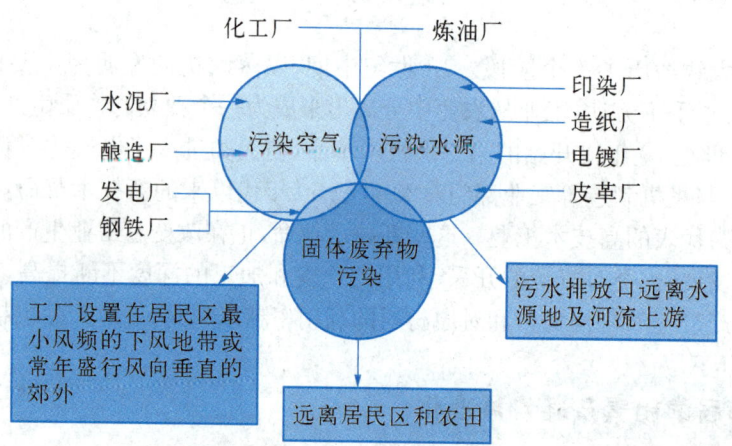

16－2－2　污染严重的工业区位选择

思想游戏

石家庄市"三年大变样"工程中，一些有污染的工业企业，如石家庄卷烟厂、焦化厂被搬离市区，你认为石家庄市的污染性工业企业（如石家庄卷烟厂、华北制药集团、石家庄制药集团）布局在哪里最为合适？

　**知识链接**

政策对工业区位的影响。例如，20 世纪 80 年代以前，我国在内地建立了一些大型的工业基地，在西部一些非纺织原料产区和消费密集区、经济欠发达地区，陆续建设了一批纺织工业中心；80

年代实行改革开放政策,沿海地区经济迅猛发展;20世纪末国家为谋求缩小东西部地区经济发展水平的差异,加大了在西部地区发展工业的力度。

个人的投资喜好对工业区位也有较大的影响。例如,改革开放后,广大港澳台同胞、海外华人华侨纷纷回国、回乡投资建厂,除了优惠的政策外,乡土感情起到了很重要的作用。

随着经济的发展、市场需求的变化、科学技术水平的提高,工业区位因素以及各因素所起的作用在发生着不断地变化,例如,原料地对工厂区位的影响逐渐减弱;市场对工厂区位的影响逐渐加强;信息通信网络的通达性作为工业区位因素的重要性越来越突出;劳动力素质对工业区位的影响力逐渐增强。一个区位因素及其作用的变化,会引起其他区位因素及其作用跟着变化,进而影响到工业区位的选择。

思想游牧

从19世纪钢铁工业诞生至今,影响其布局的因素发生了三次变化。在早期,钢铁工业以煤炭为主导区位因素。20世纪初开始,随着冶金技术的改进,钢铁资源以铁矿资源为主导区位因素。第二次世界大战后,巨型矿石运输船只出现,钢铁工业转向在沿海钢铁消费区布局。

影响钢铁工业主导区位因素的变化说明了什么?钢铁工业原料使用量的变化对钢铁工业的布局有没有影响?

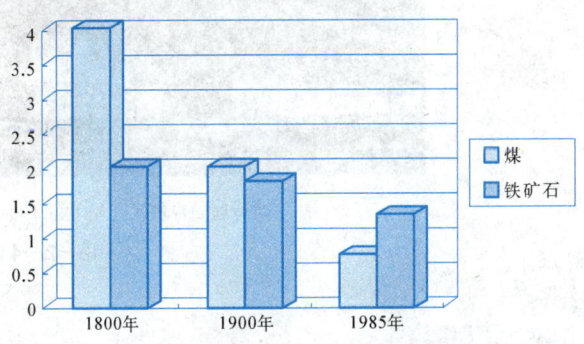

16-2-3 钢铁工业原料使用量的变化

● 世界著名的工业区

传统工业的代表——德国鲁尔区

鲁尔区位于德国西部鲁尔河与利珀河之间。面积占国土的1.3%,拥有全国9%的人口,为战后德国经济恢复发挥了重要作用。鲁尔工业区以采煤、钢铁、化学、机械制造等重工业为核心,形成部门结构复杂、内部联系密切、高度集中的地区工业综合体。

鲁尔区内煤炭资源储量丰富,煤种全,煤质好,开采条件便利。鲁尔区铁矿资源较为贫乏,但离法国东北部著名洛林铁矿较近。

鲁尔区的地理位置优越,水陆交通便利。鲁尔区坐拥莱茵河、鲁尔河、利珀河和埃姆斯河四条河流。河流及河流间的运河网使得鲁尔区虽地处内陆,却拥有与沿海地区同样便利的水运条件;鲁尔区内铁路密度大里程长;公路和高速公路四通八达,连接着区内及其他工业区。

鲁尔区既是生产中心,也是消费中心。以鲁尔区为核心,方圆100千米内,是德国最大的消费中心,鲁尔区生产的70%以上的煤炭和钢铁在此加工、消费。德国以及西欧发达的工业,为鲁尔区工业生产提供了广阔的市场。

二战后,在煤炭钢铁等传统工业逐渐衰退之时,鲁尔区不仅保持着强劲的生命力,而且环境优美,有"花园工业区"的美称。鲁尔区的成功,主要归结为以下几点:

调整工业布局,改造煤炭、钢铁工业,促进经济结构多样化,发展新兴工业和第三产业,保证各行业平衡发展。经过整治,煤炭、钢铁两大工业部门的厂矿企业的数量大幅度下降,每个厂矿的生产规模却大幅度提高。新建或迁入的企业涉及电子、汽车、石油化工等多个工业部门,且以技术精良的中小企业为主。

拓展交通,完善交通网。积极完善内河航运网,建设标准化河道和港口,鲁尔区内有大小河港74个,河道与港口均已标准化,可通行 1 350 吨的欧洲标准货轮;鲁尔区内铁路密度非常大,占全国近 1/5,公路汽车行驶的密度为全国平均密度的一倍。

发展科技,繁荣经济。自 20 世纪 60 年代先后建立了鲁尔大学、多特蒙德大学等几十所各种专业的高等院校和为数众多的中等技术学校,以及一大批科研机构。各大型公司也普遍建立了自己的科研机构。

消除污染,美化环境。严格控制工厂废气、废水的排放,并建立完善的废弃物回收装置和污染处理系统。同时,开展大规模的植树造林,使区内人均绿地面积超过 130 平方米。

改造前的鲁尔区　　　　　　　　　　　改造后的鲁尔区

16 - 2 - 4　鲁尔区改造成果

材料一:由于内燃机的问世,汽车、飞机制造业兴起,致使石油消费量显著增加,20 世纪 60 年代初石油(天然气)的产量与消费量超过煤炭,世界能源进入"石油时代",煤炭的需求量大幅度下降。

材料二:第二次世界大战以后,前苏联、日本和我国的钢铁产量先后超过了德国,德国钢铁产量的世界排名从第二位跌落至第五位。

材料三:鲁尔区所在的西欧地区是世界三个酸雨区之一,环境污染、生态破坏严重。

① 结合上面的材料,请分析鲁尔区衰落的原因。

② 参考鲁尔区综合整治的经验,在分析的特点和问题的基础上,为我国辽中南传统工业区的改造献计献策。

知识链接

　　杜伊斯堡景观公园是鲁尔区改造形成的一个新概念公园。园内一座废弃的瓦斯储放槽经过结构加固后,变成了一个由救难协会管理的潜水训练基地。在这个直径 45 米、深 13 米的圆桶中注满水,放入一艘沉船与一部汽车作为救难训练的道具。原来存放焦煤的巨大水泥构筑物,现在被改造成了一个攀岩训练场,水泥岩壁上增设了适合不同水平的攀岩者路径,吸引了各种年龄的攀岩爱好者。区内一座 62 米高的"井架办公楼"建筑风格奇特,是由当年采煤的井架改建而成。井架顶的机房塔,如今已被改建成德国鲁尔集团煤矿地产公司的办公室。

新工业区的代表——意大利新兴工业区

20 世纪 50 年代以后,尤其 70 年代以来,世界主要的传统工业开始衰落,发达国家的经济向没有传统工业基础的、环境比较好的乡村或新开发的地域转移,相对传统工业区而言,这些工业地域称为新工业区。在德国南部,意大利的东北部和中部,新工业区的发展举世瞩目。

与传统工业区相比,意大利新兴工业区有以下特点,工业类型主要为轻工业,规模以中小企业为主,资

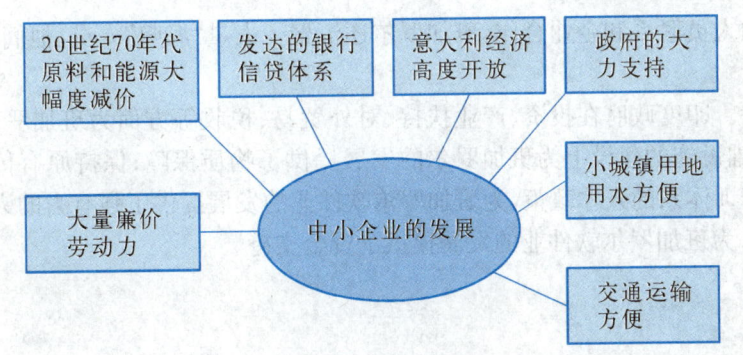

16-2-5　意大利新工业区崛起的因素

本集中程度低,生产过程分散,工业企业大多分散在小城镇。

　　在意大利,工业小区是一个特定概念。普拉托是意大利新兴工业区中众多的工业小区之一,以毛纺业为生产的中心内容,中小企业数量繁多,其中包括毛纺织工业骨干企业、工业辅助企业和手工业企业以及为毛纺业提供相关配套服务的各类企业单位,例如,推销机构、运输和托运机构、市场和货源信息机构、金融机构以及工业联合会;这样在普拉托就形成了一个机构完善、功能齐全的生产—销售—服务—信息网络。它们在独立经营、密切协作的基础上,实现了规模经济生产,有助于加强专业化、提高生产效率、降低产品成本,增强在国内外市场上的竞争力。

思想游牧

温　州　模　式

　　温州模式是指我国浙江省东南部的温州地区以家庭工业和专业化市场的方式发展非农产业,从而形成小商品大市场的发展格局。其特征是,经济形式家庭化、经营方式专业化、专业生产系列化、生产要素市场化。

　　在模式建立之初,由于缺乏必要的监管和引导,产品质量参差不齐,假冒伪劣产品横行,自然环境污染严重。新世纪,温州政府通过一系列的举措,加强了监督与管理,温州模式日渐完善。

　　请说一说温州工业模式与意大利新兴工业区在发展模式上有什么不同?如果你是温州政府官员,会采取哪些举措来发展完善温州模式?

高技术工业区的代表——印度班加罗尔

　　20世纪70年代以来,随着新技术革命的兴起,一些新的工业部门相继出现。世界上逐渐形成了一大批高技术工业区,美国硅谷凭借发达的经济和科技成为世界第一个高新技术产业区,而印度班加罗尔则是广大发展中国家建设发展高技术工业区的典范。

　　班加罗尔的成功,主要归结为以下几点。

　　地理位置优越,环境优美。班加罗尔位于德干高原的南部,四季气候宜人,空气质量好,既符合精密制造业对环境的要求,又吸引了大批科技人才前来定居。

　　大量的科技人才是班加罗尔软件产业发展的保障。班加罗尔地区高校密集,有印度理工学院、印度管理学院、国家高级研究学院和印度信息技术学院等许多名牌大学,每年可为社会输送大量的计算机和软件工程技术人才;此外,印度与美国硅

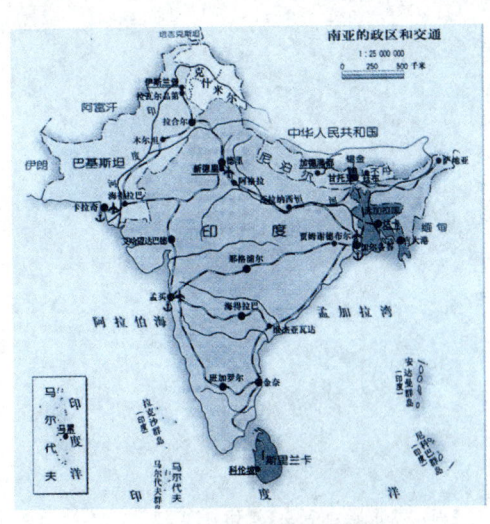

16-2-6　南亚政区与交通图

谷之间存在着密切的人员联系和企业合作,班加罗尔还汇聚了大量"海归"人员,他们为印度带来了充足的资金和尖端的技术。

政府政策的支持。印度政府在投资、产业扶持、对外贸易、税收等方面为班加罗尔的发展提供了政策上支持;政府还在基础设施的建设上为班加罗尔的发展提供了物质保障;保持原有传统教育优势的同时,形成多层次的人才培训体系的人才政策,为班加罗尔软件业的发展提供了强有力的人才保障;政府强制性地购置国产IT产品,为班加罗尔软件业的发展提供了资金支持。

第十七章

让生活更美好——城市

纵观世界,人类越来越由乡村向城市集中。城市与乡村在功能上有什么不同?城市能让生活更美好吗?我们能让城市生活更美好吗?现实的城市离理想城市到底有多远?

第一节 城市的形成

人类最早的聚落——定居村落的形成

中国是人类发源地之一,猿人遗迹遍布南北各地。在北京市西南周口店龙骨山发现的北京人遗址,是目前世界上材料最丰富的旧石器时代早期的古人类遗址。据测定,北京人生活在大约距今70万年到20万年间,他们住在天然洞穴里,食物主要来源于狩猎和采集。

17-1-1　北京人遗址

17-1-2　河姆渡干栏式建筑

大约距今一万年,人类进入新石器时代,人类由食物的采集者成为食物的生产者。在浙江省余姚县的河姆渡文化遗址中,人们发现了距今7 000年的先民遗存:人工栽培的稻谷、猎捕的野生动物和家养动物的骨骸,同时出土的还有用水牛、鹿骨制成的农具——骨耜等。考古人员将遗址中发现的大量木板、木桩及木构件进行复原,再现了当初的建筑形式——干栏式建筑。根据"有巢氏"的传说,干栏式建筑应是先民们告别巢居向地面居住过渡的一种建筑形式。

半坡遗址位于陕西西安半坡村,距今约5 600—6 700年,是仰韶文化的典型代表,整个遗址总面积五万平方米。人们发现,46座房屋遗迹主要呈圆形和方形两种形态,其建筑结构有半穴居和地面木架建筑两类。村落中心有一座规模很大的长方形房屋,是氏族成员公共活动的场所;其周围的房屋较小,是氏族成员的住处。此外,在半坡遗址中,还多处发现粟的遗存、炭化的菜籽、饲养家畜的圈栏,以及储藏食物的窖穴。半坡人制作的彩陶,成为我国远古时期的一大文化异彩。

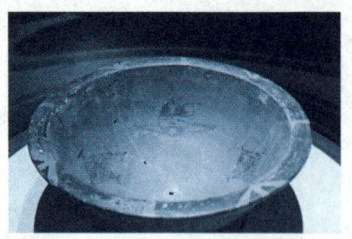

17-1-3 半坡遗址的人面网纹盆

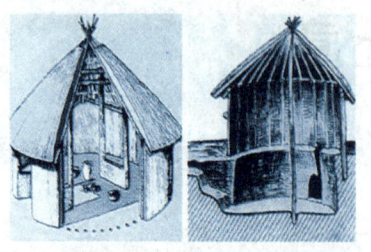

17-1-4 半坡圆形夹顶房屋复原图

17-1-5 大汶口出土的白陶

17-1-6 大汶口文化氏族部落村示意图

山东大汶口文化遗址位于泰山南麓大汶河畔,距今4 500—6 400年。遗址内涵丰富,有墓葬、房址、窖坑等。出土的陶器主要有鼎、壶、盘、杯等生活用具,其中彩陶器皿花纹精细匀称,几何形图案规整;白陶是后来瓷器的雏形。特别是在大汶口文化中晚期,农耕生产工具——犁的出现,是农业生产的一大重要进步。这一时期的墓葬以夫妻合葬、仰卧伸直葬为主,有普遍随葬獐牙的风习,有的还随葬猪头、猪骨以象征财富。

思辨之窗

如果你随着考古队对以上几个古村落遗址进行了考查研究,请说说古代乡村聚落的分布有什么特点?随着时间的推移,当时人们的生产方式、生活方式以及人与人的关系等方面发生了哪些变化?

人类的早期城市的兴起

城市是社会生产力发展到一定阶段的产物,城市起源与农业生产力发展、社会分工和社会组织的出现密切相关。世界上最早的城市出现在中低纬度、气候温暖、地势平坦、水资源充足的地区。如美索不达米亚平原、尼罗河流域、印度河流域、黄河流域、南欧和中美洲等处。

在埃及,城市大约起源于公元前3 200年。保存完好的第十二王朝(公元前1991—公元前1786)的卡宏城遗址,城长380米,宽260米,其格局在古埃及普通城镇中具有代表性。城墙内分东西两部分,东部为贵族区,西部为贫民区,房屋和街道排列整齐。

在美索不达米亚,乌尔建于公元

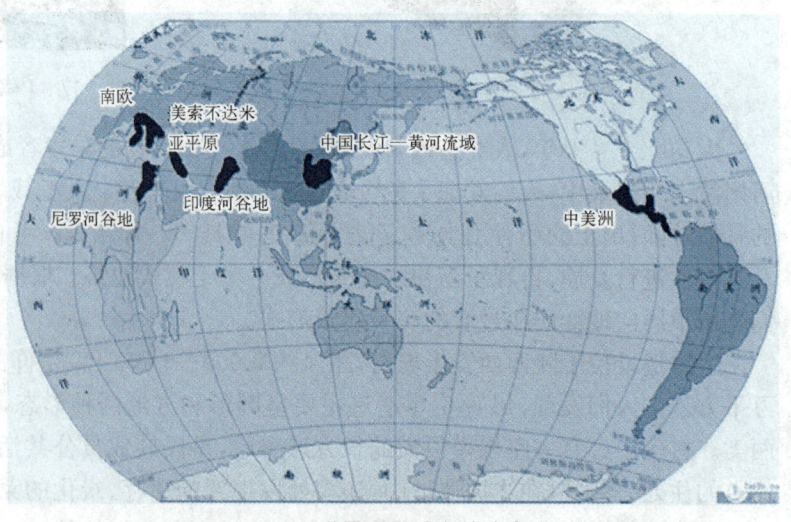

17-1-7 世界最早城市的分布图

前2200—公元前2100年,南北长约1 000米,东西宽约600米,周围筑有城墙。城中央的西北部有塔庙与王宫组合在一起,塔庙高4层,基长62.5米,宽43米,顶部建有神庙。在另一个城市遗址巴比伦城,除了传说中的"空中花园",城市中心的大道两侧分布着神庙、宫殿等建筑。著名的巴别通天塔共有7层,在91米高的塔顶上,建有壮观的神殿。与高大而又富丽堂皇的宫殿、神庙相比,贫民的住房低矮无窗,居住的街道无排水设施,垃圾、污水遍地,卫生条件极差。

17-1-8　乌尔:塔庙的中心　　　　　　　　　　　17-1-9　青铜爵——
偃师二里头
出土的酒器

中国最早的城市遗址——河南偃师二里头文化遗址是夏王朝中晚期的都城。它位于伊、洛二水之间,东西长约2.5公里,南北宽约1.5公里。目前在这里探定有宫殿基址和墓葬,墓葬中有棺有椁,并发现铜、玉、陶、石、漆器和小件的青铜器等随葬品。有些死者无一定葬式,被弃置坑穴之中,有的双手被捆绑,埋葬方式的差异,反映出死者生前社会地位的不平等。

史海钩沉

古城庞贝建于公元前7世纪左右。79年8月24日,距城10公里的维苏威火山爆发,庞贝被埋没。

庞贝古城在地下沉睡了千余年后被人发掘。展现在世人面前的庞贝古城东西长1 200米,南北宽700米,有7座城门。城内面积1.8平方公里,四条大街呈"井"字形纵横交错。其中主街宽7米,由石板铺就,沿街有引水道和排水沟。城内最宏伟的建筑物,如神庙、公共市场、市政中心大会堂等,都集中在西南部一个长方形的公共广场四周,这里是庞贝政治、经济和宗教的中心。城内有可容纳一万多名观众的圆形竞技场,另有两家剧院、三座公共浴池、100多家酒吧和餐馆。这里的住宅既有装饰华丽、配有前庭后院的豪宅,也有两三层的普通住房以及蜷缩在店铺后面的蜗居。

17-1-10　庞贝古城

此外,在印度河流域和中美洲都发现了人类早期城市遗址。

透过人类早期城市中的城墙、宫殿、神庙、民居、作坊等遗存,远古城市的结构和功能依稀可辨。我们看到,人类社会结构日益复杂化,文明的诸要素相继出现,人类因此开始进入文明的时代。

思辨之窗

请思考是什么因素促使不同行业向城市集中?巨大的城墙起了什么作用?

中世纪西欧城市的兴起

10—11世纪时，随着农业生产技术的进步，欧洲封建庄园里开始有一些农奴专门从事手工业，成为有熟练手艺的铁匠、木匠、制革匠、纺织工、制陶工等。后来，这些专门的手工业者逃出庄园，在交通便利的河汊、十字路口和教堂等附近聚居起来，成为自由的小生产者。他们把手工业品卖给农村，买进粮食和原料，手工业从庄园农业中分离出来了。为了便于防御，逃亡手工业者将他们聚居的地方用墙或栅栏围了起来，接着又建造起坚固的石墙，城市兴起了。法国的马赛和巴黎、英国的伦敦、德意志的科隆、捷克的布拉格都是当时著名的城市。大约同一时期，罗马时代的城市也相继复苏。

随着古典文明的衰落，西欧中世纪产生了以庄园为代表的自给自足的庄园经济。11世纪时，手工业与农业分离，作为工商业中心的城市兴起。

红色的锡耶纳，黑与白的热那亚，灰色的巴黎，五色缤纷的佛罗伦萨，都可称为中世纪城市的样板。这些城市的共同特点是：他们继承了古代希腊罗马文化深厚的底蕴，十分注重建筑形式的实用性；教堂、市政厅、行业公会会堂成为城市的核心，其中教堂一般位于城市中心；市场常设在教堂附近，手工业作坊往往和居住建筑混合在一起。

> **他山之石**
>
> 威尼斯不单是明媚，在圣马克方场走走就知道。这个方场南面临着一道运河；场中偏东南便是那可以望远的钟楼。威尼斯最热闹的地方是这儿，最华妙庄严的地方也是这儿。除了西边，围着的都是三百年以上的建筑，东边居中是圣马克教堂，却有了八九百年——钟楼便在它的右首。再向右是"新衙门"；教堂左首是"老衙门"。这两溜儿楼房的下一层，现在满开了铺子。铺子前面是长廊，一天到晚是来来去去的人。紧接着教堂，直伸到运河去的是公爷府；这个一半属于小方场，另一半便属于运河了。
>
> ……
>
> ——摘自朱自清《威尼斯》

 **封建时代的东方城市**

> **知识链接**
>
> 据周制：王城方九里，公国城方七里，侯伯城方五里，子男城方三里（《左传·隐公元年》孔颖达疏）。

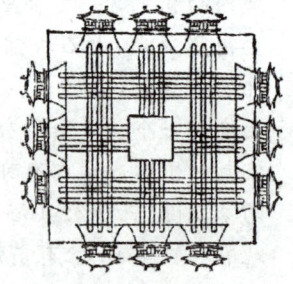

17-1-11 王城图（《周礼·考工记》）

秦汉时期，在中央集权制度下，等级分明的城市已经形成全国性的城市网络。作为全国最大城市，长安城人口达到二十万，城市内设有专供贸易的"市"，市内商肆按行业排列整齐有序。

隋唐时期，城市布局趋于合理；大运河的开凿，带动了一批城市的繁荣。长安、洛阳既是全国的政治和文化中心，也是繁华的大都会，城内坊市分开，其中坊是住宅区，市是商业区。安史之乱后，随着中国经济重心开始南移，扬州的经济地位逐渐超过长安、洛阳，有"天下之盛，扬州为首"之称。

宋至明清时期，随着商品经济的迅速发展，城市也随之发生了较为显著的变化：首先是突破坊市制，城内随处可设店肆，成为名实相符的城市。其次，有些新兴城市的出现已不再以政治、军事因素为主，而以经济因素为主了,如潮州就是作为港口城市发展起来的。

 他山之石

《清明上河图》作于 1126 年,描绘了清明时节汴河一带的情景。图中共绘有各色人物 770 多人、房屋楼阁 100 多间、大小船舶 20 多艘。画卷上,五匹骡马从东北方向远远地走来,一队满载货物的骆驼正在走出城门……熙熙攘攘的人群、鳞次栉比的各种店铺字号、繁忙的河道,《清明上河图》形象再现了北宋末年东京街市的繁华景象。

17-1-12 《清明上河图》(局部,北宋·张择端)

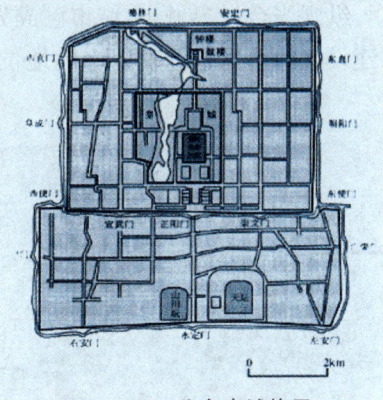

北京作为中国六大古都之一,其城市布局具有方正严谨、左右对称、棋盘式布局等特点。城市中心有一条、笔直的中轴线,两侧是对称的街区,城中部是层层叠叠的紫禁城宫殿群。帝王深居宫中,远离闹市,幽静、安全,又足以体现帝王之尊与天下归一的愿望。百姓居小巷之内,既安静,又便于治安管理。整个北京结构严整,层次分明犹如一个完整协调的艺术品,丹麦城市规划学家 S·E·R·休森称其为"一个伟大文明的顶峰"。

西安、洛阳等古都有上述北京古都特点。

17-1-13 北京古城格局

思辨之窗

1. 中世纪西欧城市与中国封建城市在功能上有何不同?
2. 随着经济的发展,中国封建城市的功能又有何变化?
3. 大部分中国封建城市的分布都与河流有关,试分析其中的原因。

❍ 近代城市

工业革命以来,城市进入快速增长时期。这个时期的城市特征是:机器生产催生了一大批工业城市在资源丰富的地方崛起,如英国的曼彻斯特,伯明翰等城市;人口及产业向城市集中,城市化成为一股不可

17-1-14 横滨市巨大的摩天轮

遏制的浪潮,城市数量增加、规模扩大、功能拓展;工业城市已形成自己产业系统,聚集了先进生产力,产生了巨大的经济效益,成为区域经济中心;近代科技的应用促进了城市居民生活水平的提高;城乡差距拉大,城市社会问题和环境问题日益突显出来。

另一方面,随着工业革命的完成,资本主义国家在世界范围内大肆抢占商品市场和原料产地,加紧拓展殖民地,奴役当地人民,出现了一些殖民地、半殖民地城市。如我国上海、天津,印度的加尔各答,日本的横滨等作为通商口岸,成为列强侵略的据点,从而获得畸形发展。

知识链接

1859年,横滨这个仅有80多户人家的小渔村,在欧美列强炮舰政策的威逼下开港后,很快成为日本国内的航运中心,以及世界航线的主要停靠港。航运将横滨与国内其他地方以及整个世界紧密地联系起来,也使这里成为东西方文明撞击冲突、交流融洽的交接点。现在,横滨已成为日本第二大城市,对外贸易、金融和文化中心。横滨开港被认为是日本近现代史上重要的、有意义的历史事件。

现代城市

20世纪,特别是第二次世界大战以来,新技术革命促进社会生产力水平的提高,城市发展更为迅猛。

纵观当今世界城市,城市已成为人类主要的聚居地、世界经济联系网的基本结点。与此同时,城市生态建设在社会可持续发展中的地位愈加重要。这个时期城市发展的显著特征是:城市人口比重不断提

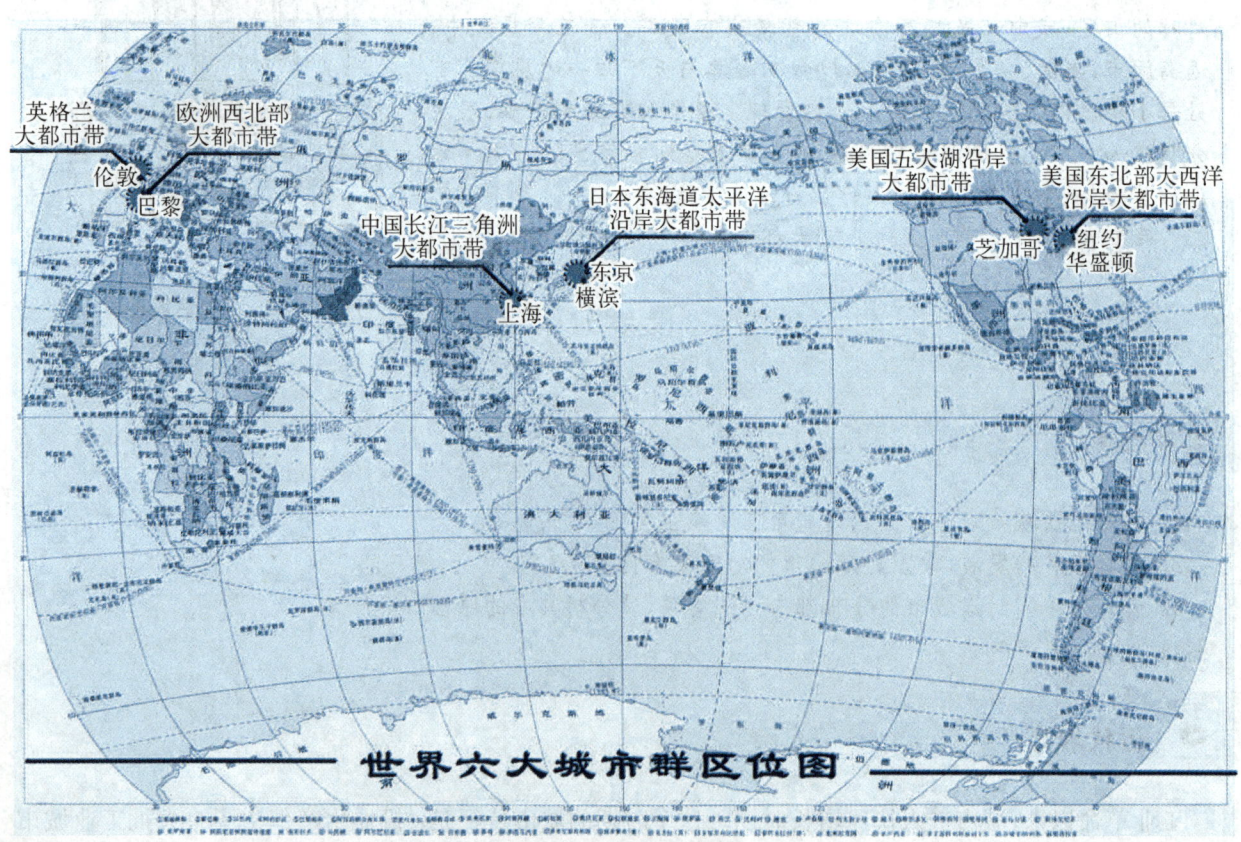

17-1-15 世界六大城市群分布图

高,1990年达到50%左右;百万人口以上的特大城市不断涌现;许多大城市周围建起卫星城,大城市之间互相连接,形成了规模巨大的城市群或城市带;一些"科学城"、"大学城"和旅游城市等专业城市方兴未艾。

 **知识链接**

　　香港,这个有"东方之珠"美誉的国际大都会,与伦敦、纽约并列为世界三大金融中心,是全球经济最发达的地区之一。香港除了有金融、贸易、航运、旅游等支柱产业外,还是著名的跨国公司基地和国际会展中心,加之其"中西合璧、古今交融"的文化底蕴,使香港焕发着无穷的魅力,吸引着世界的目光。

　　香港回归祖国以来,社会安定,经济持续繁荣。现在,香港是世界上免费教育、医疗普及率最高的城市,也是世界上最安全地方之一。国际社会对此予以高度评价,英国外交大臣米利班德称赞道:香港是"21世纪伟大的城市之一"。

17－1－16　香港夜景

思辨之窗

　　1. 将不同时代典型城市落实在世界地图上,分析这些城市的分布与地形、气候、河流有什么关系? 为什么?

　　2. 请填表:

时　期	古　代	中 世 纪	近　代	现　代	总结规律
影响城市分布的自然因素					
影响城市分布的社会因素					
城市数量规模					
城市的结构					
城市功能					
城市特色					

　　3. 从城市的发展历程分析出城市发展规律,并结合对现实,分组辩论"城市能否让生活更美好"。

第二节　城市的发展

　　城市作为社会政治、经济、文化的中心,其规模、结构、功能应与当地经济发展水平相适应、相协调。城市化是人类进步必然要经历的过程,城市化水平是衡量一个国家和地区社会、经济、文化、科技水平的重要标志,也是衡量一个国家和地区社会组织程度和管理水平的重要标志。

城市化

　　1867年,西班牙工程师塞德在《城市化基本理论》中首次提出城市化的概念。城市化是指人口和产业活动在空间上集聚、乡村地区转变为城市地区的过程。城市化主要表现在以下三个方面：城镇数量和城镇人口逐步增加；城市用地规模不断增大；城镇人口在全国总人口中的比重逐渐上升。通常以城镇人口在总人口中的比例作为衡量城市化水平的基本指标。

城 市 化 进 程

自城市诞生时起，在相当长的历史时期中，城市的发展和城市人口的增加极其缓慢，截止到 1800 年，全世界的城市人口仅占总人口的 3%。随着工业革命的完成，近代城市纷纷涌现，城市人口迅速增长，城市人口比例不断上升。在 1800—1950 年间，地球上的总人口增加了 1.6 倍，而城市人口却增加了 23 倍。第三次科技革命以来，短短六十年时间里，世界城市化水平增长了 22.6%。可见，社会生产力水平决定着城市化的水平和速度。

由于自然条件、地理环境、总人口数量的差异和社会经济发展的不平衡，各国城市化的水平和速度相差很大。发达国家的城市化水平要远远高于发展中国家。1980 年，发达国家的城市化水平为 70.2%，其中美国为 77%；日本为 78.3%；联邦德国为 84.7%；英国为 90.8%；加拿大为 75.5%，而发展中国家的城市化水平为 29.2%，不少国家低于 20%。从 1978 年改革开放初期到 2010 年的三十多年里，我国的城市化水平从 17.92% 提高到了 47%，城市化速度超过世界平均水平。

思想游牧

1. 请利用下表所给数据，在横坐标表示时间、纵坐标表示城市化水平的坐标系里，将世界城市化的发展趋势与发达国家、发展中国家的城市化水平和速度用折线图表示出来，并说明世界城市化进程的规律。

2. 发达国家与发展中国家城市化水平与速度有何区别？根据规律判断发展中国家城市化进程是否正常？为什么？

世界城市化的发展趋势(1950—2020)

年份	世　界		发 达 国 家		发 展 中 国 家	
	城市人口（百万）	城市化水平(%)	城市人口（百万）	城市化水平(%)	城市人口（百万）	城市化水平(%)
1950	734	29.2	447	53.8	287	17.0
1960	1 032	34.2	571	60.5	460	22.2
1970	1 371	37.1	698	66.6	673	25.4
1980	1 764	39.6	798	70.2	966	29.2
1990	2 234	42.6	877	72.5	1 357	33.6
2000	2 854	46.4	950	74.4	1 904	39.3
2010	3 623	51.8	1 011	76.0	2 612	46.2
2020	4 488	57.4	1 063	77.2	3 425	53.1

资料来源：许学强、周一星等编著《城市地理学》，高等教育出版社，2003 年版第 75 页。

城市化过程中的问题

城市化水平的提高给人类带来巨大效益的同时，也造成一系列负面影响。

城市环境问题　主要有大气污染、水污染、噪音污染、垃圾污染，以及光污染、热污染、辐射污染等。这些问题严重影响着城市正常运转和居民的身体健康。

城市交通问题　城市交通问题是一个世纪以来，工业发达国家一直为之困扰的问题。目前，我国特大城市的交通问题极为严重，如果得不到有效的解决，将对我国经济持续、健康发展构成严重威胁。

近日,中科院公布的《2010 中国新型城市化报告》对中国 50 座城市上班花费时间进行了排名。北京以 52 分钟居首,广州 48 分钟、上海 47 分钟、深圳 46 分钟。此前,英国雷格斯公司的一项调查显示,中国的上班族每天在上班路上（从家到单位单程）花费的时间领先全球。

17-2-1　城市拥堵的交通

城市社会问题　城市中人与自然、人与社会、人与人之间关系失调或冲突引发一系列社会问题,主要表现为城市绿地面积少、就业困难、住房紧张、人口老龄化、心理失调、贫困问题等,城市社会问题严重制约着城市健康发展。

知识链接

20 世纪 70 年代,日本著名建筑师黑川纪章设计出一种极为节约空间的屋子,1979 年,全球第一家"胶囊公寓"在大阪梅田开业。

胶囊公寓很像中国的卧铺车厢,里面"麻雀虽小,五脏俱全"。"胶囊"一般纵深 2 米,横切面积 1 平方米多一点,内设桌子和电视,以及一排控制灯光、温度及音响设备的电子开关。此外,各"胶囊"共用一间公用厕所和淋浴房。

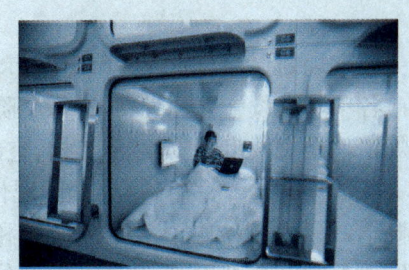
17-2-2　胶囊公寓

思想游牧

1. 讨论:毕业后你会住进胶囊公寓吗? 为什么?
2. 讨论:城市问题产生的根本原因是什么? 如何使城市生活更美好?
3. 我国的城市建设方针是"严格控制大城市规模,合理发展中小城市,积极发展特色乡镇"。请大家讨论这个方针的合理性与局限性。

城市规划

史海钩沉

早在春秋末期,《周礼·考工记》就提出了城市规划的基本思想。

"方九里,旁三门"、"经涂九轨,九经九纬"、"左祖右社,面朝后市",《周礼·考工记》提出的这些理论一直影响着中国古代城市的建设,很多大城市,特别是政治性城市都是按照这种理论修建的。在这些城市中,城市本身已经不仅仅是人类居住、生活的场所,它更是一种"符号",代表着一种社会关系和秩序。人们生活其中,日复一日地受到空间秩序的影响,不知不觉中明确了自己的社会定位,并在一定程度上形成了思维定势,这正好符合了统治者的需要。

城市规划的原则

联合国人居署在 1996 年发布的《伊斯坦布尔宣言》中强调:"我们的城市必须成为人类能够过上有尊严的、身体健康、安全、幸福和充满希望、美满生活的地方。""和谐城市"的理念对城市管理和城市规划提出了更高的要求。建设并规划"和谐城市"应该注意以下原则。

协调性原则：城市规划要立足于人与自然、人与人、精神与物质、历史遗存与未来发展的和谐，要注重多种文化的交融共存、社区细胞的运作与居民生活的有机融合、城市和乡村的和谐互动以及科技与经济的相互促进。

秩序性原则：城市是一个集合体，在城市中人流、物流、思想传递都应有合适的流通渠道，且每种流动都应有条不紊地进行。只有这样，才能提高城市运转效率，让城市迸发出强大的生命力。

特色性原则：城市是文化的承载者，顺应自然、尊重历史，打造城市自己的特色是促进城市功能发挥的重要因素。

发展性原则：在经济迅速发展的时代，城市的变化可谓日新月异，所以节约用地、提高城市土地的利用效益，为未来留有一定的发展空间是城市规划中必须注意的问题。

城市规划的内容

城市规划要综合研究并确定城市性质、规模、容量和发展形态，统筹安排城乡各项建设用地，合理配置城市各项基础设施，并保证城市每个阶段发展目标、发展途径、发展程序的科学性，引导城市合理发展。城市规划就是对城市性质、经济结构、空间结构、社会结构、城市交通等方面进行设计。

城市功能分区　1933 年，国际现代建筑协会第四次会议通过的《雅典宪章》，第一次提出了功能分区的概念，并对城市的居住、工作、游憩和交通四大功能的协调、平衡发展提出了要求。功能区的提出是城市发展史上的一个里程碑，世界上大部分的现代城市都是按照功能城市的理论建立和发展起来的。

城市最主要的功能区是居住区、工业区和商业区。城市功能区规划并不意味着机械地、绝对地划分城市用地，各功能区的位置应安排妥当，既保持相互联系，又避免相互干扰，才能保证城市各项活动的正常进行。首先，保证工业用地内部的交通联系，和工业用地与住宅用地之间交通便利；其次，合理布局居住用地、工业用地的相对位置，防止工业区排放的废弃物对居住区的污染；再次，在工业用地与住宅用地之间设置绿地作为防护带；当然，为城市发展留出一定的空间也是非常必要的。

城市交通　城市交通是城市经济发展的动脉，城市道路系统构成城市用地布局的基本骨架，拥有健全合理的城市综合交通体系，是现代化城市的重要标志之一，也是解决城市交通问题的根本措施之一。

城市道路网没有统一的格局，进行路网规划时，必须充分考虑当地的自然、历史、现状等具体条件，遵循满足人们出行的需要、节约用地、合理利用地形和水文条件、保护环境等原则。

城市文化　中国文化部部长孙家正表示："人类社会的终极追求是文化，城市的本质功能也是文化。"文化是城市灵魂和魅力之源；是城市软实力的核心要素；城市的生命力、凝聚力和创造力深深地根植于文化之中。独特的城市文化有原创性、物质性、系统性、宏观性、战略性、超前性、智能性、创新性等特性，其形成受自然地理环境、历史文化传统，以及城市的性质和功能等重要因素的影响。

众所周知，巴黎是充满艺术气息的时尚之都。在这里，深厚的文化积淀、浓郁的艺术氛围、完善的时尚推广体制，荟萃着夏奈尔、迪奥、伊夫·圣洛朗等一代又一代的时装大师，使巴黎成为全世界最瞩目的时装中心。巴黎以"世界时装"为城市文化品牌，每年吸引着数以亿计的人从世界各地涌向巴黎。

维也纳的城市主题文化为"世界音乐"。来到维也纳，人们欣赏维也纳新年音乐会，参加维也纳国际文化节，聆听莫扎特、贝多芬、约翰·施特劳斯等大师的古典音乐，找寻他们留下的历史足迹和艺术回音，品味音乐与自然、历史和文化的美好交融，世界音乐在这个城市变成了巨大的文化产业和人文资源，使维也纳永远处于"世界音乐"城市主题文化的神奇魅力之中。

思想游牧

1. 实地调查你所在城市中存在的主要问题，并思考如何规划和管理城市才能解决这些问题。
2. 结合地理环境、历史传统、城市性质和功能等因素，请你设计合适的主题文化，使之能更好地促进你所在城市的快速持续发展。

 **他山之石**

麦加作为伊斯兰教的圣地,每年都要接待数以百万计的前来朝觐的穆斯林。为此,沙特阿拉伯政府"煞费苦心",在麦加米纳山谷建造起一座可供 300 万人同时居住的帐篷城——"米纳帐篷城"。作为世界上人口密度最高的地方之一,米纳帐篷城进行城市规划时强调了以下几点:

充分利用和治理山谷环境:为防止洪水暴发和岩石滑落,他们用钢筋固定容易滚落的巨石,在高地整出防护梯,在戈壁滩建起石墙,在山谷旁建造大坝用来引导洪流,而洪水被收集后还可循环利用,由此形成了一整套成熟的泥石流预防系统。米纳城不刻意改变山谷的自然和生态,依山就势规划街区城市基础设施。

完善生活设施:为了"让朝圣者有舒适的居所",米纳城在山顶修建了世界上最大的蓄水池,城内还分置了 40 个储水库;使用了先进的地下自动收集垃圾系统;与此同时,麦加采用的新型材料帐篷防火、挡风,其特殊的"太阳光滤镜"仅容许 10% 的阳光透入帐篷中,确保了帐篷内温度的适宜;此外,每个帐篷装有自动喷水灭火系统,城中每隔 100 米设置一套消防栓与灭火器;每个居民点设有服务部和诊疗所;采用多种文字作为路标;并配备先进的现代化通讯设备。

加强交通联系:高速公路、立交桥和山中隧道,将城内外紧密地连接在了一起。米纳城西端的加马拉是阿拉法特山通往麦加的必经之路,过去这里常因人流过多发生踩踏事件,造成严重伤亡。新建成的加马拉大桥可以让人们在地下一层、地上五层路面上分流,允许同时通过 50 万人,最大程度地保证了朝圣者的安全。随着未来朝圣者的增加,加马拉大桥还能相应扩建到十二层。

思想游牧

沙特阿拉伯在米纳山谷创造了世界上人口最密集地区的宜居奇迹,米纳帐篷城作为"城市,让生活更美好"的典型案例被收录进 2010 年上海世博会的城市最佳实践区。

请思考:

① 米纳帐篷城规划中应用了哪些原则?设计方案解决了哪些城市问题?

② 米纳帐篷城的哪些措施可以借鉴到我们国家的城市规划与管理中?

⊃ 未来城市

基于对城市的理解和城市面临的问题,人们对未来城市提出了种种设想,如山水城市、田园城市、生态城市、森林城市、空中城市等。从宏观上看未来之城要与自然、经济、社会相协调,从微观上看,未来之城是以"人"为中心,为居民提供健康、和谐的生活环境。许多城市沿着这一思路做了有益的尝试。

伦敦零碳社区 最大可能地利用太阳能、风能、生物能、地热能等能源,力争使建筑达到能源"自给自足",是伦敦零碳社区的发展理念。

由太阳能、风力驱动的吸收式制冷风帽系统,可以调适室内温度;太阳能发电板和生物能热电联产生电能可以维持居民的生活用电;社区特殊装置还可收集雨水,最大效率地减少水资源的流失和污染。伦敦零碳社区已成为世界低碳建筑领域的标杆式先驱。

不来梅"最合适的汽车" 居民借助电话、网络等媒介,通过汽车共享俱乐部中心的调度,约定最合适的汽车,在不用车的时间,车辆可以由另一个人使用,通过合理运筹把汽车的利用率最大化。

不来梅调查显示,每一位汽车共享用户,每年可以节省 260 公斤汽油,减排 1 600 吨二氧化碳,还意味着节省更大停车空间,留出更大的绿地空间。

思想游牧

你心中的理想城市是什么样的? 怎么才能实现这样的城市理想?

第十八章

经济发展的先行官——交通

交通运输是社会经济的基础部门,是资源配置和宏观调控的重要工具,是国民经济发展的先行官,在巩固国家的政治统一、加强国防建设、扩大国际经贸合作和人员往来等方面发挥着重要的作用。

第一节 日新月异的现代交通

◆ 各具特点的交通运输方式

现代化的交通运输方式主要有铁路运输、公路运输、水路运输、航空运输和管道运输。五种运输方式在技术上、经济上各有长短,都有各自适宜的使用范围。

君子动手

根据各交通运输方式的特点,比较这几种运输方式的优劣,为下列物品选择合适的运输方式,在适合的位置打"√"。

物　品	起止地点	铁　路	公　路	海　运	河　运	航　空
急救药品	北京—拉萨					
1 吨活鱼	郊区—市区					
150 吨煤炭	秦皇岛—上海					
大量木材	长春—石家庄					
80 吨大米	上海—武汉					

知识链接

管道运输是以管道为运输工具、长距离输送液体和气体物资的运输方式。管道运输不仅具有运输量大、连续、迅速、经济、安全、可靠、平稳以及投资少、占地少、费用低等优点,还可实现自动控制。但是,管道运输不如其他运输方式灵活,运送货物的种类比较单一,也不易随便扩展管线;当运输量不足时,运输成本会显著增加。

西气东输 2004 年 12 月 30 日,从新疆塔里木盆地输往长江三角洲地区的天然气管道正式投入了商业运营。该输气管道西起新疆塔里木的轮南油田,向东经过上海,直至杭州。途经11省区,全长4 000公里。设计年输气能力120亿立方米,最终输气能力200亿立方米。为了进一步解决我国东部地区的能源问题,2008年我国开始建设西气东输二期工程。工程西起新疆霍尔果斯口岸,东达上海,南至广州,干线全长4 895公里,加上若干条支线,管道总长度超过9 100公里,工程设计输气能力300亿立方米/年。

◉ 世界的交通运输

在蒸汽机发明以前,陆上运输主要靠人力、蓄力,水路运输主要靠风力与水流,运输速度与能力非常低下。1807年,美国人罗伯特·富尔顿在纽约第一次试航成功"克拉门特号"蒸汽机船,开创了机械为动力的现代交通运输的新纪元。1825年,英国修建了从斯托克顿到达灵顿的铁路,这是世界上的第一条营业铁路,铁路运输的序幕从此揭开。1909年,德国修建了世界上的第一条公路,公路建设开始起步。20世纪30年代到50年代间,随着工业的发展,汽车开始走向普通家庭,运输用户对运输效用的选择更趋向于方便、快捷、安全、舒适等方面,公路运输的地位不断提高,逐步居于主导地位。20世纪中期发生的新技术革命使人类的社会生活需求向更高的层次发展,交通运输业成为各国政府关注的重点对象。20世纪80年代后,交通运输业开始向综合运输、提高运效等方面发展,另外,轨道运输以其对环境的低影响成为各国关注的重点。

世界交通运输的发展情况并不均衡,发达国家拥有世界上大部分的交通运输资源,优于发展中国家。例如,世界最大的两个铁路网系统分别在北美和欧洲,两者的铁路网长度总和约占世界铁路总里程的2/3,而非洲的一些国家至今尚无铁路;航空线网最稠密的地区在欧洲西部、美洲东部、东南亚等地,其中美国最为发达。

历史回眸

车、船的出现

人类早期大都是沿河而居的,为了适应捕鱼和渡河的需要,人们便创造出了最早的水上交通工具——独木舟。《易·系辞》中说:"伏羲氏刳木为舟,剡木为楫",这说明中国制造独木舟已有悠久的历史。古代地中海沿岸的腓尼基人以善于航海和经商驰名于世,而且精于造船。古代希腊的造船业也十分兴盛。

人类早期在运输方面的另一件大事是懂得驯养牛、马、骆驼和大象等动物,并用它们代替人力运送货物,还供人骑乘。古代苏美尔人最早制成用牲口拉的车。中国商周时期甲骨文、青铜器铭文中有表示车的象形字,这说明中国当时的车已有辕和可供乘坐的车厢,并且已经掌握了"驾马服牛"的技术。

車 轐 車 車 車 车

18-1-1 "车"字的演变

◉ 我国的交通运输

我国历史悠久,丝绸之路和郑和远洋是古代对外交通运输的楷模。但我国近代交通发展慢,建设的交通线路少,远远落后于西方资本主义国家。建国后,我国开始有计划的发展交通运输,经过六十多年的建设,尤其是在改革开放以后,全国的交通运输面貌已经发生了翻天覆地的变化,已初步形成由铁路、公路、海运与内河航运、航空和管道五种运输方式组成的综合运输网。

2010 年,我国铁路营业里程达到 9.1 万公里,其中电气化铁路线总长超过 2.6 万公里,居世界第二位;公路通车总里程已达 169.8 万公里,居世界第四位,其中高速公路总长 1.9 万公里,居世界第二位。我国的航空运输发展迅速,已形成以北京为中心连接全国各大中城市的国内航空网,并开通了通往世界各国重要城市的国际航线,形成了北京、上海、广州、乌鲁木齐等主要的国际航空港。尽管如此,我国的交通运输无论是航线数量,还是客货运输量,同民航发达国家相比仍有很大的差距。

我国海洋运输也有了突飞猛进的发展,90% 以上的外贸物资是由远洋运输完成的,形成了北方以大连、上海为中心,南方以广州为中心的海洋运输网。我国内河航运以长江航线为主,与美国、欧洲发达的内河航运相比,还有很大的发展潜力。我国油气管道总长超过 6 万公里,随着国民经济发展对油气资源的需求,我国管道运输还将迎来更为广阔的发展空间。

现代交通运输发展的趋势

现代交通运输发展的趋势表现在两方面。第　,发展综合运输,合理利用各种运输方式,充分发挥各自优势,合理配置交通运输资源,开展联合运输,建设立体运输网络,逐步形成多样化的运输体系。第二,发展专业化运输工具,扩大运输工具的装载量,提高运输工具的运行速度和通过能力,建设专业化运输线路和配套设施,提高交通运输的效率。

知识链接

高 速 铁 路

高速铁路是指通过改造原有线路,使营运速率达到每小时 200 公里以上,或者专门修建新的"高速新线",使营运速率达到每小时 250 公里以上的铁路系统。高速铁路具有运送能力大、速度快、安全程度高、乘坐舒适、对环境影响小的优点。2008 年京津城际铁路的建成,标志着我国拥有了第一条时速超过 300 公里的高速铁路。根据《中国铁路中长期发展规划》,到 2020 年,我国将建设客运专线 1.2 万公里以上,客车速度的目标值达到每小时 200 公里以上。

磁 悬 浮 列 车

磁悬浮列车是以超导电磁铁相斥原理建设的铁路运输系统。区别于通常的轮轨黏着式铁路,磁悬浮列车车体完全脱离轨道,腾空行驶。磁悬浮列车具有高速、低噪音、环保、经济和舒适等特点。上海已建成了世界第一条磁悬浮列车示范运营线,从浦东龙阳路站到浦东国际机场,三十多公里只需 8 分钟。

日益重要的城市公共交通

大力发展城市公共交通,提倡绿色出行,有助于缓解城市交通拥挤现状。

城市公共交通事业的发展进程,受经济和科学技术水平的影响,差异较大,而且由于城市所在的地理环境和政治经济地位不同,城市公共交通结构也各具特色。

香港公共交通系统

据 2007 年的统计数据,香港公共交通日均载客量达 1 153 万人次,公共交通占机动车出行的比例高达 83%。

香港是世界上人口最稠密的城市之一,市区人口密度达到平均平方千米 2.1 万人。香港的公共运输服务系统以重型铁路系统为最顶级,同时专营巴士及轻便铁路同样也提供主要服务,其他公共交通工具如公共小型巴士、的士、渡轮等担当辅助角色。专营巴士即通常概念上的公共汽车,香港共有5家专营巴士公司,共有近700条公交线路,6 000多辆车,日均客运量392.2万人次,按95%车辆在线运营计算,每辆车日均载客700人次。

知识链接

泰国曼谷市内的特色交通工具

客货车 一种改装过的带篷的公共小车。曼谷的公共巴士只走大街,不走小巷,这种客货车作为公共巴士的补充,穿行于没有公共巴士服务的支巷,招手即停,车费便宜。

嘟嘟车 曼谷的特色之一,它因车身小,易于穿行于车流之间而方便快捷。这种车实际上就是带车篷的三轮摩托车,车身绘上色彩缤纷的图画,很多外国游客都喜欢乘坐这种车欣赏街景。

自行车王国——中国

20世纪70年代,自行车还是我国家庭主要的交通工具,地位无异于现在的私家车。在当时,自行车、缝纫机、手表并称"三大件"。1978年,我国自行车年生产量达到845万辆,跃居世界第一位。据不完全统计,目前全世界的自行车拥有量大约为9亿辆,其中我国的拥有量就超过4亿辆,是名副其实的"自行车王国"。

第二节 交通运输网

现代交通运输业是一个有机联系的生产体系,这个体系就像人体中的血管一样,形成一个网络,叫做交通运输网,它是由多种运输方式联合组成的,因此具有不同形式和层次。交通运输网包括交通运输线、交通运输点和交通枢纽三部分。

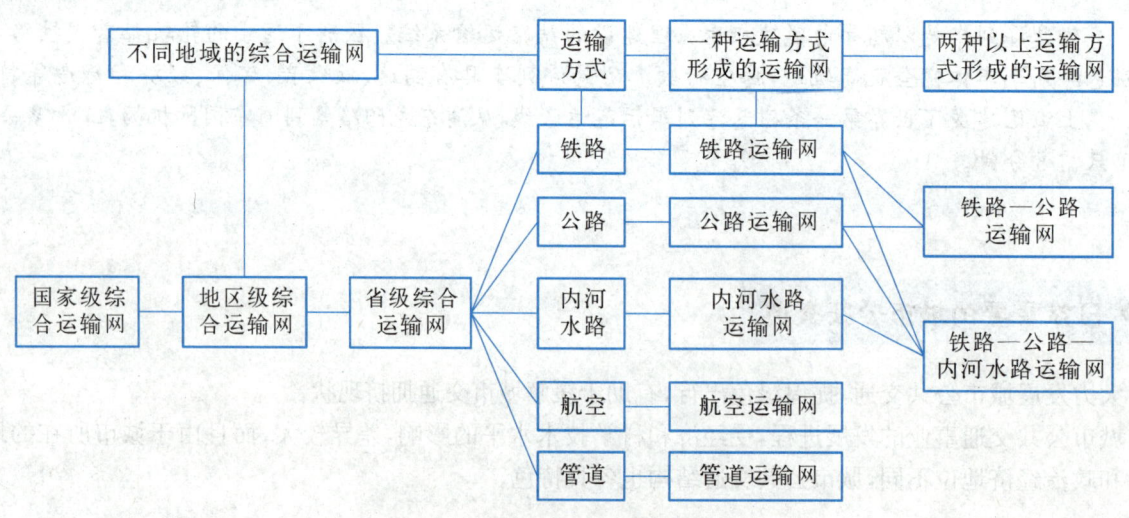

18-2-1 交通运输网的层次和形式

人们借助运输工具和交通运输网,来完成人或物的位移。因此,交通运输线、点的区位,直接影响到人们的生产活动、贸易往来、社会交往等方面。

● 客货流的集散地——交通运输点

交通运输网中的点,例如港口、航空港、车站等,是客货流的集散地,是完成交通运输过程的重要环节。不同的交通运输点,有不同的区位因素。

 **知识链接**

世界著名港口:德国汉堡港、荷兰鹿特丹港、比利时安特卫普港、韩国釜山港、日本神户港。

我国十大港口:上海港、宁波港、天津港、广州港、青岛港、秦皇岛港、深圳港、舟山港、营口港。

上海港——中国第一大港

上海港是我国第一大港,也是世界大型港口之一。它的发展除了具有优越的地理位置外,还与其广阔的经济腹地和发达的上海市有着密切的关系。

上海港是长江三角洲上一个河口港,主要港区沿黄浦江分布,因距离黄浦江与长江交汇处非常近,故可以兼做海港。

上海港的经济腹地是我国经济最发达的地区,包括川、渝、鄂、湘、赣、皖、苏、沪等省市。其中,据国家发展和改革委员会的数据显示,2008年长江三角洲地区生产总值达到6.55万亿元,占全国比重的20%。

上海港以上海市为依托。上海市是四大中央直辖市之一,是我国最大的综合型工业城市和外贸基地,是全球第二大股票交易市场中心和全球第二大期货市场中心,人、财、物的优势对港口的建设和发展具有重要作用。

建设中的曹妃甸港

曹妃甸港位于渤海湾西岸,地处唐山市滦南县曹妃甸岛。

曹妃甸建港条件非常优越,是渤海湾中唯一不需开挖航道和港池、不需疏浚维护即可建设大型深水港的天然港址。

曹妃甸水资源可供量相对充裕,满足了曹妃甸港区和临港工业区的用水需求。岛后方滩涂广阔且与陆域相连,为临港工业和城市的发展提供了充足的建设用地。

曹妃甸毗邻京津冀城市群,靠近环渤海经济区,产业布局集中,经济基础雄厚。腹地的煤炭、石油、铁矿石、原盐等资源丰富,产业的区域配套能力较强,适合大规模、高密度发展现代重化工业。港口依托的唐山市工业历史悠久,人力资源丰富,是我国重要的工业城市。

曹妃甸后方交通网络发达。京山、京秦、大秦、通坨四条国铁干线横贯东西,京沈、唐津、唐港

18-2-2　环渤海经济圈

高速公路与环城高速公路形成公路网,为曹妃甸港构筑起最经济、最便捷的后方交通体系。

思想游戏

你认为曹妃甸港能否赶超上海港成为中国第一大港?请说明理由。

我国水运历史悠长，从浙江河姆渡出土的木桨就是最好的证明。

春秋战国时期，水上运输就已十分频繁，当时已在渤海沿岸形成了碣石港(今秦皇岛港)；汉代的广州港，已同东南亚、印度洋沿岸各国进行海上通商；唐朝时，长江沿岸的扬州港已经成为相当发达的国际贸易港；到了宋代则形成了以广州、泉州、杭州、明州(今宁波)为代表的四大港口。

石家庄火车站的昨天、今天和明天

石家庄市是一座火车拉来的城市。20世纪初卢汉铁路和正太铁路的通车，使石家庄从村庄发展为城市，所以，火车站在石家庄的兴起和发展中起到了重要的作用。

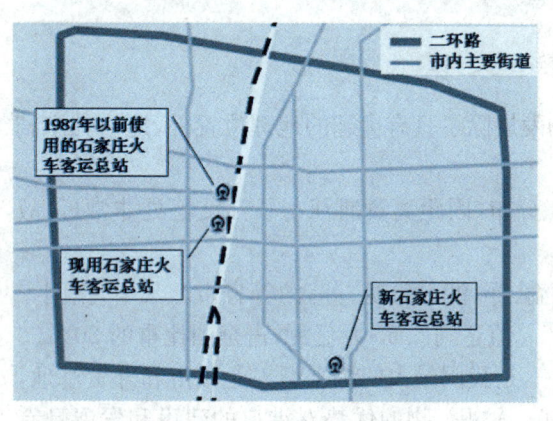

18-2-3 石家庄火车客运总站的变迁

1987年以前，石家庄火车客运站规模小，配套设施不完善，功能落后。1987年，位于原火车站南侧总面积达23 000平方米的现石家庄火车客运总站建成使用。现火车客运总站地处商业繁华地段，在方便出行的同时，也为车站周边的商业发展带来了巨大商机，以南三条和新华集贸为代表的大型批发市场依托于车站迅速崛起。可随着经济的繁荣、人口的增加，从石家庄市中心城区穿过的铁路线变成了限制城市发展的瓶颈；另外，随着一系列铁路客运专线的修建，现石家庄火车客运总站将无法满足客运需要。2009年，石家庄市启动了火车客运站的改造搬迁工作。新火车客运总站规模明显扩大，位置靠近城市主干道，便捷的交通缓解了客货流给城市交通带来的影响，也为新客运总站附近地区商业的发展带了新的契机。

汽车站——最常见的交通运输点

汽车站是人们出行接触最多的交通运输点。汽车站包括城市交通干线两侧的公交车站和通往郊区甚至更远地区的长途汽车客运站。汽车站要最大限度的方便旅客，因此，汽车站位置选择要与市内干道系统和对外交通方便的地方。

思想游牧

石家庄长途汽车客运总站主要聚集着发往全国各地高速客车。请根据图示判断白佛、南焦、西王、运河桥、北站五个长途汽车客运站班车的发车方向，说一说石家庄市各长途汽车客运站如此设置的好处。

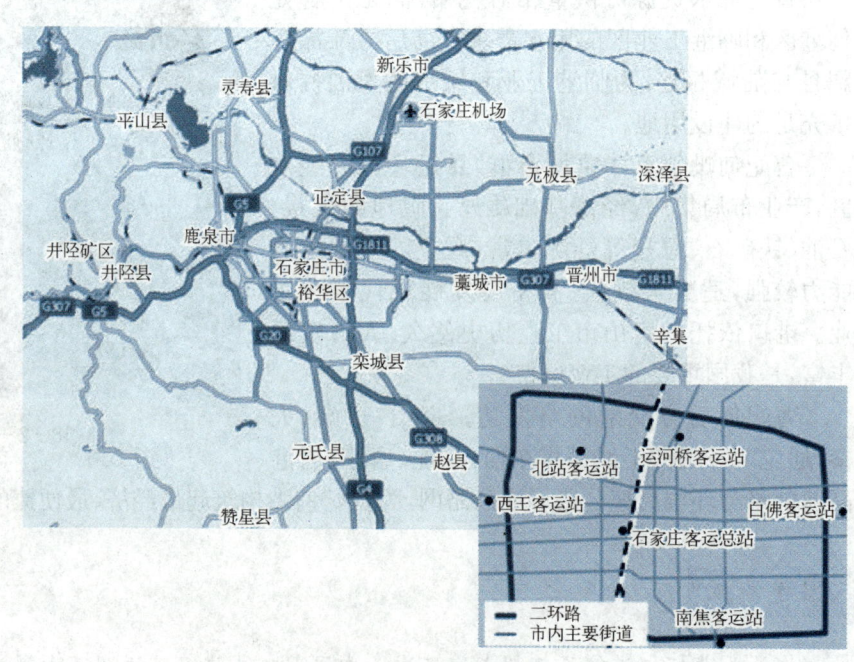

18-2-4 石家庄交通图

北京首都国际机场——中国最繁忙的航空港

　　航空港的机场占地面积很大,对自然条件要求也比较严格。例如,机场要有平坦开阔、坡度适当的地形,以保证排水;要有良好的地质条件,以保证地基稳固坚实;还要有少云雾、大风、暴雨的气候。此外,航空港要与城市有便利的交通联系,还要考虑当地的经济条件。

　　北京首都国际机场位于北京市区东北方向,距市区二十多公里,1958 年投入使用,是国内首个投入使用的民用机场。1980 年,面积为 6 万平方米的一号航站楼及停机坪、楼前停车场等配套工程建成并正式投入使用。此后,北京首都国际机场又经过两次扩建,到目前为止已拥有三座航站楼、三条跑道,以及旅客、货物处理设施,能承载新型超大型客机的起降,是中国国内仅有的两座拥有三条跑道的国际机场之一。据中国民用航空局发布的最新消息,2010 年北京首都国际机场旅客吞吐量仅次于美国亚特兰大机场,稳居世界第二位,成为我国最繁忙的航空港。

◎ 客货流的通道——交通运输线

　　交通运输网中的线,如铁路、公路、航道,是交通运输发生的最基本因素。交通运输线虽然有不同的类型,但是它们的建设都受到经济、社会、技术和自然等因素的影响和制约。

知识链接

　　从 1825 年第一条营运性铁路的修建开始,世界上铁路的发展历史已经有 180 多年。我国的铁路自 1881 年唐胥铁路(唐山至胥各庄)算起,也有 120 年的历史。铁路运输能够扩大生产原料和销售市场的范围、加强各地区之间的联系、提高资源的利用率,同时还是保证一个国家政治统一和安全的重要因素。因此,世界各国都十分重视铁路的建设。

京九铁路——第五条南北铁路干线

　　1996 年,在香港回归祖国前夕我国第五条南北铁路干线京九铁路正式全线通车。

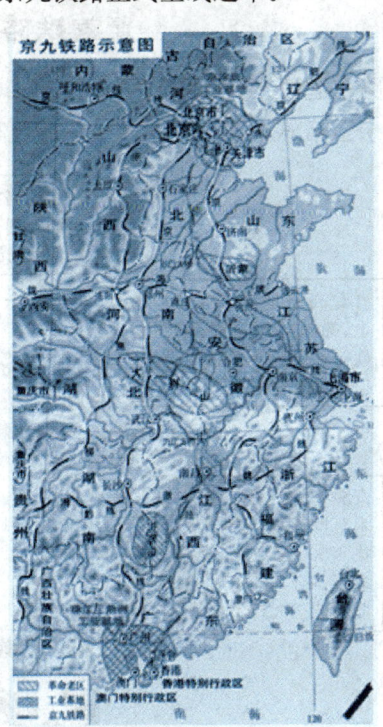

> 京九铁路北起首都北京,南经深圳,直达香港九龙,全长 2 538 千米,途经京、津、冀、鲁、豫、皖、鄂、赣、粤 9 省市和香港特别行政区。

> 京九铁路自北而南,跨越黄河、长江等大河大江,穿过崇山峻岭,沿途地性差异大,地质情况复杂。

> 京九铁路沿线地区是我国粮棉油等农副产品的重要产区;京津唐、珠江三角洲工业基地工业发达、物资充足;沿线自然风光优美、革命胜迹众多,旅游资源非常丰富。

18-2-5　京九铁路区位因素

京九铁路开通运营,缓解了南北运输的紧张状况,完善了路网布局,有利于充分发挥运输的综合效益;其次,加强了港澳地区与内地的联系,有利于维护港澳地区的稳定和繁荣;最后,适应对外开放政策,对刺激沿线地区经济发展、加快沿线革命老区脱贫致富,具有重大意义。

南昆铁路——西南铁路大动脉

南昆铁路是 1997 年我国在西南地区新开通的一条电气化铁路。

南昆铁路在地势上有多次大的起伏,中途跨江越河,而且还要通过熔岩和强地震区,地质条件极为复杂。

南昆铁路东段靠近广西的铝矿、煤矿、石油开发区;中段靠近贵州西南部煤矿和主要城市;西段选择了靠近云南东南部煤矿及著名的喀斯特地貌风景区。

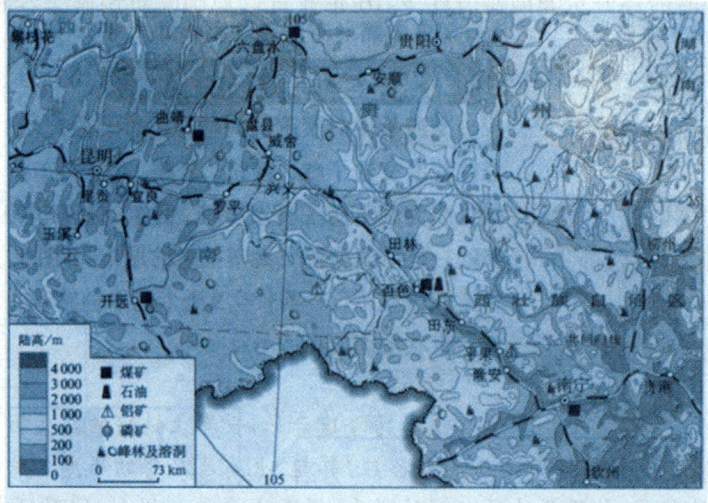

18-2-6　南昆铁路区位因素

南昆铁路把资源丰富、发展潜力巨大的西南内陆与交通便捷、经济发达的华南地区连成一体,有利于资源开发和物资运输;充分发挥铁路对经济的辐射作用,扩大对外开放,带动第三产业,促进外向型经济的发展;加快西南地区的脱贫速度,有利于民族团结和社会稳定。

青藏铁路——海拔最高的铁路

青藏铁路东起西宁,西至拉萨,全长 1 956 千米,是当今世界海拔最高、线路最长的高原铁路。其中,一期工程西宁至格尔木段,于 1984 年建成通车;格尔木至拉萨段二期工程 2001 年动工,2006 年建成通车。

青藏铁路沿线矿产资源丰富,铜矿、菱镁矿、硫矿、刚玉、白云母矿储量占全国前列。青藏铁路沿线分布着青海湖、可可西里自然保护区、那木错湖、布达拉宫等9处世界级的旅游资源,历史文化悠久,民族风情浓郁。

青藏高原是我国藏、回、土、撒拉、羌、裕固、东乡族等多民族的聚居区,人口达 1 000 多万。

青藏铁路二期工程格尔木至拉萨段,全线平均海拔 4 500 米以上,克服了多年冻土、高寒缺氧、环境保护三大技术难题。

18-2-7　青藏铁路区位因素

青藏铁路的建成通车完善了我国路网布局,结束了西藏自治区没有铁路的历史,加强了西藏与国内其他地区的联系,促进了藏族与其他各民族人民的文化交流,增强了民族团结;青藏铁路的开通方便了出入藏的物资运输,降低了运输成本,为青、藏两省区的经济发展提供更广阔空间,使其优势资源得以更充分发展;青藏铁路的修建有利于开发青海、西藏两省区丰富的旅游资源,促进两省区的旅游事业的快速发展。

思想游戏

青藏铁路两期工程通车时间间隔了 22 年,你知道是什么因素影响了青藏铁路的修建吗?

公路和航道的建设

修筑公路,要充分利用有利的自然条件,避开地形、地质、水文条件复杂的地段。改革开放以后,我国公路运输的发展相当迅速,现在,国道、省道、县道、乡道等不同类别的公路,把全国各地紧密地联系在一起。

高速公路属于高等级公路,其建设情况能反映一个国家和地区交通发达程度,乃至经济发展的总体水平。世界上最早的高速公路出自德国,于 1931 年建成,位于科隆与波恩之间,长约 30 公里。目前,全世界已有 80 多个国家和地区拥有高速公路,通车总里程超过了 23 万公里。到 2010 年底,中国高速公路通车里程达 7.4 万公里,仅次于美国,位居世界第二。

 **知识链接**

公 路 等 级

国道是指具有全国性政治、经济意义的主要干线公路,包括重要的国际公路,国防公路、连接首都与各省、自治区、直辖市首府的公路,连接各大经济中心、港站枢纽、商品生产基地和战略要地的公路。在中国国道采用数字编号,分为四种编号方式,一类是放射状的,这些公路排序都是"1"字开头;第二类是南北向的,以"2"字开头;第三类是东西向的,以"3"字开头,第四类是"五纵七横"主干线,以"0"字开头。

省道又称省级干线公路。省道标识符"S"、北南纵线标识"2"(偶数)和两位数字顺序号组成;东西横线标识"3"(奇数)和两位数字顺序号组成。

航道是水路运输的重要组成部分,可分为天然航道和人工航道即运河。内河航道网是由天然水系的航道和把它们连接起来的运河组成的水路运输网系统。目前,世界共有 5 个重要的内河航道系统,分别为欧洲西部水系、欧洲中部水系、美洲北部水系、亚马孙水系和中国水系。

《全国内河水运主通道布局规划方案》中指出了我国内河航运网建设目标:建立一纵、三横的内河骨干航道运输网络,长江三角洲的内河骨干主通道是一纵、一横、二翼,以达到完善运输网络的发展目标。一纵指京杭运河,一横指长湖申线、大芦线、大浦线,二翼分别为苏申外港线、赵家沟和杭申线。

 **知识链接**

胥溪——世界第一条运河,开凿于春秋时期。

灵渠——沟通了长江与珠江两大水系,修建于秦朝。

京杭大运河——世界最长的运河,沟通了钱塘江、长江、淮河、黄河、海河五大水系。

巴拿马运河——连接了太平洋与大西洋,长度世界第二,位于巴拿马境内,1914 年由美国建成通航。

苏伊士运河——连接了地中海与红海，每年承担着全世界 14% 的海运贸易，位于埃及境内，1869 年建成通航。

◑ 交通枢纽

交通枢纽是几种运输方式或几条运输干线交汇并能办理客货运输作业的各种技术设备的综合体，是国家综合交通运输体系的重要组成部分，是协调运营、组织联合运输的结合部。它是由复杂的交通设备与建筑组成的群体，一般由交通运输点和交通运输线以及为完成装卸、中转、各种技术作业所需的设备等组成。由同种运输方式两条以上干线组成的枢纽为单一交通枢纽，两种以上运输方式的干线组成综合交通枢纽。例如，铁路公路航空枢纽——北京。

交通枢纽的形成受到自然条件、地理位置、社会经济条件、已有交通线路基础等方面的影响。目前，我国主要的交通枢纽有北京、上海、广州、深圳、郑州、重庆、成都、西安八个城市。

第十九章

资源利用与灾害防御

> 地球是人类赖以生存和发展的家园,自然资源是地球母亲给予人类的宝贵财产。随着人口快速增加和工业化的发展,人类对资源的利用和消耗不断加大,资源紧缺压力日趋严峻。人类利用自然资源的同时,也会受到自然灾害的威胁,自然灾害给人类社会带来了严重的影响和损失,制约着社会的可持续发展。
>
> 本章主要讲述自然资源的合理利用和对自然灾害的积极防御两部分内容。

第一节 自然资源的利用与保护

认识自然资源

下图中哪些是自然资源,哪些不是? 我们日常的生产和生活中都用到了哪些自然资源?

19-1-1 麦田

19-1-2 河流

19-1-3 闪电

19-1-4 森林

自然资源是人类可以直接从自然界获得,并用于生产和生活的物质和能量。自然资源可以从各种角度进行分类。根据自然资源的自然属性,可分为矿产资源、气候资源、水资源、土地资源、生物资源等;根据自然资源的再生性质,可分为可再生资源和非可再生资源两大类。

 **知识链接**

我国是世界上资源丰富、种类齐全的大国之一。但是,由于受气候、地质、地貌、水文等自然条件地域差异的影响,我国资源的空间分布很不平衡。比如:我国水资源南多北少,矿产资源中煤炭北多南少,水能集中在中南和西南部的部分省区等。

我国以占世界9%的耕地、6%的水资源、4%的森林,1.8%的石油、0.7%的天然气、不足9%的铁矿石、不足5%的铜矿和不足2%的铝土矿,养活着占世界22%的人口;我国大多数矿产资源人均占有量不到世界平均水平的一半,煤、石油、天然气的人均资源只及世界人均水平的55%、11%和4%。能源问题在我国许多地区已成为制约经济发展的瓶颈。

●非可再生资源的合理开发与利用

非可再生资源主要有化石燃料、金属矿产、非金属矿产等。其形成要经过漫长的地质年代,而且要具备一定的形成条件,它们的特点是用一点就少一点。近代以来,随着人口的增加和生产力水平的提高,人们对资源利用的规模和数量迅速扩大。全世界每年都要消耗大量的化石燃料,化石燃料在开采利用过程中会对环境会产生影响,同时大量的开采利用也使一些非可再生资源出现了濒临耗竭的严峻局面。

 **知识链接**

煤炭开发利用过程中对环境的破坏

我国的能源消费以煤炭为主,在煤矿开采活动中对土地可造成直接破坏,如露天开采可直接破坏地表土层和植被;开采过程中产生的废弃物需要大面积的堆积场地,从而导致土地的大量占用,并对周围土地、水域和大气造成污染。

煤炭在运输过程中会污染大气环境,同时由于水的浸泡流失而污染水系。

煤炭燃烧时向环境排放氮氧化物、二氧化硫和一氧化碳等空气污染物,导致酸雨形成,燃烧排放的二氧化碳使大气中二氧化碳浓度增加导致温室效应增强,全球气候变暖。

思想游牧

石油被称为经济的"黑色血液",在国民经济中具有举足轻重的地位。自从石油时代开始以来,人类已经向地球索取800亿吨石油。按照现在全世界每年开采30亿吨石油计算,地球上的石油可供人类开采45—50年。

我国的石油安全面临的形势日益严峻,主要表现为:石油接替资源量和后备可采储量日趋紧张,老油田稳产面临严峻形势;石油需求增长过快;石油的供应地比较集中且对外依存度较高,2010年我国进口石油已占到消费量的55%以上;石油的海上运输存在风险和战略储备不足等。

石油资源会耗竭吗?请就如何应对我国的石油安全问题献计献策。

针对非可再生资源在开发和利用中出现的问题,我们应当采取措施,积极应对。

首先要节流。在资源利用过程中要变高消耗为低消耗型,变粗放经营为集约经营,提高矿产资源的综合利用、重复利用率和回收率,变废为宝,一物多用,尽可能延长其耗竭时间,实现资源最优耗竭。

其次要开源。应从深度和广度上开源,加强地质勘探,强化从地壳深处与海洋远处寻找新的资源,增加资源储量。

第三,研究开发新型替代资源。如太阳能、地热能、核能、波浪能等。

今后世界能源利用的总趋势是发展多元化结构的能源系统和高效、清洁的能源技术。

水 电 的 开 发

我国的三峡水电站是世界上规模最大的水电站。大坝位于宜昌市上游不远处的三斗坪。

三峡工程主要有三大效益,即防洪、发电和航运。其中经济效益主要体现在发电,它是中国西电东送工程中线的巨型电源点,非常靠近华东、华南等电力负荷中心,所发的电力将主要售予华中电网的湖北省、河南省、湖南省、江西省、重庆市,华东电网的上海市、江苏省、浙江省、安徽省,以及南方电网的广东省。

19-1-5　三峡水电站

19-1-6　风力发电

风 能 的 利 用

据估算,全世界的风能总量约 1 300 亿千瓦,多集中在沿海和开阔大陆的收缩地带。我国新疆的达坂城风力发电站 1992 年已装机 5 500 千瓦,是中国最大的风力电站。

随着风力发电的发展,陆地上的风机总数已经趋于饱和,海上风力发电场将成为未来发展的重点。中国计划在距离海岸大约 30 英里的地方大规模建造水上风力发电站,这些发电站可能建在巨大的浮体上,也可能深入水下 120 英尺建在大陆架上。

未 来 的 新 能 源

太阳能的利用　人类对太阳能的利用有着悠久的历史。我国早在两千多年前的战国时期就知道利用钢制四面镜聚焦太阳光来点火。太阳辐射释放的能量巨大,没有污染,在今后几十亿年里是用之不尽的。但由于太阳能比较分散,要在大范围内收集需要较高的技术条件。目前人类直接利用太阳能还不普遍。

波浪能　这是一种取之不尽、用之不竭的无污染的可再生能源。日本的一座波浪能发电厂已运行 8 年,虽然成本高于其他发电方式,但对于边远岛屿来说,可节省电力传输等投资费用。

可燃冰　全称甲烷气水包合物,也称作甲烷水合物、甲烷冰等。最初人们认为只有在太阳系外围那些低温、常出现冰的区域才可能出现,但后来发现在地球许多海洋洋底的沉积物底下,甚至大陆上也有可燃冰的存在,其蕴藏量也较为丰富。可燃冰在低温高压下呈稳定状态,融化后所释放的可燃气体相当于原来固体化合物体积的 100 倍。

煤层气　俗称"瓦斯",其主要成分是 CH_4(甲烷)。其热值是通用煤的 2—5 倍,与天然气相当,且燃烧后很洁净,几乎不产生任何废气,是上好的工

19-1-7　太阳能的利用

业、发电和居民生活燃料。煤层气空气浓度达到 5％—16％ 时，遇明火就会爆炸，这是煤矿瓦斯爆炸事故的根源。煤层气的开发利用具有一举多得的功效：提高瓦斯事故防范水平，具有安全效应；有效减排温室气体，产生良好的环保效应；作为一种高效、洁净的能源，商业化能产生巨大的经济效益。

微生物　利用微生物发酵，可制成酒精。酒精具有燃烧完全、效率高、无污染等特点，用其稀释汽油可得到"乙醇汽油"。巴西已有用"乙醇汽油"或酒精作为燃料的汽车达几十万辆，大大减轻了大气污染。

● 可再生资源的合理利用与保护

可再生资源是指在被开发利用后能通过天然作用或人工经营再生，并继续被人类利用的资源。包括水资源、土地资源、生物资源等。可再生资源虽然可以再生，但我们不能说它们是"取之不尽、用之不竭"的，如果人类对其开发利用的强度超过其自我更新的能力，它就会退化、解体。因此，对可再生资源，我们应该合理利用并制定具体的保护措施。

以土地资源和水资源为例，我国的土地资源在利用过程中出现了耕地资源减少、土地退化等问题；随着人口的增长和经济的发展，我国对水的需求量不断增加，水资源短缺的形势已经非常严峻。

我国的耕地资源在利用中存在着突出的问题。

首先，人均耕地资源少且耕地质量不高。我国人均耕地面积仅有 1.39 亩，全国有 600 多个县突破了联合国粮农组织确定的人均耕地面积 0.8 亩的警戒线，其中 400 多个县人均耕地不足 0.5 亩；我国近 18.51 亿亩耕地中只有大约 1/3 是可灌溉的高产稳产农田，其余 2/3 是中低产田。

其次，由于城市化占用耕地和农业结构调整等原因使耕地面积持续减少，人地矛盾日趋尖锐。

第三，耕地后备资源不足，开发难度大。我国耕地后备资源总潜力为 2 亿亩，其中 60％ 以上分布在水资源不足和水土流失、沙化、盐碱化严重的地区。

耕地资源关系到国家的粮食安全和社会稳定，因此必须采取有效措施合理利用、切实保护。如完善法制、落实土地法规、确立各级政府的耕地保护责任制；严格土地利用规划管理，从严控制非农建设占用耕地，落实耕地占补平衡；建立节约集约用地的监督机制，加大对违法用地的处罚力度；依靠科技进步对耕地资源进行整治，改良土壤，改善农业生态条件和生态环境，提高耕地质量等。

思辨之窗

我国土地资源还面临着退化严重的问题，如土壤侵蚀、过度放牧导致的草场退化和土地荒漠化、不合理灌溉引起的土壤盐渍化等问题。

同学们，你的家乡有没有土地退化的问题？请对我国土地退化的防治提出建议。

我国也是一个缺水严重的国家。我国水资源总量为 2.8 万亿立方米，排在巴西、俄罗斯、加拿大、美国和印尼之后，居世界第六位，但人均占有水量只相当于世界人均占有量的 1/4，居世界第 109 位。我国已被列为全世界人均水资源 13 个贫水国之一。

目前全国 600 多座城市中，有 300 多座城市缺水，其中严重缺水的有 108 个。全国有一半的耕地得不到有效灌溉，特别是北方地区，水资源短缺已成为当地国民经济和社会发展的最大制约因素。为了缓解水资源短缺的形势，我们有必要从开源和节流两方面来采取措施。在这方面，西亚国家以色列创造了水资源利用方面的奇迹，值得我们学习和借鉴。

知识链接

沙漠中的奇迹——以色列水资源的利用

以色列大部分土地被丘陵、沙地所覆盖，一半以上的地区属于典型的干旱和半干旱气候，地中海沿岸的狭长地带和几个内陆山谷是全国仅有的几处土地肥沃的地区。在恶劣的自然条件下，以色列人创造了水资源利用方面的奇迹：以色列所需 95% 的粮食依靠自己生产，每年生产的水果、蔬菜、花卉植物还大量向德国、法国、荷兰、意大利、瑞士等欧洲国家出口，赚取外汇达 20 多亿美元。因此，以色列获得了"欧洲冬季的厨房"的赞誉。

建立全国输水系统　该工程 1964 年建成并投入使用。它通过水泵把位于海平面 220 米处的水抽到海拔 152 米高处，经过消毒处理后运向沿海地区和内盖夫沙漠。现在全国输水管道由计算机联网控制，根据需要统一调度。

开源方面　以色列加大了对污水处理和海水淡化工程的投入。以色列于 20 世纪 90 年代中期制定了增加水资源的长期规划，包括兴建一座年产淡水 4 亿吨的海水淡化处理厂和年产 5 亿吨净化水的污水处理厂。以色列计划未来农业灌溉全部采用污水再处理后的循环水。约有 60% 的城市废水进行处理后用于灌溉。

推广节水灌溉技术　以色列目前 80% 以上的灌溉农田为滴灌，通过密布在田间的管道网，由滴管直接送到植物的根部附近，可以极大地提高水和养料的吸收率、利用率。喷灌和滴灌都用电脑控制，事先编好程序，由计算中心调控，按照确定的给水量、给水时间、养料配比，实行最佳自动灌溉。按照以色列的节水效率，地球可以多养活 3 倍的人口。

有效的管理体制　1959 年颁布的《水资源法》规定了以色列境内所有水资源均归国家所有，由国家统一调拨使用，任何单位或个人不得随意开采地下水。

思辨之窗

从以色列发展农业的奇迹中，你能得到什么启示？请就解决我国水资源短缺的问题提出合理化建议。

第二节　自然灾害与防治

自然灾害概述

自然灾害是指主要由自然界异常变化引起的，对人类生命财产与生存环境造成危害的事件或现象。它的形成必须具备两个条件：一是要有自然界异常变化作为诱因；二是要有遭到损害的人、财产、资源等作为承受灾害的客体。

思辨之窗

同学们，你的家乡发生过哪些自然灾害？地震、洪水等自然界的异常现象一定都是自然灾害吗？

自然灾害按成因分类，可以分成气象灾害、地质灾害、水文灾害、生物灾害等类型。

气象灾害：气象灾害是指大气异常活动对人类生命、财产和生态环境等造成的直接或间接损害，其主要特点是种类多、影响范围广、持续的时间长、造成的危害重。气象灾害主要包括热带气旋、干旱、寒潮等类型。

热带气旋　热带气旋多形成于水温超过26.5℃的热带或副热带海面上。西北太平洋地区是全世界热带气旋发生次数最多、强度最大的海域。中心附近平均风力在12级以上的热带气旋称为台风,台风的破坏力主要由强风、暴雨和风暴潮构成。

台风在我国的登陆地区主要在东南沿海,其中广东、海南、浙江、台湾、福建受灾最为严重。

2008年9月13日10:25"森拉克"卫星监测图像

19-2-1　台风森拉克

19-2-2　干旱的土地

2006年8月,超强台风"桑美"在我国浙江苍南沿海登陆,其中心附近风力达到了17级,强风和大暴雨带来了极大的破坏力,受灾人口有665.65万人,死亡483人。因致灾严重,"桑美"这一名称今后不再续用,它将作为造成重大灾害的台风专名载入世界台风史。

干旱　干旱从古至今都是人类面临的主要自然灾害。随着经济的发展和人口膨胀,水资源短缺现象日趋严重,这也直接导致了干旱地区的扩大与干旱化程度的加重。非洲、亚洲和大洋洲的内陆地区是世界上发生旱灾频率较高的地区,其中非洲的旱灾最为严重。

19-2-3　寒潮

旱灾也是我国范围最广、历时最长、对农业生产影响最大的气象灾害。2010年西南五省市云南、贵州、广西、四川及重庆发生了百年一遇的大旱灾,受灾人口超过6 000万,1 600万人饮水困难,因灾直接经济损失190.2亿元。

寒潮　寒潮是一种大范围强冷空气活动,主要发生在北半球中高纬度地区的深秋到初春季节。寒潮会造成短期内气温骤降,并伴有大风、雨雪、霜冻等现象,有时还带来暴风雪、沙暴等恶劣天气。影响我国的寒潮主要发生在9月到次年的5月,每年有两个高峰期:3—4月和10—11月,其中3—4月最强。

地质灾害:地质灾害是因异常地质活动,使生态环境和人类社会遭到破坏的事件,主要包括地震、火山、泥石流、滑坡等。

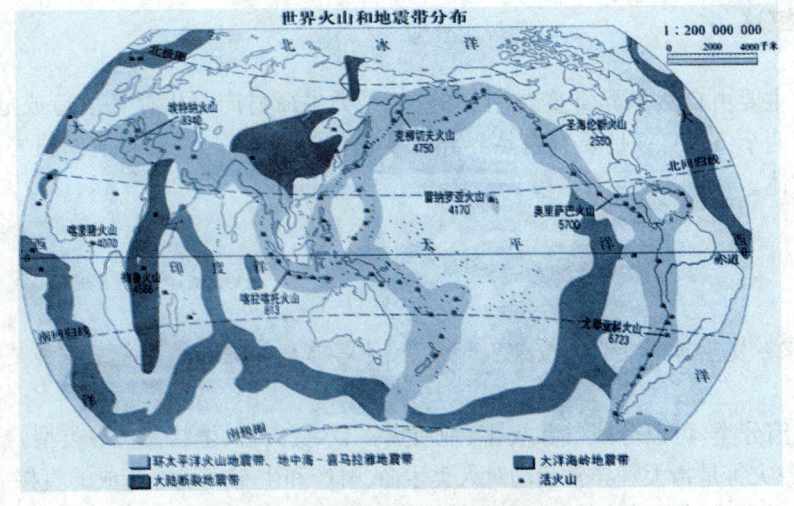

19-2-4　世界火山和地震带的分布

地震 地震是地壳中的岩层在地应力的长期作用下发生倾斜和弯曲,当超过其所能承受的限度时,岩层便会突然断裂或错位,能量以地震波的形式释放出来使地面发生震动的现象。

地震释放的能量大小叫震级,一次地震释放的能量越多,地震的级别就越大。目前震级最大的地震是1960年5月22日在智利发生的9.5级地震。一般而言,5级以上的地震会造成破坏,7级以上的地震会造成重大损害。地震时地面受到的影响和破坏程度用烈度表示。一次地震,可以有多个烈度。震级越大,烈度越大。烈度还与震源深浅、震中距、地质构造和地面建筑等有密切关系。

19-2-5 地震

如果地震发生在海底,会引起海水剧烈的起伏,形成强大的波浪向前推进,将沿海地带一一淹没,这就是海啸。2004年12月26日,印度尼西亚苏门答腊岛以北海底发生了里氏9.3级地震,这次地震引发了大规模海啸,使印度洋沿岸10多个国家受到重创,导致约24万人在灾难中丧生,5万人失踪。数百万人无家可归。由地震、海啸引起的瘟疫灾害也四处肆虐,吞噬了无数人的生命。

 **知识链接**

地震来了怎么办

一、地震发生时,至关重要的是要有清醒的头脑,镇静自若的态度。

我国多数专家认为:震时就近躲避,震后迅速撤离到安全地方是避震较好的办法。避震应选择室内结实、开间小、有支撑的地方和室外开阔、安全的地方。身体应采取的姿势是伏而待定,蹲下或坐下,尽量蜷曲身体,降低身体重心,重点保护的部位是头和胸,可以用手抱着头,或者用书包护着头,同时要听指挥,不能拥挤,避免踩伤。

二、正确的避震方法

如果在学校

1. 迅速抱头躲在各自的课桌旁,等待地震过去,千万不能跳楼。

2. 在老师的带领组织下,护头快速通过楼梯过道,千万不要慌乱拥挤。

3. 避开高大建筑物和危险物,蹲下,不要乱跑。

如果在家里

1. 迅速就近躲在低矮牢固的家具边(牢固的桌下或床下、开间小的卫生间,或承重墙墙角)。

2. 迅速关闭煤气和电源。

3. 快速冷静离开楼房。

户外遇到地震时

1. 迅速向地形开阔的地方转移,寻找上风向并靠近水源的地方。

2. 避开高大建筑物、围墙,远离高压线、变压器、烟囱等危险地方。

3. 山区的居民还应注意山崩、滚石、滑坡、泥石流的威胁。

滑坡和泥石流 在山高谷深、地势陡峻的山地,斜坡上不稳定的岩体与土体,在重力作用下向下滑动或混合雨水冲出沟谷,就会形成滑坡或泥石流。滑坡和泥石流不仅会毁坏道路、建筑物、农田,还可能造成人员的伤亡。我国是一个多山的国家,滑坡和泥石流分布广泛,爆发频繁,西南地区是我国滑坡和泥石流的重灾区。

19-2-6 滑坡和泥石流

水文灾害:水文灾害主要包括洪涝和风暴潮等自然灾害。

洪涝 洪涝灾害是由大雨或融雪引起水流泛滥所造成的。涝灾会淹没农田,造成农作物减产甚至绝收。江河的两岸,尤其是中下游地区,是受洪水危害最严重的地区。

我国是洪涝灾害多发而且灾情严重的国家。

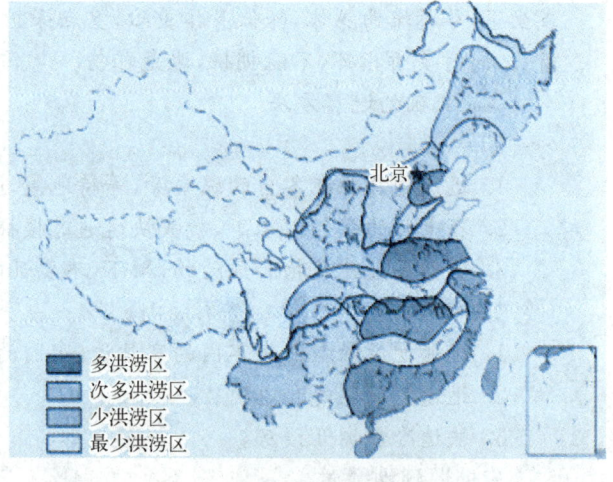

19-2-7 我国洪涝灾害的分布图

思辨之窗

读右图,说说我国哪些地区是洪涝灾害的多发地区?洪涝灾害的分布有什么特点?为什么有这样的特点?

风暴潮 在强烈大风的扰动下,海岸水面异常升高,海水漫溢上陆,这种现象被称作风暴潮。风暴潮通常分为由温带气旋引起的温带风暴潮和由台风引起的台风风暴潮两大类。温带风暴潮多发生于春秋季节,台风风暴潮多发生在夏秋季节。其中台风风暴潮危害更大,它来势猛、速度快、破坏力非常强。

生物灾害:生物灾害是由有害的草、虫、鼠等生物引发的灾害。我国是一个农业大国,生物灾害不仅种类多,而且危害大。林业生物灾害被称为"不冒烟的森林火灾",我国现有林业有害生物8 000余种,能造成严重危害的近300种,年均受灾森林1.73亿亩,造成的直接经济损失和生态服务价值损失超过1 000亿元。

知识链接

我国自然灾害的特点

　　我国的自然灾害种类多、发生频率高。除现代火山活动外，几乎所有自然灾害都在中国出现过。仅以 2010 年为例，就相继发生了青海玉树地震、西南大旱、波及全国东南西北的洪涝灾害、舟曲特大山洪泥石流等重大灾害。据统计，全球 20 世纪发生的 54 起重大自然灾害中，我国占了 8 起。

　　自然灾害分布地域广、地域差异大。我国 70% 以上的城市、50% 以上的人口分布在气象、地震、地质、海洋等自然灾害严重的地区。2/3 以上的国土面积受到洪涝灾害威胁；各省均发生过 5 级以上的破坏性地震；约占国土面积 69% 的山地、高原滑坡、泥石流等地质灾害频繁发生。其中东南沿海地区以台风、风暴潮、洪涝、海水入侵为主；东部平原地区以洪涝、旱灾、病虫害为主；而西北地区则以沙尘暴、霜冻、干旱、病虫害为主。

19-2-8　洪涝灾害

　　自然灾害造成的损失严重。自然灾害的成灾程度与我国众多的人口数量有着直接的关系。1990—2008 年 19 年间，平均每年因各类自然灾害造成约 3 亿人次受灾，直接经济损失 2 000 多亿元人民币。

思辨之窗

　　华北地区是我国自然灾害的多发地区，主要有干旱、寒潮、沙尘暴、干热风、地震等。灾情最重的是旱灾，据统计，华北地区旱灾面积占全国旱灾面积的 46.5%，因干旱造成的粮食损失，占全国干旱粮食损失的 32.1%。一些地区还有"十年有九旱"的说法。

　　为什么华北旱灾频发？请从自然原因和人为原因两个方面进行分析。

防灾减灾的对策

　　频发的自然灾害给人类的生命和财产造成了巨大损失，防灾减灾工作已经成为各个国家高度关注的问题，我国也在不断完善防灾减灾的应对策略。

　　首先，我国建立了科学高效的灾害管理系统，能利用先进的科学技术快速的统计、评估和管理灾情。

　　其次，实施符合我国国情的减灾策略。例如：

　　加强灾害的监测预报，建立包括地面监测、海洋海底观测和天—空—地观测在内的自然灾害立体监测体系，灾害监测预警预报体系已初步形成。

　　加强防灾减灾法制和体制建设，我国已颁布实施了《中华人民共和国防震减灾法》、《中华人民共和国防洪法》等 30 多部防灾减灾的法律、法规；建立了灾害应急响应、灾害信息发布、救灾应急物资储备、重大灾害抢险救灾联动协调的工作机制。

　　防灾减灾是一项系统工程，包括监测、预报、评估、防灾、抗灾、救灾、援建、保险、教育等措施，它需要全社会的共同参与和协调。

　　实行减灾分区管理，根据各地区的社会经济状况、灾害风险程度和实际减灾能力，有重点、分层次地实施减灾工程。全国大致分为城市地区、东部沿海地区、中部地区、西部和北部地区四种减灾类型分区。

　　另外，我国在通过科普宣传提高全民的防灾减灾意识、加强国家与地区间的合作与交流等方面也做了大量的工作。

 **知识链接**

日本如何应对自然灾害

日本是一个自然灾害频发的国家,地震、海啸、台风、火山喷发随时可能发生。长期以来日本形成了一套健全的灾害应对体系,各级政府、机构分工明确,国民普遍具有强烈的危机意识和应急知识。

机制健全　日本内阁府设有中央防灾会议的常设机构,负责制订防灾的基本计划。会议主席由首相担任。各都道府县分别设有地方防灾会议,负责制订地方防灾计划。

重大灾害发生时,日本政府会在30分钟内成立紧急灾害对策总部,由首相亲自挂帅,迅速确定灾害对策,指挥有关机构立即投入救援工作。

各司其职　得益于健全的灾害应对机制,在地震发生后很短时间内,各级政府、机构就能迅速做出反应,分工合作,投入抗灾和救灾工作中。

日本全国都设有很多避难场所,如学校、公园、体育馆等,避难场所储备有食品、饮用水等物资,这些场所的职员平时接受训练,灾害发生时他们就是组织者和指挥者。

恢复机制　除政府部门外,日本电力、煤气、自来水公司、通信、交通等基础部门都有各自的防灾机制。发生灾害时,它们不仅会自主抗灾,还能在行业协会的组织协调下统一行动。

全民重建　2004年新潟地震后,共收到社会各界捐款371.5亿日元,水、粮食、衣物、日用品等495车,共有9万多名志愿者参与救灾工作。

在救助项目中,尤其值得一提的是"心灵关怀事业",是专为受灾群众的心理健康而设的。

防患未然　日本人从小就开始接受防灾抗灾教育。学校专门开课教授灾害来临时应如何行动等应急常识,社会上也有防灾救灾的专门展览和常设机构,让市民实际体验灾难来临时的感受,练习如何逃生和自救。

9月1日是日本的防灾日,每到这一天,全国各地都会参加大规模防灾演习,演练如何参加和组织救灾救援。

思想游牧

从日本应对自然灾害的措施中,你得到什么启示? 开一个小型研讨会,为我国的防灾减灾工作提出合理化的建议。

第二十章

生活新时尚——旅游

> 随着生活水平的提高,旅游已经成为人们一种普遍的休闲娱乐活动。旅游资源是大自然和祖先留给我们的宝贵财富,雄伟的泰山、险峻的华山、神秘的金字塔、壮观的科罗拉多大峡谷等,无不令人心驰神往、流连忘返。你喜欢旅游吗?你了解旅游吗?让我们来一起学习旅游的基础知识,欣赏旅游景观的风土人情和无穷魅力吧!

第一节 旅 游 资 源

旅游资源的内涵

在自然界和人类社会中,凡能对旅游者产生吸引力,可以为旅游业开发利用并产生经济效益、社会效益和环境效益的各种事物和因素,都可视为旅游资源。旅游资源可以是自然风景,也可以是文物古迹和风俗民情。

 **知识链接**

旅游活动的基本要素

旅游者、旅游资源、旅游业是现代旅游活动中相互依存、相互制约的三个基本要素。

旅游者是旅游活动的主体,也是旅游活动中最活跃的要素,其他要素都是服务于这个主体的。

旅游资源是旅游的客体,也是旅游业赖以存在的基础,是旅游者主要的"消费"对象。

旅游业是旅游活动的媒介,是以旅游者为对象,为其旅游活动提供便利条件并提供所需商品和服务的经济性产业。

旅游资源的特性

多 样 性

自然界多姿多彩的自然事物、变化万千的自然现象,人类丰富的文化遗产、千差万别的生产和生活活动,都可以构成旅游资源。

20-1-1 多姿多彩的旅游资源

地 域 性

旅游资源有明显的地域性特征。例如,我国的沙漠戈壁景观主要分布在西北内陆干旱区;喀斯特地貌景观主要集中在云贵高原,尤以桂林山水、云南路南石林最负盛名。不同地区的人们还有独特的民俗风情,如内蒙古牧民的那达慕大会、黄土高原的安塞腰鼓、彝族的火把节,等等。

观 赏 性

旅游资源同一般资源的最主要区别,就是它的美学特征。旅游资源都具有观赏性,无论是"水光潋滟晴方好,山色空蒙雨亦奇"的西湖美景,还是"大漠孤烟直,长河落日圆"的塞外风光;无论是多姿多彩的文物古迹、还是各具特色的民族风情,无不具有观赏价值。一般来说,旅游资源的观赏性越强,对旅游者的吸引力就越大。

永续性和易损性

大多数旅游资源具有可以反复使用的特点,本身不会随着旅游者的旅游活动而消耗掉。因此,从理论上讲,旅游资源可以长期甚至永远地重复使用下去。

但是,旅游资源如果得不到有力的保护,也很容易遭到破坏。如果过度开发和利用旅游资源,超过了它的环境承载力,旅游资源的质量就会下降,以后即使能够人工复原,也会有损于原来的价值而缺乏吸引力。因此在对旅游资源开发利用的时候,要特别重视对旅游资源和当地环境的保护。

另外,自然景观还有明显的季节性。我国江西的庐山雄奇险秀、刚柔并济,形成了世所罕见的壮丽景观。"春如梦、夏如滴、秋如醉、冬如玉",构成了一幅充满魅力的立体天然山水画。

20-1-2 庐山的四季

人文景观还有可创造性。其可创造性主要体现在两个方面:一是历史上出于旅游之外的目的而兴建的、但现在具有旅游的价值和功能的人文景观,如北京故宫;另一类是现代为了发展旅游业而专门兴建的人文景观,如深圳的"锦绣中华"等。

旅游资源的主要类型

根据旅游资源的本质属性,一般将旅游资源划分为自然旅游资源和人文旅游资源两种类型。

自然旅游资源

自然旅游资源是指以自然界本身的美感来吸引旅游者的旅游资源。可以具体划分为地质地貌旅游资源、水体旅游资源、气象与气候旅游资源、生物景观旅游资源等。地质地貌旅游资源,如我国的泰山、黄山,意大利的埃特纳火山;水体旅游资源,如我国贵州的黄果树瀑布、杭州西湖,加拿大和美国交界处的尼亚加拉大瀑布;气象与气候旅游资源,如我国吉林的雾凇、哈尔滨的冰雕艺术;生物景观旅游资源,如各地的自然保护区、天然动物园等。

九寨沟风景名胜区　　九寨沟位于四川省阿坝藏族羌族自治州,因沟内有九个藏族村寨而得名。景区有108个湖泊,因独有的原始景观、丰富的动植物资源被誉为"人间仙境"。九寨沟有长海、剑岩、诺日朗、树正、扎如、黑海六大景区,以彩林、叠瀑、翠海、雪峰、藏情这五绝驰名中外。

彩林:被誉为五绝之首的彩林覆盖了景区一半以上的面积,林中奇花异草,色彩绚丽,尤其是金秋时节,林涛树海会换上富丽的盛装:深橙的黄栌,金黄的桦叶,绛红的枫树,殷红的野果,深浅相间,错落有致。

叠瀑:九寨沟是水的世界,也是瀑布的王国。有的瀑布从山岩上腾越呼啸,几经跌宕,形成叠瀑。宽度居全国之冠的诺日朗瀑布在高高的翠岩上急泻倾挂,似巨幅水帘凌空飞落,雄浑壮丽。

20-1-3　九寨沟的彩林　　　　　　20-1-4　九寨沟的水　　　　　　20-1-5　吉林雾凇

翠海:水是九寨沟的精灵,九寨沟的海子(湖)终年碧蓝澄澈,明丽见底,随着光照变化、季节推移呈现不同的色调与水韵。有的湖泊,随风泛波之时,微波细浪,阳光照射,璀璨成花;有的湖泊,湖底静伏着钙化礁堤,朦胧中仿佛蛟龙流动。

雪峰:站在远处凝望,巍巍雪峰,尖峭峻拔,银峰玉柱,直指蓝天,景色极其壮美。雪峰像英勇的武士,整个冬季守候在九寨沟的身旁。

藏情:九寨沟长期以来即为藏族聚居地,神秘凝重、地域特色鲜明的藏族文化与奇异的山水风光融为一体,相得益彰。

吉林雾凇　　吉林雾凇以其"冬天里的春天"般诗情画意的美,同桂林山水、云南石林、长江三峡一起被誉为中国四大自然奇观。

雾凇俗称"树挂",是在吉林市独特的地理环境中自然形成的一种气象景观。从吉林市区溯松花江而上15公里是丰满水电站,冬季江水通过水轮机组后温度有所升高,江水载着巨大的热能顺流而下,于是就形成了几十公里江面严寒不冻的奇特景观,从水面源源不断蒸发出的水气,使整个江面白雾腾腾,久不消散。沿江长堤,苍松林立,杨柳低垂,在一定气压、温度、风向等条件作用下,雾气遇冷凝成雾凇。每年从12月下旬到翌年2月底,是观赏雾凇的最佳时节,最多时一年可出现60余次。

人文旅游资源

人文旅游资源是在人类社会中通过历史过程形成的、具有历史文化价值；或者是由当代人建造的、具有旅游价值的各种设施。主要包括古人类遗址和古建筑、宗教文物、民俗风貌等。古人类遗址和古建筑，如我国长沙马王堆汉墓、北京故宫；宗教文物如沙特阿拉伯麦加大清真寺、德国科隆大教堂、我国河南洛阳的龙门石窟；民俗风貌如我国南方端午节的赛龙舟、傣族的泼水节等。

20-1-6 孔府

山东孔府、孔庙、孔林 孔子是我国春秋时期的思想家和教育家，儒家学派的创始人，西汉以后，儒家思想成为我国封建传统文化的主流。山东曲阜孔府、孔庙、孔林是中国历代纪念孔子、推崇儒学的表征，以其悠久的历史、丰厚的文化积淀、宏大的规模、丰富的文物珍藏以及极高的科学艺术价值而著称。

孔府，又称衍圣公府，始建于宋代，是孔子嫡系子孙居住的地方。孔府占地200余亩，有房舍463间，是一座典型的封建贵族庄园。孔府沿用中国传统的前堂后寝制度，前堂有官衙、东学、西学，供处理公务、会客之用，后寝部分有内宅、花厅、一贯堂，是家族生活的场所。

孔府所藏历史文物十分丰富，包括大量青铜器、名人字画、珍宝古玩和上万卷文书档案。最著名的是"商周十器"，亦称"十供"，形制古雅，纹饰精美，原为宫廷所藏青铜礼器，于清乾隆三十六年赏赐给孔府。

孔庙，位于曲阜市中心鼓楼西侧300米处，是祭祀孔子的祠庙。整个庙宇气势恢宏、布局严谨，是我国现存规模最大的三大古建筑群（孔庙、故宫、避暑山庄）之一。大成殿是孔庙的正殿，也是孔庙的核心。杏坛相传为孔子讲学处。

孔林，又称"至圣林"，位于曲阜城北1公里，是孔子及其后裔的家族墓地。孔林共有孔氏子孙墓十余万座，是我国规模最大、持续年代最长、保存最完整的一处氏族墓葬群和人工园林。孔子墓前有巨碑篆刻"大成至圣文宣王墓"；东边为其子"泗水侯"孔鲤墓；前为其孙"沂国述圣公"孔伋墓。据传此种特殊墓穴布局称为"携子抱孙"。

傣族民俗风情 傣族是云南西双版纳、德宏两州特有的民族，他们世代生活在热带、亚热带气候的肥沃富饶的坝子里。

傣族住宅大都近水而居，架竹为房，房屋为干栏式竹楼。竹楼一般分上下两层，下层拴牛马或放置农具，上层是主人的居室。傣族高脚干栏式的住宅建筑是热带丛林地区的产物，与江河纵横、气候炎热的自然环境相适应，有防潮、防震、防洪的综合功能。

20-1-7 傣族的竹楼

20-1-8 傣族的泼水节

傣族男子上装一般穿无领对襟或大襟小袖衫，下装一般穿长裤。妇女内穿浅绯色紧身小背心，外着大襟或对襟圆领窄袖短衫，下身是色彩艳丽的花筒裙，结发于顶，常插以梳子、鲜花或覆以花头巾，饰物有耳环、手镯、腰带之类。

傣历新年又称泼水节，是傣族一年中最盛大的节日，一般持续3到7天。节日期间，傣族的男女老少都会穿上节日盛装，挑着清水，到佛寺浴佛，然后开始互相泼水，互祝吉祥、幸福、健康。人们一边翩翩起舞，一边呼喊："水！水！水！"鼓锣之声响彻云霄，祝福的水花到处飞溅，场面十分壮观。

一些著名的旅游胜地,既有迷人的自然景观,又是文物古迹荟萃的地方,是自然旅游资源与人文旅游资源巧妙结合的典型。例如,中国佛教名山普陀山,它既是我国四大佛教名山之一,又是著名的海岛风景旅游胜地。

普陀山 普陀山位于杭州湾以东约100海里,是舟山群岛中的一个小岛,全岛面积约12.5平方公里。

普陀山四面环海,风光旖旎,幽幻独特,被誉为"人间第一清净地"。岛上树木丰茂,古樟遍野,鸟语花香,素有"海岛植物园"之称,山石林木、寺塔崖刻、梵音涛声,皆充满佛国神秘色彩。

20-1-9 风光旖旎的普陀山

20-1-10 普陀山的石刻

普陀山作为佛教胜地,其佛教历史非常悠久。岛上的宗教活动可追溯到秦朝时期,西汉汉武帝时海上丝绸之路的兴起促进了普陀山观音道场的形成,并迅速成为汉传佛教中心。至清末,全山已形成3大寺、88禅院、128茅蓬,僧众数千。寺院无论大小,都供奉观音大士。每逢农历二月十九、六月十九、九月十九分别是观音菩萨诞辰、出家、得道三大香会期,寺院香烟缭绕,人山人海,一派海天佛国的景象。

优越的人文环境、一流的旅游服务已使普陀山成为集礼佛观光、避暑度假、文物考古、海岛考察、书画写生、影视摄制、民俗采风于一体的国家重点风景旅游区。

 **知识链接**

我国的十大风景名胜区

1985年,中外游客共同评选确定了我国的十大风景名胜区,它们是:

万里长城 长城东起山海关,西到嘉峪关,全长约6700公里,是世界上修建时间最长、工程量最大的一项古代防御工程,与天安门、兵马俑一起被世人视为中国的象征。

广西桂林山水 桂林是世界著名的旅游胜地和历史文化名城。桂林山水包括山、水、喀斯特岩洞、古迹、石刻等,一向以山青、水秀、洞奇、石美而享有"山水甲天下"的美誉。

杭州西湖 西湖的美在于晴天水潋滟,雨天山空蒙。无论雨雪晴阴,无论早霞晚辉,都能变幻成景。湖区以苏堤、白堤两个景段的优美风光著称。

北京故宫 又称紫禁城,是明清两代的皇宫。故宫严格按照封建王朝的礼制秩序、政治规范和伦理精神建造,是世界上现存规模最大、最完整的古代木结构建筑群。

苏州古典园林 苏州城历史悠久,自古以来被人们誉为"园林之城",她以写意山水的高超艺术手法,蕴含浓厚的传统思想文化内涵,实为中华民族的艺术瑰宝。

安徽黄山 黄山雄踞于风景秀丽的安徽南部,是我国著名的山岳风景区之一。风景区内重峦叠嶂、争奇献秀,有千米以上高峰77座。黄山以奇松、怪石、云海、温泉"四绝"名冠天下。

长江三峡 三峡西起重庆奉节县的白帝城,东至湖北宜昌市的南津关,由瞿塘峡、巫峡、西陵峡组成。两岸悬崖绝壁,江中滩峡相间、水流湍急,以壮丽河山的天然胜景闻名中外。

台湾日月潭 日月潭是台湾的"天池",是全国少数著名的高山湖泊之一。其地环湖皆山,湖水澄碧,湖中有天然小岛浮现,圆若明珠,形成"青山拥碧水,明潭抱绿珠"的美丽景观。

承德避暑山庄及周围庙宇　避暑山庄是清代皇帝夏日避暑和处理政务的场所,以朴素淡雅的山村野趣为格调,取自然山水之本色,吸收江南塞北之风光,成为中国现存占地最大的古代帝王宫苑。

西安秦始皇陵及兵马俑博物馆　位于陕西省临潼县城东5公里处的骊山北麓,是中国历史上第一个皇帝秦始皇陵墓的陪葬坑,被称为世界八大奇迹之一。

第二节　旅游景观的欣赏

同学们,你们浏览过哪些名胜古迹呢?在参观了景区后有没有发出过"看景不如听景"的感叹?在旅游过程中如何欣赏才会有"不虚此行"的感受呢?

旅游景观欣赏是指游客从旅游资源中获取高质量美感的过程,或者是在旅游过程中获得良好审美感受的过程。旅游者要想在旅游过程中获得更多更美的享受,就需要学习一些旅游景观欣赏的方法。

选择观赏位置

许多自然景观在不同的观赏位置,带给人们的美感是不同的。旅游者应根据具体情况选择最佳的观赏位置,来充分感受景观的外表之美和内在魅力。

距离　观赏旅游景观时应选择适当的距离。如果想欣赏峰峦之雄伟俊秀,最好选择视野开阔的制高点俯览远眺。例如我国湖南张家界景区的武陵源,奇峰林立,峰林造型若人、若仙、若兽、若物,变化万千,登高远眺方能欣赏到其独特的雄奇俊秀;如果要欣赏山中的峡谷、幽洞、一线天之类的景观,则要置身其中近观方知其妙;如果要观赏瀑布,则宜在适当距离仰视,以兼收其形、色、声、动之美。

伊瓜苏瀑布位于阿根廷和巴西交界处,伊瓜苏河的下游。"伊瓜苏"在南美洲土著居民瓜拉尼人的语言中,是"大水"的意思。瀑布高82米,宽4 000米,是世界上最宽的瀑布。

伊瓜苏瀑布呈弧形,由275股大大小小的瀑布组合成三大瀑布群。位于正中的是最高、最壮观的"鬼喉瀑",因其泻入深渊时发出惊心动魄的轰鸣声而得名。

在阿根廷和巴西观赏到的瀑布景色截然不同。阿根廷这边分上下两条游览路线,下路蜿蜒贯穿在密林之中,可自下而上领略每一段瀑布的宏伟或妩媚,可说是十步一景;上路是自上而下感受瀑布翻滚而下的气势。在巴西那边能够欣赏到主要瀑布的全景,从下往上看,水幕自天而降,气势磅礴,令人震撼。

20-2-1　伊瓜苏瀑布

角度　正如苏轼的《题西林壁》一诗所写,"横看成岭侧成峰,远近高低各不同",观赏的角度不同,产生的审美效果也不同。例如,我们在玉泉山眺望万寿山,感受不到万寿山有何特殊的美,而在颐和园昆明湖的东岸看万寿山,便觉得它林木苍翠,高峻雄伟。

一些地貌的特殊造型,比如桂林的象鼻山、黄山的著名景观猴子观海,只有在特定的角度才能感受到其酷似的造型,否则便不相似,或者形象发生改变。

20-2-2　桂林象鼻山

另外,游览山水组合的自然景观最适宜乘船沿水路观赏。例如,广西的桂林山水是河流水文景观与石灰岩峰林地貌的结合,这里千峰插地,更有漓江作带,有"不游漓江,枉到桂林"、"桂林山水甲天下"的盛誉,坐船沿漓江欣赏两岸风景才能体会"人在画中游"的韵味。

 把握观赏时机

许多自然景色都会随季节、时间、天气的变化而展示出不同的自然美。对于旅游者来说,把握观赏的时机是很重要的。例如秋季去北京的香山,可以观赏到"霜叶红于二月花"的美景;冬天到哈尔滨则能欣赏美丽的冰雕艺术;到黄山、庐山等名山旅游,最适宜的季节是夏季,因为夏季雨水多,山中多云雾,景色丰富并富有变化,欣赏美景的同时还可以兼收避暑之利。如果想欣赏泰山日出、黄山日落等景观,还需选择合适的天气。

另外,自然界中许多景观只在特定的时间出现,这就要求旅游者准确地把握观赏的时机。云南大理的"蝴蝶会"在农历的四月底至五月初;浙江杭州"钱塘观潮"的最佳日期为农历八月十五至十八。

钱塘江大潮 "八月十八潮,壮观天下无",这是北宋大诗人苏东坡咏赞钱塘秋潮的千古名句。海潮来时声如雷鸣,排山倒海,犹如万马奔腾,蔚为壮观。为什么钱塘秋潮如此壮观而又如此准时呢?

天时:农历八月十六日至十八日,太阳、地球、月球几乎在一条直线上,海水受到的潮引力最大。

地利:钱塘江口外宽内窄,外深内浅,是一个非常典型的喇叭状海湾。起潮时,宽深的湾口,一下子吞进大量海水,由于江面迅速收缩变窄变浅,夺路上涌的潮水来不及均匀上升,便都后浪推前浪,掀起高耸惊人的巨涛。其次还跟钱塘江水下多沉沙有关,这些沉沙对潮流起阻挡和摩擦作用,使潮水前坡变陡,速度减缓,从而形成后浪赶前浪,一浪叠一浪涌。

风势:我国东南沿海一带夏秋季节常刮东南风,风向与潮水方向大体一致,助长了潮势。

20-2-3 钱塘江大潮

了解景观特点

对于旅游者来说,对游览的景观了解越多,在旅游活动中获得的体验也就越多。尤其是一些人文景观,如果不了解设计者的美学构思,观赏效果就会大打折扣。

我国的古典园林是人类文明的重要遗产,游览园林景观时如果了解南北园林的不同特点和园林建设的构景手法,就能有更好的观赏效果。

知识链接

中国古典园林

一、我国的园林艺术历史悠久,最早的园林出现于商周时期,其时称为囿,汉代起称苑。中国古典园林追求"虽由人作,宛自天开"的境界,巧妙地将人工美与自然美结合起来。中国古典园林可分为北方园林和江南园林两大流派。

北方多皇家园林,其特点是规模宏大,真山真水较多,建筑以红黄为主色调,既显示了帝王的尊贵与气派,又与北方多蓝天白云的气候特点相适应;同时园林布局常运用较多的中轴线和对景线,有很强的整体感,突出了庄重、富丽的格调和封建帝王权力的至高无上。现存的著名皇家园林有:北京的颐和园、北京的北海公园、河北承德的避暑山庄。

　　江南园林多为官、商、文人的私园,一般规模较小,布局紧凑,善于叠山理水;建筑一般是灰色屋瓦,白色墙壁,褐色的门窗,既朴素清雅,玲珑精致,又与园主追求闲适宁静的心境和南方湿润的气候相和谐。江南私家园林遍布苏州、扬州、杭州、上海、南京、无锡等地,最负盛名的是苏州园林,其中,沧浪亭、狮子林、拙政园、留园合称为"苏州四大名园"。

　　二、中国园林的构景手法很多,主要有以下几种:

　　障景:障景是中国古典园林最含蓄的构景手法。进入园林大门,首先映入人们眼帘的或是山石参差、藤萝掩映,或是曲径回廊、幽深莫测。但行不多远,前面就豁然开朗,给游人"山重水复疑无路,柳暗花明又一村"之感,从而激发观者的游兴。

20-2-4　障景

20-2-5　框景

　　框景:框景以门、窗、廊柱或树木间隙作画框,使种种景物构成一幅幅天然图画,通过框景可以优化审美对象,把自然美升华到艺术美。

　　对景:对景是指园内两两相对、互相感受的景。对景的作用主要用来加强园内景物之间的呼应与联系。如苏州拙政园中部的枇杷园,它本身自成一区,但由枇杷园洞门向北眺望,与园中主厅远香堂相对的雪香云蔚亭,极为巧妙地成了枇杷园月洞门的对景,这就使枇杷园与园中其他景象组群之间形成紧密的联系。

20-2-6　借景

　　借景:借景是中国古典园林的传统手法,所谓"借"就是造园时不能单纯地孤立地从园的本身着眼,而要寻求园与周围环境、自然景物的巧妙联系,根据造景的需要,把园外的佳景通过门窗或其他途径引入园内,使之成为园内景色的一部分。如北京颐和园,远借西山群峰和玉泉山"玉峰塔",与昆明湖组成美丽的湖光山色,宛如天然的巨幅图画。

　　漏景:漏景是通过墙中空窗(不装窗扇的窗,但各有其形)、漏窗(窗洞中镶嵌各式窗格、窗花),把墙外的景物透漏进来。漏景可使景物时隐时现,千变万化,触目动心,引人入胜。

　　中国园林建设中还有一种使用非常多的形式"一池三山",它源自中国古代关于东海有蓬莱、瀛洲、方丈三座仙山的传说。西汉汉武帝在修建建章宫时开挖太液池,在池中堆筑三座岛屿,并分别以这三座仙山命名。此后这种池中建岛、山石点缀的手法就成为园林(尤其是皇家园林)的传统格局。

⊙ 品味景观的文化内涵

　　许多人文景观有着深厚的文化底蕴。在游览人文景观时,要想获得更高程度的审美享受,旅游者就需要全面了解其历史文化内涵。例如,欧洲的教堂不仅仅是建筑艺术的体现,更是综合反映了欧洲宗教文化的深刻内涵。

位于梵蒂冈的圣彼得大教堂,是欧洲天主教徒的朝圣地与梵蒂冈罗马教皇的教廷,是世界第一大教堂。其建筑的主要特征是罗马式的圆顶穹窿和希腊式的石柱式相结合。

教堂平面为纵长十字形。在十字形交叉处,覆盖着高大的圆窿顶,登上圆穹顶可眺望罗马全城。进入能容纳5万人的教堂内部,呈现在眼前的是一座艺术的宝库,屋顶和四壁都饰有以《圣经》为题材的名家绘画。教堂里最著名的雕刻艺术有三件:

一是米开朗琪罗25岁时雕塑作品《母爱》,圣母怀抱死去儿子的悲痛感和对上帝意旨的顺从感在作品中刻画得淋漓尽致;二是贝尔尼尼雕制的青铜华盖,它由4根螺旋形铜柱支撑,足有5层楼房高那么高;三是圣彼得宝座,也是贝尔尼尼设计的一件镀金的青铜宝座。

20-2-7　圣彼得大教堂　　　　　　　　　　20-2-8　圣彼得大教堂的露天广场

圣彼得大教堂正前的露天广场就是闻名世界的圣彼得广场,由一个椭圆形广场和一个小型梯形广场组成。广场中间耸立着一座41米高的埃及方尖碑,方尖碑两旁各有一座美丽的喷泉,涓涓的清泉象征着上帝赋予教徒的生命之水。广场的两侧,配以四排粗大的柱廊,顶部排列着圣徒雕像。梯形广场自外向里地势逐渐上升,这让椭圆广场上的信徒都能瞻仰站在高处主持弥撒礼的教皇。两侧柱廊的宗教寓意深刻,它们犹如教皇张开的双臂,时刻准备拥抱来自各地的朝圣者。

提高审美素质

不论是自然景观还是人文景观,都是作为审美对象被旅游者所欣赏、感知、领悟的。要想获得高品质的审美享受,旅游者就需要逐步培养积极健康的审美情趣,不断提高自身的审美能力。

审美能力包括感受力、理解力和创造力三个方面。欣赏旅游景观,尤其需要的是审美感知力和理解力。这两种能力的提升,需要主观经验的积累和足够的知识积累。例如,欣赏自然景观的自然美,需要较高的思想文化素质和丰富的想象力。读过《爱莲说》后,当你再欣赏莲花时,就会联想到"出淤泥而不染,濯清涟而不妖,中通外直,不蔓不枝,香远益清,亭亭净植"的品格;你若知道"小荷才露尖尖角,早有蜻蜓立上头"的诗句,身临其境时就会深感其中的诗情画意和生机盎然的趣味。又如,我国自然风景区中的人文景观,其设计的基本思想是因势、得体,使人文景观与自然相协调。了解了这些特点,旅游者就能体会到和谐生美,获得更高的审美享受。

君子动手

1. 分小组搜集我国和世界著名旅游景点的资料,说说这些景点所在的位置(省区和经纬度)和所属的类型。

2. 每组选取一种类型的旅游景点(如地质地貌景观、古建筑景观、宗教景观、民俗风情等)进行介绍,说出到这些景区旅游时应注意的欣赏方法。

3. 每组出一份旅游资源赏析的手抄报或板报相互交流。

 **知识链接**

旅 游 小 常 识

旅游前的准备工作 做好健康检查,患急性病未愈或患有较严重的心血管、肝、肺、肾等重要脏器疾病者应暂停旅游;预先规划旅游线路,充分了解交通状况;注意天气预报,适时增减衣服。

旅游景区内注意自身安全 不要擅自到未开放的旅游区游玩;不在无救生人员管理的水域游泳或戏水;注意景区内的各个标识牌,避免走失、迷路等不必要的麻烦。

登山安全 上山时要轻装,少带行李,以免过多消耗体力;山上风大,不宜打伞,要带雨衣;雷雨时不要攀登高峰,不要手扶铁制栏杆,不要在树下避雨,以防雷击。

饮食安全 不要贪食特殊风味菜肴避免"上火";少吃生冷食品;少吃大鱼大肉等肥腻的食物,多吃一些蔬菜和水果;多饮绿茶或白开水。

第三节 著名世界遗产欣赏

大自然的鬼斧神工,造就了美妙的自然景观;数千年的沧桑历史,遗留下雄奇的人文胜迹。这些自然与文化的瑰宝是全世界共同拥有的宝贵财富。1972 年 11 月 16 日,联合国教科文组织大会第 17 届会议在巴黎通过了《保护世界文化和自然遗产公约》,四年之后世界遗产委员会成立,并建立《世界遗产名录》。世界遗产分为五类:文化遗产、自然遗产、文化与自然遗产、文化景观遗产、人类口头和非物质遗产代表作。

世界遗产欣赏

截至 2010 年 8 月,《世界遗产名录》收录的世界遗产总数已增至 911 处。其中自然遗产 180 处,文化遗产(含文化景观遗产)704 处,文化与自然双遗产 27 处。它们或因秀丽的自然风光,或因深刻的文化内涵,或因二者兼而有之获得了旅游者的青睐。

世界上最大的珊瑚王国——大堡礁

大堡礁是澳大利亚东北海岸外一系列珊瑚岛礁的总称,包括上千个珊瑚岛礁和沙滩。从空中俯瞰,一个个色彩斑斓的岛礁点缀在辽阔澄碧的海面上,仿佛许多碧色的翡翠,光芒闪烁。

20-3-1 大堡礁的海底风光

 他山之石

大堡礁的建筑师是那些直径只有几毫米的珊瑚虫。珊瑚虫体态玲珑、色泽美丽,以浮游生物为食。它们分泌的碳酸钙在水中形成坚固的管状物,这些小管积少成多,成为珊瑚的重要组成部分。珊瑚虫死后,它们的尸体以及藻类、贝壳等海洋生物残骸胶结在一起,就堆积成了一个个美丽的珊瑚体。

大堡礁海域水面温度高达 21℃—38℃,温度的垂直变化和季节变化都较小,在这里生活着大约 1 500 种热带海洋生物,有海蜇、管虫、海绵、海胆、海葵、海龟、蝴蝶鱼、天使鱼以及众多螺类和贝类生物。这里也是鸟类的乐园,成群的海鸟如云遮空,为大堡礁增添了勃勃生机。

乞力马扎罗山国家公园

乞力马扎罗山国家公园位于坦桑尼亚东北部,在海拔1 800米到乞力马扎罗峰之间,面积756平方公里。

乞力马扎罗山是非洲第一高峰,海拔5 895米,素有"非洲屋脊"之称。阿拉伯人曾把它们称作飘忽不定的难以抵达的仙山。乞力马扎罗山麓常年酷热,气温最高可达59℃,但在峰顶,气温又常在零下34℃,终年冰雪覆盖。它也是世界上最高的火山之一,是一座休眠火山,山上几处火山口还不时冒出一缕缕的青烟。

20-3-2　乞力马扎罗山国家公园

乞力马扎罗国家公园景色丰富多彩。海拔1 000米以下是莽莽苍苍的热带雨林,海拔2 900米以上是高山灌木和草丛,雪线以上是苔原和冰原,皑皑白雪的峰巅和银蛇蜿蜒般曲折的巨大冰川,形成了一片白色的世界。

每年12月到次年1月是去乞力马扎罗山观赏风景的黄金时期,在欣赏这座"赤道雪峰"独特地貌的同时,还可以看到非洲象、斑马、鸵鸟、犀牛以及疣猴和蓝猴、大角斑羚等珍稀动物。

美国黄石国家公园

黄石国家公园位于美国西部北落基山和中落基山之间的熔岩高原上,是世界第一个国家公园。黄石河由黄石峡谷汹涌而出,贯穿整个黄石公园。黄石河将山脉切穿创造了神奇的黄石大峡谷。在阳光下,两峡壁的颜色从橙黄过渡到橘红,仿佛是两条曲折的彩带。由于公园地势高,黄石河及其支流深深地切入峡谷,形成许多激流瀑布,蔚为壮观。

黄石国家公园是美洲最美的野生动物园。公园内99%的土地都未开发,大量的野生物种在最接近原始自然的环境中生存、繁衍。熊是公园最鲜明的象征,这里的熊以棕熊为主,也有部分黑熊。

黄石国家公园的间歇泉最为著名,它们均为热泉,大量的地下热水,间歇性地向上喷射,形成不同形状的热水柱。最具代表性的是"老忠实"间歇泉。从它被发现到现在的100多年间,始终保持着每65分钟喷射一次,每次持续4—5分钟的规律,喷发高度可达45至60米。

20-3-3　黄石大峡谷

20-3-4　黄石公园的喷泉

追究地热现象的原因,科学家们发现黄石国家公园处于一个热流和熔岩活动极为活跃的地带。地表3 300米以下的深层熔岩温度达到100℃以上,它们成为热泉的能量保障。地下泉水经加热后自地表裂缝涌出地面,就形成了各种地热景观。

思想游放

"生态旅游"这一术语由世界自然保护联盟最早提出,其内涵是对自然景观的保护,是可持续发展的旅游。

美国黄石国家公园是发展生态旅游的典范。"保护第一"是其最重要的原则,为此采取了许多措施,如对公园内的设施进行控制,避免大兴土木;不开展对环境及生物多样性影响较大的旅游活动;控制游客人数,自行车、野营、徒步等活动都有明确的线路安排,游客只能在限定区域内游览;对垂钓等活动采取许可证制度;提出了"留下的只有脚印,带走的只有照片"等宣传口号,设置与生态保护有关的教育性的旅游活动,使游人在欣赏自然美景的同时提高环保意识。

请你借鉴黄石国家公园的成功经验,提出我国发展生态旅游的对策和建议。

耶路撒冷古城及城墙

耶路撒冷位于地中海东岸,犹地亚山之巅,曾是古代犹太王国的首都,是犹太教、基督教、伊斯兰教三教的圣地。现存的城墙是400多年前的奥斯曼土耳其帝国苏莱曼时代所建,城墙长5公里,高约14米,共有34座城堡和8座城门。犹太教称,这是上帝赐给他们的土地,城内锡安山上还有他们的宗教圣殿;基督教说,这是耶稣诞生、传教、牺牲、复活的地方;伊斯兰教坚信,这是先知穆罕默德聆听真主祝福和启示的圣城。

哭墙:又称西墙,是犹太人心目中最神圣的地方。源于3 000多年前大卫的儿子所罗门建的圣殿,用于供奉、朝拜耶和华。后来犹太人被巴比伦人和罗马人打败,被迫两次流散,圣殿被拆毁,仅余部分西墙。这里铭刻着犹太人辛酸的历史,犹太人在此祈祷时都会唏嘘落泪。有人将祈祷词写在纸上塞到墙边所设的邮箱里,信封上面写着:哭墙,上帝收。

20-3-5 宗教圣城耶路撒冷　　　　　　　　　20-3-6 哭墙

圣墓大教堂:又称复活教堂,是耶稣被钉在十字架上遇害并复活的地方,因此也是世界基督教徒心目中最神圣的参拜地之一。

受难之路:据说耶稣当年就是沿着这条路走向刑场的。据《新约》记载,耶稣30岁时开始在巴勒斯坦一带广收门徒,传播新教义,这一活动受到罗马帝国统治者和犹太教上层的反对和打击。经过巧妙的周旋,耶稣终于在公元30年带领门徒弟子沿着橄榄山进入耶路撒冷。不久,由于门徒犹大的出卖,耶稣被捕受难。

复活节岛国家公园

复活节岛是太平洋东部的一座火山岛,是智利的属岛,当地人称"拉帕努依岛"。

史海钩沉

1722年,荷兰海军上将雅各布·罗格文率领一支舰队在太平洋上寻找"南方大陆",无意中发现了这座岛屿。由于当日恰好是复活节,罗格文便将这个岛屿命名为"复活节岛"。一踏上岛,他立即被岛上的景象惊呆了:岛上山峦起伏,层峦叠嶂,有许多石块砌成的墙壁、台阶、庙宇和巨大的石像;还发现了一种独特的刻在木板上的象形符号,被当地的波利尼西亚人称为"会说话的木板"。

1723年,罗格文将发现神秘巨石人像和"会说话的木板"的消息公之于世。从此,世界各国的人类学家、民俗学家、地质学家和考古学家纷纷踏上这个小岛进行考察。

复活节岛上遍布近千尊巨大的石雕人像,它们或卧于山野荒坡,或躺倒在海边。其中有几十尊竖立在海边的人工平台上,面对大海,昂首远视。这些无腿的半身石像造型生动,高鼻梁、深眼窝、长耳朵、翘嘴巴,双手放在肚子上。有些石像头顶还带着红色的石帽。在岛上的采石场中还残留着299个没有雕刻完的石像,最大的一尊高约为20米,背部尚未从岩石上切割下来。

令人不解的是,这些石像是什么人制作的?它们有什么意义?当时是如何运送、又是如何把重达几吨的石冠放在石像头上的?为什么采石场里的工作好像突然停止?这些人们关心又费解的谜使复活节岛成为一个"神秘之岛"。

20-3-7　复活节岛上的石像

◯ 世界遗产在中国

我国于1985年加入《保护世界文化和自然遗产公约》,现在是世界遗产委员会的成员。截至2010年8月,共有40项文化遗址和自然景观列入《世界遗产名录》。其中文化遗产28项,自然遗产8项,自然与文化双遗产4项。

东岳泰山

20-3-8　五岳独尊——泰山

泰山古称岱山、岱宗,位于山东省泰安市境内,是我国第一个被列入《世界遗产名录》的文化与自然双遗产。

泰山形成于太古代,是以花岗片麻岩为主的块状山地。在漫长的地质年代,泰山地区经历了地壳剧烈的抬升与沉降,之后经深度变质形成了我国最古老的地层和岩石,其岩层年龄在20亿年左右。泰山因其独特的科学价值成为我国重要的地质科学研究基地。泰山风光秀丽,有驰名中外的四大奇观:"旭日东升、晚霞夕照、云海玉盘、黄河金带",具有很高的美学价值。泰山山体巨大,主峰玉皇顶海拔1 532米,与周围平原、丘陵形成强烈对比,在视觉效果上显得格外雄伟壮丽。

🏔 他山之石

泰山是中国历史上唯一受过皇帝封禅的名山。封禅是古代帝王在太平盛世或天降祥瑞之时祭祀天地的大型典礼。"封"是在泰山山顶筑坛祭天,"禅"指的是在山南梁父山辟基祭地。封禅是表明"奉天承运"的大典,尤其是"易姓而王"的君王,一定要通过封禅的仪式向天帝报告成功,以表明皇权存在的合法性。

自秦至清,史籍上确切记载的到泰山封禅祭祀的皇帝共有12位。历代帝王所到之处,建庙塑像、刻石题字,给泰山留下了众多的文物古迹。

泰山的主要名胜有:我国最大的宫廷式古建筑群——岱庙;由三千石阶组成的气势雄伟的"十八盘";保存完好的高山古建筑群——碧霞祠;堪称"大字鼻祖"的北齐金刚经摩崖石刻等。

山西大同云冈石窟

云冈石窟位于山西省大同市西郊武周山北崖,始建于公元460年,距今已有1 500多年的历史。石窟依山开凿,东西绵延1 000米,现存洞窟53个、石雕造像5万余尊。大佛最高者17米,最小者仅几厘米。

云冈石窟以气势宏伟,内容丰富,雕刻精细著称于世。石窟雕塑的各种宗教人物形象神态各异,在雕造技法上,继承和发展了我国秦汉时期艺术的优良传统,又吸收了犍陀罗艺术的有益成分,创建出云冈独特的艺术风格。

20-3-9　山西大同云冈石窟

君子动手

我国的石窟艺术是随着佛教文化的传入而产生的。它随山雕凿,融汇了中国绘画和雕塑的传统技法和审美情趣,大部分开凿于魏晋南北朝及隋唐时期,具有极高的艺术价值和研究价值。

请你查阅我国著名石窟的资料,完成下表:

名　称	所在省区	始建时代和主要特色
敦煌莫高窟		
龙门石窟		
麦积山石窟		
克孜尔千佛洞		
大足石刻		

非物质文化遗产是由人类以口头或动作方式相传,具有民族历史积淀和广泛、突出代表性的民间文化遗产,它曾被誉为历史文化的"活化石"、"民族记忆的背影"。我国是一个历史悠久的文明古国,是世界上拥有非物质文化遗产数量最多的国家。截至2010年底,我国共有昆曲、古琴艺术等28个项目列入"人类非物质文化遗产代表作名录",羌年、中国活字印刷术等6个项目入选"急需保护的非物质文化遗产名录"。

京剧是我国的"国粹",已有160多年的历史。清乾隆五十五年(1790年),从徽班"三庆班"入京为乾隆帝祝寿获得成功开始,"四喜"、"和春"、"春台"等徽班也陆续进京,时称"四大徽班"。此后,在与湖北的汉调艺人合作演出的过程中,他们互相融会吸收,同时又兼收昆曲、秦腔等地方戏的精华,形成了新的剧种——京剧。

京剧腔调以西皮、二黄为主,用胡琴和锣鼓等伴奏,是一种综合性的表演艺术。京剧集唱(歌唱)、念(念白)、做(表演)、打(武打)、舞(舞蹈)为一体,注重手、眼、身、法、步的综合运用,通过程式化的表演手段叙演故事,刻画人物,表达"喜、怒、哀、乐、惊、恐、悲"等思想感情。京剧的传统剧目约一千多个,如《玉堂春》、《群英会》、《挑滑车》、《空城计》、《霸王别姬》等。

知识链接

京剧脸谱是演员面部化妆的一种程式,一般应用于净、丑两个行当。

脸谱色彩都有其象征意义,如红色脸象征忠义、耿直、有血性;黑色脸既象征性格严肃,不苟言笑,又象征威武有力、粗鲁豪爽。

脸谱的图案也非常丰富,分为额头图、眉型图、眼眶图、鼻窝图、嘴叉图、嘴下图。如包拯的黑额头上有一白月牙,表示清正廉洁;杨七朗额头有一繁体"虎"字,显示其勇猛无敌;赵匡胤的龙眉表示为真龙天子;雷公脸谱中有一雷电纹;姜维额头画有阴阳图,表示神机妙算。

20-3-10　京剧剧照

思想游牧

感受京剧艺术,欣赏京剧名家名段,了解生、旦、净、丑四大行当以及"四大名旦"的表演艺术,从中体会中国京剧丰厚的文化底蕴。

第二十一章

人类面临的问题

环境问题、人口问题、粮食问题、能源问题是当前举世瞩目的全球性问题。它们之间相互联系、相互影响，共同制约着人类社会的发展。如果不能有效解决这些问题，就会严重影响人们的生活，甚至会产生巨大灾难。

第一节　环境问题

随着人口的激增、生活需求的扩大以及工业的迅猛发展，人类赖以生存和发展的环境受到污染，生活遭到破坏，出现了严重的环境问题。

环境问题的含义及分类

环境问题是指由于人类活动作用于周围环境所引起的环境质量变化，以及这种变化对人类的生产、生活和健康造成的影响。

环境问题多种多样，总的来说有两大类：一类是自然演变和自然灾害引起的原生环境问题。如地震、洪涝、干旱、台风、崩塌、滑坡、泥石流等。一类是人类活动引起的次生环境问题。次生环境问题一般又分为环境污染和环境破坏两大类。如乱砍乱伐引起的森林植被的破坏、过度放牧引起的草原退化和土地沙化、工业生产造成大气和水环境恶化等。

君子动手

全球有十大环境污染事件：北美死湖事件、卡迪兹号油轮事件、墨西哥湾井喷事件、库巴唐"死亡谷"事件、西德森林枯死病事件、印度博帕尔公害事件、切尔诺贝利核泄漏事件、莱茵河污染事件、雅典"紧急状态事件"、海湾战争油污染事件。

请上网查一查：上述事件的原因及其影响。

环境问题的严峻现实

到目前为止，已经威胁人类生存并已被人类认识到的环境问题主要有：全球变暖、土地荒漠化、森林资源锐减、物种加速灭绝、酸雨、淡水资源危机、臭氧层破坏、垃圾成灾等诸多方面。

（一）全球变暖，海平面上升

全球变暖的主要原因是燃烧化石原料、薪柴，向空气中大量排放二氧化碳；同时，毁林开荒减缓了大气中二氧化碳的被吸收率，使大气中二氧化碳浓度增高。随着大气中的二氧化碳等微量气体的逐年增加，地球表面出现的温室效应越来越严重。进入 20 世纪 80 年代后，全球气温明显上升。全球变暖会使全球降水量重新分配、冰川和冻土消融、海平面上升等，既危害自然生态系统的平衡，更威胁人类的食物供应和居住环境。

21-1-1 洪水泛滥　　　　　　　　　　21-1-2 土地荒漠化

（二）土地荒漠化扩大

所谓土地荒漠化就是指由于气候变化和人类不合理的经济活动等因素，使干旱、半干旱和具有干旱灾害的半湿润地区的土地发生了退化。到目前为止，全球荒漠化的土地已达 3 000 多万平方公里。全世界受荒漠化影响的国家有 100 多个，尽管各国人民都在同土地荒漠化进行抗争，但荒漠化仍以每年 5—7 万平方公里的速度扩大，几乎每分钟就有 11 顷的土地被沙漠化。

（三）森林资源日益减少

由于过度采伐和开垦，现在世界上的森林资源在迅速的减少。据联合国粮农组织的统计，现在全世界每年就有 1 200 万公顷的森林消失，就是说平均每分钟就有 20 公顷的森林化为乌有。在世界许多地区，砍伐森林所损失的不仅是树木和这些树木为无数物种所提供的生长环境，而且当森林被砍伐后，树木下面的土壤质地变差，加剧土壤侵蚀，引起水土流失。

21-1-3 森林锐减　　　　　　　　　　21-1-4 世界灭绝动物墓地

（四）生物物种加速灭绝

一般来说物种灭绝速度与物种生成的速度应是平衡的。但是，由于人类活动破坏了这种平衡，使物种灭绝速度加快。据科学家估计，由于人类活动的强烈干扰，近代物种的丧失速度比自然灭绝速度快 1 000 倍，比形成速度快 100 万倍，物种的丧失速度由大致每天一个物种加快到每小时一个物种。物种灭绝将对整个地球的食物供给带来威胁，对人类社会发展带来的损失和影响是难以预料和挽回的。

（五）酸雨危害加重

酸雨是指大气降水中的 pH 小于 5.6 的雨、雪或者其他形式的降水。受酸雨危害的地区，出现了土壤和湖泊酸化,植被和生态系统遭受破坏,建筑材料、金属结构和文物被腐蚀等一系列严重的环境问题。酸雨给生态环境所带来的影响已越来越受到全世界的关注。但由于当前全世界使用的矿物燃料有增无减,使得受酸雨危害的地区进一步扩大。目前,受酸雨危害严重的地区有欧洲、北美及东亚。我国在 20 世纪80 年代,酸雨主要发生在西南地区,到 90 年代中期,已发展到长江以南、青藏高原以东及四川盆地的广大地区。

21-1-5　酸雨毁坏的树林

21-1-6　酸雨损坏文物

(六) 淡水供给不足

水是人类社会赖以生存和发展的不可替代的自然资源。地球上的淡水资源约占地球水资源总量的2.5％左右,其中淡水资源的绝大部分又被封冻在两极及高山的冰层和冰川中,难以利用。由于可利用的淡水资源在时空上分布不均,加上人类的不合理利用,水污染规模不断扩大,使世界上许多地区面临着严重的水资源危机,目前世界上有 100 多个国家和地区面临缺水问题。淡水资源的缺乏,不仅给人类生存带来严重威胁,而且许多生物也正随着湿地干涸和生态环境恶化而灭绝。

(七) 臭氧层破坏

氧层里的臭氧能挡住太阳紫外辐射对地球生物的伤害,保护地球上的一切生命。然而人类生产和生活所排放出的一些污染物,如冰箱、空调等设备制冷剂的氟氯烃类化合物以及其他用途的氟溴烃类等化合物,遇到臭氧会发生化学作用,臭氧迅速耗减,使臭氧层遭到破坏。臭氧层被大量损耗后,吸收紫外辐射的能力大大减弱,导致到达地球表面的紫外线明显增加,给人类健康和生态环境带来多方面的危害。

21-1-7　水库干涸

21-1-8　固体垃圾

(八) 固体垃圾成灾

目前,一些发达国家已处于垃圾危机之中,如素有垃圾大国之称的美国,它的生活垃圾主要靠表土掩埋,过去几十年内,美国可填埋垃圾的土地已经使用了一半以上,30 年后,剩余的这种土地也将全部用完。我国的垃圾排放量也很可观,在许多城市周围,堆满了一座座垃圾山,除了占用大量土地外,还污染环境、影响空气质量和居民健康。

君子动手

请调查当地环境存在的问题,并把合理建议反映给有关部门。

◉ 环境问题产生的原因

环境问题的产生,固然有自然的原因,但更重要的是人为原因造成的。主要表现在以下三个方面。

(一) 经济利益与环境效益的矛盾

在社会发展过程中,经济发展和环境保护之间往往产生矛盾。在处理这个矛盾的时候,人类往往采取"杀鸡取卵"的办法,不惜以牺牲环境为代价来满足眼前的经济利益。西方发达国家走过的是先污染、后治理的路子,我国在现代化建设的过程中很大程度上也是走了这条老路,不少地区在致富愿望的驱使下,为片面追求短期经济利益,置资源破坏与环境污染于不顾,造成严重的环境污染,"钱多了,田少了;楼高了,水臭了;车水马龙了,暗无天日了",成为许多地方的真实写照。

(二) 有限资源与人类无限需求的矛盾

虽然地球自然资源的储量巨大,但终归是有限的,并且分布不均。随着人类社会的发展,人口不断增加,对资源需求越来越大,地球上资源的有限性与人类需求的无限性的矛盾日益突出。如果人类不改变以损害环境为代价,换取眼前经济效益的短期行为,人类社会的发展是没有前途的。如何尽快控制住世界人口的增长,成为解决当代环境问题的关键。

(三) 局部利益与整体利益的矛盾

在环境问题上,有的国家和地区采取的态度是只顾自身利益,用"祸水外引"的办法,对污染物不做任何处理即转移给邻近地区,结果使污染向更大范围转移,扩大了污染的危害范围。例如,2011年"3·11"大地震后,日本把核污水向太平洋排放,引起很多国家的密切关注;有些发达国家把污染严重的企业,转移到发展中国家,等等。这样做的结果,不是解决环境污染,而是在转嫁污染,并使污染的范围更加扩大。

君子动手

先上网查阅资料,然后用人口增长、资源需求、环境影响、经济发展等主题词写一篇小论文。

◉ 走可持续发展道路

可持续发展的由来

"可持续发展(sustainable development)"的概念最先是在1972年在斯德哥尔摩举行的联合国人类环境研讨会上被正式讨论。这次研讨会云集了全球的工业化和发展中国家的代表,共同界定人类在缔造一个健康和富有生机的环境上所享有的权利。

1987年,世界环境与发展委员会出版《我们共同的未来》报告,将可持续发展定义为:"既能满足当代人的需要,又不对后代人满足其需要的能力构成危害的发展",系统阐述了可持续发展的思想。1992年6月,联合国在里约热内卢召开"环境与发展大会",通过了以可持续发展为核心的《里约环境与发展宣言》、《21世纪议程》等文件。随后,中国政府编制了《中国21世纪人口、资源、环境与发展白皮书》,首次把可持续发展战略纳入我国经济和社会发展的长远规划。1997年的中共十五大把可持续发展战略确定为我国"现代化建设中必须实施"的战略。可持续发展遵循的原则有公平性原则、可持续性原则、和谐性原则、需求性原则和高效性原则。

思想游牧

你准备怎样以实际行动迎接今年世界环境日的到来。请你写一份题为"保护环境，从我做起"的倡议书。

可持续发展战略

实施可持续发展战略，是当今世界的历史潮流，已成为人类发展的共同目标。可持续发展思想的核心，在于正确认识和规范两大基本关系：一是协调"人与自然"的关系，涉及人口、资源、环境之间的平衡，归结到对于"环境与发展"的合理调控；二是协调"人与人"的关系，达到人际关系的和谐与有序，体现代际公平和区际公平的基本内涵。

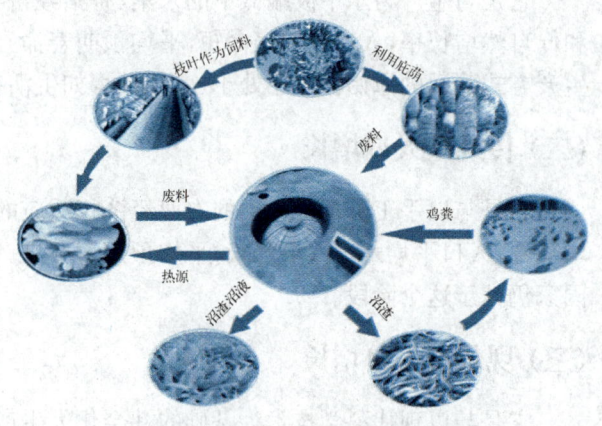

21-1-9　农村循环经济示意图

发展循环经济，是实现可持续发展的一种新的经济发展方式。循环经济以资源输入减量化、资源再利用和使废弃物再生资源化为原则，以环境无公害技术为手段，以提高生态效益为核心，以节约资源、资源综合利用、清洁生产为重点，通过调整结构、技术进步和加强管理等措施，大幅度减少资源消耗、降低废物排放、提高劳动生产率，实现经济活动的生态化。

知识链接

绿色 GDP、循环经济

绿色 GDP 是指在通常的 GDP 指标中，扣除自然资产损失，即扣除生态成本之后形成的真实的国民财富。绿色 GDP 能够反映经济增长水平，体现经济增长与自然环境和谐统一的程度，实质上代表了国民经济增长的净正效应。"绿色 GDP"的提出，是为了校正传统 GDP 的缺陷，在关注经济增长的同时，也关注环境的保护。

循环经济（cyclic economy）即物质闭环流动型经济，是指在人、自然资源和科学技术的大系统内，在资源投入、企业生产、产品消费及其废弃的全过程中，把传统的依赖资源消耗的线形增长的经济，转变为依靠生态型资源循环来发展的经济。

君子动手

请调查近年来家乡有哪些建设项目，并用可持续发展观评价这些建设项目是否合理。

第二节　人口问题

在一定社会发展阶段，一定地理环境和生产力水平条件下，人口增长应保持在适当比例内，并与社会、经济的发展相适应，与环境、资源相协调。人口问题是一个复杂的社会问题，同时也是当今人类面临的全球性问题。

人口增长模式

人口增长模式是由出生率、死亡率和自然增长率共同构成的。根据不同历史时期人口的出生率、死亡率和自然增长率三者的关系，世界人口增长模式主要分为原始型、传统型和现代型三种类型。

（一）原始型人口增长

它是与生产力水平极端低下的采集、狩猎经济相适应的人口增长模式，其特征是高出生率、高死亡率和低自然增长率，人口平均寿命短，平均预期寿命在45岁以下，世代更替迅速。目前，世界上仅有极少数生产方式落后的原始群体还处于这个阶段，如生活在热带原始森林的一些土著居民。

（二）传统型人口增长

它是与以手工劳动为基础的农业经济相适应的人口增长模式，其特征是高出生率、低死亡率和高自然增长率，人口平均寿命逐渐延长，平均预期寿命在45—65岁之间。目前，非洲东部的肯尼亚、坦桑尼亚等国家仍处于这个阶段。

（三）现代型人口增长

它是与以现代科学技术为基础的社会化大生产经济相适应的人口增长模式，其特征是低出生率、低死亡率和低自然增长率，人口平均寿命延长，平均预期寿命在65岁以上，世代更替缓慢。到20世纪70年代中期，以欧洲和北美为代表的发达国家的人口增长模式已进入现代型。目前，大多数发展中国家的人口死亡率已经很低，但是人口的出生率仍然较高，人口增长模式还没有完成由传统型向现代型的转变。但我国已基本实现了人口增长模式由传统型向现代型的转变。

一个国家或地区人口增长模式的转变，受到多种因素的影响，如生产力水平、国家政策、自然环境、文化观念、社会福利、宗教信仰等。人口增长模式的差异性，使得不同国家或地区面临的人口问题存在较大差别。当今世界的人口问题，以人口增长过快、人口过多和人口年龄结构严重失调等引起的问题最为突出。

发展中国家的人口问题

第二次世界大战以后，由于科学技术的进步，人们的生活水平进一步提高，医疗卫生条件大大改善，国际大环境相对稳定等原因，发展中国家的人口自然增长率迅速提高。

目前，大多数发展中国家面临的人口问题为人口总量过大、人口增长过快、较高的自然增长率和儿童比重过大等问题。

发展中国家人口总量大

人口资料社的报告显示，目前全世界15岁至24岁的青年人口约有12亿，近90%位于发展中国家，其中又有80％位于亚洲和非洲国家。高出生率和大量年轻人口将成为部分发展中国家人口增长的主要动力。目前,世界上人口过亿的国家共有11个,其中发展中国家就有9个。人口总量大会加大对经济、就业、资源、环境等方面的压力。

21-2-1　印度人口激增

发展中国家人口增长速度快

在发展中国家,人口增长速度过快是一个普遍问题。在非洲,普遍认为生孩子是扩大财富的保障。另外,重男轻女、多妻制、早婚、未婚先育等陋习都促使非洲人口急剧攀升。人口增长过快会使经济发展速度降低,人们生活水平上升缓慢,使尚未解决温饱的穷国更加贫困。

 **知识链接**

世 界 人 口 日

1987年7月11日,前南斯拉夫的一个婴儿降生,被联合国象征性地认定为是地球上第50亿个人,并宣布地球人口突破50亿大关。联合国人口活动基金会(UNEPA)倡议将这一天定为"世界50亿人口日"。

为纪念这个特殊的日子,1990年联合国根据其开发计划署理事会第36届会议的建议,决定将每年7月11日定为"世界人口日",以唤起人们对人口问题的关注。

2010年7月11日是第21个世界人口日,联合国人口基金将主题确定为:"每个人都很重要"(everyone counts)。

人口过快、过多增长给国家造成沉重负担,社会经济和国家社会保障制度的发展受到限制,就业压力增大,人民生活水平下降,给资源和环境带来巨大压力,造成人均资源减少和环境污染日益严重等问题。同时,也不利于提高人口素质。

21-2-2　大学生招聘

地球所能养活的人口数量是有限的。人口数量急剧膨胀,意味着地球资源的过度消耗,人类赖以生存的环境更易遭到破坏,地球生态系统面临更大威胁,同时也会使就业压力增大。以我国为例,近年来城镇失业率在7％左右,已经接近国际公认的失业警戒线。今后,随着我国适龄劳动人口的增长,就业压力还会更大。

面对严峻的人口形势,多数发展中国家都赞同实行计划生育的政策以降低过高的人口自然增长率,控制人口数量,提高人口素质,改善人口结构,使人口增长与社会经济发展相适应,与资源利用和环境保护相协调,实现可持续发展。

发达国家的人口问题

与发展中国家相比,发达国家的人口自然增长率很低。发达国家拥有健全的社会保障制度、高水平的医疗卫生条件和生活品质,人均寿命长,老年人口的比重随之上升。另一方面,随着时代的变化,人们的生育观念也发了生改变,许多家庭少生甚至不生孩子,人口出生率低,青少年人口比重下降。

所以,发达国家普遍面临的人口问题是人口增长缓慢和人口老龄化。由于人口增长缓慢,甚至出现负增长,发达国家老年人口的比重几乎都超过10％,其中,意大利、瑞典的老年人口比重达到18％左右。人口老龄化带来劳动力不足、青壮年负担较重、社会福利开支增加、兵力不足等一系列社会问题。

 **知识链接**

人口老龄化

人口老龄化是指某地区某段时间内总人口中老年人口比例增长的动态过程。国际上通常认为,当一个国家或地区60岁以上老年人口占人口总数的10%,或65岁以上老年人口占人口总数的7%,即意味着这个国家或地区的人口处于老龄化社会。

中国目前也已经步入老龄化社会。我国第六次人口普查表明,60岁及以上人口占13.26%,比2000年人口普查上升2.93个百分点,其中65岁及以上人口占8.87%,比2000年人口普查上升1.91%。这说明随着我国经济社会快速发展,人民生活水平和医疗卫生保健事业的巨大改善,老龄化进程逐步加快。

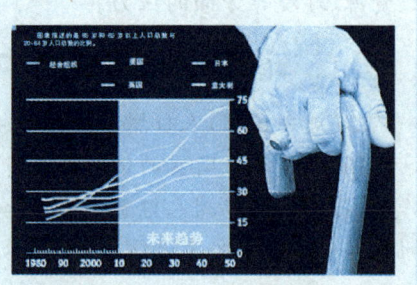

21-2-3 人口老龄化

许多发达国家都采取了鼓励生育和推迟退休等政策,美国、加拿大、澳大利亚和许多欧洲国家还通过接纳外来移民等方法来解决国内劳动力不足的问题,这在一定程度上解决了人口老龄化带来的负面影响。

 **知识链接**

发达国家退休年龄变化

日本 2006年,退休年龄由60岁提高到65岁。

英国 2020年女性退休年龄将与男性保持一致,即由60岁延长到65岁;2024年把所有公民退休年龄提高到66岁;2044年男女退休均被提高至68岁。

德国 2011年,把退休年龄从65岁提高到67岁。

美国 2003年满65岁的职工延长工作2个月;2004年满65岁延长工作4个月,以此类推,到2015年延长至2年。

君子动手

请上网查一查:为实现人口与环境、社会经济协调发展的共同目标,哪些国家采取了鼓励生育的人口政策。

⬤ 人口的迁移

(一)人口迁移的含义及类型

所谓人口迁移就是一段时间内人的居住地在国际或本国范围内发生改变。人口迁移根据人口迁徙空间范围的不同可分为国际人口迁移和国内人口迁移。

国际人口迁移指人口跨国界并改变住所达到一定时间(通常为一年)的迁移活动。国际迁移在历史上曾不断发生,其中规模最大的是15世纪地理大发现以来从旧大陆向新大陆的迁移高潮。19世纪以前,国际人口迁移的总特点是以集团性、大批的移民为主。第二次世界大战后,国际迁移的特点发生变化:持续

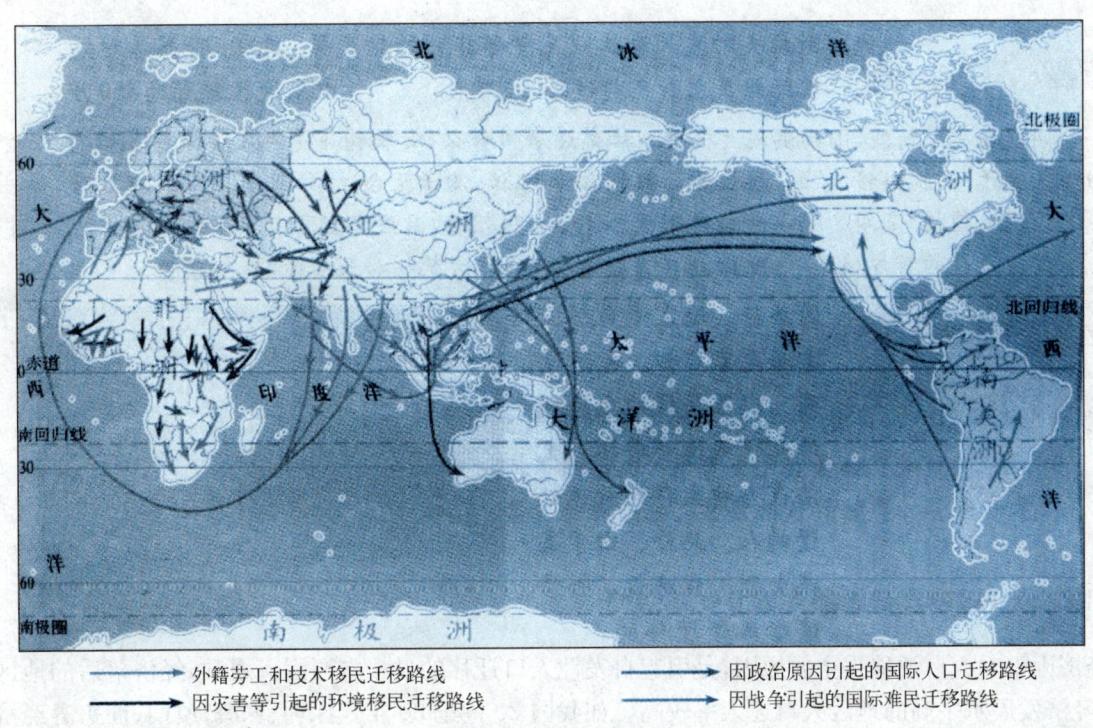

　　→ 外籍劳工和技术移民迁移路线　　　　→ 因政治原因引起的国际人口迁移路线
　　→ 因灾害等引起的环境移民迁移路线　　　→ 因战争引起的国际难民迁移路线

21-2-4　第二次世界大战以后国际人口迁移

了数百年向新大陆的迁移走近尾声;由发展中国家迁往发达国家的外籍工人越来越多;因躲避区域性政治冲突而产生的国际难民的数量不断增加。

　　国内人口迁移是指在一国范围内,人口从一个地区向另外一个地区移居的现象。国内人口迁移较为经常和普遍,主要形式包括:边疆垦殖迁移和乡村人口向城市集中。边疆垦殖迁移主要是因地区间经济发展不平衡、资源枯竭地区人口相对过剩,人口迁移伴随新土地的开发而产生。如从新中国成立到20世纪80年代中期,有计划、有组织地由东部迁往西北和东北部。乡村人口向城市集中是现代国内迁移中更为普遍的一种,这种现象18世纪时首先出现在英国。由于人口大量转向城市,不仅城市数目增多,而且大城市人口日益膨胀。

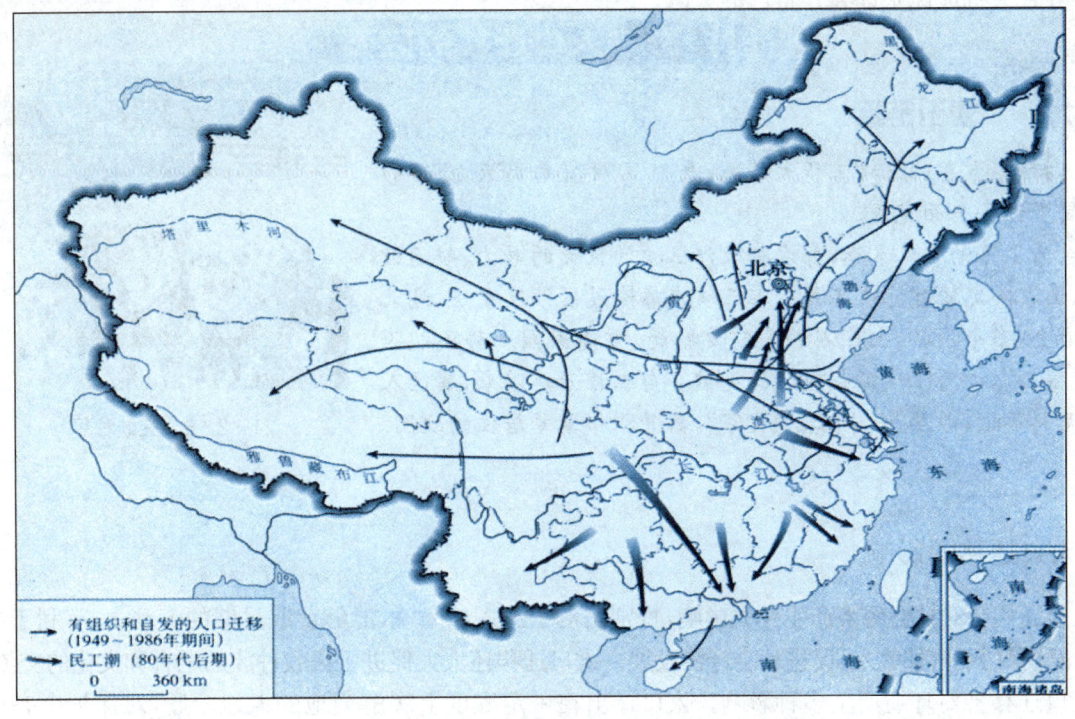

21-2-5　1949年以来我国国内人口迁移的主要流向

 **知识链接**

"问我祖先来何处,山西洪洞大槐树。祖先故居叫什么,大槐树下老鹳窝。"在中国北方的大部分地区,关于"大槐树移民"的传说,数百年来,口耳相传,流传至今。

"洪洞大槐树"是闻名海内外的明代迁民遗址。明朝时,这里发生了中国历史上规模最大、时间最长、范围最广的官方移民,"洪洞大槐树"也成为千百万大槐树移民后裔"根"之所在。

 **思想游戏**

如果你的家庭有跨省界移动的历史,请说一说每一次移动给你的家庭带来了哪些影响。

(二) 影响人口迁移的因素

经济因素对人口迁移是主要原因,是引起自发性人口迁移的最根本原因。通常,经济落后的地区迁出率高,经济发展水平高的地区人口迁入率较高。如我国20世纪80年代深圳、珠海、厦门、汕头等经济特区的设立,就吸引了大量的人口迁入。

社会文化也是引起人口迁移的重要原因。政治因素对人口迁移有着特殊的影响,例如第二次世界大战期间,由于战争引起的欧洲人口迁移达到3 000万人;1947年的印巴分治,形成亚洲最大的一次人口迁移。宗教活动也经常引起人口迁移,如十字军东征、伊斯兰教徒征服西非和北非的战争。文化教育也是迁移的重要因素,人们为了自己或子女受到良好的教育,总是从文化水平低、教育设施落后的地区迁往文化教育中心地区,如出国留学。

自然生态环境因素也能引起人口迁移。一般说来,人类总是移居到自然环境比较优越、自然资源比较丰富的地区,如美国很多老年人在退休以后向南方阳光地带迁移。各种自然灾害或造成大规模的人口迁移,或通过对生产的严重破坏迫使人们不得不成批地离开家乡,迁移到异地安家,如今2011年日本的核辐射将会导致大批灾民永远离开自己的家园。

 **知识链接**

持续18年的三峡工程大移民,至2010年宣告结束,百万移民安置任务全面完成。

为了根治长江水患,并发挥长江三峡的巨大的电力、航运效益,国家决定修建三峡工程。但三峡水库淹没区涉及重庆、湖北两地20多个区县,上百万移民需要搬迁、重建家园。移民能否"搬得出",成为三峡工程成败的关键。自工程开建以来,库区人民无私奉献,毅然"舍小家、顾大家",离开祖祖辈辈居住的故园。

21-2-6 三峡移民

(三) 人口迁移的影响

人口迁移会对社会经济产生巨大影响,特别是对于迁入地来说,能够获取足够的劳动力,有利于当地资源的开发,有利于增加收入,促进社会经济发展。人口迁移还大大促进了民族种族的融合和文化的交流。

人口迁移会对环境产生多种影响。人口迁出在一定程度上缓解当地的人地矛盾,对保护生态环境有积极作用。对迁入地来说,大量人口迁入必然会对自然和生态环境产生深刻影响。

近几十年来,受国家改革开放政策的影响,农村劳动力向城市集中,据估计,到 20 世纪 90 年代中期,已有 2 亿多农村劳动力进入非农产业。其中,乡镇企业吸纳了约 1.2 亿,另有约 1 亿人流动于城市之间。而这约 1 亿流动于城市之间的农村劳动力大军,在中国大陆被称为"民工潮"。千千万万的农村中青年劳动力在"民工潮"潮水般的簇拥下,背井离乡进入城市,打工经商以求生存。

21-2-7 民工潮

请思考:目前在多数发展中国家,为什么乡村人口要向城市迁移?

第三节 粮食问题

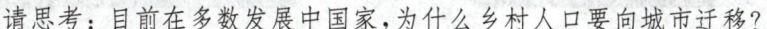

"王者以民为天,而民以食为天。"

——《汉书·郦食其传》

"仓廪实则知礼节,衣食足则知荣辱。"

——《管子·春秋》

粮食是人类最基本的生活资料,是世界上绝大多数人直接的主要的食物。虽然有些发达国家居民的食物以肉、蛋、奶等动物性食品为主,但是那些动物性食品也是由粮食和其他植物性原料转化而来的。

粮食是工业特别是轻工业原料的主要来源,粮食生产是工业等物质生产部门和一切非物质生产部门存在与发展的必要条件。要大力发展第三产业,以及实现大量农村剩余劳动力向第二、第三产业转移,都需要有丰足的粮食作为保障。

粮食作为人类赖以生存和发展的基础,一直是国之根本、民之所系,受到古今中外世界各国的高度重视。当粮食生产不能满足人们的生活需要时,就会出现粮食问题。严重的粮食问题会导致成千上万的民众颠沛流离甚至失去生命,出现经济倒退和社会动荡。

● 世界粮食生产分布状况

粮食作物是世界农作物中种植最普遍的作物。世界粮食作物种类很多,其中小麦、玉米和水稻是最重要的三种。

21-3-1 小麦

(一)小麦

世界小麦生产主要集中于温带地区和亚热带地区,可划分为 5 个小麦地带。一是自西欧平原经中欧平原、东欧平原南部到西伯利亚平原南部;二是北起中国东北平原、华北平原、黄土高原到长江中、下游平原;三是西起地中海沿岸,东经土耳其、伊朗到南亚平原;四是北美洲中部平原,包括加拿大中南部和美国中部,以上四大地带的产量占世界小麦总产量的 90%以上,特别是亚欧大陆小麦产量占世界总产量的 3/4;五是南半球,从南非向东经澳大利亚南部、新西兰坎特伯里平原到南美洲阿根廷的潘帕斯平原,是一个不连续的小麦带。

(二)水稻

目前世界水稻产量集中于高温多雨,人口稠密的亚洲南部、东部及东南部。世界稻谷出口量每年有

2 000万吨左右,泰国是世界最大的稻谷出口国,其年出口量占世界出口量的35%左右。世界各大洲(南极洲除外)都有水稻的栽培,以亚洲为主,占水稻总面积的90%以上。

21-3-2　水稻　　　　　　21-3-3　河姆渡遗址水稻　　　　　21-3-4　玉米

(三) 玉米

玉米产量80%集于北美洲、亚洲、欧洲,形成世界三大玉米地带。主要集中在:美国中部玉米带,约占世界总产量的40%;中国的华北平原、东北平原、关中平原和四川盆地;欧洲南部平原地带。

 **知识链接**

据联合国粮农组织(FAO)统计,2003年,全世界耕地面积14.04亿公顷,其中一半以上用于粮食作物种植。从各大洲看,世界粮食生产主要分布在亚洲、北美洲和欧洲,这三大洲的粮食种植面积约占世界种植总面积的80%,产量占世界总产量的90%左右。从世界各国来看,一般来说,凡土地资源和劳动力资源丰富的国家,粮食产量都较高。如中国、美国和印度都是粮食生产大国。2000年,这三个国家的粮食产量合计为98 890万吨,占世界总产量的48.3%。

君子动手

请搜集我国水稻生产的相关资料,并撰写调查报告。

● 粮食问题的表现及原因

世界粮食问题一方面是指占世界人口大多数的亚非拉地区粮食匮乏,人民营养不足,但又无力进口粮食;另一方面,少数发达国家粮食"过剩",并大量积压在仓库里。这是一个问题的两个方面,但今天发展中国家存在的缺粮和饥饿是问题的主要方面。

 **知识链接**

世 界 粮 食 日

世界粮食日(World Food Day,缩写为WFD),是世界各国政府每年在10月16日围绕发展粮食和农业生产举行纪念活动的日子。在1979年11月举行的第20届联合国粮农组织大会决定:1981年10月16日为首个世界粮食日。此后每年的这个日子都要为世界粮食日开展各种纪念活动。

2010年世界粮食日主题:团结起来,战胜饥饿。

由于世界粮食生产地区不均和人口的地区差异,使得当今世界的粮食问题仍很严重,具体表现在:

第一,在世界粮食总量增加的同时,饥民队伍在不断扩大。二三十年来,亚太地区粮食生产增幅很大,但饥饿的绝对人数仍在增加。联合国粮农组织的资料表明:2000 年全球有 8 亿人处于饥饿状态,2009 年达到10.2 亿,创历史新高。世界上饥饿人口数量最多的区域是亚太地区,而比例最高的地区则是非洲撒哈拉以南地区。

21-3-5　世界粮食安全状况与饥饿人口的分布

第二,虽然世界人均粮食呈增长趋势,但发展中国家人均粮食增长不大。尤其是 1970 年以后,由于发展中国家人口增长过快,超过了粮食的增长速度,使得发展中国家人均粮食产量开始下降,缺粮地区扩大,缺粮国家数量增加。为了进口粮食,亚非拉国家每年要支付上亿美元,粮食正在成为这些国家越来越沉重的负担。

第三,一些发达国家的粮食出现"过剩"现象。战后,发达国家的粮食生产相继增加,人均产量大幅提高,有些国家为维持粮食的较高价格,宁可积压或销毁,也不愿低价供应粮食不足的发展中国家。因此,尽管亚非拉地区粮食匮乏,却无力购买,使得大量人口处于饥饿、半饥饿状态。

可见,世界粮食问题的实质,不是粮食本身不足,而在于发展中国家和发达国家间在粮食生产、消费和分配上,存在着严重的不均衡状态。

　**知识链接**

粮　食　安　全

关于粮食安全的概念,在不同的时期有不同的表述。

1974 年 11 月,联合国粮农组织首次提出了粮食安全问题:"保证任何人在任何时候都能得到为了生存和健康所需要的足够粮食。"

1983 年 4 月,联合国粮农组织粮食安全委员会又将粮食安全定义为:"粮食安全的最终目标应该是,确保所有人在任何时候既能买得到又能买得起他们所需要的基本食品。"

1996 年 11 月,世界粮食首脑会议对这一定义又作了新的表述:"只有当所有人在任何时候都能够在物质和经济上获得足够、安全和富有营养的粮食,来满足其积极和健康生活的膳食需求及食物喜好时,才实现了粮食安全。"

解决粮食问题的途径

一是大力发展农业科学技术,提高农业劳动生产率,努力增加粮食产量。

　**知识链接**

李振声生于 1931 年,山东淄博人,著名小麦遗传育种学家,中国小麦远缘杂交育种奠基人,有"当代后稷"和"中国小麦远缘杂交之父"之称,是中国科学院院士、第三世界科学院院士。在近 60 年的科学生涯中,李振声主要从事小麦遗传与远缘杂交育种研究,同时开展农业发展战略研究。

21-3-6　李振声

二是发展中国家要实施计划生育,积极有效地控制人口增长。

21-3-7 计划生育宣传

我国《宪法》规定:"夫妻双方有实行计划生育的义务"、"国家推行计划生育,使人口的增长同经济和社会发展计划相适应"。

《中华人民共和国人口与计划生育法》规定:"我国是人口众多的国家,实行计划生育是国家的基本国策"、"国家采取综合措施,控制人口数量,提高人口素质"。2006年12月17日公布的《中共中央国务院关于全面加强人口和计划生育工作统筹解决人口问题的决定》再次强调:"必须坚持计划生育基本国策和稳定现行生育政策不动摇。"

中国的人口政策产生了深远的国际影响,促使一些原来不重视计划生育的国家政府,改变了它们的认识。

三是改变落后的生产关系,建立公平合理的国际经济新秩序。

国际经济新秩序是建立在所有国家的公正合理、互相依靠、共同利益和合作基础上的国际间的经济关系体。它是20世纪60年代以来,发展中国家为维护主权和独立,反对国际剥削、掠夺和控制,促进各国在平等互利基础上的经济合作与发展而提出的目标。1974年5月联合国大会第六届特别会议通过《关于建立新的国际经济秩序的宣言》和"行动纲领",提出了建立新的国际经济秩序所应遵守的20条基本原则和建立新秩序的10项基本目标。国际经济新秩序的主要内容有:各国对其自然资源和一切经济活动拥有充分主权,改革不利于发展中国家的国际金融制度和贸易条件,加强发展中国家间的合作,等等。

思想游牧

请上网或到图书馆查阅资料,看看我国的粮食生产存在的问题有哪些,我国又采取了哪些措施来解决这些问题。

第四节 能 源 问 题

能源问题是当今世界共同关注的问题,能源短缺已成为制约经济发展的重要因素。在实现世界经济平衡有序的发展中,能源问题得不到有效解决,不仅人类社会可持续发展的目标难以实现,而且人类的生存环境和生活质量也会受到严重影响。

⊃ 能源种类

能源种类繁多,根据不同的标准,能源可分为不同的类型。

根据能源利用的广泛程度,可分为常规能源和新型能源。利用技术成熟、使用比较普遍的能源叫做常规能源。包括一次能源中可再生的水力资源和不可再生的煤炭、石油、天然气等资源。新近利用或正在着手开发的能源叫做新型能源。新型能源是相对于常规能源而言的,包括太阳能、风能、地热能、海洋能、生物能、氢能以及用于核能发电的核燃料等能源。新能源大多数是再生能源,资源丰富,分布广阔,是未来的主要能源之一。

可燃冰(又称天然气水合物)是一种环保新能源,具有使用方便、燃烧值高、清洁无污染等特点,是公认的地球上尚未开发的最大新型能源。

2009年中国国土资源部宣布,中国在海拔4 062米的青海省祁连山南缘永久冻土带成功钻获可燃冰实物样品。这是中国继2007年在南海北部发现可燃冰后的又一次重大发现,也使中国成为继加拿大、美国之后,第三个通过国家计划钻探在陆域上发现获得可燃冰样品的国家。

相比海底开采可燃冰而言,我国此次在冻土带发现的可燃冰由于埋藏浅、开采难度小,可利用价值也就非常高。如果开采技术攻关成功,预计未来十年,可燃冰新能源将有望进入我国寻常百姓家。

世界主要能源的分布

(一) 世界石油的分布

石油的分布从总体上来看极端不平衡:从东西半球来看,约3/4的石油资源集中于东半球,西半球占1/4;从南北半球看,石油资源主要集中于北半球;从纬度分布看,主要集中在北纬20°—40°和北纬50°—70°两个纬度带内。波斯湾及墨西哥湾两大油区和北非油田均处于北纬20°—40°内,该带集中了51.3%的世界石油储量;北纬50°—70°纬度带内有著名的北海油田、俄罗斯伏尔加及西伯利亚油田和阿拉斯加湾油区。

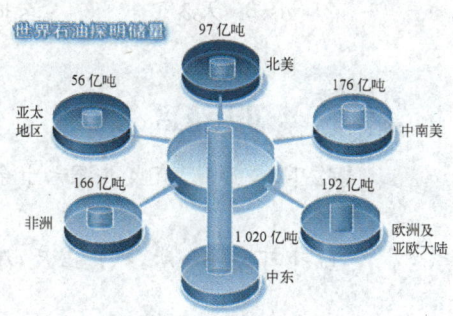

21-4-1　世界石油探明储量

石油"生于水际砂石,与泉水相杂,惘惘而出"。

——《梦溪笔谈》[北宋]沈括

在《梦溪笔谈》中,北宋科学家沈括(1031—1095)记录了石油的特性。在此之前,"石油"一词最早出现在977年编著的《太平广记》中。而在"石油"一词出现之前,中国称其为"石脂水"、"猛火油"、"石漆",国外则有"魔鬼的汗珠"、"发光的水"等称号。

(二) 世界煤炭的分布

煤炭资源在全球分布很广,在各大陆、大洋岛屿均有分布,但煤炭在全球的分布很不均衡,大多集中在温带和亚热带。其中北半球一条分布带是从英国的奔宁山麓向东横越法国、德国、波兰、乌克兰、哈萨克斯坦、俄罗斯,直到中国的华北和东北。另一条横亘北美中部;在南半球,煤炭分布于澳大利亚和南非的温带地区以及南极大陆。

21-4-2　煤炭

知识链接

"女床之山,其阳多赤铜,其阴多石涅"。

——《山海经》

石涅即煤,说明最迟在战国时期,我国就已发现煤。

西汉时,我国开始开采煤矿并将煤用作燃料。《史记·外戚世家》记载汉文帝即位那年,窦太后之弟"窦广国……为其主人入山作炭"。"入山作炭"就是进山采煤。

21-4-3 天然气

(三) 世界天然气的分布

世界天然气资源丰富,但分布极为不均衡,与石油的分布很接近,俄罗斯的西伯利亚、波斯湾、墨西哥湾、北非、北海及亚太地区东部沿海等地区是主要分布区。美国、俄罗斯是两大生产、消费与出口国。天然气国际贸易量小,多自产自销,日本、欧盟各国、乌克兰为主要输入国。

知识链接

"临邛(今邛崃)有火井深六十余丈,火光上出,人以筒盛火,行百余里,犹可燃也。"

——《博物志》〔西晋〕张华

"临邛有火井一所,纵广五尺,深二、三丈。……井上煮盐。"

——《华阳国志》〔东晋〕常璩

这些是我国最早开发和利用天然气的记载,记述了临邛取井火煮盐的情况。

(四) 世界水能的分布

全球水能资源的蕴藏量十分可观,多数发达国家一般都优先开发水电,如瑞士、法国、奥地利、西班牙、英国、美国、意大利、日本等国家,水电开发利用程度已较高,均在50%以上,最高达74%,继续开发水电的潜力已不大。发展中国家过去由于政治、经济等原因,水能资源开发较缓慢,水电开发利用程度长期不高,但近二三十年来,尤其是20世纪80年代中期,一些国家水电开发速度大大加快,水能资源利用程度迅速提高,如巴西、巴拉圭、墨西哥、委内瑞拉、土耳其、中国等。

21-4-4 长江三峡

知识链接

水车是我国一种古老的农业灌溉工具,它省时、省力、省资金,是珍贵的历史文化遗产。相传为汉灵帝时造出雏形,经三国时孔明改造完善后在蜀国推广使用,隋唐时广泛用于农业灌溉,至今已有1700余年历史。水车使耕地灌溉受地形的影响大为减轻,实现了丘陵地和山坡地的开发。

21-4-5 水车

世界能源利用现状

能源是世界经济增长最基本的驱动力,纵观当今世界的能源利用状况,呈现出以下特点:一是随着世界经济发展和人口增长,一次能源消费量不断增加。过去 30 年来,世界能源消费量年均增长率为 1.8% 左右。二是世界能源消费结构趋向优质化。目前,新能源逐渐被开发和利用,形成了以化石燃料为主,可再生能源和新能源并存的能源结构格局。三是世界能源贸易及运输压力增大。由于世界能源资源分布及需求分布的不均衡性,世界各个国家和地区已经越来越难以依靠本国的资源来满足其国内的需求,越来越需要依靠世界其他国家或地区的资源供应,世界能源贸易量将越来越大,能源运输需求也相应增大。

知识链接

世界能源大会(World Energy Congress)由世界能源理事会主办,每三年举行一次,是全球能源界讨论能源工业发展的最主要会议。

2010 年 9 月 12 日,第 21 届世界能源大会在加拿大魁北克省的蒙特利尔开幕,与会者将就能源业如何应对气候变化等挑战以及发展中国家面临的能源问题等议题展开探讨。

本届会议的主题为"立即行动以应对挑战——能源转型创造宜居星球"。

能源问题和能源安全战略

(一) 能源问题

许多国家和地区面临严重的能源短缺问题,尤其是石油和煤炭,经过人类长期的开采使用,特别是工业革命以来的大规模开采,能源的黄金时期已经过去,剩余探明储量越来越少,在可预见的不长时间内将被消耗殆尽。

能源的争夺日趋激烈。由于能源的分布很大程度上受自然条件和环境的限制,在地域上表现出明显的不平衡,这种地域上的分布不均导致了有些国家对能源的争夺,甚至引发冲突或局部战争。中东地区石油资源的战略竞争就从未停止过。

此外,以煤炭、石油作为主要燃料的国家,已经面临严重的环境污染,开发和利用清洁性的可再生能源,改善能源结构,已成为世界能源安全战略的重要组成部分。

知识链接

国际能源机构

1973 年第一次石油危机后,在美国倡导下成立了国际能源机构(IEA)。这是发达国家保障能源安全的联合行动,其宗旨是:成员国共同采取措施,控制石油需求,在紧急情况下分配石油,并规定成员国有义务储备相当于 90 天净进口量的石油。

石油输出国组织

英语简称(OPEC),音译为欧佩克。成立于 1960 年 9 月 14 日,1962 年 11 月 6 日欧佩克在联合国秘书处备案,成为正式的国际组织。欧佩克总部设在维也纳。其宗旨是协调和统一成员国的石油政策,维护各自的和共同的利益。发起国为伊朗、伊拉克、科威特、沙特阿拉伯和委内瑞拉。随着成员的增加,欧佩克发展成为亚洲、非洲和拉丁美洲一些主要石油生产国的国际性石油组织。

（二）能源安全战略的选择

为了解决我们面临的能源问题,未来世界能源供应和消费将向多元化、高效化、清洁化、全球化方向发展,走能源可持续发展之路。

20世纪80年代以来,以供应安全为主要出发点的传统的能源安全观逐渐向着所谓综合能源安全的方向发展,能源安全被不断赋予新的内涵。1997年《京都议定书》的签订标志着世界各国重新界定了能源安全的概念,在国家能源发展战略中,增加了能源的使用不应对人类自身生存与发展的生态环境构成大的威胁的要求。

能源多元化 世界能源结构先后经历了以薪柴为主、以煤为主和以石油为主的时代,现在正在向以天然气为主转变。同时,水能、核能、风能、太阳能、潮汐能、生物能和地热能也正得到更广泛的利用。

21-4-6 潮汐能

21-4-7 秸秆气化炉

能源高效化 世界能源加工和消费的效率差别较大,能源利用效率提高的潜力非常巨大。随着人类社会生产力的发展和科技水平的提高,尤其是随着能源新技术的进步,未来世界能源利用效率将日趋提高。

能源清洁化 随着世界能源新技术的进步,未来世界能源将进一步向清洁化的方向发展。不仅能源的生产过程要实现清洁化,而且能源工业要不断生产出更多、更好的清洁能源,使清洁能源在能源总消费中的比例逐步增大。

21-4-8 西藏羊八井地热发电站

21-4-9 载重量为2 400吨的成品油轮

能源全球化 由于世界能源分布及需求分布的不均衡性,许多国家和地区已经越来越难以依靠本国的资源满足其国内的需求,越来越需要依靠其他国家或地区的能源供应,能源国际贸易量越来越大,贸易额呈逐渐增加的趋势,世界能源供应与消费的全球化进程在不断加快。

知识链接

世界十大可再生能源工程

世界上最大的陆上风力发电厂:美国德克萨斯州 Taylor 和 Nolan 郡的 Horse Hollow 风电厂
世界上最大的海上风力发电厂:英国林肯郡的 Lynn and Inner Dowsing 风电厂

世界上最大的河流潮汐能电站：法国布列塔尼半岛的 Rance 潮汐能电站
世界上最大的海上潮汐能电站：爱尔兰 Strangford 湾的 SeaGen 电站
世界上最大的太阳能热电厂：美国加利福尼亚州南部的 SEGS 电厂
世界上最大的太阳能光电厂：西班牙 Olmedilla Photovoltaic Park 电厂
世界上最大的地热田：美国加州 Sonoma and Lake 县境内的大间歇泉
世界上最大的生物能电厂：芬兰 Oy Alholmens Kraft 生物能电厂
世界上最大的波浪能电厂：葡萄牙波浪能电厂
世界上最大的水电站：中国三峡水电站

君子动手

上网查一查，上述十大可再生能源工程具体情况是怎样的？

第五节 局部战争和地区冲突

第二次世界大战使人类遭受了空前的浩劫，战后两极格局的形成避免了世界大战的爆发。但大国继续推行霸权主义政策，局部战争未能避免。两极格局瓦解后，世界形势总体缓和，但受霸权主义、民族矛盾、宗教冲突、恐怖主义，以及两极格局瓦解后国际关系失衡的影响，局部战争仍然不断，维护世界和平仍是国际社会共同的责任。

● 现代局部战争的特点

局部战争往往都是有限战争

现代局部战争的目的有限，往往限制在特定的政治、经济目标上；战争规模小，往往限制在一定的范围内，运用有限的兵力；战争时间短，避免旷日持久。

战争与政治的联系更加直接

在现代条件下，局部战争受政治因素的制约非常明显。在许多情况下，局部战争的目的最终不是单纯依靠军事行动，而是配合以政治、外交手段来达成。战争中往往是军事行动与外交谈判相配合，"边打边谈"，"打打谈谈"，而其结局多以外交谈判或政治妥协方式解决。二战以来的每一次局部战争，无一不具备这个特点。

战争的爆发多具有突然性

现代局部战争具有时间短、速度快、强度大、突发性强的特点。挑起战争的一方，力求在短时间内既能取得决定性战果，又能控制事态扩大，往往突然向对方发动猝不及防的打击，造成既成事实和有利于己的局面。

新式武器被广泛使用

现代局部战争的战场是公认的新式武器试验场。随着科学技术的飞跃发展，高科技兵器在现代战争中的作用越来越大，新武器、新战法层出不穷。特别是 20 世纪 90 以来，在每一次局部战争中，都有一些新的武器投入使用,新式飞机、新式舰艇、空间技术、精确制导弹药、巡航导弹、无人飞机等,相继出现,科学技术越现代化,局部战争的高技术性也越强。

现代高科技局部战争带给我们哪些启示?

○ 二战后主要的局部战争和地区冲突

(一) 巴以冲突

21-5-1 巴以冲突

巴以(巴勒斯坦和以色列)冲突是中东地区冲突的热点之一,冲突的背后隐藏着深刻的历史根源,既有宗教的、民族的因素,更重要的是大国干预等外部因素,各种因素互相影响,使得巴以冲突的复杂性非同一般。巴以冲突的实质是领土问题的矛盾,犹太移民定居点问题和耶路撒冷地位问题则是巴以和平之路上的严重障碍。从 1948 年以色列国成立后第二天开始至 1973 年,阿拉伯国家和以色列国家之间就发生了四次战争,史称中东战争。1993 年,以色列和巴勒斯坦达成和解,迈开了和平进程中的重要一步。通过谈判政治解决中东问题的原则已经为越来越多的人接受。

 知识链接

　　1964 年 5 月 28 日,巴勒斯坦和阿拉伯国家的 400 多名代表,在耶路撒冷举行巴勒斯坦国民大会,决定成立巴勒斯坦解放组织(简称巴解组织)。大会选举以艾哈迈德·舒凯里为主席、由 15 人组成的巴勒斯坦解放组织执行委员会,通过了《巴勒斯坦国民宪章》。

　　由于亚西尔·阿拉法特享有崇高声誉,1969 年,他被任命为巴勒斯坦解放组织主席,成为领导巴勒斯坦民族独立自治事业的最高统帅。

21-5-2 阿拉法特

请上网查阅资料,评价已故以色列总理拉宾为解决中东和平问题所做的努力。

(二) 朝鲜战争

21-5-3 朝鲜战争

根据《雅尔塔协定》,第二次世界大战结束后,朝鲜被分裂为南北两部分,朝鲜民主主义人民共和国(以下简称"朝鲜")与大韩民国(以下简称"韩国")分别属于两个意识形态对立的阵容。

1950 年 6 月,朝鲜内战爆发,朝鲜人民军很快占领汉城(今首尔)。7 月,美国操纵联合国安理会通过决议,组成以美国为首的联合国军入侵朝鲜半岛。9 月,美军在仁川登陆,不久后攻克汉城,并越过三八线进入朝鲜半岛北部,于 10 月 19 日攻克朝鲜首都平壤。

战争爆发后,以美国为首的联合国军将战火烧到鸭绿江边,轰炸中国东北边境地区。美国还命令"第七舰队"开进台湾海峡,阻挠中国人民的统一事业,严重侵犯了中国主权。

为保家卫国,应朝鲜的请求,中国人民志愿军于 10 月 25 日赴朝参战,并很快将"联合国军"赶至北纬 38 度线以南。在此之后,尽管双方不断交锋,但阵地基本没有大的变动,一直维持在三八线附近。1953 年 7 月,美国与中朝方面签署《关于朝鲜军事停战的协定》,朝鲜战争结束。但是,朝鲜和韩国迄今为止仍没有签订和平条约,两国以北纬 38 度线为界处于分裂状态。

思想游牧

中国人民志愿军纪念碑——友谊塔坐落在平壤市牡丹峰西北侧的山岗上,始建于 1959 年 10 月 25 日,1984 年 10 月 25 日进行了扩建。友谊塔高 30 多米,占地面积 12 万平方米,塔身由 1 025 块花岗岩和大理石砌成,象征着 10 月 25 日中国人民志愿军入朝参战纪念日。在塔内的圆形石室中,保存着志愿军烈士名册原本,共载有包括毛岸英、邱少云、黄继光、罗盛教在内 22 700 名烈士的姓名。

21-5-4 中国人民志愿军纪念碑

当你站在纪念碑前,你会想到什么?会有怎样的感受?

21-5-5 越南战争

(三) 越南战争

第二次世界大战结束后,越南获得了民族独立。胡志明领导的越南共产党在越南北方建立越南民主共和国后,法国殖民势力卷土重来,支持越南南方建国,造成越南分裂。1954 年,越南民主共和国取得对法军奠边府战役的胜利,法国撤出越南民主共和国。

1959 年,越南内战爆发。在冷战的背景下,美国总统肯尼迪派遣美国军队于 1961 年 5 月进驻南越,正式卷入越南战争。越南战争从 1961 年开始,一直到 1975 年结束,持续 14 年之久,最后以美国失败告终。越战之后,美国国力遭受重创,被迫转入战略收缩期;越南在中国、苏联的援助下,赢得战争的完全胜利,完成了国家的统一。

君子动手

20 世纪 60—70 年代,美国爆发了巨大规模的反对越战的浪潮,大学生用拒绝服兵役、焚烧征兵卡或逃往国外表示对战争的不满。更多的青年把反战思想带入军队。在美国国会中,对越南战争的正确性持怀疑观点的人越来越多,美国国内各大城市的反战示威活动不断高涨。

请搜集美国反战运动中的以"反战"、"和平"为主题的音乐作品。

(四) 阿富汗战争

阿富汗战争在历史上有两次,第一次阿富汗战争发生在 1979 年。1979 年 12 月,前苏联集结 10 个师的兵力,大举入侵阿富汗。战争中,苏军使用大量先进武器,采取多种战略战术,但由于进行的是非正义战争,受到国际社会和苏联人民的强烈反对。1989 年苏联从阿富汗撤军。战争给阿、苏两国人民带来深重灾难。

第二次阿富汗战争发生在 2001 年。这是以美国为首的联军在 2001 年 10 月 7 日起对阿富汗基地组织和塔利班的一场战争,是美国对"9·11"事件的报复,同时也标志着反恐战争的开始。联军官方指称出兵阿富汗的目的是逮捕本·拉登等基地组织成员并惩罚塔利班对恐怖分子的支援。与阿富汗作战的国家主要有美国以及英国、德国、波兰、捷克、斯洛伐克等北约国家,哈萨克斯坦、日本、韩国、菲律宾等国为美军提供了后勤支援并在战后派遣军队驻扎阿富汗。到 2010 年为止,在阿富汗驻军人数最多的国家依次是:10 万美军、1 万英军、4 300 德军和 3 750 法军。

知识链接

恐怖主义是实施者对非武装人员有组织地使用暴力或以暴力相威胁,通过将一定的对象置于恐怖之中,来达到某种政治目的的行为。现代国际恐怖主义兴起于 20 世纪 60 年代末,有人把这股恐怖主义狂潮称为"20 世纪的政治瘟疫"。1972 年 11 月 18 日联合国大会通过决议,成立恐怖主义问题特设委员会,负责研究制裁国际恐怖主义活动的措施。目前恐怖主义活动范围,已从西欧、中东、拉美三大热点地区向全球各地区和国家蔓延,已有 100 多个国家不同程度地受其危害。

思想游牧

巴米扬大佛位于阿富汗巴米扬省巴米扬市境内,深藏在兴都库什山中。屹立在巴米扬石窟群中的两座大佛,一尊凿造于 5 世纪,高 53 米,着红色袈裟,俗称"西大佛",是世界上最高的石雕立佛;一尊凿于 1 世纪,高 37 米,身披蓝色袈裟,俗称"东大佛"。两尊大佛相距 400 米。2001 年 3 月阿富汗塔利班掀起"毁佛像运动",为了彻底摧毁两尊石雕立式佛像,他们动用了炸药、火箭和坦克炮等手段,历时 20 天,高 53 米的大佛基本被毁坏,37 米高的佛像只剩下右肩一小部分依稀可见。

请思考:巴米扬佛像被毁给人类带来哪些影响?

21-5-6 破坏前的巴米扬佛像

(五) 两伊战争

21-5-7 两伊战争

两伊战争是发生在伊朗和伊拉克之间的一场长达 8 年的边境战争。

伊朗和伊拉克两国山水相连,共同边界绵延 1 200 公里。阿拉伯河是两国南部的自然边界,同时也是两个国家重要的石油出口通道。1980 年 9 月,伊拉克为这条有争议的河流,借口抵御"伊斯兰革命",向伊朗发动军事进攻,从而引发了旷日持久的两伊战争,这是继越南战争外持续时间最长的一次局部战争。在这场马拉松式的消耗战中,两国军费开支和经济损失总计达 6 000 亿美元,交战双方人员伤亡 148 万人,被俘 8 万人。

知识链接

逊尼派与什叶派是伊斯兰世界的两大政治、宗教派别。逊尼派是伊斯兰教中人数最多、分布最广的主流派,人数占全世界穆斯林的 85% 以上。什叶派是伊斯兰教的第二大教派,伊朗约有 90% 的居民是什叶派穆斯林,而伊拉克也有大约 60% 的居民是什叶派。

1979 年伊朗发生伊斯兰革命,结束了伊朗的君主制度,建立了以霍梅尼为代表的神职人员执掌政权的"伊斯兰共和国",严格按照伊斯兰教的原教旨推行社会伊斯兰化,禁止西方文化,并试图将此运动推广到整个中东地区。埃及、沙特、约旦、摩洛哥、突尼斯和阿尔及利亚等阿拉伯国家,先后与伊朗断绝了外交关系。

霍梅尼上台执政后,煽动伊拉克的什叶派穆斯林推翻萨达姆政权,伊拉克对伊朗宣战,两伊战争爆发。

君子动手

请到互联网上或图书馆查找资料,写一篇关于两伊战争造成的严重损失的调查报告。

(六) 海湾战争

21-5-8 沙漠风暴

1990 年 8 月 2 日,伊拉克军队入侵科威特,推翻科威特政府并宣布吞并科威特。以美国为首的多国部队在取得联合国授权后于 1991 年 1 月 16 日开始对科威特和伊拉克境内的伊拉克军队发动军事进攻,主要战斗包括历时 42 天的空袭,在伊拉克、科威特和沙特阿拉伯边境地带展开的历时 100 小时的陆战。多国部队以较小的代价取得决定性胜利,重创伊拉克军队。伊拉克最终接受联合国 660 号决议,从科威特撤军。

本次战争是美军自越南战争后主导参加的第一场大规模局部战争。在战争中,美军首次将大量高科技武器投入实战,展示了压倒性的制空、制电磁优势。通过海湾战争,美国进一步加强了与波斯湾地区国家的军事、政治合作,强化了美军在该地区的军事存在,同时为 2003 年的伊拉克战争埋下了伏笔。

思想游牧

海湾战争是一场高科技战争,谈谈你对现代高科技特点的认识。

(七) 科索沃战争

21-5-9 B-2"幽灵"隐形轰炸

冷战结束后,民族矛盾、地区冲突、宗教纷争层出不穷,成为威胁世界安全的重要因素。以美国为首的霸权主义打出"人权高于主权"的旗号,利用并介入这些纷争。1999 年 3—6 月,以美国为首的北约凭借强大的军事实力,借口南斯拉夫联盟军队在科索沃地区屠杀阿尔巴尼亚人,在未经联合国授权的情况下,公然对南斯拉夫联盟进行了长达 78 天的狂轰滥炸,其轰炸目标也步步升级,不仅由军事目标发展到非军事目标,而且轰炸了我国驻南联盟大使馆。

思想游牧

21-5-10 中国学生抗议美国轰炸中国驻南斯拉夫大使馆

"人权高于主权论"是 20 世纪 90 年代在美国理论界最先形成的一种人权理论。这一理论主要有三方面内容:一是人权不是一国内部管辖的事情,人权是没有国界的。如果一个国家有不尊重人权的现象,别国均可以关心或干涉。二是国家主权应当受到限制和弱化。三是"不干涉内政原则"已经过时,要让位于人权保护这一更高目标,国际社会有权对世界任何国家的人权状况予以关注和采取行动,为人道主义干涉目的而使用武力是符合国际人权法的。

请上网搜集相关资料,然后评价美国的人权观。

21-5-11 伊拉克战争

（八）伊拉克战争

伊拉克战争又称第二次海湾战争,是美国以伊拉克拥有大规模杀伤性武器为借口而发动的战争。

2003年3月20日(伊拉克时间),美英联军向伊拉克发动大规模空袭和地面攻势,仅仅经过大约三个星期,美军就进入巴格达并推翻伊拉克政权,伊拉克总统萨达姆逃跑后被美军活捉。5月1日,美国总统布什宣布伊拉克战争胜利,美军全面占领伊拉克。2010年8月,按照奥巴马总统的命令,驻伊美军8月31日结束作战任务,撤出伊拉克,历时7年零5个月的伊拉克战争结束。

君子动手

如果现在联合国秘书长向全世界人民征求解决伊拉克政局动荡的建议,请你以一个中国中学生的身份给他写一封信。

第六节 科技发展与人类面临的危机

科学技术的高度发展是20世纪人类文明进步的一个重要表现。从20世纪四五十年代开始的新一轮的科学技术革命,使人类在许多科学领域都获得了重大的突破,尤其是原子能技术、计算机技术、生物基因工程、航天技术等方面。新的技术成果产生了新型的产业,创造出巨大的经济效益,也使劳动者从繁重的体力劳动中解放出来,提高了生产力;它极大地改变了人类的生活方式,使衣、食、住、行等日常生活的方方面面都发生了根本性的变化;同时它也极大地冲击着人类的精神世界。

◉ 原子能的开发和应用

20世纪初,爱因斯坦的质能转换关系式 $E = mc^2$,从理论上预示了原子核内蕴藏着巨大的能量,这就是原子能,又称核能,而通过核反应就可以将这种能量释放出来。原子能技术首先被应用于军事领域,美国是世界上第一个成功研制出核武器的国家。二战以后,人类逐渐实现了原子能的和平利用,目前主要用于发电。现在,核能已经成为一种可以大规模和集中利用的能源,可以替代煤炭、石油、天然气等能源。除此之外,原子能还被应用于医疗、农业等其他领域。人类对于原子能的和平利用还仅仅是开始,随着科学技术的进步,和平利用原子能的前景将会更加广阔。

21-6-1 国际原子能机构标志

 **知识链接**

获得核能的途径主要有两个,即重核裂变和轻核聚变。当铀、钚等重的原子核在特定条件下分裂成两个或两个以上较轻的原子核时,就会释放出巨大的能量,这就是核裂变反应。而两个或两个以上的轻原子核,如氢原子核在极高的温度和压力下,会聚合成为一个较重的原子核,同时会释放

出远大于裂变反应所释放的能量,这就是核聚变反应。原子弹和氢弹就是分别利用这两种能量造成巨大的杀伤破坏作用的。

二战以后,人类开始和平利用核能。目前核能发电都是利用核裂变反应获得能量的,即用铀、钚等核燃料在核反应堆中裂变所释放出的能量,将水加热成高温高压的蒸汽,以驱动汽轮发电机发电。现在,可控的热核聚变反应装置也正在研究中。核电是一种清洁的能源,它不会排放有害物质,不会造成"温室效应",更有利于保护环境。核电还是一种经济的能源,由于核燃料的成本明显低于煤炭,使得核电站的发电成本低于燃煤电厂。核能更是一种可持续发展的能源,目前世界上已探明的核裂变材料的储量足够人类使用到聚变能时代;聚变材料主要是氘和氚,它们在地球上的储量,能供人类使用上千亿年。因此,从某种意义上讲,只要解决了核聚变技术问题,人类就将永久性地解决能源问题。

21-6-2 世界上第一座核电站
——奥布灵斯克核
电站

1954年,苏联建成了世界上第一座核电站。目前,世界上已有30多个国家的436座核电站在运行当中。核能的发电量约占世界总发电量的17%。我国的核电事业也得到了迅速发展。

电子计算机技术的发展

21-6-3 世界上第一台电子计算机

20世纪,科学技术迅速发展,需要处理大量的数据,人们迫切要求革新计算工具,电子计算机应运而生。1946年,人类制造出了第一台真正意义上的电子计算机。

历史回眸

第一台电子计算机是由美国宾夕法尼亚大学的莫克莱主持研制成功的。二战期间,他受命计算炮弹的弹道,深感改进计算机的必要性。经过几年的努力,花费了48万美元,终于在1945年年底制成了世界上第一台电子计算机,其英文名缩写为埃尼阿克(ENIAC)。1946年2月15日,埃尼阿克进行了公开表演。它的计算速度为每秒5 000次,能够在两个小时内,完成一个工程师要用一个世纪才能完成的计算工作。但是它体积庞大,占地170平方米,重30吨,使用了上万个电子元件,计算也不够精确稳定。它的存储量非常小,工作程序是外插型的,常常为了一个几分钟的计算,需要几个人用几天的时间去做接头工作。

电子计算机问世后,发展异常迅速。在短短的几十年中,它已经历了第一代电子管计算机,第二代晶体管计算机,第三代集成电路计算机,第四代大规模和超大规模集成电路计算机四代的发展。20世纪80年代,它又开始朝第五代智能计算机方向发展。

电子计算机技术更新换代的速度非常惊人,平均每六年其运行速度提高10倍,存储量增加20倍,可靠性提高10倍,而成本则降低10倍。电子计算机不仅在工农业生产、科学研究和国防建设中得到广泛应用,而且还渗透到社会生活的各个领域。据统计,1960年电子计算机的应用领域只有300种,1974年发展到 2 500 种,90 年代初巳超过 5 000 种。可以说,大到航天飞行,小到柴米油盐,都会使用到电子计算机。

电子计算机是现代信息技术的核心,它的迅速发展和广泛应用,开启了一个信息化时代,并导致了信息技术产业(即 IT〈Information Technique〉产业)的诞生,具有划时代的意义。电子计算机的问世,是对人的智力的一次解放,也使人的智力得以物化和放大,解决了只靠人脑无法解决的问题。它深刻地改变了世界的政治、经济,更改变了人们的生产、生活方式和交往方式。

 航天技术的发展

二战以后,现代火箭技术和导弹技术的不断完善为航天技术的发展奠定了基础,人类终于实现了遨游太空的宿愿。

知识链接

在现代火箭技术产生前,人类已先后发明了气球、飞艇、飞机等飞行器。这些飞行器,要么是轻于空气,依靠空气的浮力离开地面,要么是依靠飞行器与空气的相对运动产生向上的升力而在空中飞行。因此,它们的飞行都离不开空气。但火箭和导弹的飞行则与此完全不同,它们携带燃烧剂和氧化剂,可以在真空中飞行,摆脱对空气的依赖,遨游在外层空间。

二战期间,德国研制出了首次在实战中使用的现代化火箭武器 V-2 导弹。二战结束后,苏联和美国在 V-2 导弹技术的基础上大力发展自己的火箭技术,使火箭技术有了突飞猛进的发展,美、苏两国也因此成为世界火箭技术的两大强国。除研制出多种火箭武器用于军事用途外,他们还大力发展航天事业,将火箭作为开发太空的运载工具。

21-6-4　火箭发射

1957 年,苏联成功地将重 83.6 千克的世界上第一颗人造地球卫星送上了太空,从而开启了人类的太空时代。在这以后的几十年间,人类的航天事业发展迅速,成绩卓著。

21-6-5　苏联宇航员加加林

21-6-6　人类在地球以外的第一个脚印

继苏联之后,美国也于 1958 年发射了第一颗人造卫星。1960 年,美国成功地回收了人造卫星的回收舱,为载人航天飞行开辟了道路。1961 年,苏联发射了第一颗载人宇宙飞船,宇航员加加林在太空遨游 108 分钟后安全返回地球。1961 年,美国开始实施耗资达 250 亿美元的"阿波罗登月计划"。1969 年,"阿波罗 11 号"宇宙飞船成功地将两名宇航员送上了月球,阿姆斯特朗在月球上留下了人类的第一个足印。此后,美国又相继进行了五次登月飞行,先后有 12 名宇航员登上了月球,停留时间最长的近三天。他们在月球上进行了羽毛和铁球同时落下的自由落体实验,还开设了第一家月球邮局。月球车上的电视系统将这些都传送回了地球。1981 年,美国成功地发射了第一架航天飞机"哥伦比亚"号,在绕地球 36 圈后安全着陆。1986 年,美国"挑战者"号航天飞机爆炸后,美、苏等国都加紧研究兼有航空和航天两种特性、不必

借助火箭起飞、可自由往返于大气层内外并可重复使用的航天飞机。如果能够成功，它必将大大推进人类空间探索事业的发展。中国在 1970 年发射了第一颗人造卫星，位居世界第五位。

21-6-7　美国"发现号"航天飞机

21-6-8　美国"亚特兰蒂斯号"航天飞机和俄罗斯"和平号"空间站对接

20 世纪 70 年代以来，空间技术在许多方面有了很多新的发展。除发射民用、军用卫星，如气象、通讯、资源、海洋勘测、侦察等卫星外，还利用航天遥感技术发射了各种空间探测器，积极进行太阳、行星和宇宙空间的科学探测活动。

到目前为止，美、俄、欧洲航天局（ESA）、日本、中国及印度等国已研制出 30 多种大、中、小型火箭，并将数千个各类人造卫星、探测器、载人飞船和空间站等送入太空。世界各国已经或正在使用的运载火箭主要有：苏联的"东方号"、"联盟号"、"质子号"、"能源号"、"天顶号"，美国的"德尔他"、"大力神"、"土星"、"宇宙神"，欧洲航天局的"阿里亚那"系列，日本的"M"系列、"H"系列，中国的"长征"系列等运载火箭。

航天技术在国民经济中有着巨大作用：卫星使通讯技术发生重大变革；气象卫星使气象预报进入一个新阶段；地球资源卫星为资源勘探开辟了新途径。

人类面临的危机

科学技术的发展一方面拉近了人与人之间的距离，提高了人们的物质生活水平，另一方面也使人类面临着前所未有的危机。

首先，科学技术的迅速发展使人们的精神世界出现了危机。

科学技术的迅速发展使人们产生了对科学的盲目崇拜，伦理道德观念在强大的科技力量面前，越来越显得苍白无力。科技发展了，经济繁荣了，人们的精神世界却出现了消极化的倾向。毒品的泛滥、艾滋病的蔓延、社会暴力现象的加剧、大量的青少年犯罪等现象都是人类的精神世界陷入危机的表现。

其次，科技发展给人类的伦理道德观念带来了巨大的冲击。最突出的例子就是试管婴儿技术和克隆技术的发明和应用。

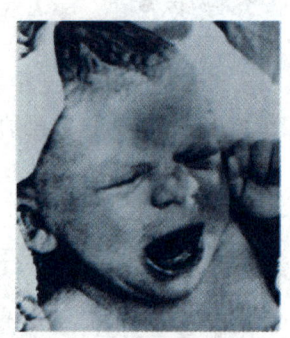

21-6-9　世界上第一个试管婴儿

世界上第一个试管婴儿路易斯·布朗 1978 年诞生于英国。至今，全世界已有大约 400 万人通过试管婴儿技术出生。但是这项技术的出现却曾引起了人们道德伦理观的混乱。许多人认为，这种颠覆自然繁衍秩序的行为是令人无法接受的。一些宗教领袖，甚至是一些科学家曾经要求"试管婴儿之父"爱德华兹"停止扮演上帝"。人们争论的另一个焦点就是如何处理未使用过的胚胎、卵子、精子，如何确定他们的法律地位。一些人认为，将这些胚胎随意浪费，就等于谋杀生命。此外，围绕着多胚、代孕、婴儿的出身等问题也引发了伦理、法律、政治上的激烈争论。

21-6-10　克隆羊多利

克隆技术给人们的伦理道德观念带来了更大的冲击。1996年,英国爱丁堡罗斯林研究所的一个科研小组成功地克隆出绵羊多利。理论上,利用同样的方法也可以克隆人。这意味着以往科幻小说中的独裁狂人克隆自己的情节就有可能变为现实。即便是用于克隆普通人,也会带来一系列的伦理道德问题。因此,多利的诞生在全世界引起了普遍关注和强烈反应,并引发了一场由克隆人所衍生的道德问题的讨论。各界的普遍反应是:克隆人类有悖于伦理道德,侵犯了人类的尊严,会使生物学和医学误入歧途。此外,围绕着多利羊的早衰、早夭,克隆动物的健康问题,以及克隆动物时极低的成功率等问题,科学家们也普遍认同一个观点:克隆技术还远未成熟,应用克隆技术时需格外慎重。克隆技术是一把双刃剑,剑柄掌握在人类手中,人类应该采取联合行动,避免克隆人的出现,使克隆技术造福于人类社会。

科技的高度发展还使人类面临着前所未有的生存危机。这主要表现在高科技被应用在武器的制造和使用上。

原子能的发现和应用为人类制造核武器创造了条件。1945年8月6日和8月9日,两颗原子弹先后在日本的广岛和长崎爆炸,用高科技武装起来的杀人武器在瞬间露出了它的狰狞面容:人类首次掌握了毁灭自己的能力。冷战期间,以美、苏为首的军事集团进行的核军备竞赛使人们的生活长期笼罩在核恐怖的阴影当中。冷战结束后,核材料和核技术扩散到许多国家,这更增加了人们对自身生存环境的担忧。

21-6-11　原子弹爆炸时的情景

即使是在和平利用核能的领域,人们也并非高枕无忧。核电站的运行不能出半点纰漏。1986年苏联切尔诺贝利核电站核泄漏事故和2011年由地震引起的日本福岛核电站核泄漏事故都是再惨痛不过的教训。核废料的处理更是难上加难。核废料中不能被完全用尽的核物质中仍具有极强的放射性,即使贮存超过百万年,其核辐射剂量仍能超过安全剂量的一千万倍以上。因此,核技术不仅是用于军事上才会威胁到人类的安全,核技术本身就是危险的。

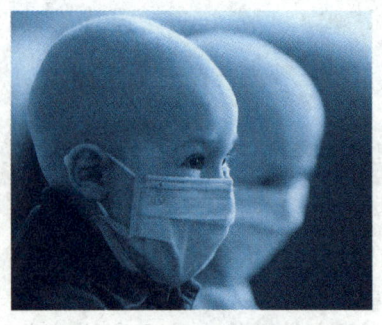

21-6-12　切尔诺贝利核泄漏
事故的受害者

君子动手

切尔诺贝利核泄漏事故已过去二十多年,但是惨痛的记忆仍然无法被人们遗忘。时至今日,切尔诺贝利核电站周围30公里的范围内仍然没有恢复人类居住。据专家估计,完全消除这场浩劫对自然环境的影响至少需要800年,而持续的核辐射的危险将持续10万年。而2011年发生的日本福岛核电站核泄漏事故的影响现在仍无法确定。但可以确定的是:它们都给无数人造成了身体上和精神上难以消除的创痛。

请搜集有关这两次事故的资料,给人类敲响警钟。

随着计算机技术正不断向着智能型计算机的方向发展,人们逐渐开始担心,会不会在未来的某一天,机器人战胜人类,从而成为这

21-6-13　电影《黑客帝国》海报

个世界的主宰,并且开始统治人类,而人类则变成了自己制造的计算机的奴隶。这种担心和恐惧已经通过各种途径越来越多地被表达出来,其中比较为人所熟知的例子有美国电影《终结者》系列和《黑客帝国》系列等。

思想游戏

科学技术是一把双刃剑,它既可以造福人类,也有可能给人类带来难以想象的灾难。实际上,科技本身并没有对和错,问题的关键在于人类如何利用它。

请思考:除了以上课文中提到过的,科学技术还给人类带来了或者有可能带来哪些危机,人类应该如何应对和化解这些危机。

图书在版编目(CIP)数据

综合文科教程/张建岁,董伟,郑绪卿主编.—上海:复旦大学出版社,2011.9(2021.5 重印)
(普通高等学校学前教育专业系列教材)
ISBN 978-7-309-08313-2

Ⅰ.综…　Ⅱ.①张…②董…③郑…　Ⅲ.文科(教育)-课程-幼儿师范学校-教材
Ⅳ.G613

中国版本图书馆 CIP 数据核字(2011)第 150582 号

综合文科教程
张建岁　董　伟　郑绪卿　主编
责任编辑/盛　亮

复旦大学出版社有限公司出版发行
上海市国权路 579 号　邮编:200433
网址:fupnet@ fudanpress.com　http://www.fudanpress.com
门市零售:86-21-65102580　团体订购:86-21-65104505
出版部电话:86-21-65642845
常熟市华顺印刷有限公司

开本 890×1240　1/16　印张 20.25　字数 623 千
2021 年 5 月第 1 版第 10 次印刷
印数 46 501—57 500

ISBN 978-7-309-08313-2/G·1005
定价:48.00 元